CRIME SCENE
DARKSIDE

SO BRILLIANTLY CLEVER
Copyright © 2011 by Peter Graham
Todos os direitos reservados.

Tradução para a língua portuguesa
© Dandara Palankof, 2024

Diretor Editorial
Christiano Menezes

Diretor Comercial
Chico de Assis

Diretor de Novos Negócios
Marcel Souto Maior

Diretora de Estratégia Editorial
Raquel Moritz

Gerente Comercial
Fernando Madeira

Gerente de Marca
Arthur Moraes

Editora Assistente
Jéssica Reinaldo

Capa e Projeto Gráfico
Retina 78

Coordenador de Diagramação
Sergio Chaves

Designer Assistente
Jefferson Cortinove

Preparação
Talita Grass

Revisão
Jéssica Gabrielle de Lima
Renato Ritto
Retina Conteúdo

Finalização
Sandro Tagliamento

Marketing Estratégico
Ag. Mandíbula

Impressão e Acabamento
Ipsis Gráfica

DADOS INTERNACIONAIS DE CATALOGAÇÃO NA PUBLICAÇÃO (CIP)
Jéssica de Oliveira Molinari – CRB-8/9852

Graham, Peter
  Almas Gêmeas / Peter Graham; tradução de Dandara Palankof. —
Rio de Janeiro : DarkSide Books, 2024.
  368 p.

  ISBN: 978-65-5598-435-4
  Título original: So Brilliantly Clever: Parker, Hulme and the Murder
that Shocked the World

  1. Parker, Pauline Yvonne, 1938- 2. Homicídio – Nova Zelândia –
Estudo de caso I. Título II. Palankof, Dandara

23-3673   CDD 364.152

Índice para catálogo sistemático:
  1. Parker, Pauline Yvonne, 1938-

[2024]
Todos os direitos desta edição reservados à
DarkSide® *Entretenimento* LTDA.
Rua General Roca, 935/504 – Tijuca
20521-071 – Rio de Janeiro – RJ – Brasil
www.darksidebooks.com

PETER GRAHAM
ALMAS GÊMEAS

TRADUÇÃO
DANDARA PALANKOF

DARKSIDE

SUMÁRIO

Nota do Autor 9

1. Um Passeio no Parque 13

2. Estado de Choque 20

3. A Investigação 28

4. Levando a Culpa 38

5. Um Homem Adequado 47

6. Tensões da Guerra 55

7. Cidade da Catedral 62

8. Uma Nova Residência 70

9. "Sapientia et Veritas" 78

10. Segredos de Família 83

11. Laço Indissolúvel 95

12. Duas Belas Filhas 100

13. Charles e Lance 111

14. Comportamento Angelical 123

15. O Templo no Jardim 128

16. Sérios Apuros 138

17. Uma Observação Adorável 143

18. Noites Frenéticas 151

19. Juntas Para Sempre 155

20. Um Crime Fora do Comum 163

21. A Única Defesa Possível 171

22. Um Crime em Um Milhão 175

23. Mocinhas de Mente Suja 180

24. Uma Rara Forma de Insanidade. 188

25. Aquilo Que Chamam Êxtase 195

26. Dormindo Com os Santos 206

27. "Não Vejo Nada de Insano..." 216

28. O Júri Se Retira 223

29. Até Segunda Ordem de Sua Majestade 230

30. A Presença do Mal. 237

31. A Vida na Prisão. 247

32. Um Ano Difícil. 255

33. Um Recomeço 261

34. Vidas Deterioradas 271

35. Um Passado Secreto 275

36. Um Ponto de Vista Lésbico 281

37. Desnudada 288

38. Obra de Ficção. 300

39. A Outra Garota 307

40. Que Raios Foi Isso?. 315

41. Vidas Separadas 324

Epílogo 326

Galeria de fotos. 334

Bibliografia Selecionada. 353

Agradecimentos. 356

Índice Remissivo 358

Para Rebecca, Guy, Lucy e Louise

NOTA DO AUTOR

Quando Juliet Hulme e Pauline Parker mataram a mãe de Pauline a pancadas em 22 de junho de 1954, eu tinha 7 anos de idade. Não me lembro de ouvir falar do assassinato ou do julgamento, muito embora me lembre com muita clareza da conquista do Monte Everest por Hillary e Tenzing e da coroação da Rainha Elizabeth II no ano anterior. Ao que parece, meus pais esconderam de mim e da minha irmã as notícias do cruel assassinato: tal protecionismo com as mentes jovens era comum naqueles dias. O matricídio cometido por garotas adolescentes era um crime excepcionalmente raro, como ainda é nos dias de hoje. A morte de Honorah Parker, sem falar no relacionamento lésbico entre as meninas, teria sido uma leitura profundamente inquietante para os pais em qualquer parte do mundo.

A primeira vez em que ouvi falar do assim chamado "assassinato Parker-Hulme" foi em 1972, quando eu era um jovem e recém-formado advogado e procurador e fui para Christchurch trabalhar como assistente de Brian McClelland — que havia sido advogado assistente de Juliet Hulme. Ele falava do caso com frequência e, em certa ocasião, Peter Mahon, que havia sido o assistente do promotor público Alan Brown, dividiu suas recordações comigo e com outros. De Brian McClelland, ouvi que as duas garotas estavam envolvidas em um caso de amor lésbico quando foram ameaçadas de separação — embora Pauline, ele disse, também desfrutasse de relações sexuais rotineiras com um estudante de direito. Os pais de Pauline não eram casados e estavam vários níveis abaixo dos Hulme na pirâmide social. O pai apenas administrava um restaurante de peixe com batatas fritas, típico prato do Reino Unido, em Sydeham e, por isso, Pauline havia ficado deslumbrada pelo glamoroso mundo social dos Hulme. As garotas escreviam poemas e livros juntas e, acreditando que eram gênios e grandes beldades, fizeram planos de fugir para Hollywood a fim de transformar em filmes as obras que escreviam. McClelland acreditava que Juliet Hulme, que o chamava de "Bambi", era clinicamente insana, mas não estava convencido de que o mesmo se aplicava a Pauline.

O assassinato Parker-Hulme estava de alguma forma incrustado ao solo de Christchurch, sendo tão parte da história local quanto os peregrinos que, um século antes, haviam percorrido a trilha de montaria desde Lyttelton — os homens de sobrecasacas e cartolas, as mulheres de crinolinas — para fundar a cidade. Não era raro que eu encontrasse pessoas que haviam sido amigas de Hilda e Henry Hulme, os pais de Juliet, quando Henry foi reitor da Faculdade de Canterbury*.

A residência do reitor, na época conhecida como a Chácara Ilam, ficava em um terreno magnífico na Ilam Road. Era impossível passar por ela — eu não era o único — sem pensar naquelas duas estranhas garotas. O mesmo acontecia ao passar pelo antigo prédio do Colégio para Moças em Cranmer Square, agora demolido após sofrer graves danos nos terremotos de setembro de 2010 e fevereiro de 2011. E se você fosse ao Victoria Park, era impossível não se perguntar onde a mãe de Pauline havia encontrado seu terrível fim.

O caso me fascinou tanto que, em 1975, decidi descobrir o máximo possível e escrever um relato a respeito, tão fidedigno quanto me fosse possível. Pelo que eu já sabia, os fatos pareciam bons demais, de um ponto de vista literário, para desperdiçar em ficcionalidades. Eu vim a partilhar da crença do dr. Johnson de que "o valor de cada história depende de ela ser verídica".

Com o apoio de Brian McClelland, tentei reaver os documentos do caso em seu antigo escritório, Wynn Williams and Co. Fui informado de que o arquivo havia desaparecido. Para um caso tão célebre, é assombroso quantos arquivos, caixas de fotografias e provas de vários tipos desapareceram dos gabinetes dos procuradores, cartórios e delegacias. Lamentavelmente, meu livro não foi iniciado em 1975, mas em 2008, depois que voltei de trinta anos em Hong Kong. Nesse ínterim, uma série de pessoas envolvidas havia morrido, mas de um jeito ou de outro, fui capaz de encontrar evidências documentais mais do que suficientes e pessoas com ótimas memórias para que eu pudesse juntar as peças de uma abrangente narrativa a respeito da morte de Honorah Parker, das origens de Juliet Hulme e Pauline Parker e de suas vidas tanto antes quanto depois do assassinato.

---

* Antigamente ligada à Universidade da Nova Zelândia; hoje independente, é chamada de Universidade de Canterbury. [As notas são da tradução]

Minha pesquisa começou na Biblioteca Alexander Turnbull, em Wellington. Na recepção, o bibliotecário me contou que sempre há muito interesse pelo caso Parker-Hulme. "Lúbrico, em sua maioria", ele acrescentou. Como ele sabia? Tentei ao máximo não parecer matreiro, mas posso não ter obtido sucesso. Aquele olhar desaprovador de "mais um daqueles" vindo dos bibliotecários e arquivistas foi algo ao qual eu viria a me acostumar. Conforme minha pesquisa progredia, porém, fui recompensado com frequência por novas descobertas que eram interessantes por si sós, ou que lançavam nova luz sobre Juliet, Pauline e as vidas das pessoas afetadas pelo crime que cometeram.

O assassinato foi o crime neozelandês de maior fama internacional. Isso se deve em parte ao sucesso do filme *Almas Gêmeas* (*Heavenly Creatures*), de Peter Jackson. O julgamento de Parker e Hulme chamou a atenção da imprensa mundial desde o primeiro minuto, mas para muitos ele é, e para sempre continuará a ser, "o assassinato de *Almas Gêmeas*". Uma rápida busca na internet revela que existe uma seita internacional do cyberespaço cujos fiéis se alimentam de cada migalha de informação conectada ao crime.

O que torna fascinante o ato de um assassinato e as circunstâncias que o rodeiam, quando outros são meramente sórdidos ou banais? Além dos assassinatos de presidentes e outros chefes de estado, é provável que nenhum outro homicídio de um único indivíduo em nenhum outro lugar do mundo tenha inspirado tantas obras de ficção — romances, filmes, peças e roteiros — sem falar em documentários para o cinema e para a televisão. A única possível exceção é o sequestro e assassinato de Bobby Frank, em Chicago, no ano de 1924, por Nathan Leopold e Richard Loeb, dois adolescentes de inteligência formidável, convencidos de que eram super-homens nietzschenianos.

Porém, surpreendentemente, para além de curtos relatos sensacionalistas em antologias sobre crimes, o único relato factual publicado anteriormente sobre o assassinato Parker-Hulme é *Parker and Hulme: a Lesbian View*. O escopo e o teor desse livro, publicado há vinte anos, é muito diferente do meu, sendo motivado pelo desejo de examinar o efeito do assassinato sobre a comunidade lésbica da Nova Zelândia. Este livro conta a história inteira pela primeira vez.

Peter Graham
Setembro de 2011

PETER GRAHAM
ALMAS GÊMEAS

1

Um Passeio no Parque

Às 11h, a forte e brilhante luz do sol havia derretido os últimos bolsões da geada nos vastos gramados do reitor e dispersado a névoa do rio que pairava pelo terreno. Era uma terça-feira, 22 de junho, solstício de inverno, mas o céu se encontrava azul e sem nuvens. O dr. Henry Hulme estava ao volante de seu Jaguar em frente ao pórtico, esquentando o motor do carro enquanto aguardava a filha. Estavam começando o dia tarde, mas os dias de Hulme na Faculdade de Canterbury estavam quase chegando ao fim. Logo, graças aos céus, ele estaria de volta ao lar na Inglaterra.

Homem alto e ectomorfo em seus quarenta e poucos anos, vestindo boa alfaiataria de Londres e usando óculos de tartaruga, cada centímetro da aparência do reitor remetia a um intelectual de Cambridge. Houve mulheres que acharam suas feições aquilinas e seus aprazíveis modos secos um tanto atraentes. Sua testa proeminente sugeria uma inteligência poderosa e, de fato, no momento em que foi nomeado na Nova Zelândia, ele era considerado como um dos principais físicos-matemáticos de sua geração e uma das mais preeminentes autoridades da Grã-Bretanha em armas nucleares.

Quando Juliet se enfiou no banco do carona, o dr. Henry Hulme teve uma agradável surpresa ao presenciar o sorriso animado e a conversa trivial da filha. Julie podia ser temperamental — uma pessoa difícil, na verdade. De um jeito ou de outro, o resto da família era sempre refém de seu temperamento inconstante. Ela havia se atrasado na co-zinha, desfilando para sua mãe e para Bill Perry uma saia que estava usando, comprada no dia anterior. Julie amava roupas. Talvez a nova saia explicasse seu humor animado.

Hulme foi levando o carro devagar pela extensão do acesso da casa, passando pelas majestosas sequoias-gigantes e pelos famosos rodo-dendros de Ilam. Virando para tomar a estrada, pai e filha rumaram na direção da cidade.

O conselho docente não havia deixado nenhuma escolha a Hen-ry Hulme além da demissão. Mas, de todo modo, ele já estava mesmo farto do infindável bate-boca que havia se mostrado uma infeliz ca-racterística da administração universitária na Nova Zelândia. A ideia de se jogar outra vez em um trabalho sério de pesquisa, em seu lar, era um grande atrativo.

Porém, a faculdade havia feito as coisas do modo apropriado: ele e Hilda haviam recebido as despedidas com todos os sinais de apreço. E o discurso de despedida de Bill Cartwright havia louvado com ge-nerosidade sua contribuição à Faculdade de Canterbury e à Univer-sidade da Nova Zelândia. Ele havia sido presenteado com um cheque um tanto decente — uma arrecadação feita pela equipe acadêmica. Rudi Gopas havia feito as últimas pinceladas em seu retrato, enco-mendado para ser pendurado ao lado dos outros homens e mulheres ilustres da faculdade.

Em menos de uma quinzena, ele e Juliet estariam partindo. Sua filha ainda estava convalescente da tuberculose. Ele e Hilda haviam concordado que o melhor para a saúde dela seria ficar com Ina, a irmã dele, em Johanesburgo, durante o inverno europeu enquanto ele pro-curava trabalho na Inglaterra.

Hilda, como sempre, faria o que bem lhe aprouvesse. O plano atual era que ela empacotaria as coisas em casa e levaria o filho deles, Jonty, para a Inglaterra quando sua escola entrasse em recesso para os feria-dos de agosto. Bill Perry — oficialmente um amigo íntimo da família, na verdade amante de Hilda — talvez pudesse ir a reboque. Hilda que-ria o divórcio e Henry achava que todos deveriam agir como adultos quanto a essa questão.

Como era previsível, haviam acontecido escândalos na casa, com Juliet em seu epicentro. Ela estava aborrecida por ter que dar adeus à sua grande amiga e alma gêmea Pauline Rieper. Isso era bastante natural, mas ela estava transformando a coisa em uma ópera trágica. Costumava transformar tudo em um grande melodrama. Sempre havia sido assim. Deborah e Gina, assim as duas garotas chamavam uma à outra. Julie insistiu que a família também tinha que chamá-la de Deborah.

As duas estavam desesperadas para que Pauline se unisse a Juliet em Johanesburgo, mas é claro que isso era impossível. A mãe de Pauline nunca permitiria. Ele havia feito tudo o que podia, mas isso não havia impedido a querida Julie de se tornar completamente desagradável quando bem entendia. A casa apenas encontrava um estado semelhante ao da paz quando a menina Rieper estava em Ilam. Henry tinha uma confiança tranquila de que todo esse dissabor se resolveria no tempo de onze dias, quando ele e a filha partiriam de navio rumo à África do Sul.

No trajeto até a cidade, Julie contou ao pai um pouco de seus planos para o dia. Ela iria almoçar com Gina na casa dos Rieper e depois disso a sra. Rieper as levaria para dar um passeio no Victoria Park. Naquela noite, ela iria ao recital de Léon Goossen no Teatro Cívico com Jan e Diony Sutherland. Para Henry, que amava boa música, o último item era uma notícia bem-vinda. O concerto desse oboísta inglês de sucesso era uma amostra de como a vida seria na volta à Inglaterra, quando a vida de Julie não mais giraria em torno de Pauline Rieper.

Henry deixou Juliet no centro da cidade, na interseção das ruas Colombo e Cashel. Ela estava linda: era alta para a idade, esguia — extraordinária, nem bem com 16 anos. Seus cabelos castanhos, na altura do ombro — quase loiros com uma ajudinha de um produto chamado Golden Rinse —, estavam penteados de lado como uma das robustas jovens atrizes de cinema da época. Se Juliet estava se sentindo perturbada, como teria sido bastante natural com o divórcio dos pais no ar e o iminente prospecto de ser largada na África do Sul, ninguém que a visse naquela manhã, marchando confiante para a loja de departamentos Beath's para fazer algumas pequenas compras, poderia ter adivinhado.

Ao sair da Beath's, Juliet foi descendo a Cashel Street na direção do rio até a casa dos Rieper, na Gloucester Street, sentido do Colégio Christ's. O número 31 era uma casa vitoriana grande, simples e de dois andares, cujos fundos davam para o Colégio para Moças de Christchurch. As tábuas do revestimento externo estavam precisando urgentemente de uma pintura e havia bicicletas por todo lado. Os pais de Pauline, Nora e Bert Rieper, hospedavam pensionistas, em sua maioria jovens rapazes alunos ou estagiários da Faculdade de Pedagogia na Peterborough Street.

Juliet não gostava muito de passar o tempo na casa dos Rieper. A mobília assustadora da casa e as tralhas de mau gosto da família, sem falar no leve fedor de peixe e de gás do aquecedor de água, desencorajariam qualquer um. E Nora e Bert, embora não pudessem evitar ser quem eram, eram irremediavelmente ignorantes quanto a tudo que importava: arte, boa música, literatura. *Molto insimpatico*. Pauline concordava totalmente. Ela morava naquela casa apenas porque era obrigada.

A primeira ideia das meninas havia sido fazer um piquenique no Victoria Park, mas a sra. Rieper preferiu primeiro almoçar — os Rieper chamavam de jantar da tarde — em casa. Bert Rieper já havia voltado do trabalho e estava em sua horta quando Juliet chegou. Wendy, a irmã de Pauline, apareceu não muito depois. Como Juliet, Pauline estava em um humor contente. Não só contente, *empolgado*. O almoço foi uma ocasião particularmente animada. Pauline e Juliet fizeram piadas, e Bert e Nora se uniram às risadas. Wendy, uma bela garota de 17 anos, orgulhosa de seu cargo na seção de roupas íntimas de uma loja de departamentos próxima dali, pode não ter achado as garotas assim tão divertidas, mas Nora se banhava no restaurado calor da vida familiar.

Por um bom tempo, Pauline — ou Yvonne, como a família a chamava — havia estado rabugenta e, com frequência, pura e simplesmente grosseira, tratando-os com um desprezo que não se incomodava em esconder. E o modo como ela costumava falar com Wendy era pavoroso. Aos seus olhos, sua família nem se comparava aos Hulme. Muitas palavras duras haviam sido trocadas entre mãe e filha e a verdade era que Nora mal podia esperar para que a esnobe, detestável e presunçosa da Juliet Hulme desaparecesse para sempre da Nova Zelândia — junto de sua mãe convencida e o resto dos Hulme. Livre da influência de Juliet Hulme, sua filha logo voltaria a firmar os pés no chão e esqueceria toda a pose e afetação que havia desenvolvido ao longo dos últimos dois anos.

Porém, desde a tarde de domingo, quando haviam buscado Pauline na casa dos Hulme em Ilam, onde havia passado mais de uma semana, eles haviam notado uma mudança. Ela estava em um estado de espírito mais feliz do que eles haviam visto em eras; parecia enfim ter aceitado a partida de Juliet. Naquela noite, ela havia se sentado na frente do fogo, segundo ela escrevendo uma ópera, mas pelo menos participando da conversa. Era algo que ela não se dava ao trabalho de fazer há muito tempo. Havia conversado de maneira um tanto civilizada com o pai, para variar. E no dia anterior havia trabalhado feito o cão, ajudando na lida da casa. Nora não tinha desejo algum de passear no Victoria Park ou em nenhum outro lugar, mas vendo o quanto Pauline havia se animado, seria agradável: um passeio de mãe e filha e uma espécie de adeus a Juliet. Pauline havia conseguido um emprego e começaria na semana seguinte e Nora provavelmente não veria Juliet outra vez antes de ela deixar a Nova Zelândia. Pensar nisso alegrou-a imensamente.

Após o almoço, Bert e Wendy pedalaram de volta aos seus locais de trabalho — Wendy ao seu balcão das lingeries e Bert até a Dennis Brothers, Comércio de Aves e Peixes, o modesto negócio varejista no qual ele era gerente. Assim que os pratos estavam lavados e enxutos, Nora Rieper e as duas garotas partiram pela Gloucester Street, cortando pela Chancely Lane até a Cathedral Square a fim de tomar o ônibus até Cashmere Hills.

Elas formavam um trio pouco notável, embora Juliet, meia cabeça mais alta do que Pauline, se destacasse um pouco nas ruas de Christchurch com seus modos autoconfiantes e o inconfundível corte inglês de seu casaco. Pauline, que havia acabado de completar 16 anos, tinha uma constituição atarracada que quantidade alguma de dietas ou purgativos pareciam ter sido capazes de mudar. Com sua compleição pálida feito cera, seu incontrolável cabelo preto e sua costumeira carranca, ela não era tão atraente quanto a amiga. Seu casaco era de um trivial tweed cinza. E enquanto Juliet tinha um bom porte, Pauline caminhava com um leve mancado, legado da osteomielite da infância. As duas garotas carregavam bolsas a tiracolo, como faziam as meninas de sua idade quando não estavam usando seus uniformes da escola. Nora, uma mulher viçosa com cabelos malhados de cinza e pernas fortes, estava vestida com um matronal conjunto de saia e blazer, com chapéu, luvas e uma bolsa de mão. Fazia uma tarde adorável, mas o pulôver ao redor de seus ombros estava ali reservado para a queda na temperatura que já era esperada para mais tarde.

O Victoria Park, nas colinas de Port Hills acima de Christchurch, fica a oito quilômetros ao sul da Cathedral Square. Abrindo caminho pela Colombo Street, um rio de bicicletas e carros, o ônibus número dois, que só recentemente havia substituído o bonde, passou pela Dennis Brothers, no número 668, e foi seguindo pela Moorhouse Avenue e pela estrada de ferro. Com frequentes paradas e partidas, ele seguiu se balançando, passando pela Sydeham e então seguiu pela melancólica Beckenham até Thorrington, aos pés de Cashmere Hills. Ali a estrada se desviava para oeste, fazendo a volta pelo rio Heathcote até a Hackthorne Road, antes de subir a colina e passar pelas abastadas casas de Cashmere. O ônibus chegava ao seu terminal bem em frente ao Sign of the Takahe, um casarão enorme e incongruente que buscava emular um solar senhorial inglês do século xv ou xvi. Visão de um excêntrico inclinado à preservação chamado Harry Ell, havia sido necessário mais de trinta anos para que um exército de pedreiros, marceneiros, pintores heráldicos e outros artesãos o completassem.

A partir da Sign of the Takahe, uma estrada mal pavimentada subia por pouco mais de um quilômetro e meio até o Victoria Park. O parque, algumas centenas de acres de terras de reserva, havia sido aberto ao público 57 anos antes daquele dia — 22 de junho de 1897 — como um tributo de Christchurch à grandiosa rainha na ocasião de seu jubileu de diamante. Em sua maioria, era um matagal de tufos de grama e árvores arbustivas, perfurado em alguns pontos por afloramentos de rochas vulcânicas.

As três se arrastaram colina acima até o parque. Nenhuma era muito acostumada a exercícios, e a luz seguindo para oeste havia produzido uma tarde cálida. No topo, as garotas desabotoaram seus casacos e recuperaram o fôlego em frente ao quiosque de chá contíguo à casa do zelador. A vista de Christchurch, passando pelas Canterbury Plains até os sopés lambidos pela neve dos Alpes do Sul, de um azul leitoso sob a luz da tarde, era espetacular. Não sendo o tipo de mulher que se aventurava em despovoados não desbravados sem se fortificar, Nora Rieper tomou a iniciativa de ir até a casa de chá. Era pouco depois das 14h30.

A esposa do zelador era encarregada do local. Nora pediu um bule de chá com bolinhos e scones* e sugeriu que as garotas talvez fossem gostar de um refrigerante. As duas, no entanto, disseram que prefeririam refrescos e logo Agnes Ritchie levou até sua mesa as garrafas de bebida, laranja para uma, limão para a outra, com canudos. Ela bateu um pouco de papo com Nora e as garotas responderam com educação quando se dirigiram a ela. Eram um grupo quieto, ela pensou. Nada fora do comum. A conta foi paga e elas partiram logo antes das 15h.

Pauline já havia estado antes no Victoria Park: quando Julie viajou com os pais para as Ilhas do Norte no recesso de Natal, ela e uma outra garota haviam ido até lá. Ela assumiu a dianteira, dirigindo-se até uma trilha íngreme que começava em uma fenda na parede de pedra próxima à casa do zelador. Na parte leste, a trilha da mata, como era conhecida, descia até "um agradável cenário silvestre de árvores nativas e inglesas, de jovens pinheiros, com predominância de *ribbonwoods*** e pitósporos", como uma repórter do *N.Z. Truth* mais tarde viria a descrevê-la. Um outro jornalista, de forma mais teatral, a chamaria de uma "ravina adorável". De todo modo, não havia lugar mais isolado que esse à distância de uma viagem de ônibus e uma curta caminhada, saindo do centro de Christchurch.

---

* Pãezinhos doces típicos da Grã-Bretanha que geralmente acompanham o chá da tarde.
** Nome genérico dado a diversas árvores nativas da Nova Zelândia.

PETER GRAHAM
ALMAS GÊMEAS

2

Estado de Choque

Às 15h30, alguns minutos para mais ou para menos, Agnes Ritchie estava na cantina servindo sorvete para duas crianças pequenas. Meia dúzia de degraus de pedra levava à janela de atendimento. Enquanto se ocupava tirando o sorvete, ela viu as duas meninas que haviam estado mais cedo na casa de chá correndo em direção ao pé da escada sem fôlego, agitadas, com as mãos e as roupas ensanguentadas. O rosto de uma das garotas estava salpicado de sangue e o da outra levemente respingado. Ambas gritavam. Uma chamava, "Por favor, alguém pode nos ajudar? Machucaram minha mãezinha! A mãezinha — ela tá muito machucada! Ela tá *morta*!". A outra berrava, "A mãe dela — ela tá ferida! Tá coberta de sangue! Por favor, alguém nos ajude!".

Agnes Ritchie mandou dois jovens clientes irem buscar seu marido, que estava queimando lixo ali perto, e atravessou a casa de chá às pressas até as meninas. Ela pediu que lhe mostrassem onde havia acontecido. Uma arfou, "Lá embaixo no matagal — no fim da trilha!". Agnes atravessou a fenda na parede de pedra e perscrutou o fim da trilha, mas não conseguiu ver nada. Ela voltou até as garotas e disse que elas teriam que lhe mostrar. Elas imploraram para que não as fizessem descer até aquele lugar horrível outra vez. Garantindo a elas que não faria isso, Agnes as levou até o quiosque. Uma delas, que ela mais tarde descobriria ser Juliet Hulme, estava à beira da histeria; a outra Pauline Parker, estava mais quieta, branca feito um lençol, talvez em choque.

Kennet Richie, o zelador, sabia apenas que uma mulher havia se machucado em um acidente. Ao ver as duas garotas, ele levou a que tinha sangue espalhado no rosto até a abertura na parede de pedra e foram para a beira da floresta. A mão esquerda dela estava coberta de sangue coagulado. Ele exigiu saber onde o acidente havia acontecido. A garota gesticulou vagamente na direção da vegetação logo abaixo. Richie só conseguiu tirar dela que sua mãe havia escorregado e batido a cabeça em uma pedra. Pensando que pudesse precisar estancar um forte sangramento, ele correu até a casa para pegar uma toalha. Assim que seu assistente, Eric McIlroy, apareceu, os dois homens desceram a trilha nas carreiras.

Agnes Ritchie levou as garotas de volta para a casa de chá e telefonou pedindo uma ambulância. Juliet não parava de dizer "Não vá embora! Não nos deixe!". Ela com certeza era a mais transtornada das duas. Em seguida, Agnes telefonou para Donald Walker, um médico cujo consultório em Beckenham não ficava longe dali. Juliet, em particular, estava preocupada com o sangue que tinha nas mãos e nas roupas e queria lavá-las com urgência. Naquele dia, não havia água quente na casa; Agnes as levou até a cantina para que se limpassem na pia o melhor que pudessem. Entregou toalhas a elas e deixou que cuidassem disso sozinhas. "Ai, nossa, ela não é *gentil*?", disse Juliet e, logo, as duas garotas se desmancharam em risinhos.

Quando estavam levemente mais apresentáveis, as garotas perguntaram a Agnes Ritchie se ela poderia ligar para os pais delas. Pauline disse que não queria voltar para casa pois não haveria ninguém lá. O telefone na peixaria de Bert Rieper estava ocupado, mas Agnes conseguiu entrar em contato com Henry Hulme na universidade. Ele iria imediatamente buscar as duas. Enquanto esperavam, Agnes serviu a elas uma xícara de chá. Pauline engoliu a sua bebida ainda escaldante, sem parar para acrescentar leite.

Agnes perguntou repetidas vezes como o incidente havia acontecido. Juliet guinchou, "Não fale disso! Não aguento falar disso!".

Pauline disse com uma voz lenta e rouca, "Ela escorregou em uma tábua e bateu a cabeça num tijolo... A cabeça dela não parava de se sacudir e bater enquanto caía".

Juliet interveio, "Não pense nisso. É só um sonho. Vamos acordar logo. Vamos falar sobre outra coisa".

Agnes amavelmente mudou o assunto para temas aleatórios. Em que escola elas estudavam? Elas não estavam mais na escola, disseram. Durante uma pausa na conversa, Pauline gemeu alto, "Mãezinha — ela morreu". Agnes sugeriu que ela poderia não estar tão machucada. Pauline apenas a encarou.

Após um longo silêncio, Pauline disse espontaneamente que elas haviam tentado erguer a mãe e carregá-la, mas ela era pesada demais e elas a haviam derrubado. "Talvez não tenhamos feito a coisa certa", sugeriu. As duas continuavam dizendo que gostariam de ir para casa. "Papai vai demorar muito?", Juliet perguntou melancólica a ninguém em particular. "Queria que ele se apressasse." Ela queria ir de uma vez para longe "desse lugar horrível". Pauline disse que só queria ir para a cama, embora estivesse muito calma, observou Agnes Ritchie.

Kenneth Ritchie e Eric McIlroy já haviam descido correndo cerca de meio quilômetro da difícil trilha quando se depararam com uma mulher caída de costas junto a uma decrépita ponte de tábuas de madeira. Suas pernas, abertas de forma indecente, apontavam para eles; sua cabeça, esmagada e ensanguentada, estava na descida. Os olhos da mulher estavam fechados e protuberantes. A boca estava escancarada e o cabelo emaranhado com pelotas de sangue. O sangue manchava sua face e criava crostas em sua boca e em suas narinas. Jatos de sangue de sua cabeça haviam esguichado em regatos, agora coagulado a cerca de quatro metros trilha abaixo. A saia estava puxada ao redor de suas coxas. Protegendo instintivamente as vergonhas da mulher, Kenneth Ritchie puxou a bainha dela para cobrir seus joelhos. Não parecia um acidente, ele pensou. Não havia pedra por perto e na terra, a trinta centímetros de sua cabeça, havia a metade de um tijolo com sangue e fios de cabelo. McIlroy permaneceu no local enquanto Ritchie disparou colina acima para chamar a polícia.

Uma ambulância do St. John's estava estacionando quando Ritchie chegou ao topo. Harold Keyes, o motorista, perguntou a ele sobre a mulher que havia caído por um barranco. Não sendo um homem de muitas palavras, Ritchie informou sucintamente que ela estava no fim da trilha — morta. Keys foi dar uma conferida, deixando seu assistente, Ray Edmonds, esperando junto à ambulância. Sob as instruções de seu marido, Agnes Ritchie telefonou para a polícia. Nesse momento, já eram 15h50.

Abalado pelo que tinha visto, Kenneth Ritchie chamou as garotas para a sala de visitas, mas não conseguiu nada delas. Foi então que ele viu a grande placa de sangue na frente da saia da menina Hulme. Ele fez um breve relato por telefone para Morris Barnett, o superintendente de reservas. Barnett estava preocupado com a possibilidade de ela ter tropeçado nas tábuas da ponte; os dois sabiam que já havia passado da hora de ela ser reformada. Por cautela, Barnett telefonou para Ross Lascelles, da Weston Ward and Lascelles, os advogados do conselho, alertando para um possível problema legal.

Quando Henry Hulme chegou ao Victoria Park, Juliet e Pauline se afundaram satisfeitas no aromático estofamento do Jaguar. Aliviado de que a polícia ainda não tivesse chegado, Hulme parou apenas para deixar seu nome e seu endereço com Edmonds antes de acelerar para longe na direção de Ilam. Às 16h15, ele e as duas garotas chegaram à casa. Bill Perry, que morava em um apartamento independente nos fundos da casa, havia chegado segundos antes e estava recolhendo seu jornal no portão quando o carro de Hulme fez a curva para o acesso da casa. Os dois não se falaram.

Quando as duas garotas, pálidas e tremendo, entraram pelo saguão de entrada apainelado, Hilda estava ao telefone. Ela as encarou aterrorizada e bruscamente pôs fim ao telefonema. "Preciso ir. Juliet acabou de chegar e está coberta de sangue!"

Houve um acidente, Henry disse a ela. Juliet e Pauline tinham visto a sra. Rieper cair em algumas pedras no Victoria Park. Ela havia ficado gravemente ferida — era possível que estivesse morta. Mesmo enquanto ele falava, era difícil que um acidente soasse plausível, considerando o estado em que as garotas estavam. Temendo que um medonho crime tivesse sido cometido, ele se encontrava inerte de tão atordoado.

Hilda era uma mulher de mais fibra. As duas garotas pareciam em choque. Enquanto lhes preparava um banho, ela convocou Bill Perry. Henry era um caso perdido: Bill se provaria muito mais desenvolto em uma situação de crise. Após instruir Hilda a como tratar um choque, Perry assumiu o controle. Para começar, Henry deveria ligar para Nancy. Tudo que ele precisava fazer era dizer a ela que havia acontecido um acidente no Victoria Park e Julie não poderia ir ao recital de Léon Goossens com Diony e Jan. Era tudo o que ele precisava dizer.

Enquanto Hilda dava banho nas garotas — com a água tão quente quanto elas podiam suportar — Perry deixou xícaras de chá bem doce e bem quente em uma bandeja do lado de fora do banheiro. Os dois casacos manchados de sangue estavam no patamar. A manga esquerda do casaco de Pauline estava encharcada de sangue até quinze centímetros acima do punho. O sangue da própria mãe — Deus todo-poderoso! Ele correu até a lavanderia mais próxima de lavagem a seco, Hicks' Drapers, na esquina da Clyde Road com a Fendalton Road, que fechava às 17h. Ele ainda não havia falado com as garotas; levou seus casacos para serem lavados apenas por acreditar — ou assim ele viria a afirmar depois — que não faria bem a elas ver suas roupas ensanguentadas enquanto ainda estavam em choque.

Enquanto Perry estava fora, Hilda lavou as roupas íntimas das garotas. Após o banho, Juliet ficou empolgada, corada e falante, mas continuava relutante em discutir o acidente. Hilda pôs as garotas juntas na cama, no quarto de Juliet. Elas lhe disseram que estavam com fome e ela levou para as meninas uma ceia leve. Quando Perry retornou, foi dar uma olhada nelas. Música tocava no rádio. Pauline estava muito quieta, muito pálida, quase em coma. Juliet estava corada, transpirando e extremamente animada. Ele deu um sedativo a cada uma delas. O melhor era que fossem dormir o quanto antes. Ele não discutiu o acidente da sra. Rieper, mas conversou calmamente sobre livros e música, esperando manter suas mentes longe de pensamentos desagradáveis.

O dr. Donald Walker foi o primeiro a chegar ao Victoria Park após Henry Hulme ter levado as garotas embora. Kenneth Ritchie disse que ele estava perdendo tempo se pensava que daria à mulher qualquer ajuda médica. O médico decidiu que poderia ao menos esperar pela polícia no quiosque de chá.

O agente Donald Molyneaux, em serviço na carceragem da Delegacia Central de Polícia, na Hereford Street, recebeu a ligação às 15h50. Molyneaux levou de carro o sargento Robert Hope até o parque, chegando às 16h20. Os dois agentes da polícia falaram brevemente com o dr. Walker e com Harold Keyes e então, guiados por Eric McIlroy, todos desceram a trilha. Kenneth Ritchie e Ray Edmonds fitavam o corpo em um silêncio contemplativo. Sua imobilidade era tão completa quanto poderia ser a de qualquer outra coisa — morto, morto da silva. Fazia um silêncio sinistro lá embaixo, na floresta, onde o lado leste da trilha Latters Spur despencava abruptamente para a trilha Bowenvale. A noite caía rápido: nem mesmo o pio de algum pardal perturbava o intenso silêncio. Era difícil imaginar que o cadáver aos pés deles havia estado tão vivo quanto eles apenas uma hora atrás.

Quando o dr. Walker confirmou o que todos já sabiam, o olhar do sargento Hope foi atraído não só pela metade de tijolo, mas por uma meia-calça jogada no barranco ao lado da trilha. Ele instruiu Molyneaux a garantir que ninguém tocasse nem no corpo nem em nada mais, então saiu em disparada colina acima a fim de contatar a repartição da Divisão de Investigações Criminais em sua viatura.

O sargento detetive Archie Tate, o detetive Ferguson Gillies, do CIB,[*] e a agente Audrey Griffiths, da Divisão Feminina, foram despachados para o Victoria Park. Sendo o dia mais curto do ano, estava escurecendo na hora em que chegaram, às 17h15. O sargento Hope os levou pelo zigue-zague abaixo. A eles logo se juntaram o inspetor Duncan McKenzie e o detetive sênior Macdonald Brown, da CIB, Ted Taylor, o legista, dr. Collin Pearson, patologista da polícia, e o fotógrafo policial Bill Ramage. A enorme lua crescente que se ergueu no céu quando a escuridão caiu mal lançava um brilho mortiço sob as árvores, onde o corpo de Nora Rieper estava caído em uma trilha de terra, rodeado de folhas de pinheiros ensanguentadas.

Os especialistas estudaram a cena à luz de archotes: o corpo, ainda quente; o meio tijolo; a meia-calça de fio da Escócia, com um nó no tornozelo e rasgada na ponta. O tempo esfriou enquanto eles cutucavam e sondavam, faziam fotos, tiravam medidas, desenhavam esboços e faziam cuidadosas anotações. Os detalhes abjetos foram todos registrados: a meia-calça enlameada, o sapato que escapou de seu pé direito, sua dentadura inferior semienterrada em barro áspero à esquerda de sua mandíbula, seu chapéu e suas luvas pisadas, o broche espatifado debaixo de sua perna esquerda. Ali perto estavam uma bolsa de mão e um cardigã branco — perdidos ou descartados quando ela foi atingida pelos primeiros golpes. Um pudim de sangue coagulado

---

[*] Sigla em inglês da Divisão de Investigações Criminais.

que mais parecia uma placenta jazia junto aos seus pés na grama ao lado da trilha. Ele sugeria que o corpo havia sido deslocado do local onde havia começado a se esvair em sangue. Marcas ao redor do pescoço indicavam que haviam segurado a mulher no chão pela garganta enquanto ela era golpeada na cabeça.

Os ferimentos nas mãos não escaparam à atenção de ninguém. A ponta de seu mindinho na mão esquerda estava pendurada por um pedaço de pele. Ela claramente havia tentado repelir os golpes em sua cabeça. Havia oferecido resistência. Sua morte não havia sido nem rápida, nem indolor.

A cena da morte havia deixado todos repugnados. Mortes violentas eram raras em Christchurch e, como o sargento detetive Tate viria a dizer, "A falecida foi atacada com uma ferocidade animal raramente vista na maioria dos assassinatos brutais". Que essa selvageria tivesse sido obra de duas adolescentes que poderiam ser suas próprias filhas era uma ideia chocante demais para ser verbalizada. A própria filha de Tate, Lesley, tinha mais ou menos aquela idade.

Eles agora sabiam que uma das garotas era filha do reitor da Faculdade de Canterbury. Sua mãe, a esposa do reitor, estava no rádio com frequência, distribuindo conselhos sobre questões de família no programa *Candid Comment*, na emissora 3YA, pelo amor de Deus. Estava além de sua compreensão como ou por que duas jovens — jovens como aquelas, como qualquer um — poderiam ter feito tal coisa. Era algo que deixaria as pessoas intrigadas por um longo tempo.

Quando o trabalho de investigação na cena foi concluído, o corpo da mulher foi levado até o topo da trilha, onde a agente Griffiths foi designada a escoltá-lo até o necrotério do Hospital Público de Christchurch — "a casa dos mortos", como era conhecido pelos moradores da região. Ela teria a lúgubre tarefa de despir o corpo, embrulhá-lo e etiquetar os itens de vestuário que pudessem ser necessários como evidência. Teria que amarrar a junta superior do mindinho da mão esquerda à inferior, para que ela não se desprendesse e fosse perdida. Quando terminasse, um funcionário do necrotério viria, tosquiaria a cabeça da mulher morta e deixaria tudo pronto para o dr. Pearson pela manhã.

Às 19h30, o inspetor McKenzie ordenou que Brown e Tate começassem a se mexer e entrevistassem as garotas. Lá no quiosque do chá, os dois homens cruzaram com Bert Rieper. Agnes Ritchie havia telefonado outra vez para a Dennis Brothers naquela tarde, e enfim Bert recebeu a mensagem dela, às 16h30. Um amigo o havia levado até o Victoria Park, onde o sargento Hope havia informado a ele sobre a amarga notícia. Ele ficou lá desde então, atordoado, incapaz de tomar coragem para se aventurar trilha abaixo, mas ainda assim sem forças para ir embora. Esmagado pelo pesar, ele havia praticamente perdido qualquer poder de fala. Os detetives solicitaram sua permissão para interrogar Pauline, que eles acreditavam estar na casa do dr. e da sra. Hulme. Com um aceno de cabeça mudo, ele concordou.

Algum tempo depois das 20h, o detetive sênior Brown e o sargento detetive Tate chegaram à Ilam, a imponente residência do reitor da Faculdade de Canterbury. Eles tocaram a campainha com um sentimento de inquietação. Por trás daquelas portas atemorizantes, havia um mundo desconhecido para os policiais. Mal havia sido necessária aos dois homens da CIB a ansiosa determinação do inspetor McKenzie para que pegassem leve em seu trato com o dr. e a sra. Hulme. Eles não eram pessoas comuns.

PETER GRAHAM
ALMAS GÊMEAS

3

A Investigação

Em 22 de junho de 1954, o pôr do sol aconteceu oficialmente às 16h59: ao dia mais curto do ano, seguiu-se a noite mais longa. Seria mesmo uma noite muito longa na Ilam Road 87.

Após Henry Hulme telefonar para Nancy Sutherland, uma amiga da família, para dizer que Juliet não teria condições de comparecer ao recital de Léon Goossens, ele fez algo peculiar: telefonou para Harold Norris, vigário da Igreja Anglicana de São Pedro, em Upper Riccarton. Embora Henry e Hilda fossem paroquianos, não eram muito assíduos na igreja. Norris era mais um conhecido, um ouvido simpático com o qual poderiam contar para guardar as confidências que lhe eram confiadas. Era óbvio que Henry estava aborrecido com alguma coisa: o vigário logo concordou em ir até lá. Depois que ele chegou, os dois conversaram durante algum tempo a portas fechadas, onde não poderiam ser entreouvidos.

Mais tarde, as pessoas se perguntariam por que Henry Hulme, em vez disso, não tinha conversado com seu amigo Terence Gresson, um preeminente advogado e procurador de Christchurch que ele conhecia desde seus dias em Cambridge. O que Harold Norris poderia oferecer além de palavras de conforto: conserve a fé... confie no Senhor? Gresson, por outro lado, era um advogado experiente em casos criminais. Ele poderia ter dado os conselhos práticos que Hulme precisara naquele exato momento. O que eles fariam se — *quando* — a polícia viesse e quisesse interrogar Julie? A filha deveria dar um depoimento? Era melhor cooperar? Ou seria de seu interesse não dizer nada, alegar o direito a manter-se calada?

Henry e Hilda pouco sabiam sobre o que havia acontecido no Victoria Park. As garotas não haviam dito muito, além de que a sra. Rieper havia caído e batido com a cabeça em algumas pedras. Talvez eles estivessem tirando conclusões precipitadas – talvez *tivesse* sido um acidente. Talvez a sra. Rieper não estivesse tão gravemente ferida. Eles estavam se agarrando a migalhas, tentando não pensar no pior dos piores.

É possível, é claro, que Henry Hulme tenha tentado entrar em contato com Terence Gresson, mas não tenha conseguido encontrá-lo — possível, mas não tão provável. Ele, Hilda e Bill Perry provavelmente pensaram que envolver um advogado àquela altura seria botar o carro na frente dos bois. Se fiar em seus direitos poderia causar má impressão na polícia. Se a situação se revelasse como não sendo tão séria quanto eles pensavam, o fato de que Henry havia suspeitado do envolvimento da própria filha em um sangrento assassinato seria um enorme constrangimento. Isso pairaria sobre sua amizade com Gresson para sempre.

Com as duas garotas na cama, já de pijama, banhadas, alimentadas, um pouco sedadas, com música tranquilizante no rádio, Hilda, Henry e Bill esperaram na sala de estar, lá embaixo, até terem notícias da polícia. Ela fatalmente iria aparecer. Talvez esperassem até a manhã seguinte? Era provável que não.

Às 19h30, o telefone tocou. Henry atendeu. A polícia! Eles estiveram examinando a cena da morte da sra. Rieper. Ela estava morta. Uma investigação *completa* — a ênfase era inconfundível — seria realizada.

Decidindo que havia algo de que ela precisava tratar, Hilda foi até o andar de cima, até o desorganizado quarto de Juliet, e reuniu seus escritos: os dois romances que ela havia redigido em uma pilha de livros de exercícios da escola, seus poemas, seus álbuns de recortes, as cartas recebidas de Pauline... seu diário. Ela sabia que Juliet mantinha um diário e com um ímpeto de pânico preocupou-se com o que ele poderia conter. Os últimos registros foram uma punhalada em seu coração. Folheando as páginas, ficou claro de imediato que o diário era terrivelmente constrangedor e *pavorosamente* incriminador. Em circunstância alguma ele poderia ser visto pela polícia. Ela o enfurnou em um local seguro, para ser destruído pela manhã. O resto dos escritos de Juliet, papéis e miudezas, ela enfiou em uma caixa de terno, para ser entregue à polícia caso pedissem.

Um segundo telefonema alertou a casa de que os agentes da CIB estariam chegando em breve para interrogar as garotas. Perry propôs que, fosse lá o tempo que tivessem disponível, deveriam descobrir mais sobre o que havia acontecido no Victoria Park e, se pudessem, deveriam também preparar um pouco as garotas antes da polícia interrogá-las. Enquanto Hilda conversava com Juliet, Perry falou com Pauline, que havia sido levada para a cama no quarto do alpendre. Ele gentilmente se desculpou por ter que discutir o acidente com ela. Uma vez que os policiais eram adultos e ela era uma criança, seria melhor se ela contasse a ele tudo sobre o acidente para que então ele pudesse conversar com eles em nome dela. Foi avançando com delicadeza, sem mencionar que a mãe dela estava morta; pensou que era provável que ela já soubesse disso.

Pauline estava bastante consternada. Ele teve que fazer pausas em certos intervalos para confortá-la e permitir que ela recuperasse a compostura. A mãe, segundo ela, havia tropeçado em um pedaço de madeira e, na queda, batido a cabeça repetidamente em uma pedra. Ela fez uma demonstração disso com movimentos vigorosos da própria cabeça.

"Que tipo de pedra era?", perguntou Perry.

"Eu não sei", respondeu ela. "Acho que era um tijolo, ou metade de um tijolo."

"Ela estava tendo um ataque?"

"Podia estar. Eu não sei. Ela não parava de se debater."

Com isso, ela se tornou um tanto consternada outra vez. Perry perguntou a ela se a mãe havia caído por um barranco íngreme.

"Não", disse ela. "Não era muito íngreme, mas era bem escorregadio... tentamos levantá-la, mas ela era muito pesada e acabamos derrubando ela."

A garota estava preocupada por talvez tê-la machucado quando a derrubaram. Foi quando elas subiram correndo até o quiosque de chá para pedir ajuda. Perry perguntou se a mãe de Pauline estava viva quando elas a deixaram. Ela não sabia. A mulher estava fazendo sons gorgolejantes. Ela havia tentado ouvir seus batimentos, mas não tinha conseguido sentir nada.

Cético com relação a muito do que havia escutado, Bill Perry tentou dar um outro rumo. "Precisamos ter certeza de que entendemos tudo bem direitinho. A polícia aborda essas coisas de toda forma possível e, se uma discussão foi a causa do acidente, você precisa me contar a respeito. Por exemplo, se sua mãe estava discutindo com você e tentou bater em você..."

"Ah, não. Minha mãe nunca me agrediu."

Bill Perry voltou ao andar de baixo a fim de se juntar outra vez a Henry e Hilda na sala de estar. Os dois imploraram a ele que ficasse e os ajudasse a lidar com a polícia.

Enquanto o detetive sênior Macdonald Brown e seu sargento detetive esperavam sob o pórtico para que as portas de Ilam se abrissem pra eles, tinham poucas esperanças de fazer qualquer progresso em sua investigação naquela noite. Muito provavelmente o dr. e a sra. Hulme diriam a eles que as duas garotas não podiam ser interrogadas até que obtivessem aconselhamento legal. Isso seria compreensível. Considerando as idades das garotas, não havia o que argumentar. Eles não estavam visando tirar nenhuma vantagem injusta dos Hulme ou de sua filha — nem da outra menina. Eles só queriam dar andamento ao serviço o mais rápido possível. Tate, em particular, tinha uma reputação entre os advogados de defesa de sempre fazer tudo como manda o figurino, sendo incapaz de passar a perna em alguém. Grande e loiro, ele era um tipo bem-humorado que jogava rúgbi pela Polícia de Christchurch. Brown era um escocês alto e corpulento, uma pessoa ambiciosa. Era um protestante Brethren, mas não era pudico: gostava de um uísque nas horas de folga.

Da forma como tudo se deu, os Hulme não poderiam ter sido mais agradáveis. O dr. Hulme tinha uma aparência distinta, professoral. A sra. Hulme era atraente, imaculadamente arrumada, estilosa à sua maneira. Uma *dama*. Ambos foram receptivos e corteses. Embora Hilda Hulme pudesse ser — como diria Eleanor, a esposa de Terence Gresson — "fria como o círculo Ártico", naquela noite seu turbilhão interior foi ocultado. Tanto ela quanto Henry eram refinados o suficiente para saberem como ser charmosos quando o charme se fazia necessário. Aos detetives, prometeram total cooperação. E o canadense, Bill Perry, era um "homem com H": robusto, belo de um modo cosmopolita, meio Clark Gable, um diplomata nato.

Brown chamou Perry de lado e descreveu os horríveis ferimentos sofridos pela sra. Rieper. A história de Pauline sobre escorregar, tropeçar e bater a cabeça em um tijolo ou meio tijolo que por acaso estava caído no chão era impossível de ser verdade. Perry concedeu a informação de que havia levado os casacos das meninas para a Hick's Drapers, para serem lavados a seco. Eles poderiam buscá-los pela manhã.

Henry Hulme começou a conversa informando com bastante calma que sua filha Juliet não havia estado lá — não de fato *lá* — quando a sra. Rieper caiu. Ela não tinha visto o que havia acontecido. Estava andando bem à frente de Pauline e de sua mãe, e quando alguém chamou, voltou para procurar por elas. Ela encontrou a sra. Rieper no chão, inconsciente, o sangue por toda parte.

Brown decidiu que eles deviam interrogar Pauline primeiro. Hilda levou os dois policiais para o quarto com varanda no andar de cima. Pauline estava aconchegada debaixo das cobertas, mas, como observou Archie Tate, ela estava desperta e atenta. Hilda ficou ali enquanto Pauline recontava como ela, Juliet e sua mãe haviam tomado o ônibus até Sign of the Takahe e então caminharam até o Victoria Park, onde tomaram o chá da tarde no quiosque. Depois disso, disse ela, desceram por uma trilha até quase o pé da colina antes de retornarem. Na volta, Juliet estava na frente, cerca de dois metros adiante dela. Sua mãe, na traseira, estava logo atrás dela.

Enquanto elas iam caminhando, continuou Pauline, sua mãe escorregou ou cambaleou, girou de lado e caiu, batendo a cabeça nas pedras ou nas rochas. Sua cabeça pareceu se lançar para cima e para baixo convulsivamente, acertando pedras, rochas ou coisa assim. Pauline viu metade de um tijolo lá. Ela e Juliet tentaram conter sua mãe, mas não conseguiram. Tentaram erguê-la, mas a derrubaram. Elas correram de volta ao quiosque de chá para dizer a alguém que ela estava morta.

"Como vocês sabiam que ela estava morta?", perguntou Archie Tate.

"O sangue! O sangue! Havia muito!", disse Pauline com sentimento. Brown perguntou se ela havia visto uma meia-calça no local. Ela pareceu perplexa. "Nós não tiramos a meia de Mamãe. Eu não estava usando meia-calça, estava de meia soquete." Ela pensou um pouco. "Eu tinha uma meia-calça comigo. Eu quase sempre carrego uma meia velha na bolsa. Usei ela pra limpar o sangue."

Brown chamou Bil Perry até o quarto e Pauline repetiu seu relato. Não era o que ele ou Hilda estavam esperando ou desejavam ouvir: a história da garota colocava Juliet exatamente no local no momento da morte da sra. Rieper.

Bill, Hilda e os dois policiais agora marcharam para a sala de estar, onde a lareira estava bem fornida. Hilda buscou Juliet para ser interrogada. Todos os quatro escutaram com atenção Juliet descrever a expedição ao Victoria Park e como, ao subirem a trilha, a mãe de Pauline havia escorregado.

Para o desespero deles, a história que ela contou era praticamente igual à de Pauline. Brown, relutante em acreditar que Juliet estivesse envolvida no ataque à sra. Rieper, perguntou se ela estava falando a verdade. Eles tinham razões para crer que ela não estava presente quando a tragédia ocorreu, disse a ela. Com isso, Juliet hesitou. Perry logo interveio para perguntar se poderia falar com ela a sós. Os detetives gentilmente deixaram a sala. Assim como Henry e Hilda.

A polícia suspeitava de homicídio, Perry disse a Juliet. Pelo que ele havia sabido sobre os ferimentos da sra. Rieper, era impossível que tivesse sido um acidente. Juliet, compreendendo naquele momento a seriedade de sua situação, agarrou a boia de salvação lançada a ela. Diria a verdade, disse ela, assim como dissera à mãe mais cedo.

Perry chamou Brown e Tate de volta à sala. Juliet gostaria de dar um depoimento. Dessa vez, seria a verdade. Archie Tate começou a anotá-lo com sua máquina de escrever portátil.

Ela só havia ido ao Victoria Park uma vez antes disso, disse Juliet, há cinco anos. Nunca tinha estado lá com Gina, antes. Após a sra. Rieper tomar o chá e elas tomarem refrescos e comerem bolinhos e scones, elas foram descendo uma trilha que atravessava um bosque ao lado da colina. Ela achava que havia sido decidido antes de elas deixarem a casa dos Rieper que fariam aquela trilha, mas a ideia não havia sido dela. Elas percorreram uma boa distância trilha abaixo, as três caminhando juntas. Ela encontrou uma pequena pedra rosa no chão. Ainda estava com ela. Antes de chegarem ao pé, a sra. Rieper decidiu que já tinha ido longe o bastante. Gina e ela seguiram um pouco mais adiante, então decidiram voltar e se unir outra vez à sra. Rieper. Ela mesma seguiu na dianteira por quase todo o caminho. Em determinado ponto, deixou as duas e seguiu adiante até o local onde havia encontrado a pedra rosa, pensando que poderia também encontrar algum anel, de onde a pedra teria vindo, perdido. Ela passou alguns minutos procurando pelo anel. Enquanto estava procurando, ouviu alguém chamar lá atrás na trilha — Gina ou sua mãe, ela não tinha certeza. Ela respondeu que já estava indo — algo assim — mas não voltou naquele mesmo momento. Após um intervalo, ela retornou para procurar Gina e a sra. Rieper. Ela não fazia ideia do quanto havia caminhado de volta até que se deparou com a sra. Rieper caída ali. Havia sangue ao redor de toda a cabeça dela e Gina estava histérica. A sra. Rieper parecia estar inconsciente. Ela aninhou a cabeça da sra. Rieper em seu colo. Gina disse que sua mãe havia escorregado e batido a cabeça em uma pedra. Ela acreditou naquela hora. Não se lembrava de ter visto uma meia-calça com um nó por ali, nem havia notado nenhum tijolo.

Quando elas voltaram às pressas para o quiosque de chá, continuou, disseram que estavam juntas quando a sra. Rieper sofreu seus ferimentos, mas não era verdade. Ela só disse isso porque pensou que Gina e sua mãe poderiam ter discutido. Ela achou que seria melhor para Gina se ela dissesse que estivera lá e confirmasse a história dela de que a sra. Rieper havia se ferido como resultado de um acidente. As duas não tinham discutido na presença da mãe de Gina. Ela só disse que estava lá quando tudo aconteceu porque desejava ser leal à Gina, não queria vê-la em nenhuma dificuldade.

Os dois detetives se convenceram de que estavam agora escutando a verdade. Era óbvio que Juliet Hulme não havia tido parte alguma no crime. Eles sentiram apenas simpatia pela amável garota cujos olhos se encheram de lágrimas ao recontar, em sua bela dicção inglesa, os abomináveis eventos da tarde. Era compreensível — perdoável — que por conta de uma lealdade equivocada à sua amiga ela tivesse tentado manter a conversa de que estava lá quando a sra. Rieper tinha sido ferida. A jovem Pauline com certeza era a esquisita, mas Juliet era obviamente um tipo decente de garota, que havia sido muito resguardada em sua educação. Era impossível acreditar que uma garota criada aqui, por pais como esses, nesta casa, pudesse ter tomado qualquer parte por vontade própria no brutal assassinato de uma mulher indefesa.

Enquanto Tate martelava sua máquina de escrever para registrar o depoimento de Juliet, Brown, escoltado por Hilda, voltou ao andar de cima para confrontar Pauline. Eles tinham razões para acreditar que Juliet não estava lá quando a mãe de Pauline foi atacada, ele disse a ela. A isso, Pauline se mostrou surpresa. Brown a alertou: "Você é suspeita de ter assassinado sua mãe. Não precisa dizer nada. Tudo que disser será registrado e poderá ser usado como evidência".

Pauline logo se deu conta de que Juliet dissera à polícia que não estava lá quando sua mãe foi morta. Ela não sabia nada além disso, mas se pudesse apoiar Deborah, ela o faria — e também a sra. Hulme. A sra. Hulme a havia chamado de sua filha postiça, disse o quanto seria maravilhoso quando *nós* — incluindo ela, Gina — estivéssemos de volta à Inglaterra. Ela sempre a chamava de Gina. E o querido dr. Hulme era o homem mais adorável que ela já havia conhecido. Ela era parte da família. Ficariam gratos a ela se Deborah pudesse ser deixada fora disso.

"Você me faz as perguntas", ela teve a sagacidade de dizer quando Brown perguntou se ela gostaria de contar a ele o que havia acontecido: isso daria a ela uma chance maior de costurar seu relato a fosse lá o que Juliet dissera a ele. Como resposta às perguntas de Brown, ela admitiu que havia atacado sua mãe usando a metade de um tijolo em uma meia-calça. Ela estava carregando tanto o tijolo quanto a meia no interior da bolsa a tiracolo com a qual fora ao Victoria Park.

Brown perguntou a ela por que havia matado a mãe.

"Se não se importa, isso não vou responder", retorquiu ela com frieza.

"O que ela disse quando você a atacou?"

"Eu preferiria não responder essa pergunta."

"Quantas vezes você bateu nela?"

"Não sei. O maior número de vezes que consegui."

Que madamezinha sanguinária! *Não sei. O maior número de vezes que consegui.* Era desconcertante. Ela era uma pessoa diferente daquela criança angustiada que ele e Tate haviam encontrado ao chegarem. Uma vez que havia abandonado a mentira de que a morte da mãe havia sido um acidente, não havia necessidade de ela fingir que estava em choque e enlutada. Mas ainda era firme na insistência de que Deborah não sabia nada a respeito, que estava em algum outro lugar e não a vira atacar a própria mãe.

Brown solicitamente traduziu isso ao palavreado policial. "Gostaria de declarar que Juliet não possuía conhecimento de minhas intenções e não me viu atacar minha mãe. Aproveitei a chance para atacar minha mãe quando Juliet estava distante."

Um registro manuscrito do interrogatório foi lido para Pauline e, assim que ela o assinou confirmando o depoimento, foi presa por homicídio.

Se Hilda Hulme não estava transbordando de alegria, estava profundamente aliviada. Juliet havia sido resgatada de uma situação de fato muito desagradável. Bill tinha sido maravilhoso. Até o ridículo do seu marido não havia aprontado grandes tolices. Ela possuía uma certeza razoável de que Pauline não iria decepcioná-los. Era uma coisinha estranha, mas os amava e iria querer proteger Juliet aconteça o que acontecesse. De todo modo, ela dificilmente poderia voltar atrás no depoimento que havia acabado de assinar.

Hilda encontrou algo para Pauline vestir e a garota foi escoltada até o andar de baixo. Ao pé da escada, Brown lembrou de perguntar a ela onde tinha arrumado o meio tijolo. Hilda se interpôs, "Aqui não foi".

"Não", disse Pauline aproveitando a deixa, "peguei em minha própria casa."

Brown perguntou onde ela havia deixado a bolsa na qual tinha carregado o tijolo e lá estava, pendurada no balaústre ao pé da escada. A polícia a levou com eles. Ela continha apenas uma carteira com uma libra, sete xelins e três pennies e meio, e também um pequeno lenço.

Quando Pauline foi levada no banco de trás da viatura para a Delegacia Central de Polícia, Juliet ficou desvairada. Gina ficaria sozinha no calabouço escuro vivendo a pão e água. Ela teria que encarar ser condenada sozinha por assassinato. Juliet andava agitada de um lado para o outro pela casa, recitando para si mesma poemas muito amados, feito cânticos budistas como mantra para bloquear os pensamentos negativos:

"We travel not for trafficking alone;
By hotter winds our fiery hearts are fanned:
For lust of knowing what should not be known
*We make the Golden Journey to Samarkand."**

James Elroy Flecker era um de seus poetas favoritos, junto de Rupert Brooke, Byron, Shelley e Edward Fitzgerald, tradutor do Rubayat, de Omar Caiam.

Hilda dormiu com Juliet naquela noite. A filha parecia exultante, diria Hilda. Ela ainda estava recitando poemas quando por fim caiu no sono, seus pensamentos distantes do Victoria Park.

---

* Poema "The Golden Journey to Samarkand", de James Elroy Flecker. Em tradução livre: "Não viajamos tão somente pela mercancia / São ventos mais calorosos que exortam nossos corações: / Pela luxúria de conhecer o que não deve ser conhecido / Fazemos a Jornada Dourada até Samarkand".

PETER GRAHAM
ALMAS GÊMEAS

4

Levando a Culpa

A Delegacia Central de Polícia, um grande prédio de pedra cinzento, ocupava a maior parte do lado sul da Hereford Street entre o Cambridge Terrace e a Montreal Street. De dois andares e com vista para a baía, com janelas e entrada romanas, ele datava de 1897. Alas de tijolo vermelho surpreendentemente harmoniosas haviam sido acrescentadas em 1906, dando à coisa toda uma aparência de casa grande e melancólica, isolada por trás de pesados gradis.

Por trás da delegacia, um espaçoso pátio que dava para King Edward Barracks, uma grande estrutura usada para treinos militares. Viaturas pretas iam e vinham do pátio: Chevrolets, Plymouth Specials, Ford Consuls, Wolseleys e quatro Humber Super Snipes que haviam sido especialmente comprados para a visita da recém-coroada rainha Elizabeth e do duque de Edimburgo, cinco meses antes. O pátio também abrigava a cadeia, um prédio de pedra atarracado com duas celas reservadas para mulheres prisioneiras, em uma das quais Pauline Rieper passaria sua primeira noite sob custódia da polícia. Enquanto prisioneira acusada de homicídio, ela estaria sob vigilância antissuicídio, sendo observada durante toda a noite — como exigiam os regulamentos no caso de mulheres aprisionadas — por dois agentes, um homem e uma mulher.

Primeiro, porém, ela precisava ser formalmente indiciada pelo assassinato da mãe. Enquanto o sargento detetive Tate perdia tempo com a papelada, o detetive sênior Brown estava interrogando o pobre Bert

Rieper. A casa dos Rieper ficava a apenas algumas centenas de metros da delegacia e Bert foi caminhando até lá, a convite de Brown. Durante o interrogatório, Bert deu algumas notícias inesperadas: ele e Honorah — a falecida — viviam juntos como marido e mulher há 25 anos, mas nunca haviam se casado. Ele sabia que precisava contar a eles, por mais doloroso que fosse: eles descobririam de todo modo, mais cedo ou mais tarde. A única outra viva alma que sabia era Amy Parker, mãe de Norah, que morava na Churchill Street 13, junto à Bealey Avenue. Suas filhas não faziam a mais remota ideia.

Era uma notícia um tanto bombástica. Brown chamou Tate até sua sala a fim de discutir a questão. Se Honorah Rieper não era legalmente casada com Herbert Rieper, então, legalmente falando, seu nome era Honorah Mary Parker e a garota — a garota ilegítima — que eles estavam prestes a indiciar se chamava Pauline Yvonne Parker. Nora Rieper estava naquele exato momento expulsa da liga das mulheres casadas decentes. Archie Tate, mais tarde, recordaria que Pauline ficou "genuinamente estupefata ao descobrir que seu sobrenome não era Rieper".

Enquanto Pauline estava na sala de Tate, ele notou que ela rabiscava em um pedaço de papel. Ela estava escrevendo o registro de seu diário referente ao dia 22 de junho de 1954. Ela anotou que havia sido bem-sucedida em cometer seu "apagamento", mas "se viu em um lugar inesperado". Chamar o ocorrido de "apagamento", feito um mafioso do Brooklyn, era uma das piadas internas das garotas.

Pauline estava encantada com a atenção que vinha recebendo. "Todos os Hulme foram maravilhosamente gentis e solidários. Qualquer um pensaria que eu havia sido boa. Passei um tempo agradável com a polícia em uma conversa inflamada e agindo como se não tivesse preocupação alguma nesse mundo." Ela encerrou com "ainda não tive chance de conversar de maneira adequada com Deborah, mas vou assumir a culpa por tudo".

Quando ela terminou, Tate agarrou o pedaço de papel e leu com repulsa. "Vou assumir a culpa por tudo": era óbvio que ele e Brown haviam sido levados na conversa. Tinham caído totalmente na lacrimosa insistência de Juliet Hulme de que ela não havia estado por perto quando Pauline Rieper matou a mãe. Naquele pequeno pedaço de papel, Pauline havia deixado claro que as duas garotas estavam naquilo juntas.

Mais do que isso, Archie Tate foi alertado para o fato de que a garota Rieper poderia ter mantido um diário. Era óbvio que tal diário seria de grande interesse. Tate perguntou a Bert Rieper, que ainda estava na delegacia, se ele sabia algo sobre Pauline manter um diário. Mantinha, sim: ele mesmo havia presenteado ela com um diário no Natal de 1953. E no Natal do ano anterior. Ele nunca havia lido o diário da garota; não seria algo honrado.

Tate enfatizou que as coisas agora eram diferentes. O diário poderia conter evidências pertinentes à investigação do assassinato. Bert disse que se eles fossem até sua casa, era provável que o encontrassem. Tate e Brown foram com ele para revistar o quarto de sua filha. Pauline não havia feito a menor tentativa de esconder seus diários. O atual estava a plenas vistas em sua penteadeira. Eles o levaram junto a outros catorze livros de exercícios cheios de escritos e dois álbuns de recortes contendo fotos de atrizes de cinema.

Alguns dos registros eram bem arrepiantes naquele diário de 1954, como o do dia anterior, segunda-feira, 21 de junho: "Me levantei tarde e ajudei Mamãe nesta manhã. Deborah telefonou e decidimos usar uma pedra em uma meia-calça em vez de um saco de areia". Estava óbvio que a coisa toda havia sido planejada e levada a cabo pela dupla. Eles fariam mais uma visita à srta. Hulme pela manhã.

Bert Rieper havia agora sido incumbido da tarefa de contar à Vovó Parker que sua única e amada filha havia sido golpeada até a morte por uma de suas netas. Como ele daria a notícia também a Rosemary, sua filha com Síndrome de Down que vivia na Fazenda Templeton? Como iria contar que a mãe e a sua irmã Yvonne nunca mais a visitariam?

Os jornalistas policiais da cidade seguiram com atenção as idas e vindas na Delegacia Central de Polícia. Pela manhã, uma breve notícia apareceu no *The Press*: "O corpo de uma mulher de meia-idade foi encontrado em uma depressão no Victoria Park, próximo à casa de chá, por volta das 16h de ontem. Uma prisão foi realizada e um indiciamento por homicídio será registrado na Corte de Magistrados[*] nesta manhã. A mulher

---

[*] Como eram chamados, na época, os tribunais de primeira instância do país.

era Honora Mary Parker, 45 anos, moradora da Gloucester Street 31. Seu corpo foi encontrado pelo zelador...". Assim como a polícia e a Promotoria, quando instaurou o processo por seu assassinato, o *The Press* omitiu o "h" no fim do nome da falecida.

Na mesma edição do jornal, o célebre oboísta León Goossens recebeu aplausos por sua "estupenda maestria técnica e... impecável musicalidade". O timbre perfeito de seus "grandes crescendi e diminuendi" o colocavam "entre os imortais". Juliet teve a infelicidade de perder esse deleite musical.

Na mesma manhã, Nancy Sutherland estava preparando o café da manhã para a família em sua casa, em Ashgrove Terrace. Ela e as gêmeas, Diony e Jan, estavam escutando as notícias no rádio. O corpo de uma mulher havia sido encontrado no Victoria Park. Tinha sido homicídio e uma prisão havia sido feita. Jan, que às vezes vivenciava lampejos de presciência, disse, "Foram as meninas. Aposto que foram as meninas".

"Meninas?", questionou sua mãe.

"Juliet. Juliet Hulme e Pauline, a amiga dela. Tenho certeza. Ela não podia ir ao recital porque havia acontecido um acidente no Victoria Park. Lembra?"

Nancy disse a Jan em termos nada dúbios o quanto ela estava sendo ridícula. Ela estava chocada por uma filha sua ser capaz de dizer algo tão tolo e pavoroso.

Às 10h, Pauline Yvonne Parker apareceu diante de um juiz, o magistrado estipendiário** Rex Abernathy, foi indiciada pelo homicídio e devolvida à custódia da polícia. Nancy, a essa altura já atualizada dos acontecimentos por uma angustiada Hilda, foi de carro até o Colégio Feminino de Christchurch para contar a Jan que ela acertara. Juliet *estava* envolvida na morte da mulher no Victoria Park. Pauline Rieper havia sido presa. Ela e Diony não deviam conversar sobre isso com ninguém.

Também naquela manhã, Bert Rieper foi escoltado pelo Detetive G.F. Gillies até o necrotério do Hospital Público de Christchurch. Ele tinha uma desagradável tarefa para realizar: a falecida precisava ser formalmente identificada antes que o dr. Pearson pudesse começar a autópsia.

** Juiz de cortes inferiores que pode ser designado após dez anos de exercício da advocacia e que lida com casos de maior gravidade.

O corpo de Honorah era uma visão nauseante. Pessoas que viram as fotos da polícia, perturbadoras demais para serem apresentadas no tribunal, ainda se lembram da cabeça esmagada mais de cinquenta anos depois. A cabeça da mulher foi tosquiada até o escalpo, para que melhor examinassem os numerosos ferimentos ali presentes. O corpo estava irreconhecível com seu rosto pálido, desfigurado pelos hematomas hediondos e pelos profundos talhos ao redor de seus olhos, orelhas, testa e escalpo, boa parte deles indo até o osso, expondo o crânio esmigalhado. Sua mandíbula jazia em um ângulo torto, obviamente quebrada. Nas palavras de Archie Tate, "a cabeça dela havia sido literalmente retalhada".

Com a cabeça e o rosto nessa condição, não era possível dizer com toda honestidade quem ela era. Mas o corpo feminino e parrudo, as pernas robustas — Bert tinha certeza. Ele havia se apaixonado por aquela mulher quando ela estava com 22 anos, há pouco vinda da Inglaterra com sua mãe. Ele tinha 36 e estava preso a um casamento infeliz. Um depoimento padronizado foi assinado para o legista: "Este é o corpo de Honorah Mary Parker... vi [a] falecida pela última vez por volta das 13h de ontem quando saí de casa após o almoço. Ela então gozava de boa saúde".

Mais indignidades aguardavam os restos mortais de Nora — agora, para propósitos oficiais, Honora Mary Parker — no bisturi do dr. Pearson. Após remover e examinar seu coração, seus pulmões, seu estômago, seus rins e o resto de suas vísceras, ele se sentiu confiante para declarar que a causa da morte fora choque associado aos múltiplos ferimentos da cabeça e as fraturas do crânio. Em sua opinião profissional, esses ferimentos haviam sido infligidos por um instrumento obtuso aplicado com força considerável.

Pauline foi escoltada para sua primeira aparição na Corte de Magistrados por Margaret Felton, a carcereira da polícia. Depois disso, a sra. Felton a devolveu à sala de Tate. Geava naquela manhã, ela e Pauline se sentaram papeando junto à lareira a carvão. Tate entrou na sala com um envelope em mãos. Ele removeu do envelope o pedaço de papel tirado de Pauline na noite anterior. "Vou assumir a culpa por tudo", leu para ela. Isso significava que Juliet Hulme estava tão envolvida no ataque à sua mãe quanto ela estava, não significava?

Pauline perguntou se poderia falar com Juliet. "Deixe que Deborah e eu nos encontremos e tenhamos uma conversa. Estou certa de que Deborah dirá seja lá o que eu disser. Ela achará que é o certo, seja lá o que eu disser."

É claro que não, Tate pensou. A garota era avoada, parecia pensar que era um jogo. Mas graças a ela, agora eles também prenderiam Juliet Hulme. Ele e Brown partiram para Ilam.

Pauline se dera conta perfeitamente bem do que o sargento detetive Tate estava inferindo. "Vou assumir a culpa por tudo", é claro, insinuava que Deborah fazia parte daquilo. Ela havia escrito aquilo ao se dar conta de que aceitar impulsivamente a responsabilidade exclusiva pela morte da mãe havia sido um erro. Era sobre isso que ela precisava conversar com Deborah. Ela acabaria presa na Nova Zelândia, no reformatório, na cadeia ou coisa assim, enquanto Deborah ia feliz e saltitante para a África do Sul. Essa não era a ideia em absoluto. Ela pretendia que Tate pudesse ler o que ela havia escrito. Seu plano fora um brilhante sucesso. Mas agora que eles estavam a caminho de prender Deborah, Pauline não estava certa de que gostaria que ela visse o pedacinho de papel.

A mesa de Tate era no outro lado da sala em relação a lareira onde Pauline e a carcereira da polícia estavam se mantendo aquecidas. Cerca de dez minutos depois de os dois policiais saírem, Pauline se levantou e foi perambulando até ela. A sra. Felton, com seus olhos de águia, rosnou que não havia nada lá que fosse do interesse dela. Na mesa, Pauline avistou o envelope contendo o registro do diário. Ela o apanhou e jogou-o no fogo. Ele começou a queimar, mas a carcereira o resgatou depressa. Ficou apenas levemente avariado. Pauline voltou para as celas em desgraça.

Em Ilam, Hilda e Henry Hulme haviam se levantado cedo de suas respectivas camas. Assim que o jardineiro apareceu para o trabalho, Henry deu a ele, sob as instruções de Hilda, algumas tarefas menores pela casa, entre as quais se encontrava o letal diário. Ele devia queimar a pilha no incinerador. Não havia nada de esquisito naquilo, até onde Merv sabia. Os Hulme estavam deixando a Nova Zelândia a qualquer momento e não era nenhuma grande surpresa que quisessem fazer uma arrumação.

Tendo levado o jardineiro, através de Henry, a fazer o trabalho sujo, se algum dia perguntassem a Hilda se ela havia destruído o diário de Juliet, ela poderia negar totalmente — sob juramento, se necessário fosse.

Henry Hulme e Bill Perry estavam disponíveis para encontrar Brown e Tate quando eles chegaram em Ilam, mas não Hilda, que estava no cabeleireiro. Embora sua filha tivesse se esquivado da prisão, ela sabia que, sendo a mãe, estava fadada a receber atenção. Seu cabelo precisava de penteados regulares; não havia razão para ela sair por aí parecendo o naufrágio do *Hesperus*.* Uma boa aparência era parte da armadura com a qual Hilda confrontaria os cidadãos hostis de Christchurch nos cruéis meses à frente. Mais tarde, ela viria a ser criticada por isso. Uma das esposas de funcionários da universidade a considerou "dura feito pedra".

Os dois detetives conversaram com Henry Hulme e Bill Perry. Este acompanhou Brown até o quarto de Juliet, no andar de cima. Ela estava na cama, calma e composta. Brown disse a ela que eles tinham razões para acreditar que seu depoimento por escrito dado na noite anterior estava incorreto. Ela estava presente quando o ataque foi realizado. Ele a alertou formalmente: "Você é suspeita pelo assassinato da sra. Rieper. Você não é obrigada a dizer nada. Tudo que disser poderá ser registrado por escrito e usado como evidência".

Juliet estava repleta de perguntas. Ela queria saber o que Gina dissera a eles. Brown explicou que não podia entrar em detalhes, apenas que havia motivos para acreditar que ela estava presente quando a sra. Rieper foi morta e que Pauline havia afirmado que, se ela e Deborah pudessem conversar, Deborah certamente concordaria com tudo o que ela dissesse. Ele então perguntou se Juliet estaria disposta a fornecer alguma explicação. Naquele exato momento, ela não estava.

Brown e Perry deixaram o quarto. Após conversar com Henry Hulme, eles decidiram aguardar até que a sra. Hulme retornasse. Pouco tempo depois de ela aparecer, Perry disse aos detetives que Juliet gostaria de vê-los. Ela havia chegado à conclusão de que a atual situação — Gina presa por homicídio e ela própria incólume — era intolerável.

---

* Referência ao poema narrativo *The Wreck of the Hesperus*, do poeta estadunidense Henry Wadsworth Longfellow.

Tate foi até o quarto dela primeiro. Juliet se desculpou, dizendo que o depoimento que havia assinado na noite anterior era falso e sentia muito por tê-los induzido ao erro. Ele a advertiu e ela confirmou sua disposição de dar um novo depoimento. Tate o anotou à mão.

Macdonald Brown, Hilda Hulme e Bill Perry estavam todos presentes quando ele leu o depoimento de novo e Juliet o assinou. Ela não havia posto todas as cartas na mesa, mas dissera mais que o suficiente. Os pensamentos de Hilda enquanto sua filha confessava a participação na morte de Honorah Rieper dificilmente podem ser imaginados. Henry se retirou. Ele não suportava escutar.

"Pauline queria ir comigo para a África do Sul", declarou Juliet. "Eu também queria que ela fosse. Estava marcado que eu e meu pai iríamos no próximo dia 3 de julho. Pauline e eu havíamos discutido essa questão. Nós duas pensamos que a sra. Rieper poderia se opor. Decidimos ir com a sra. Rieper para o Victoria Park. Decidimos que seria um lugar adequado para discutir a questão e resolvê-la. Eu sei que o plano era que levássemos um tijolo em uma meia para o parque... saí de casa com meu pai perto das 10h30 de ontem. Levei parte de um tijolo que embrulhei em um jornal. Eu o peguei da garagem. Meu pai me deixou perto da Beaths. Fiz algumas compras pessoais e caminhei até a casa dos Rieper. Cheguei lá ainda carregando o tijolo. Entreguei-o a Pauline. Sei que o tijolo foi colocado na meia-calça na casa dos Rieper. Não fui eu quem o colocou nela. A sra. Rieper, Pauline e eu deixamos a casa delas após o almoço para ir ao Victoria Park. Pauline levou o tijolo e a meia-calça em sua bolsa à tiracolo. Depois de o primeiro golpe ter sido dado, eu soube que seria necessário que nós a matássemos..."

Abaixo do fluido garatujar de Archie Tate, Juliet havia assinado "J.M. Hulme" em uma rabiscada letra de colegial. Ela foi presa e, depois, naquela mesma tarde, levada à Delegacia Central de Polícia onde ela e Pauline se reencontraram. A primeira chance que tiveram para uma conversa foi às 21h30, quando foram levadas à velha cadeia de pedra para passar a noite. O policial Wallace Colville era o agente de plantão na cadeia. Ele e uma policial feminina foram alocados para a vigilância antissuicídio das duas prisioneiras. Pauline e Juliet, de pijamas, estavam em uma cela enquanto Colville e a outra policial se sentavam na outra, as duas duplas separadas por um estreito corredor.

Os dois policiais ficaram absolutamente pasmos. O suicídio passava longe da cabeça das garotas. Uma no beliche de cima, a outra embaixo, elas bateram papo como se não tivessem a menor preocupação quanto a coisa alguma. Não estavam falando sobre o assassinato, apenas jogando conversa fora — duas garotas normais em uma bela sessão de fofocas. Em certo ponto, a menina Hulme saiu da cama e de um modo meio descarado, chamou por entre as grades, "Podem me trazer uma xícara de chá?" "Não. Volte para a cama", disse Colville em tom firme.

As garotas conversaram por cerca de uma hora e então foram dormir. Dormiram um sono pesado como pedra. Wally Colville não conseguia acreditar. Ele depois viria a escutar que elas estavam "meio envolvidas uma com a outra". Havia rumores sobre coisas que se passaram entre elas enquanto estavam sob a custódia da polícia, como acariciarem uma à outra de forma sexual. Bom, nada disso aconteceu durante o plantão do policial Colville — com certeza.

Deborah e Gina estavam felizes. Juntas outra vez. Fosse lá o que acontecesse em seguida, uma coisa era certa: Deborah não iria para a África do Sul e não deixaria Gina para trás. Em abril, quando souberam que os pais de Deborah deixariam a Nova Zelândia, provavelmente se divorciariam e a África do Sul foi mencionada, as duas garotas fizeram um pacto: ou elas se afogavam ou nadavam juntas. Mesmo que agora estivessem se afogando, elas ainda estavam juntas e permaneceriam juntas. Nada mais importava.

Na manhã seguinte, quinta-feira, 24 de junho, Juliet Marion Hulme, a quatro meses de seu aniversário de 16 anos, se postou diante do magistrado estipendiário Raymond Ferner e foi indiciada conjuntamente pelo homicídio de Honorah Mary Parker. Ela foi representada pelo sr. T.A. Gresson. Henry e Hilda Hulme se sentaram à esquerda do banco dos réus. A essa altura, a notícia já havia chegado aos ouvidos de toda Christchurch. Todos os assentos públicos na Sala do Tribunal nº 1 estavam ocupados e o público à máxima capacidade permanecia ao fundo com os pescoços esticados. O *Christchurch Star-Sun* relatou que a prisioneira parecia pálida, mas não demonstrava sinal algum de emoção. Nora Rieper foi cremada naquela mesma manhã no Cemitério Bromley, após um funeral tão infeliz quanto poderia ser.

PETER GRAHAM
ALMAS GÊMEAS

5

Um Homem Adequado

Quando o dr. Henry Hulme se candidatou à posição de reitor da Faculdade de Canterbury, lorde Snow — o grande C.P. Snow, cientista, romancista e mandarim de Whitehall — informou ao comitê de seleção que ele "conhecia poucos homens mais adequados para a posição de diretor de uma escola superior". Outro dos apoiadores de Hulme declarou que ele era "realmente bom demais para um país tão isolado intelectualmente". Sua esposa Hilda, foi assegurado ao comitê, demonstrava devoção leal ao marido e à família; ela iria "adornar cada evento ao qual comparecesse, seja em âmbito público ou particular". Sua "boa aparência... seu charme, sua presença e sua dignidade tornavam-na perfeitamente apta a uma esposa de diretor". Até mesmo a pequena Juliet preenchia os requisitos: o dr. e a sra. Hulme tinham uma "charmosa filha (9 anos em outubro) que herdou a beleza da mãe".

Henry Rainsford Hulme nasceu em 1908 em Ormskirk, uma vila a alguns quilômetros de Southport, Lancashite, e a trinta e poucos quilômetros ao norte de Liverpool. Nascido em Manchester, seu pai, James Hulme, era diretor da Hulme Brothers Limited de Southport, fabricantes e distribuidores de quinquilharias, baús de couro e de alumínio e de valises. A Hulme Brothers tinha duas lojas na elegante Lord Street, outra na ultrarrefinada Leyland Arcade e sua produção fabril se localizava na King Street. Henry cresceu em uma casa geminada considerável, mas de modo algum grandiosa, na Belmont Street, a uma curta caminhada da Lord Street: um confortável lar de classe média.

Demonstrando uma extraordinária capacidade intelectual desde a tenra idade, Henry conquistou uma bolsa para a Manchester Grammar, a mais famosa das grandes escolas de gramática* da Inglaterra. Fundada no reino de Henrique VIII, a escola era, e ainda é, um estabelecimento da elite intelectual. Jovens mentes brilhantes eram levadas a trabalhar duro e, para surpresa de ninguém, Henry Hulme conquistou uma vaga para estudar matemática e física na Faculdade Gonville & Caius, em Cambridge. Em 1929, ele se formou com honras em matemática; dois anos depois, ganhou tanto o Prêmio Smith quanto a bolsa Rouse Ball, os prêmios mais cobiçados pelos jovens matemáticos de Cambridge, e foi selecionado para a Bolsa Isaac Newton em astronomia. Seu interesse particular era a mecânica quântica, o revolucionário ramo da física matemática que lidava com o movimento das partículas subatômicas.

Após receber um PhD em 1932, Hulme foi para a Alemanha com a intenção de estudar na Universidade de Leipzig sob orientação de Werner Heisenberg, que havia acabado de ganhar o Prêmio Nobel de Física por uma descoberta na raiz da teoria quântica: que a dinâmica newtoniana não se aplicava ao comportamento dos elétrons e dos núcleos no interior dos átomos e das moléculas. O ano de 1932 foi monumental para a física, com a descoberta do nêutron e do pósitron tornando possível, pela primeira vez, uma produção de transmutações nucleares em grandes quantidades, usando prótons acelerados artificialmente. A física nuclear havia chegado.

Retornando à Cambridge no ano seguinte, Hulme foi eleito membro da Gonville & Caius. Ele inquestionavelmente havia chegado lá, como um jovem físico matemático com um interesse especializado em astronomia. Enquanto dava aulas de matemática, ele continuou a estudar a teoria quântica, sobretudo o efeito da luz nas órbitas de elétrons e átomos internos, e fez amizade com um colega físico matemático que viria a desempenhar um importante papel em sua futura carreira. Bill Penney era filho de um sargento major no Royal Army Ordnance Corps, uma antiga companhia do exército britânico. Estudante brilhante, ele tivera uma carreira fora de série na Faculdade Imperial de Londres, e fora agraciado com uma bolsa de estudos sênior

---

* Estabelecimentos de ensino secundário para alunos selecionados por exame.

na Faculdade de Trinity, em Cambridge. Ainda em seus vinte e poucos anos, ele tinha uma reputação internacional por aplicar a mecânica quântica à estrutura e ao comportamento dos metais.

Em 1936, Hulme aceitou uma nomeação como professor de matemática na Universidade de Liverpool. No ano anterior, James Chadwick, que havia trabalhado com Ernest Rutherford para desenvolver a teoria nuclear dos átomos no Laboratório Cavendish de Cambridge, havia aceitado a cátedra Lyon Jones de física na universidade. Chadwick precisava de um físico matemático de primeira categoria como Henry Hulme e este, por sua vez, viu oportunidades que não existiam em Cambridge naquele momento.

Em Liverpool, Hulme conheceu e se casou com Hilda Reaveley, de 25 anos. Três anos mais jovem do que ele, Hilda era friamente elegante, bela, franca, teatral em seu temperamento e sexualmente extrovertida. Para algum outro homem mais vivido do que Henry Hulme, uma combinação tão excitante poderia muito bem ter sido sinônimo de cilada.

Os ancestrais de Hilda, os Reaveley, eram uma família nortumbiana que, no século xv, haviam ocupado uma casa senhorial no Breamish Valley, no pé das colinas Cheviot. No século xvi, haviam se tornado substanciais proprietários de terra por mérito próprio, bem como meirinhos hereditários de Chatton para os condes de Northumberland, no baronato de Alwick. Um major William Reaveley, casado com uma sobrinha do conde de Stafford, foi morto pela causa monarquista na batalha de Naseby em 1645. No século xix, o ramo mais distinto da família eram os Reaveley de Kinnersley Castle, Herefordshire, embora o Reverendo John Reaveley, nascido em Spennymore, em County Durham, fosse notável o suficiente para ser incluído na edição de 1938 do *Kelly's Handbook of Distinguished People*.

A conexão de Hilda com esses Reaveley distintos era real, porém distante. Ela havia nascido em Alnwick, onde seu pai, Joseph Reaveley, era ministro da Igreja Presbiteriana de St James. Ele também havia nascido em County Durham, a um pulo de Spennymore, mas era filho de um mineiro de carvão.

Hilda, até onde qualquer um saiba, não tinha educação universitária e, de fato, como uma das duas filhas de um ministro presbiteriano e neta de um minerador de carvão, é improvável que tenha recebido qualquer coisa além do ordinário em termos de escolaridade. O que ela fez após sair da escola, ou o que a levou a viver em Birkenhead, não se sabe. O melhor palpite é de que ela tenha se tornado professora. Em algum momento ao longo do caminho, contraiu modos confiantes e polidos: Hilda podia se portar bem em qualquer companhia com um sotaque cristalino que não guardava nenhum traço do norte da Inglaterra.

Não muito depois de ele e Hilda se casarem, em 1937, Henry Hulme foi presenteado com uma maravilhosa oportunidade quando surgiu uma vaga na posição de assistente-chefe do Astrônomo Real e ele foi indicado para ocupá-la. Ele era o homem e o empregado perfeito. Hilda deve ter ficado encantada. Morar em Londres, sendo esposa do assistente-chefe do Astrônomo Real — era uma perspectiva empolgante. Mas logo antes da mudança para Londres se concretizar, ela descobriu que estava grávida.

Uma das alegrias de ser assistente-chefe do Astrônomo Real era ter passe livre pelo encantador Observatório Real de Christopher Wren, com seus tijolos aparentes, localizado no Greenwich Park e com vista para o Tâmisa. A parte original, Flamsteed House, fora construída em 1675 sob as ordens de Charles II na esperança de encontrar uma solução astronômica para o problema da determinação da longitude no mar. Os Hulme compraram uma casa geminada de tijolos aparentes e dois andares na Foyle Road 79, na área de Maze Hill ao leste do Greenwich Park. Era apenas uma curta caminhada de casa até o observatório.

Embora Harold Spencer Jones, o Astrônomo Real, viesse a se tornar pouco mais do que uma nota de rodapé na história da astronomia, seu assistente-chefe de 30 anos era tão ambicioso quanto era capacitado. Hulme se lançou a um estudo teórico dos espectros das estrelas — a radiação eletromagnética produzida pelas reorganizações dos elétrons mais recônditos dos átomos. Tivesse ele continuado a se dedicar à astronomia, poderia em alguns anos ter obtido a cátedra Plumiana em Cambridge, e com o tempo até se tornado ele mesmo o Astrônomo Real.

A primeira filha de Henry e Hilda Hulme, Juliet Marion, nasceu em Greenwich, em 28 de outubro de 1938, quando nuvens agourentas se aglomeravam sobre a Europa. Em Munique, um mês antes, a região dos

Sudetas, na Tchecoslováquia, fora entregue à Alemanha, após a garantia de Hitler de que seria sua última reivindicação territorial na Europa. Felizmente, os preparativos do governo Britânico não titubearam. No mês em que Juliet nasceu, sir John Anderson foi encarregado das precauções contra incursões aéreas: o bombardeio da Guernica pela Luftwaffe em abril de 1937 havia deixado poucas ilusões nos círculos oficiais quanto ao que aguardava a população civil da Grã-Bretanha em caso de uma guerra. As despesas com a defesa civil aumentaram de 9 milhões de libras, em 1937, para 51 milhões em 1938. Milhões de máscaras de gás foram distribuídas, acompanhadas de instruções para a confecção de cortinas blecaute e aplicação de fita adesiva nas janelas a fim de impedir que elas se estilhaçassem com as explosões das bombas.

Na Foyle Road 79, Henry e Hilda adquiriram, ao custo de seis libras e catorze xelins, um abrigo Anderson.* Essas estruturas consistiam em folhas arqueadas de aço corrugado introduzidas sob o solo. Sacos de areia eram empilhados no topo e ao redor da pequena entrada e a coisa toda era enfiada a 1,20 m do chão. Os abrigos não protegiam contra um impacto direto, mas poderiam suportar o impacto de uma bomba de 250 quilos caindo a uma distância de até 3 metros.

Em 3 de setembro de 1939 a guerra foi declarada. Juliet mal tinha 1 ano de idade.

Hilda não levou a maternidade de forma tão natural. Em sua visão, bebês tinham que aprender qual era seu lugar e não serem bajulados nem paparicados. E a guerra tornou as coisas difíceis: era impossível conseguir o auxílio de babás. Enquanto todo mundo tinha serviços relacionados à guerra, empolgantes e glamorosos, Hilda estava presa em casa com um bebê. Não podia ser essa a vida que ela havia imaginado para si mesma quando eles se mudaram para Londres.

Greenwich foi duramente afetado pelo bombardeio: o braço morto na curva do Tâmisa que envolvia a Ilha dos Cachorros havia criado um notável ponto de referência a grandes altitudes. Os bombardeiros alemães cruzando o canal de suas bases na França para atacar Londres

---

* Abrigos antiaéreos assim nomeados em referência ao anteriormente citado sir John Anderson.

viriam a determinar visualmente suas posições a partir da Ilha dos Cachorros antes de fazerem as incursões. O principal ponto de navegação da Luftwaffe sobre Londres ficava a pouco mais de um quilômetro da casa dos Hulme.

Às 16h30 de 7 de setembro de 1940, 350 bombardeiros alemães, escoltados por seiscentos caças, voaram sobre o rio. Woolwich Arsenal sofreu uma terrível surra e Royal Victoria e Surrey Docks foram arrasados. Em Surrey Docks — em Rotherhithe, subindo o rio a partir de Greenwich — as bombas incendiaram vastas pilhas de toras de madeira norueguesa, criando um farol que guiou as ondas posteriores de bombardeiros ao longo da noite. Quatrocentos e trinta pessoas foram mortas e 1600 sofreram ferimentos graves naquela primeira grande batida, efetivamente o início da Blitz.

As bombas caíam ao redor de Greenwich dia e noite. Mesmo na relativa segurança de um abrigo Anderson úmido e frio, a experiência teria sido apavorante. As paredes de aço corrugado amplificavam a barulheira lá fora: o infindável zumbido das aeronaves, o silvo agudo e o estrondo de trem expresso das bombas caindo, os ensurdecedores estrépitos das paredes desabando, o choque do vidro estilhaçando, o "bum-clac-bum" da artilharia antiaérea e as sirenes uivando hora após hora após hora. Assim como muitas outras crianças, Juliet, de 2 anos, entrou em choque por causa das bombas. Durante um mês depois de tudo, ela teve pesadelos tão severos que acordava gritando. Hilda mais tarde viria a sugerir que isso a tinha marcado profundamente, talvez de forma permanente.

A Blitz continuou por nove meses até seu fim, em maio de 1941. Em setenta e uma grandes batidas, a Luftwaffe conseguiu matar quase 20 mil londrinos e feriu mais 72 mil, mas após aquela primeira grande batida, centenas de milhares de crianças foram evacuadas de Londres para áreas mais seguras do país. Embora o governo tenha organizado um esquema para os filhos das pessoas pobres, esperava-se que os mais abastados fizessem seus próprios preparativos para alojar seus descendentes com amigos ou parentes.

Hilda, mais tarde, pouco revelaria sobre as idas e vindas dela e de Juliet durante os anos da guerra. Ela residiu em Londres "parte do tempo", afirmou, insinuando que passou a maior parte do tempo em outro lugar. Sua saúde era "muito fraca" e após o nascimento de seu segundo filho ela ficou seriamente doente por alguns meses. Isso e as "condições da guerra" causaram períodos de separação entre ela e Juliet. Os evacuados em idade escolar em geral eram acompanhados por suas mães. É possível que parte dos primeiros anos de Juliet tenham sido passados no norte da Inglaterra, talvez junto de sua avó em Alnwick.

Hilda tinha dificuldades para controlar sua filha "muito exigente e sensível", que resistia à disciplina e se ressentia de corretivos. Juliet era irritável e vivia em um mundo de fantasia. Achava difícil suspender os momentos de brincadeira e voltar para o círculo familiar, sempre desejando permanecer em seu personagem de fada ou de alguma outra criatura imaginária. Embora fosse de riso fácil e quase sempre encantadora, era voluntariosa e temperamental. Houve um incidente nas ruas de Londres, na época da guerra, quando Hilda queria seguir por determinado caminho e Juliet insistiu em ir por outro. Hilda ficou debatendo a questão com ela por meia hora antes de a menina ser persuadida a fazer a vontade da mãe.

Quando Jonathan nasceu, em 22 de março de 1944, houve um problema sério. Primeiramente, as coisas pareciam estar indo bem: Juliet, então com 5 anos e meio, foi levada para visitar sua mãe e seu novo irmão na maternidade e até pareceu aceitar o bebê. Porém, infelizmente, logo após chegar em casa, Hilda adoeceu durante a noite e, como Henry estava ocupado com outras coisas, ela deixou Juliet sozinha em casa, na cama, enquanto ela e o bebê voltavam à maternidade. Juliet ficou profundamente aborrecida ao despertar e descobrir que a mãe e o bebê haviam saído e, também, por dizerem a ela, durante dias depois disso, que sua mãe estava doente demais para ser visitada. Daquele momento em diante, Hilda diria que ela "definitivamente se ressentia" de Jonathan e isso foi um problema para os pais.

Logo depois, supostamente pelo fato de a saúde de Hilda permanecer fraca, Juliet foi enviada para longe. Ela deve ter se sentido cruelmente rejeitada por sua mãe, de cujo afeto ela havia sido privada por causa do odiado bebê. Para onde Juliet fora? Hilda mais tarde faria um relato do período para sua amiga Nancy Sutherland. Com Hilda, a verdade era sempre maleável e aberta a ser embelezada — alguém que a havia conhecido muito bem na Nova Zelândia chegou ao ponto de dizer que ela era uma mentirosa crônica — mas a história bem pode ser verdade em suas particularidades principais. Hilda descreveu estar grávida de Jonathan durante o pavoroso inverno inglês de 1944. Conforme o bombardeio alemão se intensificava, disse, ela e Juliet tinham que fugir para o abrigo antiaéreo fizesse o tempo que fosse. Lá elas se refugiavam até que soasse a sirene que anunciava o fim do perigo. Se uma bateria de bombas estivesse caindo por perto, Hilda seguia em frente, deixando que Juliet fosse em seguida. Juliet se deitava sob uma moita ou um arbusto até que o perigo imediato passasse e sua mãe chamasse por ela.

Em uma noite particularmente terrível, já próximo do fim de sua gravidez, Hilda abriu o abrigo e chamou Juliet. No entanto, devido ao seu tamanho, Juliet ficou presa na entrada enquanto as bombas começavam a cair. Deixada deitada na neve até que sua mãe conseguisse soltá-la, Juliet contraiu pneumonia. Um exame de raio-x portátil revelou sombras nos dois pulmões e os médicos aconselharam Hilda a levá-la imediatamente para um clima mais quente se quisesse salvar a vida de Juliet. Ficou decidido que ela iria para Barbados aos cuidados de uma enfermeira. A menininha foi enviada, como colocou Nancy Sutherland, "com uma estranha para uma terra estranha" até o fim da guerra. Quando ela se reencontrou com sua família, "descobriu que tinha um irmão pequeno que tomava toda a atenção de sua mãe e mal via seu pai, cientista nuclear".

Embora a Blitz tenha se encerrado no início de junho de 1941, os bombardeios foram logo retomados pela Luftwaffe em fevereiro de 1944, em retaliação às "batidas Baedecker" dos Aliados. Se Nancy Sutherland se lembrava com exatidão do que Hilda dissera a ela, Juliet deve ter sido despachada para Barbados no início de 1944 e lá permaneceu até o fim da guerra.

Os danos causados às crianças por causa de vínculos inadequados ou de prolongadas separações de suas figuras maternas eram pouco entendidos na época, embora já no início de 1939 os psiquiatras John Bowlby e Donald Winnicott tenham alertado a respeito dos perigos psicológicos de programas de evacuação que envolviam separar bebês e crianças pequenas de suas mães. Não foi surpresa alguma que Juliet tenha se tornado uma criança ainda mais difícil, que escapava das profundas dores da existência cotidiana — o ciúme fraternal e a fisgada da rejeição materna — ao se retrair para um mundo imaginário.

PETER GRAHAM
ALMAS GÊMEAS

6

Tensões da Guerra

Mesmo Henry Hulme, embora distraído por seu trabalho, dificilmente deixaria de notar que tinha uma esposa infeliz e uma filhinha problemática, ambas com a saúde fraca. Esses problemas, ele pode ter pensado, poderiam ser prontamente atribuídos aos estresses e às tensões da guerra. Sua mente estava focada em outras coisas — coisas importantes — no Almirantado. Quando a guerra estourou, ele fora transferido por cessão do Royal Observatory e, em 1940, havia se tornado chefe da seção de desmagnetização do departamento de projetos de minas, encarregado de cinquenta cientistas de tweed e óculos, discrepantes em meio aos corteses oficiais navais e às glamorosas Wrens.[*]

O futuro da Grã-Bretanha dependia da habilidade de Hulme e de sua equipe para descobrir a solução de um sério problema que ameaçava as faixas marítimas inglesas. Em setembro de 1939, 41 navios foram afundados pelos U-boats alemães, mas uma ameaça ainda maior à navegação eram as milhares de minas eletromagnéticas que o inimigo havia lançado ao redor da costa inglesa. No decorrer do tempo de sua construção, um navio com casco de ferro se torna carregado de magnetismo — para todos os efeitos, um ímã flutuante. As minas, lançadas de paraquedas, caem no leito marítimo. Quando um navio passa por cima delas, as agulhas que ficavam no interior dessas minas poderiam ser atraídas para cima através

---

[*] Membros da Women's Royal Naval Service, o Serviço Real Naval Feminino.

da força magnética, completando o circuito e ativando um detonador. Desmagnetização é a técnica para desmagnetizar um objeto ao passá-lo por uma corrente alternada decrescente. A seção de desmagnetização de Henry Hulme no Almirantado viria a ser bem-sucedida em desenvolver equipamentos que, quando acoplados a um determinado navio, efetivamente o protegia de minas magnéticas. Foi um progresso da mais crítica importância tanto para a Marinha Real quanto para o mercado naval.

Em 1942, o distinto físico Patrick Blackett foi designado como diretor de pesquisa operacional no Almirantado e Henry Hulme tornou-se seu auxiliar, ao mesmo tempo que mantinha suas credenciais como astrônomo ao se tornar secretário da Sociedade Astronômica Real. O grande desafio que o Almirantado agora encarava era como melhor proteger os navios mercantes cruzando o Atlântico para trazer de volta material de guerra e comida, dos quais dependia a sobrevivência da Grã-Bretanha. Os recursos da marinha estavam bastante apertados e os U-boats estavam abatendo navios ingleses com uma frequência estarrecedora. Era essencialmente um problema matemático: como otimizar o uso dos navios de escolta disponíveis a fim de maximizar a proteção aos comboios? Hulme e um pequeno grupo de matemáticos foram designados para a tarefa.

Esses computadores humanos, conhecidos como o "círculo de Blackett", determinaram que não havia relação entre o tamanho de um comboio e o número de navios afundados em qualquer ataque. Ao dobrar o tamanho de um comboio, seria possível diminuir pela metade a taxa geral de perdas: com menos comboios para a escolta, a tela de proteção poderia ser duas vezes o tamanho de costume. A sabedoria convencional era de que quarenta navios em um comboio era o ideal e, mais de sessenta, perigoso ao extremo. Próximo ao fim da guerra, como resultado do trabalho de Hulme e de seus colegas, os comboios geralmente compreendiam algo em torno de 160 navios. Não há exagero na importância disso para o esforço de guerra. A Batalha do Atlântico foi vencida e, em 1945, a contribuição de Hulme foi reconhecida quando ele se tornou diretor de pesquisa operacional, enquanto Patrick Blackett seguiu de vento em popa.

• • •

Por volta de junho de 1944, Hulme viajou para os Estados Unidos. Os desembarques na Normandia foram realizados em 6 de junho. Que missão era tão importante que exigia a presença nos EUA do diretor assistente de pesquisas em operações navais da Grã-Bretanha em um momento tão crítico? A resposta, quase com certeza, era a bomba de fissão nuclear: Hulme estava intimamente conectado a uma série de cientistas ingleses envolvidos com o Projeto Manhattan, incluindo Blackett, James Chadwick, seu mentor da Universidade de Cambridge e Bill Penney. Penney havia se tornado o reconhecido especialista na matemática das ondas de impacto e foi listado como integrante da pequena equipe inglesa que foi ao laboratório de Robert Oppenheimer, em Los Alamos, logo antes do Dia D, junto de Chadwick e do cientista alemão Klaus Fuchs, mais tarde desmascarado como um espião soviético. Penney foi para o Novo México em junho de 1944 e é provável que Hulme o tenha acompanhado. O raro conhecimento de Hulme a respeito da teoria quântica e de física matemática sem dúvida foi de grande auxílio para Penney em seu trabalho por lá.

Ao retornar para a Inglaterra, em 1945, Hulme foi promovido a diretor de pesquisa operacional do Almirantado. Ele não retornou ao Royal Observatory em Greenwich e logo renunciou como secretário da Sociedade Astronômica Real. A radiação eletromagnética do espectro das estrelas havia perdido seu fascínio. O assistente-chefe do Astrônomo Real era agora um cientista de armas nucleares, conhecido pelos corredores do Whitehall como um preeminente especialista no uso militar da energia atômica. Em 1946, ele aceitou uma nova nomeação como conselheiro científico do Ministério do Ar com um salário anual de 2 mil libras, encarregado de uma equipe de cerca de oitenta pessoas, que incluía 65 cientistas.

Após a vida curta da euforia pela vitória, Londres era um lugar triste e desalentado. Tudo estava em falta: o racionamento seria uma desagradável característica da vida até junho de 1954. Dirigindo diariamente entre Greenwich e a Parliament Square, em Whitehall, Henry Hulme estava melhor posicionado do que qualquer um para avaliar os danos que a cidade havia sofrido. Sua rota atravessando Rotherhithe, Bermondsey, o Borough e atravessando o rio até a cidade de Westminster era quase um retrato completo da ruína e dos destroços. Em sua seção em Whitehall, solicitaram a ele que refletisse sobre o futuro desenvolvimento e utilização de armas atômicas que teriam a capacidade destrutiva mil vezes maior do que qualquer coisa que havia causado a devastação que ele testemunhava diariamente. Não era uma perspectiva agradável.

Em 30 de maio de 1947, uma propaganda apareceu em jornais de destaque do Reino Unido, da Austrália, da Nova Zelândia, do Canadá e da África do Sul: "Convidam-se os interessados à candidatura ao cargo de reitor em tempo integral, Salário de £200 por ano (na moeda da Nova Zelândia). Programa de funções etc. obtido em qualquer universidade, faculdade ou junto aos abaixo-assinados. As inscrições se encerram em Londres, em 15 de setembro de 1947". Estava assinado "C.C. Kemp, Administrador, Faculdade de Canterbury".

A educação superior na Nova Zelândia era oferecida pela Universidade da Nova Zelândia, um amorfo corpo de seis faculdades, sendo uma delas a Faculdade de Canterbury, localizada na cidade sulista de Christchurch. Estabelecida por imigrantes ingleses desde 1850, Christchurch era conhecida como a cidade mais inglesa da Nova Zelândia. A faculdade era abrigada em um conjunto de edificações de pedra cinza em estilo neogótico: havia claustros, torreões, florões, janelas com pináziois, pátios verde-esmeralda e uma torre do relógio. Era facilmente o complexo mais requintado de arquitetura vitoriana na Nova Zelândia.

A Faculdade de Canterbury havia entrado em declínio durante os anos de guerra, mas em 1944 os "estudantes em reabilitação" — ex-combatentes — haviam começado a chegar em grandes quantidades. Estava aparente que Canterbury, como todas as faculdades, estava prestes a ter um crescimento sem precedentes.

Desde 1921, quando foi estabelecido, o cargo de reitor havia sido ocupado por um dos professores sêniores como um acréscimo às suas responsabilidades docentes cotidianas. Na prática, a faculdade era comandada pelo diretor do conselho em conluio com o administrador. Havia uma junta docente, mas ela era consultada apenas em questões estritamente acadêmicas. O reitor era pouco mais que uma figura de proa, pavoneado em ocasiões cerimoniais.

Em novembro de 1945, foi ressuscitada uma proposta de que cada um das faculdades na Universidade da Nova Zelândia deveria ter um reitor em tempo integral, que não só seria o chefe acadêmico da faculdade, mas atuaria como membro do conselho, chefe da junta docente e colaboraria com o trabalho da universidade como integrante do senado.* Tal pessoa teria que ser um acadêmico excepcional, com habilidades administrativas e experiência. Qualidades de visão, liderança, diplomacia e alguns encantos sociais seriam uma vantagem marcante. Em janeiro de 1946, o senado deu sua aprovação e após abordagens ao ministro da educação e ao primeiro-ministro, a verba necessária estava assegurada. O Departamento de Universidades do Império Britânico em Londres foi designado para conferir as inscrições e fazer recomendações.

O dr. Henry Hulme era um forte candidato à vaga na Faculdade de Canterbury. Era impossível haver qualquer dúvida quanto às suas credenciais acadêmicas — de fato, houve surpresa que um homem de seu calibre estivesse interessado. Seu trabalho fora descrito como um dos grandes sucessos da guerra científica e ele foi louvado por sua "extraordinária contribuição à teoria da proteção de comboio". E ele sem dúvida parecia ter a experiência necessária em administração de alto nível. J.H. Barnes, vice-secretário permanente do Ministério do Ar, foi testemunha de sua considerável habilidade organizacional, seus modos — "agradáveis, embora não destituídos de força quando a força é necessária" — e sua lucidez nas comunicações orais e escritas. E é claro, como antigo diretor de pesquisa operacional do Almirantado, ele teria boa utilidade na solução de dificuldades pessoais. Todos sabiam como era difícil lidar com cientistas.

O comitê de seleção de cinco homens reunidos em Londres era composto de um ex-governador geral da Nova Zelândia, dois diretores de universidades do Reino Unido e dois professores de Cambridge. Eles foram informados confidencialmente de que o dr. Hulme havia modestamente diminuído seu papel na vitória da Batalha do Atlântico. O fato de ele não envergar nenhuma honraria por seu grande serviço se dava simplesmente por nem ele nem seu chefe, o professor Patrick Blackett, serem do tipo que aceitam as honrarias que foram oferecidas a eles (Blackett superou qualquer aversão que pudesse ter a honrarias, aceitando a Medalha Americana por Mérito em 1946, o Prêmio Nobel de Física em 1948, a Companheiros de Honra em 1965, a Ordem do Mérito em 1967 e um par vitalício em 1969, enquanto Hulme permaneceu inexplicavelmente sem honrarias).

---

* Algumas universidades possuem órgãos colegiados normativos assim designados.

Temendo que o comitê de seleção ficasse a se perguntar por que esse homem excepcionalmente capaz desejaria aceitar um cargo para uma faculdade sem distinções especiais no outro lado do mundo, eles foram informados de que sua propensão a ir para a Nova Zelândia se dava em parte por razões domésticas ligadas à saúde de seus filhos. Seu amigo L.M. Comrie, um neozelandês, explicou que o dr. Hulme "sempre quis ir para a Nova Zelândia" e sempre lhe fazia perguntas e tomava emprestado seus livros sobre o país.

Hulme foi altamente recomendado à Faculdade de Canterbury. O secretário do Departamento Universitário do Império Inglês relatou sua "boa presença", mencionando que ele era um orador polido e de modos diretos, porém não abruptos. O subcomitê de nomeações da faculdade logo concordou com a recomendação de Londres e, em 25 de novembro de 1947, o senado universitário da Universidade da Nova Zelândia, reunido em Wellington, aprovou sua nomeação. Em 22 de dezembro, Hulme respondeu com um cabograma: "Confirmo aceite — espero partir fim de junho — Hulme".

Em 30 de janeiro de 1948, o Departamento do Trabalho e Emprego da Nova Zelândia recebeu a solicitação de concessão de passagens prioritárias para o dr. e a sra. Hulme e seus dois filhos — a burocracia dos tempos de guerra ainda por ser erradicada. A soma de duzentas libras foi telegrafada para a New Zealand Shipping Company em Londres a fim de custear as passagens, mas um atraso se sucedeu. Foi enfim reportado que o dr. e a sra. Hulme e seus dois filhos haviam embarcado no navio *Ruahine* e partido rumo à Nova Zelândia em 2 de setembro.

O *Ruahine* atracou em Auckland em 13 de outubro. Fosse lá no que tivesse acreditado a Faculdade de Canterbury, a Universidade da Nova Zelândia — ou, por sinal, o Departamento do Trabalho e Emprego — a filha dos Hulme, Juliet, não estava a bordo.

As coisas tinham ido mal para Juliet desde o nascimento de seu irmão, em março de 1944. Ela havia contraído uma pneumonia e bronquite potencialmente fatais. Tinha sido evacuada de Londres para morar com estranhos, talvez parte do tempo em Barbados, e mal tinha visto os próprios pais por longos períodos de tempo. Enfim, no meio de 1947, ela havia sido despachada para morar com amigos de seus pais nas Bahamas. Ela estava com 8 anos de idade. Após vários meses, Juliet passou por outra mudança, dessa vez para a Baía das Ilhas no norte da Nova Zelândia. Se a saúde fraca era a razão, a cura era extremada, prolongada e cruel.

Hilda Hulme mais tarde fez um breve resumo desse período. "Quando chegamos [à Nova Zelândia], Juliet já estava aqui. Ela veio na frente. Por causa da saúde de Juliet, meu marido e eu estávamos separados dela há treze meses. Juliet havia morado nas Bahamas com amigos da família e mais tarde na Baía das Ilhas, na Nova Zelândia. Ela passou sete ou oito meses nas Bahamas e seis ou sete meses na Baía das Ilhas, na Nova Zelândia."

Juliet estava separada de seus pais há bem mais de um ano antes de a família se reencontrar em outubro de 1948.

Os nomes dos amigos, ou pais adotivos, das Bahamas nunca foram mencionados, mas pelo relato de Hilda eles devem ter levado Juliet para a Nova Zelândia em algum momento entre fevereiro e abril de 1948 — vários meses depois de o cargo na Faculdade de Canterbury ter sido oferecido a Henry. A maioria dos pais de crianças pequenas mandadas para o exterior por razões de saúde iriam desejar se reencontrar com elas o mais cedo que as circunstâncias permitissem, mas os Hulme permaneceram na Inglaterra por quase um ano e parecem não ter tomado nenhuma atitude para que Juliet se unisse a eles de novo.

É difícil evitar a conclusão de que não estavam com pressa para trazer Juliet outra vez ao seio familiar. Seria mesmo a saúde de Juliet a verdadeira razão para ela ter sido despachada para as Bahamas? Um médico os havia aconselhado que sua filha não poderia morar na Inglaterra durante o inverno de 1947, mas por que ela foi enviada para o exterior no auge do verão, julho ou agosto, ou no mais tardar em setembro? E por que não voltou para a Inglaterra na primavera — digamos, em abril de 1948 — em vez de seguir para a Nova Zelândia? Parece que Hilda e Henry Hulme estavam felizes por se abster o máximo possível da companhia da filha, cujos "defeitos de temperamento e personalidade" faziam com que lidar com ela fosse algo difícil e incômodo.

PETER GRAHAM
ALMAS GÊMEAS

7

Cidade da Catedral

Um visitante de Christchurch, na primavera de 1851, notou que as expectativas criadas pela Associação Canterbury, a entidade estabelecida na Inglaterra para promover o assentamento na colônia, havia "feito com que uma classe mais alta e um tanto quanto diferente de pessoas emigrasse, em vez daquelas costumeiramente encontradas em uma colônia infante". Havia escassez de trabalhadores e comerciantes.

Um outro observador que chegou cedo ao local registrou que Canterbury foi considerada pelas outras províncias da Nova Zelândia como "um assentamento muito aristocrático". A perspectiva de fazer fortuna produzindo lã havia atraído uma invasão de cavalheiros aventureiros. Eram homens das escolas públicas; jovens filhos de famílias proprietárias de terras; descendentes de almirantes, baronetes e bispos; acadêmicos de Oxford; oficiais do exército aposentados. Alguns, felizmente, levaram consigo esposas e filhas.

Em 1879, uma certa srta. C.L. Innes, que em 1850 havia chegado ainda menina, notou que os estranhos com frequência comentavam, "Canterbury é tão inglesa". Isso ela atribuía "àqueles primeiros dias, quando nós todos demos nosso melhor para manter os padrões de moralidade e comportamento e para criar tipos puros de lares ingleses". Sua observação mostrou o quão profundamente os valores do pioneiro John Robert Godley estavam assimilados. Para Godley, produto de

Harrow e Oxford, a inglaterridade era sinônimo de civilização. Perder essa inglaterridade — tornar-se colonial — era tornar-se vulgar e degenerado.

A inglaterridade de Christchurch e de Canterbury era tanto artigo de fé quanto fonte de orgulho para muitos que lá viviam. Quando a Rainha Elizabeth e o duque de Edinburgo fizeram uma visita ao lugar, em janeiro de 1954, um jornal local se gabou de que em Christchurch eles encontraram "uma cidade mais inglesa do que qualquer outra que tivessem encontrado nos seis meses que passaram longe de casa". Quando o jovem casal apeou de seu trem na estação ferroviária, foi recebido pela "maior multidão de boas-vindas a ladear qualquer rota em toda a turnê real, superando até aquela de Auckland e Wellington". Alguns desses leais súditos haviam esperado por mais de dez horas.

Quando dois jornalistas australianos, Tom Gurr e Harold Cox, junto de outros representantes da imprensa mundial, chegaram a Christchurch em agosto de 1954 para cobrir o julgamento de Pauline Parker e de Juliet Hulme pelo assassinato de Honorah Mary Parker, a cidade os inspirou a arroubos de lirismo: "Na primavera", escreveram eles com créditos compartilhados, "multidões de narcisos dançam nas verdejantes margens do sinuoso pequeno rio chamado, inevitavelmente, de Avon, um rio tão inglês que faz suspeitar que seja criação de um diretor de arte... sob os carvalhos, os salgueiros, os planaltos e as faias, as rosas exuberam. Você verá casas e lojas similares àquelas de Christchurch da Nova Zelândia em várias cidades inglesas provincianas e, ao caminhar ao longo das ruas planas e ladeadas de árvores sob o crepúsculo, com os estorninhos chilreando sonolentamente nos galhos, você há de experimentar a paz que sentiu em cidades como Salisbury, Cambridge e Exeter".

Na Cathedral Square, eles observaram os descendentes dos cavalheiros bem-nascidos que haviam cortado Canterbury em enormes propriedades para pastagem de ovelhas nos anos 1850; elas se tornaram prósperas após a ascensão econômica da lã em 1951, impulsionada pela Guerra da Coreia.

"Carros ingleses", Gurr e Cox mencionaram, "estão estacionados ordenadamente na praça, sobre a qual cai a sombra pontuda do altivo pináculo da catedral. Dos carros, saem homens robustos e de rostos vermelhos, usando chapéus de pescadores de truta feitos de tweed e ternos caros deste mesmo material, mas são folgados, de aparência felpuda. Ajudam as damas a saírem, elas vestem macacões de caxemira, saias de tweed e sapatos confortáveis, e caminham até os hotéis, o United Service e o Warner's, conversando com sotaques tão ingleses que nenhum condado em toda a Inglaterra pode rivalizar com eles na pureza de seu idioma."

Isso, é claro, era uma caricatura: os habitantes de Christchurch eram tão tipificados como criadores de ovelhas ricos, joviais e anglicizados quanto os londrinos o eram como *Beefeaters** e duquesas com tiaras. O United Service Hotel era um lugar animado para se hospedar durante a semana das feiras em novembro, mas era mais provável que os homens robustos de rostos vermelhos se encaminhassem para o Christchurch Club a fim de um xerez antes do almoço enquanto suas esposas faziam compras na Ballantynes.

Até mesmo a famosa aparência inglesa de Christchurch não se dava sem restrições. Enquanto nos subúrbios abastados, como em Fendalton e Cashmere, grandes casas ao estilo *Arts and Crafts*** repousavam entre amplos gramados e extensões de árvores, nas partes mais humildes da cidade — Linwood, digamos, ou Richmond, ou Phillipstown, ou qualquer um dos subúrbios do pós-guerra em expansão — era preciso se iludir um bocado para conseguir ver qualquer coisa da velha Inglaterra. Contudo, as partes mais prósperas e atrativas de Christchurch sem dúvida eram lugares agradáveis para se viver, e até o fim dos anos 1950, a cidade era a capital cultural da Nova Zelândia, um ímã para artistas, poetas, escritores e músicos.

No sábado, 16 de outubro de 1948, quando o novo reitor da Faculdade de Canterbury e sua família — incluindo sua jovem filha, que enfim havia se unido outra vez aos pais em Auckland — chegaram em um DC3 no Aeródromo Harewood para serem conduzidos até uma festa de jardim em sua homenagem, Christchurch estava com sua melhor aparência.

---

* Guardas da Torre de Londres.
** Movimento estético inglês que propunha o artesanato em oposição à mecanização.

Flores da primavera — narcisos, glicínias, lilases, clematites, camélias e rododendros — estavam em toda sua glória. O ar estava repleto do deleitável aroma dos gramados recém-aparados.

A festa de jardim, oferecida por sir Joseph Ward, terceiro baronete e presidente do conselho da faculdade, em sua casa em Merivale Lane, foi notavelmente civilizada, pensaram os Hulme. Em uma cidade com uma população de 186 mil habitantes, eles fatalmente encontrariam algumas pessoas com quem tivessem algo em comum. Embora Juliet estivesse sendo extremamente difícil, era algo que ela viria a superar. Henry tinha um novo emprego desafiador à frente, um pelo qual estava imensamente ansioso. Ele estava certo de que poderiam todos ser felizes em Christchurch. Por que não seriam?

Henry e Hilda Hulme viraram quase que personagens de Christchurch. Como reitor da universidade, Henry era uma personalidade preeminente na comunidade e Hilda se vestia de forma elegante, às vezes até com uma extravagância que alguns consideravam inadequada. Fizeram muitos amigos, eram desejados em jantares festivos, bailes e coquetéis, sendo entretidos com regularidade, tanto em caráter particular quanto oficial.

Henry Hulme era considerado seco e um pouco excêntrico, mas seus detratores eram, em geral, aqueles que desaprovavam a administração que ele fazia das questões universitárias e vieram a desprezar suas deficiências como reitor. Com Hilda era mais complicado. Não eram poucos os que consideravam desagradável a conduta fria da mulher. Sua estudada falta de entusiasmo exalava superioridade. Várias das esposas de funcionários da faculdade se opunham ao modo como ela se impunha sobre elas, e certamente não escondia sua impaciência com o provincianismo da maioria dos neozelandeses que cruzavam seu caminho. Ela estava inclinada a comparar quase tudo na Nova Zelândia à Inglaterra de forma desfavorável. Os amigos mais próximos tendiam a ser ingleses, educados na Inglaterra, ou neozelandeses viajados cujas inclinações artísticas ou visões liberais quanto a questões sexuais os absolvia do crime da tacanhez.

A família alugou uma casa na Hackthorne Road, em Cashmere, e em novembro de 1948, Juliet, então com 10 anos, foi matriculada como aluna não residente na Escola Júnior do Colégio St. Margaret's, na Papanui Road. O St. Margaret's havia sido fundado por uma ordem de freiras anglicanas e era a preferida em Christchurch para educar as filhas dos profissionais e criadores de ovelhas endinheirados de Canterbury — *boas* meninas. Ficava bem próximo à universidade: Henry poderia levá-la todas as manhãs e ela poderia tomar o bonde na volta após a aula. Juliet ficaria na escola até o fim de 1949. Uma linda menininha, lembrada por uma outra pupila por suas pernas magricelas e invejáveis tranças loiras, bem como por sua indiferença. Talvez essa última não fosse uma surpresa: pelos cálculos da própria Juliet, St Margaret's havia sido a décima escola na qual ela havia estudado.

Enquanto morava em Cashmere, Hilda fez amizade com uma mulher chamada Nancy Sutherland, que morava nas redondezas. O marido de Nancy, Ivan Sutherland, ocupava a cadeira de filosofia na universidade. Durante os anos de guerra, ele se encontrava na delicada posição de ser chefe do departamento que empregava Karl Popper, um filósofo excepcionalmente brilhante, nascido em Viena, cujas inspiradoras aulas atraíam multidões de alunos e funcionários. Enquanto Henry Hulme se deu bem com Sutherland, a despeito das fortes posições de esquerda de seu colega, Hilda e Nancy se tornaram amigas extremamente íntimas e confidentes. Fora uma amizade surpreendente — as duas mulheres não tinham nada em comum — mas não guardavam segredos uma da outra. Hilda viria a se lembrar de Nancy com uma desolada afeição anos depois, após as coisas terem dado tão errado.

Nancy havia crescido em uma remota fazenda em Marlborough, no topo da Ilha Sul. Ela era atlética, esportiva, uma ótima nadadora. Ruidosa, com uma voz grave e estrondosa, era afetuosa, maternal e generosa, doando grande parte de seu tempo a boas causas, sobretudo àquelas relacionadas à assistência infantil e ao bem-estar de mães e crianças. Também era, como um amigo viria a recordar, "assustadoramente franca ao conversar sobre sexo". Era uma coisa que ela e Hilda tinham em comum.

Nancy mais tarde se lembraria de sua amiga como "uma mulher muito bonita... fisicamente atraente, alegre e vivaz, compreensiva, atenciosa e egoísta". Mas, ela acrescentou, "eu a achei um tanto irresponsável para uma mulher de sua posição na universidade".

O comentário se referia às escapadas sexuais de Hilda. Na época em que ela chegou à Nova Zelândia, Hilda estava desinteressada do lânguido Henry e buscava abertamente satisfação sexual, ou ao menos prazer, onde quer que pudesse encontrar. Uma jovem que a conheceu na época disse que ela atraía homens como um pote de mel atraía abelhas. Um distinto diplomata e escritor neozelandês que a conheceu quando era jovem recordou-se vividamente de sua presença de sereia. Ela era "uma mulher muito sensual. Nunca vi uma mulher tão... fogosa".

Um psiquiatra, James Walshe, forneceu um divertido relato de seu primeiro encontro com Henry e Hilda Hulme em uma pequena reunião promovida pelo diretor do Colégio Christ's, uma escola para meninos prestigiada na cidade. Ngaio Marsh era a convidada de honra. A célebre escritora de populares romances de mistério, nascida e criada em Christchurch, era igualmente bem conhecida em sua cidade natal como produtora de peças de Shakespeare para a sociedade teatral da Faculdade de Canterbury. Walshe, um jovem mestre que dava aulas de Inglês e História na escola, havia sido convidado para a seleta reuniãozinha como um dos antigos prodígios de Marsh: ele havia interpretado Claudius em sua aclamada produção de *Hamlet* na época da guerra.

Walshe recorda que Marsh adentrou a sala com sua insolência de costume, no papel da grande dama de Cantabrian. Os Hulme chegaram depois. Era óbvio que haviam discutido no carro e Henry Hulme, "uma figura alta, magra e distinta em (...) um terno muito fino", mal disse uma palavra a noite inteira. Hilda, por outro lado, "uma mulher graciosa acostumada a fazer as coisas ao seu modo, vigorosa, divertida, com senso de estilo... [distribuía] sorrisos a todos que tinham influência, fingia que não via as pessoas que não importavam, ignorando também as esposas dos acadêmicos".

Walshe ficou fascinado pela linguagem corporal de Hilda, "sinuosa, pélvica, ardente e desconectada. Não consegui deixar de pensar em uma pantera negra em sua jaula, rodeando, rodeando, até que a questão das apresentações tivesse terminado e ela pudesse ser persuadida a se sentar: não havia um divã no qual ela pudesse se estirar *en Odalisque*".

Hilda estava determinada a não ser ofuscada por Ngaio Marsh. Em certo momento, o nome de Noël Coward foi mencionado. "Eu o conheci. Eu o conheço", disse Marsh em resposta a uma indagação de Hilda.

"Ah, sim, ele não é um amor?", comentou Hilda.

"Não", respondeu Marsh em um tom bastante firme, "ele é meio que um merda, na verdade."

Esse diálogo foi imensamente apreciado por todos os presentes. Era um jogo, *set* e *match point* para Marsh, que revirou os olhos para os céus quando os Hulme foram embora mais cedo.

Após se familiarizar mais com os Hulme, Walshe observou que "a maneira como o dr. e a sra. Hulme algum dia haviam conseguido cessar as hostilidades por tempo o bastante para se casarem sempre foi um intrigante enigma para o assistente social em todos nós". Ele não era o único a apreciar a extraordinária ironia de Hilda ter se tornado uma das "irmãs fundadoras" do Conselho de Orientação Matrimonial de Christchurch.

De tempos em tempos, Hilda fazia vagas tentativas de ser uma boa esposa para o reitor, mas o desprezo pouco disfarçado que nutria por seu marido tornava isso impossível. Havia uma facção de esposas de funcionários que a admiravam, mas um número no mínimo igual, em sua maioria as esposas mais velhas, não a toleravam. Algumas das mulheres mais jovens a consideravam gentil e prestativa. O marido de Renée Stockwell era aluno da pós-graduação. O casal morou perto dos Hulme e, embora Renée tenha ficado um pouco abismada com o que observou como a "personalidade austera e controlada" de Hilda, ela apreciou o convite que recebeu para usar o telefone dos Hulme sempre que desejasse, e ficou grata pela amabilidade de Hilda quando seu filho contraiu pneumonia.

Helen Garrett, casada com o professor de inglês John Garrett, estava totalmente no campo oposto. Para ela, Hilda era "dura feito pedra" e nem um pouco honesta. Ela era culpada até por ter trazido da Inglaterra um esfregão de autotorção, reclamando ruidosamente que uma coisa tão simples era impossível de encontrar "nesse país esquecido por Deus".

·   ·   ·

Juliet parece não ter feito amigos em St Margaret's. Uma das colegas de classe que foi convidada para brincar em sua casa teve permissão negada por sua mãe por causa dos "recentes acontecimentos" na casa dos Hulme. Os boatos, é claro, reinavam. Juliet às vezes brincava com as gêmeas dos Sutherland, Diony e Jan, que eram um ano mais velhas. Jan Sutherland se lembra dela ser alta e de aparência muito adorável, mas estranha de algum modo indefinível, "uma criança um tanto solitária". A mãe de Juliet parecia "não muito afetuosa — não com crianças", e seu pai era "indiferente", não querendo conversa com crianças.

Não há dúvidas de que a jovem e adorável colegial inglesa *era* uma criança estranha. Ela era mais feliz em um mundo imaginário — um mundo no qual ela era a todo tempo o centro das atenções, uma terra onírica de lordes e damas, castelos e cavalos de batalha ornados de enfeites, palafréns brancos feito leite e damas em perigo. Nancy Sutherland notou que Juliet era sempre a princesa ou alguma outra forma de ser superior. Seu irmão caçula, Jonty, era às vezes forçado a servi-la como pajem ou noivo, mas ela se ressentia dele e brincava com ele apenas quando era persuadida a tal, nunca por escolha própria.

Hilda havia esperado que na Nova Zelândia sua filha pudesse parar em uma escola, fazer amigos de verdade, esquecer o passado e abandonar o mundo de fantasia, mas a solidão e o isolamento de seus primeiros anos haviam deixado uma impressão muito profunda. Os Hulme não eram uma família feliz.

PETER GRAHAM
ALMAS GÊMEAS

8

Uma Nova Residência

Embora em outubro de 1948 a Faculdade de Canterbury estivesse a ponto de estourar, acomodações aceitáveis haviam sido encontradas para o novo reitor no prédio da torre do relógio. O escritório, com sua magnífica lareira baronial e sua janela saliente suntuosamente envidraçada, era a antiga sala de reuniões da junta docente, mas, por mais esplêndida que fosse, era um pouco distante do centro de poder — o escritório do administrador. A iniciativa de recrutar um reitor em tempo integral havia sido da junta, que esperava reestabelecer o controle acadêmico sobre as questões da faculdade. Porém, sir Joseph Ward, o presidente, e Charles Clifford Kemp, o administrador, estavam acostumados a comandar o espetáculo. Eles não estavam nem um pouco entusiasmados por sofrerem interferências de algum recém-nomeado.

Hulme tentou bravamente imergir na vida da faculdade. Ele se misturava com liberdade aos alunos e aos funcionários, aparecendo com frequência na sala dos professores. Mas mesmo aqueles que estavam acostumados às excentricidades dos acadêmicos o consideravam um sujeito um tanto peculiar. Para começar, havia seu costume de repousar com os pés sobre a mesa, ou côm as pernas penduradas sobre o braço da cadeira, ao receber visitantes. Estava com os pés sobre a mesa quando Archie Stockwell, um professor de Inglês, o conheceu. Stock ficou ainda mais pasmo quando Hulme de repente enfiou uma barra de chocolate na sua cara. Talvez a informalidade levada a tais extremos fosse um hábito adquirido por Hulme durante a época em que vivera nos Estados Unidos, ou talvez ele só esperasse parecer acessível, informal e progressista. Para muitos, não parecia o comportamento adequado e era intensamente irritante. Seu apoio, em 1949, à proposta de que uma nova faculdade de silvicultura devia se localizar em Auckland, em vez de em Christchurch, jogou gasolina no fogo: foi considerada uma traição das fileiras de sua própria faculdade.

Em novembro de 1949, Kemp se aposentou, e em uma reunião do conselho, a relação entre o reitor e o administrador foi redefinida. O reitor foi confirmado como diretor executivo da faculdade, enquanto o administrador atuaria como secretário do conselho e da junta docente e, "sob a direção geral do reitor", supervisionaria e seria responsável pela equipe administrativa e por seu trabalho, pelos zeladores, faxineiros, pela equipe de manutenção e seu trabalho, e pela conservação dos prédios e dos terrenos. As asas do administrador haviam sido cortadas. Parecia ter sido uma vitória para Hulme, mas havia uma condição: como diretor executivo, o reitor precisava ter a confiança tanto do conselho quanto da junta docente. Era uma condição que mais tarde voltaria para assombrá-lo.

As relações de Hulme com o novo administrador, James Logie, eram bem mais fáceis do que haviam sido com Charles Clifford Kemp, mas quando se deu a reunião do conselho, as sementes da animosidade plantadas em janeiro já haviam começado a brotar. Uma pergunta foi posta sobre a mesa: havia alguma verdade nos boatos de que o reitor, quando em visita a Wellington, fizera declarações a respeito do conselho ou de determinados integrantes que teriam sido, de algum modo, desleais a ele?

Havia ficado claro que Henry Hulme tinha pouca aptidão para a administração pessoal e que lhe faltava diplomacia, que era arrogante intelectualmente e de uma notável lentidão para aprender que a Nova Zelândia era uma pequena lagoa na qual a fofoca viajava na velocidade de um pulso sonar. Em uma reunião com o senado da Universidade da Nova Zelândia, ele pode ter se referido — como costumava fazer — a certos integrantes do conselho da faculdade como "pederastas da cidade" ou a "máfia da Hereford Street", com um desdém que aqueles que estavam incluídos no comentário consideraram intolerável quando ficaram sabendo. Havia rumores de que ele havia sido um completo fiasco na pesquisa operacional no Almirantado, em Londres, e havia sido jogado pra cima no Ministério do Ar, embora não houvesse verdade nisso.

As relações de Hulme com a junta docente passavam longe de ser melhores. Sua ideia de pagar salários maiores aos professores catedráticos e professores conferencistas sêniores que se distinguissem como particularmente capazes ou valorosos, aprovada pelo governo em outubro de 1949, provou-se contenciosa. Mesmo aqueles que ganhavam duzentas ou trezentas libras extras por ano estavam infelizes com o reitor por criar um fuzuê desnecessário.

Enquanto isso, Hilda Hulme havia encontrado sua nova vocação. Um dos integrantes do conselho da faculdade que definitivamente não era um "pederasta da cidade" era Alwyn Warren, o decano de Christchurch. Neozelandês, Warren havia sido educado na Inglaterra, na Faculdade Marlborough e na Faculdade Magdalen, em Oxford. De presença física preponderante, ele havia ganhado uma Cruz Militar na campanha que fizera na Itália quando servia como capelão na Divisão de Cavalaria da Nova Zelândia. Em fevereiro de 1948, Warren e sua esposa Doreen haviam ajudado a fundar a filial de Christchurch do Conselho de Orientação Matrimonial. Braço de um movimento altruísta iniciado na Grã-Bretanha, o conselho era apoiado pelo governo e pelas principais igrejas: entre seus mentores locais estava o magistrado Rex Abernathy, o psiquiatra Maurice Bevan-Brown e Francis Bennett, um médico renomado. Seu objetivo era reduzir os colapsos nos casamentos e os divórcios.

Hilda deve ter causado nesse musculoso cristão a impressão de ser o tipo certo para se tornar uma conselheira matrimonial. Como as outras voluntárias, ela era enviada para cursos de treinamento em Wellington, conduzidos pelo Departamento de Justiça, em tópicos como "Sexualidade". O objetivo declarado do Conselho de Orientação Matrimonial era "encorajar e auxiliar indivíduos em sua luta para compreender um ao outro com felicidade e completude, particularmente dentro da instituição social do casamento". Os conselheiros iriam "facilitar os esforços dos casais para entender, respeitar e amar um ao outro". Era uma missão peculiar para uma mulher a quem parecia faltar empatia e que parecia dar pouco prestígio à fidelidade conjugal. Apesar de sua óbvia falta de adequabilidade, Hilda se alçou à posição de vice-presidente da filial de Christchurch.

Por volta do fim de 1949, o aluguel de curto período dos Hulme de sua casa em Cashmere expirou e a família se mudou para a Rapaki Road, em Port Hills. Era uma localização menos conveniente: em Hackthorne Road, Juliet havia podido voltar da escola para casa e o bonde parava quase diante da porta deles. Mas esse era apenas um pequeno inconveniente. No ano novo, Hilda planejava mandar sua filha de 12 anos para Queenswood, um internato feminino particular situado na Ilha Norte.

Viajar até Queenswood não era uma empreitada pequena. Juliet teria que tomar uma balsa noturna de Lyttelton para Wellington e, então, viajar de trem por umas boas seis horas. Era improvável que ela fosse ter qualquer outra menina de Christchurch como companheira de viagem. A maioria das alunas de Queenswood eram filhas de prósperos criadores de ovelhas de Hawke's Bay. Poucos pais em Canterbury contemplariam mandar meninas novas para uma escola particular tão longe.

Em 1949, Erica Hoby, diretora e proprietária de longa data de Queenswood, se aposentou e vendeu a escola para a Sociedade Antroposófica, cujos membros desejavam estabelecer uma escola guiada pelas diretrizes advogadas pelo filósofo austríaco Rudolf Steiner. As forças motrizes e apoiadoras financeiras, Edna Burbury e Ruth Nelson, haviam visitado a Escola Waldorf em Stuttgart, que operava de acordo com as ideias de Steiner, e ficaram inspiradas com aquilo que viram.

Steiner acreditava que havia um mundo espiritual que era compreensível ao pensamento puro, mas acessível apenas às faculdades mais elevadas do conhecimento mental. Essas faculdades do conhecimento, assim ele acreditava, eram latentes em todos os humanos. A consciência e a percepção espiritual ampliadas — oníricas, independentes dos sentidos — podiam ser ensinadas. O acesso ao mundo espiritual poderia ser obtido por aqueles treinados no "conhecimento produzido pelo eu elevado no homem". Para todos, menos alguns poucos, isso parecia na melhor hipótese uma excentricidade, e na pior delas uma insanidade completa, mas para a felicidade de Queenswood, os ricos criadores de lã continuaram a mandar suas filhas para lá.

Talvez Hilda estivesse interessada na Antroposofia e nas ideias de Rudolf Steiner a respeito da educação. Ela era o tipo de pessoa atraída por ideias da moda que a diferenciassem da manada comum. Talvez acreditasse que o método de Rudolf Steiner pudesse ser benéfico para sua filha problemática. Muitos anos depois, ela faria apenas uma críptica e breve menção a essa lamentável virada na vida de sua filha: "Ela estudou em uma escola particular, a Escola Queenswood, em Hastings... ela estava contente, mas depois ficou bastante infeliz nessa escola, então a trouxemos para casa".

Alguns dias antes do Natal de 1950, enquanto Christchurch celebrava o centenário da chegada dos primeiros quatro navios da Canterbury Association, em 1850, os Hulme deram uma festa em Ilam. Era tanto uma festa de boas-vindas ao lar quanto a festa de aniversário de Juliet, que voltava de Queenswood para o longo recesso de fim de ano. Henry e Hilda rodearam a criança de amigos e de funcionários da universidade como colegas convidados da ocasião.

A aniversariante estava, como de costume, retraída e ensimesmada, pouco querendo saber das outras crianças. Hilda, porém, estava em excelente forma. Ficou na varanda do andar de cima jogando doces e presentinhos para as crianças reunidas no gramado lá embaixo. Os adultos, de bebida na mão, erguiam seus olhares para ela, sorrindo com apreço. Ela estava em seu ambiente natural — o centro das atenções, a graciosa anfitriã admirada por todos. Aquela casa grande e seu agradável terreno caíam bem a ela. Nos anos posteriores, ela pode ter olhado para trás como este tendo sido seu melhor momento. Ela parecia, com mãos firmes, fazer um malabarismo com os componentes de sua vida: mãe, esposa do reitor, anfitriã encantadora e mulher sexualmente atraente.

Os Hulme haviam se mudado há pouco tempo para Ilam. A casa e os 53 acres que a rodeavam haviam sido compradas pelo governo do espólio de Edgar Stead, um apaixonado ornitologista e especialista em plantas que a transferiu à Faculdade de Canterbury como parte do local para a futura realocação da universidade. Ao mesmo tempo em que adquiriu o quarteirão de Ilam, a universidade comprou a terra do outro lado da Ilam Road e, com ela, uma outra bela casa antiga, a Oakover. Em fevereiro de 1951, o governo também expropriou a Avondale, uma grande e elegante relíquia dos anos 1880, e as terras que a rodeavam sob o Ato de Serviços Públicos, disponibilizando ao todo 126 acres para a universidade.

Assim que a grande casa na Ilam foi destinada à residência do reitor, o dr. Hulme foi encorajado a ocupá-la o mais rápido possível. Seria uma demonstração simbólica, mostrando que a mudança para Ilam realmente aconteceria. Henry e Hilda precisaram de pouca persuasão. O lugar não seria ideal para a saúde de Juliet — a casa ficava em uma área plana, e com as águas superiores do rio Avon fluindo pelos terrenos, seria úmido e enevoado no inverno — mas com Juliet longe, na escola em Hawke's Bay, a Ilam, rodeada de campos e manejos, seria um ótimo lugar par Jonty viver. Hilda estava encantada. Era um lugar bastante apropriado para ela oferecer recepções e ser bajulada.

A nova residência dos Hulme vinha com uma história pitoresca. A casa original daquele local havia sido construída nos tempos antigos por Joyhn Charles Watts Russell, que havia sido parte dos 17os Lanceiros,* e sua esposa irlandesa, Elizabeth, e tinha sido o centro da vida social da pretensa aristocracia de Canterbury. Mais tarde, foi comprada por Leonard Harper, um advogado e procurador educado em Eton, membro da Câmara dos Representantes e notável explorador — o primeiro homem branco a viajar pela costa leste da Ilha Sul ao longo dos Alpes do Sul. Houve um imenso escândalo quando, em julho de 1891, Harper se evadiu, desaparecendo com £200 mil libras de seus clientes. Após ser brevemente ocupada por Patrick Campbell, o filho de um coronel do exército de Madras da Companhia das Índias Orientais, a propriedade foi vendida para uma misteriosa mulher que atendia pelo título de Condessa de Fresnado. Em agosto de 1910, ela foi arrasada por um incêndio.

---

* Regimento de cavalaria do exército britânico.

A casa ocupada pelos Hulme foi projetada por J.S. Guthrie, principal arquiteto de Christchurch na época, e concluída em 1914. Grande, bela e com telhado de ardósia, era uma das atrações turísticas de Christchurch. O andar mais baixo era de tijolos vermelhos, e o mais alto, de estuque. Um *porte-cochère*, a característica dominante da fachada da casa, era apoiado por quatro elegantes colunas. O saguão e outras salas de recepção no térreo eram apaineladas com madeiras nativas polidas.

O proprietário anterior da casa, Edgar Stead, havia constituído um excepcional jardim silvestre. Em uma viagem a Grã-Bretanha em 1925, ele havia coletado e enviado centenas de rododendros de jardins da Inglaterra e da Escócia, incluindo os híbridos mais recentes, sendo suas principais fontes o jardim Exbury, de Lionel de Rothschild, em Hampshire, e a coleção do conde de Stair no Castelo Kennedy, em Wigtonshire, na Escócia. Ele mesmo havia feito experiências com hibridização e produzido a Ilam Cornubia, a Ilam Alarm, a Ilam Canary, a Ilam Violet, entre outras. Seu híbrido favorito, a IMS, foi assim batizada em homenagem à sua esposa, Irene Mary Stead. Através do que se tornou uma sólida amizade com lorde Rothschild, Stead foi designado como juiz de exposições de rododendros na Exposição de Flores de Chelsea e conquistou uma reputação internacional como cultivador.

Durante os 35 anos que Stead morou em Ilam, os jardins sempre estiveram abertos ao público no fim da primavera, com o valor do ingresso sendo doado à Sociedade de Horticultura de Christchurch. De tempos em tempos, também eram realizadas festas no jardim para arrecadar fundos para a Cruz Vermelha; essas eram frequentadas por qualquer um que fosse alguém em Canterbury e, às vezes, eram honradas com a presença do governador geral. De uma forma modesta, a Faculdade de Canterbury manteve a tradição, empregando um jardineiro em tempo integral e abrindo os jardins ao público a cada primavera. Por haver uma escassez de espaço na biblioteca da faculdade, Henry Hulme também encorajava os alunos para que usassem o jardim como local de estudos para as provas de fim de ano; ele perambulava entre eles oferecendo copos de limonada.

Refugiados letões de acampamentos de desalojados na Alemanha tinham começado a ser reassentados na Nova Zelândia, e os Hulme empregaram uma refugiada como empregada. A sra. Grinlaubs morava no apartamento nos fundos da casa com o marido e seus dois jovens filhos. Ela ficou embasbacada quando, certa manhã, tomando uma xícara de café, Hilda Hulme lhe confidenciou, "Nós pertencemos ao topo da pirâmide, é claro". A empregada foi capaz de observar o comportamento de Juliet à curta distância. A garota, ela achava, estava "em uma categoria só dela — muito mimada, precoce e muito arrogante. Às vezes, ela era grosseira com todos, incluindo seus pais". Hilda defendia sua filha explicando o quanto ela era talentosa. A sra. Grinlaubs nunca se convenceu.

Em Ilam, os Hulme davam frequentes jantares festivos, bem como memoráveis almoços de domingo e recepções para a equipe da universidade e visitantes VIPs. Lady Rutherford, a viúva do físico Ernest Rutherford, ganhador do Prêmio Nobel, compareceu a um jantar certa noite, mas talvez seu maior sucesso tenha sido o ator inglês Anthony Quayle, que os Hulme receberam em março de 1953. Quayle estivera em Christchurch liderando a Shakespeare Memorial Theatre Company em *Otelo* e *Como Gostais* no Theatre Royal. O ator, então com 39 anos, vinha construindo uma carreira bem-sucedida como ator shakespeariano e empresário. Mais tarde, ele diversificaria sua carreira para o cinema, interpretando personagens como oficiais viris de expressão impenetrável. Ele e a bela Barbara Jefford, que interpretava a Desdemona de seu Otelo, eram amplamente requisitados. Hilda deve ter ficado no céu.

PETER GRAHAM
ALMAS GÊMEAS

9

"Sapientia et Veritas"

A romancista Fay Weldon, então Fay Birkinshaw, estudou no Colégio para Moças de Christchurch entre 1944 e 1946, enquanto morava na Nova Zelândia com sua mãe e sua irmã. Ela mais tarde viria a se lembrar dele como "um lugar profundamente sério e infeliz... [no] lado errado da Cranmer Square, onde o prédio sacudia com cada tremor de terra". O lugar era "inquietante... as salas de aula se escureciam sem razão alguma: ninguém nunca queria ficar a sós no vestiário". As paredes apaineladas "rescendiam a fatalidade" e as alunas às vezes se sentiam como "figurantes em algum tipo de filme de horror". Havia lugares no pátio em que ninguém nunca havia brincado e que todos evitavam. A escola, ela afirmou, era assombrada pelo assassinato ainda por acontecer de Honorah Parker, e havia um "zumbido de lesbianidade reprimida... uma atmosfera pesada de paixões inexploradas".

Essas recordações melancólicas provam apenas que a memória não é confiável e mesmo romancistas distintas são capazes de tolices. O prédio neogótico de tijolos vermelhos ficava na ponta ensolarada da Cranmer Square. Antigas alunas se recordam com ternura de agradáveis caminhadas ao redor da praça no intervalo da manhã e da vista de imponentes castanheiros na Rolleston Avenue, o verde-claro contra o limpo céu azul visto do portão para a Montreal Street. Terremotos não eram ocorrências regulares nos anos 1940, quando Weldon estudou na escola. O vestiário é lembrado com afeto nostálgico pelo cheiro da umidade dos chapéus de feltro nos dias chuvosos, implantado para sempre na mente, junto do sabor das balas azedinhas em pequenos sacos de papel branco da doceria Proudlock's. E as contemporâneas de Weldon negam o zumbido de lesbianidade, reprimida ou de qualquer outro tipo. "Pode muito bem ter havido algumas amizades bem sólidas", disse uma delas, "mas se houve alguma lesbianidade tenho certeza de que foi extremamente bem ocultada."

O Colégio para Moças era um ótimo lugar para regras. A diretora, Jean Isobel Stewart, que morava no estabelecimento de internato da escola, era uma tradicionalista que emitiu um inexorável fluxo de diretivas. Prefaciadas com as palavras "Nenhuma moça, em momento algum, irá", elas governavam praticamente cada aspecto do comportamento humano. Havia lugares em que não se podia correr, lugares em que não se podia andar, não se podia comer, não se podia falar, não se podia sentar. Havia lugares na cidade em que nenhuma moça em momento algum poderia ser vista. Havia regras quanto ao uso dos chapéus, ao uso das luvas e ao polimento dos sapatos. As túnicas de educação física tinham que cobrir os joelhos e os cabelos não podiam ser mais compridos do que cinco centímetros acima do colarinho, a menos que estivessem presos em uma trança ou em um rabo de cavalo.

O código prescritivo da srta. Stewart era aplicado com entusiasmo pela equipe de professoras. Quando a professora de Latim, a srta. Waller, estava certo dia dando uma aula para o oitavo ano, olhou de relance pela janela e anunciou, em um tom horrorizado, "Isso é algo que eu espero nunca ver nenhuma moça desta escola fazendo!". As meninas correram para a janela, ávidas para ver a natureza do ultraje. A jovem de pé lá na Montreal Street estava calçando as luvas no meio da rua.

O Colégio para Moças era assim. Você se sentava com as costas eretas na assembleia, rezava o Pai-Nosso e se levantava, peito para fora, ombros para trás, para cantar "Gaudeamos Igitur", "Jerusalem", "Nymphs and Shepherds" e "Among the Leaves So Green-O". O lema da escola — em latim, naturalmente — era *Sapientia et Veritas*, "Sabedoria e Verdade", e o hino da escola, animado, no ritmo de marcha, era uma mera banalidade:

High School forever!
Sing, girls, that never
Our hearts shall sever
From her dear rule!
Years ring their fleeting chime,
Still at our meeting time
Raise we this greeting rhyme
God speed the School!*

Na Inglaterra, Juliet teria estudado em uma escola particular. Na Nova Zelândia, porém, não havia nada de incomum quanto a filha de um acadêmico sênior estudar em uma escola estadual. Diony e Jan, as gêmeas filhas do professor Sutherland, também estudavam no Colégio para Moças. A escola tinha a reputação de uma excelência escolástica sem paralelos em Christchurch. Sua contraparte privada, o Colégio St. Margaret's, orgulhava-se de produzir jovens damas de boas maneiras e eloquentes, versadas nos rituais da Igreja Anglicana, sem um fardo excessivo de aprendizagem, e das quais certamente não se esperava que fossem obter o próprio sustento.

Durante o Colegial 2,** na Escola Ilam, na qual estudou brevemente após Queenswood, Juliet fez um teste de QI e marcou 170 pontos na escala Stanford-Binet. A média era 110, então 170 era excepcionalmente alto. Acreditava-se que a inteligência era tanto mensurável quanto imutável — algo repartido de forma desigual ao nascer. Dado o brilhantismo de Henry Hulme, não foi considerado uma surpresa que Juliet, também, tivesse grande habilidade. Suas imaginativas histórias e peças tinham causado grande impressão em sua professora e em seus colegas de classe na Ilam. Os Hulme consideravam a filha talentosa demais para o tipo de educação que o St. Margaret's oferecia.

Alguns de seus amigos e conhecidos enxergavam as coisas de forma diferente. Para muitos, era impensável mandar uma moça para qualquer outro lugar além do St. Margaret's ou para outra escola

---

* Em tradução livre: "Viva o colégio, eternamente! Cantem, meninas, que nossos corações / nunca haverão de se afastar / de sua querida norma! / Os anos tocam seu fugaz repique / Ainda no momento de nosso encontro / Elevemos essa rima de saudação / Deus proteja a Escola!".

** No original, Form 2 — na antiga designação dos anos de escolaridade na Nova Zelândia, o equivalente ao nosso sétimo ano do Fundamental.

particular, a Rangi Ruru, ou para a Escola Diocesana Craighead, em Timaru. O Colégio para Moças era perfeitamente decente ao seu modo, mas havia todo tipo de moças por lá, de sabe-se lá que origens. Não era mais importante para uma moça fazer as amizades certas do que se preocupar com que notas teria no Certificado Escolar? Após o assassinato, várias pessoas disseram, baseadas em seus próprios preconceitos de classe, que Henry e Hilda haviam cometido um erro chocante. Se ao menos eles não tivessem sido tão metidos a serem diferentes. Se ao menos a tivessem colocado na St Margaret's, onde ela teria se misturado às suas iguais, sem nunca ter se amarrado à menina da peixaria, cujos pais nem casados eram, a coisa toda poderia ter sido evitada.

Em 4 de fevereiro de 1952, Juliet Hulme começou sua educação secundária no Colegial 3A.[***] Ela foi apresentada em seu uniforme de verão: uma túnica de algodão com um chapéu panamá creme, luvas castanho-claras e meias brancas de cano curto. Dois dias depois, o rei George VI morreu. Na Grã-Bretanha, sua morte foi anunciada às 10h45 da manhã de 6 de fevereiro, já fim de tarde no horário da Nova Zelândia. No dia seguinte, o Colégio para Moças de Chirstchurch, bem como as escolas por toda a Nova Zelândia, ficou fechado. Foi como se todos tivessem perdido um tio distante, mas muito querido.

O Colegial 3A ficava na Sala 9, a primeira no patamar subindo as escadas com o corrimão de latão polido. A turma tinha sido constituída para as garotas mais inteligentes na via expressa para tirarem o Certificado Escolar no quinto colegial; alunas menos aptas faziam a prova no sexto. O currículo incluía latim, francês, inglês, matemática, ciências gerais e estudos sociais. Também havia educação física, música, costura e, no quarto colegial, culinária.

"Todas amávamos Juliet", recorda-se uma das alunas do 3A. A garota que quatro anos antes havia chegado à Nova Zelândia desengonçada e estranha era agora elegante e graciosa, com uma serenidade que a destacava. Ela era esperta e versada, boa, sobretudo, em inglês, francês e matemática. Falava com um belo sotaque inglês, usava seu chapéu com a aba puxada para baixo em toda sua extensão, em desafio às regras

---

[***] No original, Form 3 — nosso equivalente ao oitavo ano do Fundamental.

da escola, e era muito admirada. "Nós todas nos espelhávamos em Juliet e queríamos ser amigas dela", lembrou-se uma colega de turma.

Juliet, contudo, era de algum modo inatingível. Ela tratava suas colegas de classe com um leve e perplexo desdém, como se elas mal pudessem ser levadas a sério enquanto seres humanos. Certo dia, quando o Colegial 3A foi, por alguma razão, congregado no vestiário, ela entrou e, com voz imperiosa, proclamou, "Vocês sem dúvida parecem pertencer a meados da era vitoriana, meninas". Ninguém teve certeza exatamente do que ela quis dizer, mas fora bastante impressionante. Tão engraçado e tão a cara de Juliet! Isso seria lembrado para sempre.

Então, conforme o ano prosseguia, algo totalmente inesperado aconteceu: Juliet fez amizade com uma garota da turma chamada Pauline Rieper. Estranha e meio desajustada, Pauline gostava de ser chamada de "Paul", como George em *Os Cinco*, de Enid Blyton, que queria ser um menino e era esquentado, corajoso e aventureiro. Também como George, Paul Rieper tinha o cabelo preto ondulado com um corte mais curto que o da maioria das meninas.

Ela possuía uma constituição atarracada. Uma cicatriz, legado da osteomielite da infância, corria por sua perna direita, desde um pouco abaixo do joelho até o tornozelo. Caminhava arrastando o pé de leve, inclinada para a frente, com as mãos enfiadas nos bolsos de seu blazer. Seu rosto carregava uma perpétua expressão zangada; ela não era cooperativa, odiava disciplina e, às vezes, parecia crepitar de raiva. Falava em tom de sarcasmo com as professoras, algumas das quais pareciam ter medo dela. Ela era, como uma colega de sala uma vez falou, "um pouco assustadora".

Nem todos viam Pauline Rieper dessa forma. Uma garota do 3A achava que ela era mais bonita do que Juliet. "Eu adorava aquela aparência de cigana selvagem... seus olhos escuros cintilantes eram de matar."

Era óbvio que os Rieper não eram abastados. Uma das garotas que visitou sua casa, que ficava logo depois da cerca dos fundos do Colégio para Moças, achou-a desmazelada e ficou chocada com a grosseria com a qual Pauline falava com a mãe, que era "tão gentil conosco — uma mulher trabalhadora e um pouco esgotada".

Como muitas, ela ficou perplexa com a ligação entre Pauline e Juliet. "Elas eram um par um pouco improvável. Com certeza havia alguma atração entre elas, mas que raios era aquilo?"

PETER GRAHAM
ALMAS GÊMEAS

10

Segredos de Família

Quando, na noite do assassinato, Bert Rieper disse ao detetive sênior Brown que ele e Nora não eram casados, também disse algumas outras coisas, mas não estava de fato pensando com clareza. Quando Brown e o sargento detetive Archie Tate conversaram com ele outra vez, conseguiram mais informações. Cerca de vinte anos antes, ele havia sido contador em sua própria firma em Feilding, uma pequena cidade do interior, e casado com Louisa McArthur, uma mulher que ele havia conhecido no Cairo enquanto servia na Força Expedicionária da Nova Zelândia durante a guerra. Louisa era viúva, oito anos mais velha do que ele, e havia nascido na Índia.

Ele e Louisa não tiveram filhos, disse ele, e ela havia feito de sua vida um inferno na Terra. Certa noite, acordou e se deu conta de que ela havia passado uma correia ao redor do pescoço dele e estava tentando estrangulá-lo. Pouco depois disso, ele encontrou uma navalha de barbear embaixo do colchão. Temendo por sua segurança, ele se mudou para outro quarto. Ela quebrou algumas partes da porta. Foi neste momento que ele decidiu ir embora de vez.

Com a intenção de dirigir até seu escritório, ele tirou o carro da garagem, mas ela correu até ele com uma vassoura e quebrou as janelas. Então deitou-se na frente do carro para que ele não pudesse ir embora. Ele saiu do carro e foi andando até o escritório. Estava tão perturbado com tudo aquilo que decidiu dar fim à própria vida. Contudo, por sorte, sua secretária particular, a srta. Parker, havia voltado ao escritório para terminar de datilografar um material e encontrou-o prestes a dar cabo de si mesmo. Após acalmá-lo, ela sugeriu que eles fossem embora juntos. Ela cuidaria dele, assim prometeu, e eles decidiram ali, naquele momento, ir embora de Feilding. Fugiram para a Ilha Sul e começaram a viver como marido e mulher. Louisa não aceitaria o divórcio e ele pagaria pensão a ela desde a partida. Agora, ela estava morrendo de câncer.

Era uma história extraordinária e, em sua maior parte, mentira. Bert Rieper nunca havia morado em Feilding. Ele morou em Raetihi, uma pequena cidade a 160 quilômetros dali. Ele não era contador público — como eram chamados os contadores juramentados — e não tinha sua própria firma: trabalhava cuidando dos livros-caixa. Honorah Parker trabalhava no mesmo escritório, mas era improvável que o cargo de Bert fosse sênior o suficiente para exigir uma "secretária particular". E longe de não terem tido filhos, ele e Louisa tinham dois, Kenneth e Andre. Kenneth morava na cidade de Napier, em Hawke's Bay, com sua esposa, Marie, e era mecânico de automóveis. Andre estava prestes a se tornar contador público em Lower Hutt, perto de Wellington. Louisa, que morava em Napier desde 1941, não estava morrendo de câncer. Não há como saber se havia qualquer substancialidade nos relatos de Bert de seu comportamento violento e ameaçador. Poderia ter sido a reação instintiva de uma esposa que descobriu que o marido estava tendo um caso com uma mulher mais nova do escritório e estava prestes a abandoná-la.

Por que Bert fabricou essa história? Era um tanto óbvio que ele não vinha pagando pensão para Louisa e seus filhos. Essa era uma questão séria: explicava por que ele nunca havia sido capaz de se divorciar de Louisa e se casar com Nora — e por que, como se revelou, as casas que alugavam eram sempre registradas no nome de Nora. Agora, por causa da morte de Nora, ele havia chamado atenção da polícia e, para completar sua infelicidade, havia o terror de que sua culpa secreta fosse revelada. Ele parece ter tentado conquistar a simpatia da polícia e desencorajá-la a contatar Louisa — uma mulher moribunda — para investigar se ele vinha ou não lhe prestando auxílio. Se eles estivessem dispostos a ir tão longe, a menção a Feilding talvez os despistasse.

Abandonar a esposa e os filhos no ápice da Grande Depressão era algo desprezível, e Bert sabia disso. O pesar que agora o afligia pode ter parecido um castigo. Havia segredos na casa dos Rieper. A família não tivera muita sorte desde o primeiro minuto.

Herbert Detlev Rieper havia nascido em 1893, em Strahan, na costa oeste da Tasmânia. Seu pai, assistente de loja, havia emigrado de Holstein, na península sulista de Jutlândia, na Alemanha, para a Austrália. Quando jovem, Bert deixou a Tasmânia e foi avançando até a Nova Zelândia. Em 1915, quando se alistou como soldado na Força Expedicionária da Nova Zelândia, ele trabalhava em seu escritório em Merson's Mill, no pequeno assentamento alpino de Ohakune. Pelos registros do exército, sua mãe, a sra. Claude Rieper de Bellerive, na Tasmânia, era sua parente mais próxima.

Hoje, Okahune é relativamente chique. Perto das escarpas ao sul do Monte Ruapehu no centro da Ilha do Norte, ela atrai endinheirados moradores de Auckland para esquiarem. Muitos compram casas para a temporada. Cafés da moda prosperam fornecendo necessidades básicas como *pinot noir* e *café latte*. A cenoura de fibra de vidro de 10 metros de altura, de um laranja claro, honrando a próspera horticultura da área, é merecidamente famosa. Mas antes da Primeira Guerra Mundial, Ohakune era um lugarzinho ordinário que mal podia ser considerado uma cidade no meio do nada. Até a via ferroviária da Main Trunk a conectar a Wellington, em 1908, o único acesso era subindo o rio Whanganui até Pipiriki, e então por terra de charrete ou na diligência do Royal Mail.

A Main Trunk trouxe uma nova indústria, a extração de madeira e a moagem de vastos grupamentos de floresta nativa. Trinta serrarias, uma das quais a Merson's, ficava dentro de um raio de cerca de 13 quilômetros da cidade. As diversões dos mateiros, dos trabalhadores dos moinhos e dos jovens roceiros no bar público do Ruapehu Hotel era tão frenética e ébria quanto em qualquer outro lugar do jovem país.

Em 23 de agosto de 1915, Bert se alistou no Segundo Batalhão da Brigada de Rifles da Nova Zelândia, no Acampamento Trentham, perto de Wellington. Em 12 de novembro, ele foi enviado no SS *Willochra* para o Egito, onde foi designado para o quartel-general da brigada.

Guarda-livros eram mais difíceis de aparecer do que combatentes. Bert — 21 anos de idade, 1,68 metro, 62 kg, de aparência germânica, pele clara e cabelos loiros — tornou-se encarregado da base. Ele deve ter sido útil a ponto de impressionar alguém: quando a Brigada de Rifles foi enviada para a França como parte de uma recém-formada Divisão de Infantaria, ele permaneceu no Egito, tendo sido transferido para o Corpo de Serviço do Exército da Nova Zelândia. Perdeu a ação no Front Ocidental — a Somme, a Messines Ridge, a Passchendaele e as outras batalhas nas quais a Brigada de Rifles viria a se distinguir — acompanhando a guerra do Egito e se alçando à patente de cabo no Corpo Financeiro.

De acordo com alguns relatos, ele se casou com Louisa McArthur, nascida Mackrie, no Cairo, em 1915. É quase certeza que a data de 1915 esteja incorreta: o *Willochra* não desembarcou em Suez até 20 de dezembro daquele ano, um tanto tarde para Bert desenvolver algum apego e se casar. Em fevereiro seguinte, as tropas foram transferidas para a Ishmailia, uma cidade que fica 145 quilômetros ao sul do Cairo. Deixar o Cairo era algo estritamente controlado, sobretudo para os soldados.

Em determinado ponto, porém, ele se casou com Louisa. Oito anos mais velha, é muito provável que ela fosse uma enfermeira designada a um dos hospitais de base. Ela poderia também estar grávida dele: ela foi despachada para a Nova Zelândia, se instalou em uma casa na Marine Parade 107, em Napier, e deu à luz Kenneth Roy Rieper, em 17 de julho de 1917. Levaria quase dois anos até o cabo Herbert Rieper marchar para fora do Cairo até Suez e navegar até a Nova Zelândia no navio-transporte *Devon*.

Não muito depois do retorno de Bert à Nova Zelândia, abastado com sua gratificação por serviços de guerra no exterior de £97.14.6,[*] ele e sua esposa Louisa, junto de seu jovem filho Ken, foram embora da agradável cidade costeira de Napier em direção a Raetihi, uma melancólica cidade longe do litoral, próxima de Ohakune, onde as principais atividades econômicas eram a serralheria e a exploração leiteira. Ali, Louisa deu à luz o segundo filho do casal, Andre, mas sejam lá quais

---

[*] Noventa e sete libras, 14 xelins e 6 pence — as subunidades das libras esterlina e neozelandesa, antes da adoção do sistema decimal; a libra neozelandesa foi substituída pelo dólar neozelandês em 1967.

fossem as perspectivas que tinham Bert e Louisa de viverem um casamento longo e feliz, elas se findaram com a chegada de uma certa jovem inglesa na cidade.

A família de Honorah Parker vinha de Moseley, uma agradável vila de Worcester há muito absorvida pela expansão sulista de Birmingham. Quando Nora nasceu, em 18 de dezembro de 1907, a família era próspera. Seu lar na Alcester Road 12 — uma das nove casas geminadas conhecidas como St Leonard's Place — era uma habitação de grande porte de tijolos vermelhos e com dois andares, com janelas salientes duplas e um imenso jardim, uma casa adequada em uma localização desejável para um profissional cujo negócio vinha prosperando.

O pai de Norah, Robert Parker, tinha vindo de Preston, em Lancashire, e tinha se mudado para Birmingham aos 22 anos de idade. Birmingham era "a oficina do mundo" e a segunda maior cidade da Grã-Bretanha. Robert foi aprovado como associado do Instituto de Contadores Juramentados e trabalhou por conta própria em St. Philips Chambers, perto da grande Catedral e da Praça de Touros de St Philips, o centro comercial da cidade. Em 14 de fevereiro de 1907, ele se casou com Amy Blakemore, uma jovem de Moseley, na igreja Matriz daquela cidade. Suas origens parecem ter sido seguramente de classe média: seu tio Richard Parker, um vigário anglicano, auxiliou na cerimônia de casamento. Dez meses depois, nascia a primeira e única filha do casal. Batizada como Honorah Mary, ela era afetuosamente chamada de Nora por sua família. Um filho, Robert Clive, logo se seguiu.

Amy tinha todas as razões para antecipar uma vida confortável com a costumeira variedade de serviçais que tinham a função de buscar e carregar tudo que ela precisasse, mas logo no início houve uma calamitosa mudança na sina da família. Quando Nora tinha 2 anos, seu pai foi internado no Asilo Municipal. A casa na Alcester Road teve que ser vendida e Amy e as crianças se mudaram para uma habitação mais modesta na Strensham Road, em Balsall Heath. Foi um grande passo para trás — o primeiro de muitos — em relação à refinada Moseley.

Em janeiro de 1921, Robert morreu no asilo. Ele tinha 39 anos. A causa da morte, certificada pelo médico responsável, foi "paralisia geral". Era o eufemismo de costume para sífilis terciária.

O espólio de Robert produziu a soma de £567.8.11, uma fortuna para os favelados de Birmingham, mas não o bastante para gerar uma renda com a qual Amy e seus filhos pudessem levar uma respeitável vida de classe média. Ela poderia apenas postergar o inevitável declínio para a penúria, a preocupação e a necessidade de trabalhar para viver. Fora um golpe amargo para uma mulher inteligente criada em uma vida de conforto, amante da música, que se deleitava com o canto coral. Amy foi forçada a adquirir qualificações como datilógrafa a fim de conseguir um emprego.

Em 1926, três anos antes da quebra de Wall Street, uma greve geral na Grã-Bretanha chamou atenção para os apuros dos trabalhadores do país. Os mercados para os fabricantes ingleses estavam desaparecendo e a indústria do carvão, um dos maiores empregadores do país, estava sendo arruinada pela importação de carvão barato da Alemanha. O primeiro-ministro conservador, Stanley Baldwin, argumentou que para salvar a indústria britânica, todos os trabalhadores precisariam sofrer cortes em seus salários. A classe média preocupava-se com uma revolução comunista. Amy e Nora, agora com quase 20 anos, decidiram que não havia futuro na Inglaterra.

Os apuros da família estavam longe do fim quando eles chegaram à Nova Zelândia. Os problemas que afetavam a economia britânica rapidamente infectaram o país, que era totalmente dependente das exportações para a Grã-Bretanha. O desemprego se elevou quando a Depressão se consolidou.

Logo depois de chegarem à Nova Zelândia, Nora se mudou para Raetihi. A maioria dos neozelandeses nascidos e criados teriam achado a remota cidade rural desoladora e sem alma; para uma jovem de Birmingham, deve ter sido inimaginável de tão terrível. Pouco havia no sentido do entretenimento. O orgulho do Dominion Cafe eram "almoços quentes", finalizados com bananas e creme ou, ainda, frutas e geleia. Mulheres respeitáveis passavam longe do bar no Waimarino Hotel, que permitia mulheres.

Nora era razoavelmente atraente. Bonita e robusta, tinha um cabelo escuro ondulado e uma suave pele cor de oliva. Ter vindo de Birmingham a distinguia: era improvável que fosse se interessar pelos monossilábicos trabalhadores dos moinhos cuja ideia de diversão era se embebedar e quebrar os dentes uns dos outros. Os vendedores na Co-op Dairy, na Rangatana Timber Company e na Raetihi Dairy Factory não eram companhia mais inspiradora. Mas houve um homem que lhe interessou. Bert Rieper era bem-apanhado, dançava bem e se vestia com tanta elegância quanto alguém que já havia saído da A.G. Laloli, da Gent's Tailor e da Outfitter na Seddon Street. Homens assim eram raridade em Raetihi: não eram muitos aqueles que usavam terno e gravata. Bert a fazia rir. E ele tinha visto um pouco do mundo, pelo menos a Tasmânia e o Egito. Sabia que havia vida fora da Nova Zelândia e não se incomodava que Nora às vezes falasse de "casa". Ele também era ambicioso. Esperava um dia ter sua própria firma de contabilidade.

Nora era encantadoramente jovem, catorze anos mais nova que Bert e vinte e dois anos mais nova que sua esposa. Ele era, segundo havia contado a ela, muito infeliz em casa. Sua esposa de temperamento vil fazia de sua vida uma desgraça. Bert, pensou Nora, merecia mais do que aquilo. Ele merecia sua cota de felicidade. Aquele homem a merecia!

Era impossível levar um romance secreto em Raetihi. Todos sabiam tudo o que se passava. Mesmo se os dois saíssem no pequeno Austin de Bert procurando um lugar sossegado para ficarem juntos, acabariam sendo vistos. "Fazendo serão no escritório" era uma desculpa útil para os momentos de intimidade, mas cedo ou tarde o caso chegaria aos ouvidos de Louisa. Era triste ele ter que abandonar Ken e Andre, mas era o único modo. Seria duro para Andre, mas pelo menos Ken tinha 13 anos, velho o bastante para andar com as próprias pernas, como ele tinha feito com a mesma idade. Louisa, apesar de todas as suas falhas, cuidaria deles como uma mamãe coruja. E é claro, Nora queria ter sua própria família.

Em julho de 1931, após Bert ter ficado em casa até o 14° aniversário de Ken, ele comprou uma aliança de casamento para Nora na Ashwell's Jewellers e os dois partiram às pressas. Dirigindo rumo ao sul, deixaram para trás as últimas centenas de quilômetros. Livres de Louisa e de Raetihi, eles cruzaram de balsa o Estreito de Cook e, enfim, chegaram a Christchurch, onde encontraram uma confortável casa para alugar em uma pacífica rua ladeada de árvores em St. Albans.

O ninho de amor logo foi rudemente invadido. Em 23 de setembro, um policial apareceu para prender Bert por deixar de sustentar sua esposa e seus filhos. Louisa havia conseguido o mandado em 10 de agosto e, obviamente, havia sido a fonte das descrições publicadas no *New Zealand Police Gazette*. Buscava-se a prisão de Herbert D. Rieper, vindo de Ameku Road, Raetihi, "35 anos, 1,65 metro, contador, nativo da Tasmânia. Físico esguio, pele branca, cabelos loiros ondulados já rareando, olhos azuis-acinzentados, feições delgadas: geralmente vestido com um terno azul-marinho e um sobretudo cinza manchado de vermelho (costuma usar chapéu) (...) acompanhado da ex-assistente de seu escritório Nora Parker (23 anos, 1,70 metro, físico atarracado, pele amarelada, olhos castanhos, rosto cheio e redondo) e pode estar de posse de um automóvel Austin Sedan azul-escuro de cinco lugares, placa nº 77–732".

Os juízes geralmente impunham um período de prisão de seis meses a um ano em vez dos pagamentos em atraso. Bert supostamente apareceu com o dinheiro, pois não há registro de apresentação em juízo. Ele não foi o único a abandonar esposa e filhos para se virar sozinho naqueles anos de Depressão: uma das primeiras medidas implementadas pelo novo governo dos Trabalhistas em 1935 foi um benefício para esposas abandonadas. O novo benefício, e o fato de os meninos terem saído da escola, significou que mais tarde, quando Bert parou de vez de pagar a pensão, Louise não tinha mais o mesmo incentivo para colocar a polícia atrás dele.

Em julho de 1934, Bert e Nora tinham raspado o tacho de suas economias para comprar uma pequena casa. O número 21 da Mathesons Road, em Phillipstown, era um endereço menos desejável do que a casa alugada em que moravam em St. Alband, mas ao menos era deles. A fim de evitar qualquer reivindicação futura que Louisa pudesse ter contra Bert, a propriedade foi registrada no nome de "Honorah Mary Rieper, esposa de Herbert Rieper de Christchurch, contador". Era uma falsidade: os dois não eram casados e Louisa ainda era, ao menos legalmente, esposa de Bert.

Bert e Nora tiveram três filhos em rápida sucessão. O primeiro, nascido em 1936, teve a "síndrome do bebê azul" e sofria de uma malformação cardíaca, tendo vivido por apenas um dia. Em março de 1937, nasceu uma segunda filha, Wendy. Ela era um encanto: feliz, saudável, afetuosa, adorável, tudo que um pai ou uma mãe poderiam querer. Pouco mais de um ano depois, em 26 de maio de 1938, Pauline Yvonne veio ao mundo no hospital St. Helen's.

Yvonne, como eles a chamavam, era "uma criança comum, normal", lembraria seu pai, até logo antes de fazer 5 anos, quando desenvolveu osteomielite em uma das pernas. A osteomielite, uma inflamação da medula óssea causada por infecção e mais comum em crianças, é uma doença que causa dores intensas e, na época, antes de os antibióticos se tornarem amplamente disponíveis, era potencialmente fatal. Em certo ponto, não se sabia se Pauline sobreviveria ou não. Foram necessárias várias cirurgias para drenar o local infeccionado, e a menina passou oito ou nove solitários meses no hospital. Pelos dois anos seguintes, ela passou pela agonia diária de ter que fazer curativos na perna.

Levaria quase três anos até Pauline melhorar e ela acabaria ficando permanentemente manca. Mesmo doze anos após a doença, ainda passava por noites terríveis quando sua perna doía implacavelmente e ela precisava de aspirinas e um composto de codeína para aliviar a dor. Os médicos aconselharam os pais da garota que não a deixassem participar de jogos nem de brincadeiras. Ela passou a se dedicar à modelagem em massinha e em madeira e, assim, se tornou particularmente adepta a fazer modelos de cavalos com massa de modelar. Ela levaria esse entusiasmo por todo o ensino médio. Também passou, como lembraria sua irmã Wendy, por um período de fervor religioso.

Para a felicidade da família Rieper, os cuidados médicos foram pagos pelo estado. Em 1944, Bert e Nora tiveram condições de vender a casa na Matheson Street e comprar uma maior na Wellington Street, 18, em Linwood, um outro bairro de proletários. Essa também foi registrada no nome de "Honorah Mary Rieper, esposa de Herbert Rieper de Christchurch, Gerente Comercial". Muito provavelmente esse cargo se referia ao Dennis Brothers, Comércio de Aves e Peixes.

Após dois anos, a família se mudou de novo, dessa vez para uma grande casa no centro da cidade. Mais tarde, a Gloucester Street, na ponta que dava para a Cranmer Square, viria a se tornar um local altamente procurado para moradia, com a Galeria de Arte de Christchurch, o Colégio Christ's e o Hagley Park, todos nas proximidades, mas em 1946, quando os Rieper se mudaram, as casas, embora em sua maioria grandes e imponentes, eram notáveis pela decadência. Havia algumas exceções. Do outro lado da rua ficava a casa de infância de Charles Upham, herói da Segunda Guerra que havia recebido a Cruz Vitória e a Barra.* Ela ainda era ocupada por sua mãe viúva, Agatha Upham, uma mulher de reputação social impecável. Algumas casas depois ficava a Orari, a bela casa na cidade dos Macdonald, criadores de ovelha do sul de Canterbury, e ali perto ficava a casa de Keith Davidson, um cirurgião ortopédico, e sua família. Mas a maioria das propriedades na rua havia sido convertida em pensões ou apartamentos baratos para estudantes. Na Nova Zelândia dos anos 1940, não havia prestígio em morar no centro da cidade: a maioria das pessoas preferia morar em um subúrbio com menos trânsito, com gramados de tamanho decente e com grandes e organizados canteiros de flores. Para os Rieper, era diferente: Bert tinha 54 anos e eles precisavam pensar na própria aposentadoria em um futuro não tão distante. Na nova casa, eles poderiam hospedar pensionistas.

Pauline tinha 9 anos quando começou a estudar na Escola Normal de Christchurch, que era instalada em uma agourenta construção neogótica no lado norte da Cranmer Square. Durante dois anos, ela foi a única aluna de sua turma, um reflexo do pequeno número de crianças que moravam no centro da cidade. Fora do horário da escola, às vezes brincava com a filha do médico, Rosemary Davidson, que estudava na Escola Junior de St. Margaret's. Rosemary preferia Wendy, a irmã mais velha de Pauline, que era bonita, loira e quieta. Rosemary tinha bastante medo de Pauline, que tinha um "temperamento maldoso" e que gritava e berrava se as coisas não fossem como ela queria.

---

* A Barra adicional representa um segundo título da Cruz.

Mesmo sendo nova, Rosemary ficou chocada com as condições em que os Rieper viviam. Um ar de pobreza pairava sobre o lugar. A casa era "deteriorada e desordenada, nada era arrumado". A família parecia passar a maior parte do tempo em um grande cômodo que tinha um fogão a carvão para cozinhar e sempre cheirava a peixe. O sr. Rieper era mais baixo que a esposa, "uma mulher grande e ossuda, com um cabelo muito preto e um rosto zangado", que Rosemary não se lembra de já ter visto sorrir.

A casa havia sido convertida em apartamentos e os Rieper moravam no andar de cima. Para chegar ao apartamento deles, era necessário andar por uma trilha escura e úmida ladeada de árvores, depois subir uma escada de madeira externa. Rosemary Davidson se certificava de sempre voltar da casa dos Rieper para a sua tendo tempo de sobra; ficava apavorada de ter que andar pela "assustadora" trilha no escuro.

Embora em 1954 Christchurch tenha ficado escandalizada ao descobrir que os pais de Pauline Rieper viviam em pecado, na verdade Bert e Nora levavam vidas irrepreensíveis de enfadonhas. Com ambas as filhas na escola, Nora voltou a trabalhar, encontrando uma vaga como secretária de um advogado. Bert ia de bicicleta até seu trabalho na peixaria e passava o tempo livre na oficina e na horta. Eles escutavam rádio, caminhavam até a biblioteca uma vez por semana para trocar os livros e, às vezes, se aventuravam em passeios ao cinema. Podiam ir a um concerto, se a mãe de Nora estivesse envolvida. Eles compareciam diligentemente às reuniões de pais e mestres. Nora às vezes ia à igreja, mas não com a mesma regularidade de suas filhas. O carro ficava trancado na garagem até os domingos, quando a família saía para um passeio. Nos verões, eles faziam alguns piqueniques ou iam à praia. Não tinham dinheiro para tirar férias. Um pequeno círculo de amigos aparecia para o chá da tarde, o jantar ou um ocasional "trago", embora pouco álcool fosse consumido na casa.

Em março de 1949, Nora deu à luz uma terceira filha. A gravidez não foi planejada: ela já estava com 42 anos e Bert com 56. A criança, que eles batizaram de Rosemary, tinha Síndrome de Down. Embora não fosse compreendida na época, essa é uma alteração genética causada pela presença de um cromossomo 21 extra.

O novo bebê foi uma fonte de ansiedade, estresse e culpa para uma família já sobrecarregada desses sentimentos. Pensava-se que a idade na qual Nora havia concebido Rosemary era a raiz do problema. Era um constrangimento ter concebido tal criança e uma luta diária para Nora tomar conta dela. Ela teve que abandonar o próprio trabalho e se abster da renda que ele gerava. Quando Rosemary tinha quase 4 anos, Bert e Nora a enviaram para a Fazenda Templeton, uma instituição residencial para crianças com deficiência intelectual a pouco mais de 14 quilômetros da cidade. Muitos pais tratavam a Fazenda Templeton como um local para desovar seus descendentes debilitados e lavar as mãos quanto a eles, mas os Rieper nunca fizeram isso. Eles visitavam Rosemary quase todas as tardes de domingo e, de tempos em tempos, e sempre no Natal, levavam a filha para passar os finais de semana em casa.

Pauline tinha 11 anos quando Rosemary nasceu. Independentemente de suas culpas, ela sempre foi gentil e atenciosa com a irmã caçula.

PETER GRAHAM
ALMAS GÊMEAS

11

Laço Indissolúvel

De acordo com Bert Rieper, até Pauline ir para o Colégio Feminino e conhecer Juliet Hulme, ela estava "um tanto feliz em casa" e era "muito boa amiga de seu pai e de sua mãe... Se ela fazia alguma coisa errada, sempre dizia que sentia muito, reconhecia o próprio erro e tentava melhorar". Até onde ele conseguia se lembrar, ela nunca havia recebido castigos físicos ou corporais. Sua descrição de uma criança feliz e submissa não se enquadra com a garota que, em fevereiro de 1952, chegou à escola raivosa e rebelde, sentindo-se diferente das outras garotas e resistindo à disciplina, dirigindo-se com sarcasmo aos seus professores.

Bert pintou um similar retrato cor-de-rosa da vida na casa dos Rieper, mas a verdade era que, embora Nora fosse gentil e bem-intencionada, ela com frequência estava sobrecarregada e extenuada, e Pauline lhe dava nos nervos. Nora podia ser irritável e crítica; atazanava Pauline e tentava controlar cada aspecto de sua vida. Perdia as estribeiras por nenhuma razão aparente, apenas para se arrepender depois e tentar compensar com presentinhos e favores. Muito desse conflito foi parar no diário que Pauline começou a manter em janeiro de 1953, mas não havia nada que sugerisse que a garota de 14 anos estivesse insatisfeita com as limitações de seu mundo social. Tudo isso mudou quando ela veio a conhecer Juliet Hulme.

•   •   •

Quando chegou ao Colégio para Moças de Christchurch no terceiro colegial, a filha do reitor da Faculdade de Canterbury apresentava uma imagem de suprema autoconfiança. Juliet Hulme tinha tanta certeza de sua beleza quanto de sua excepcional habilidade mental e de seus muitos talentos. A importância de seu pai como diretor da universidade e brilhante físico nuclear, o glamour de sua mãe e a proeminência social de sua família, morando em sua bela casa em Ilam, tudo contribuiu para sua presunção e fez com que ela se destacasse entre as meninas neozelandesas que eram mais desajeitadas e apagadas.

Quem ligava se alguém a chamava de *"pom"* ou *"homey"*?* Que importância tinha o que *eles* pensavam? Juliet não precisava de amigos. Ninguém que ela havia conhecido era digno de que ela perdesse seu tempo. Ninguém havia mostrado interesse pelas coisas que eram importantes para ela. Ela não conhecia ninguém com quem tivesse vontade de discutir seus triunfos sobre as adversidades, suas escaramuças com a morte, o belo mundo de cavalheirismo e romance que preenchia seus pensamentos, suas incríveis ideias para livros a serem escritos, seu amor pela ópera. Ninguém nunca reconheceu o quanto ela era brilhante, o quanto era realmente especial.

Então, no segundo semestre de aulas, ela se tornou amiga de Pauline Rieper. Esse acontecimento, tão surpreendente para as garotas do 3A, veio a se dar porque ela e Pauline eram as únicas alunas da turma liberadas dos jogos — no caso de Pauline, por causa da osteomielite e, no de Juliet, pelos pulmões fracos, legado de sua pneumonia e de sua bronquite. As duas garotas dificilmente conseguiriam evitar uma conversa durante as horas em que se sentavam por ali enquanto suas colegas de turma tinham sessões de educação física, basquete, hóquei, tênis e natação.

A língua afiada de Pauline ao desafiar a autoridade pode ter impressionado Juliet, e ela sem dúvida teria ascendido na estima de Juliet quando levou ao seu conhecimento o quanto a admirava — sua inteligência, sua beleza, suas maravilhosas ideias. Pauline também tinha interesse por livros e poemas e nutria um mundo de fantasia que

---

* *Pom* (variante de *pommey*) e *homey* são termos na Austrália e na Nova Zelândia para se referir aos britânicos, sendo o primeiro pejorativo.

ninguém, exceto garotas como elas, poderia imaginar. Ambas haviam sofrido doenças debilitantes na infância, conhecido a solidão e aprendido a amá-la. Quase na mesma época em que Juliet havia ido pra o hospital em Londres, com pneumonia e bronquite, Pauline havia estado hospitalizada por nove meses em Christchurch. Ambas haviam escapado da morte por um fio. Era como se tivessem sido marcadas pelo destino por algum propósito especial. Hilda Hulme mais tarde afirmou que quando Juliet fez amizade com Pauline, ela disse, "Mamãe, enfim conheci alguém com uma força de vontade tão grande quanto a minha", embora isso possa não ser verdade; Hilda sempre foi propensa a retratar as garotas como parceiras em pé de igualdade.

Pauline estava desesperada para ter uma amiga íntima, especialmente uma como Juliet Hulme, bem resolvida, bonita e segura quanto a tudo — e alguém de quem todos, quer admitissem ou não, queriam ser amigos. Ela estava fascinada, disposta a lhe prestar homenagens — disposta a *ser* qualquer coisa que Juliet desejasse que ela fosse. É fácil imaginar Juliet se dando conta pela primeira vez das empolgantes possibilidades de amizade com outra garota, uma garota que a entendia, via o quanto ela era singular e faria qualquer coisa que ela pedisse para agradá-la. E Paul Rieper partilhava de muitos de seus interesses e suas ideias. De fato, ela absorvia todas as suas ideias tão rápido quanto a fértil imaginação de Juliet podia produzi-las.

A sra. Grinlaubs, que trabalhou para os Hulme até o Natal de 1953, observou a amizade se desenvolver ao ponto de as meninas se tornarem inseparáveis. Quando Pauline começou a frequentar a casa, a sra. Hulme ficou feliz por as duas serem amigas — embora tenha sentido a necessidade de explicar à empregada que "Pauline não é de nosso estrato social". Grinlaubs observou em Juliet um caráter dominador. "Juliet", diria ela depois, "só podia amar a si mesma. Sua principal preocupação era controlar completamente a outra pessoa." Pauline era "a sombra de uma pessoa seguindo os passos de Juliet".

Isso não era nenhuma surpresa. Quando Pauline, em sua bicicleta, atravessou pela primeira vez o vasto acesso da entrada para Ilam, descobriu um mundo novo e maravilhoso. A casa era como algo que você só vê nos filmes. E ela nunca tinha conhecido pessoas de tão *alta classe* quanto o dr. e a sra. Hulme. A sra. Hulme era adorável, vestia-se lindamente e falava com ela de um modo amigável sem fazer um monte de perguntas constrangedoras. O dr. Hulme falava menos, mas também era muito acolhedor. Eles tinham até uma empregada!

De acordo com Hilda, a amizade, num primeiro momento, pareceu "um tanto normal", mas logo no início aconteceu algo que talvez não tenha sido tão normal assim. Juliet e Pauline saíram de Ilam com suas bicicletas, encontraram um trecho tranquilo do campo, tiraram seus sapatos, suas meias e parcas e dançaram por lá desvairadamente, induzindo um estado de êxtase. De acordo com Pauline, naquela tarde sua amizade se tornou um laço indissolúvel.

Conforme a amizade florescia, Pauline veio a passar noites, dias e até fins de semana inteiros em Ilam. Tudo que dizia respeito aos Hulme a impressionava. O dr. e a sra. Hulme bebiam vinho à mesa. Eles tinham caixas de vinho francês em um armário debaixo das escadas, enviadas da Inglaterra e com nomes maravilhosos como Châteauneuf-du-Pape e Nuits Saint Georges. Às vezes, eles tomavam xerez na sala de visitas antes da ceia, em pequeninas taças de cristal que não eram maiores que um porta-ovo. "Sala de visitas" e "ceia" era o que eles diziam. A sra. Hulme com frequência tomava outras várias taças generosas de xerez, ali sentada, fumando cigarros e conversando com a sra. Sutherland no fim da tarde. Os Hulme tinham quadros lindos e mais livros do que Pauline algum dia já tinha visto na casa de alguém. Ela observava com avidez e absorvia todas as minúcias da vida em uma casa tão diferente da sua, tão imensamente mais sofisticada, tão melhor *em cada aspecto.*

De sua parte, Hilda Hulme considerava Pauline com a gentileza condescendente de uma assistente social. "Quando ela foi até Ilam, era óbvio que estava feliz em estar conosco", relembrou. "Ela disse a Juliet e a mim várias vezes que era muito infeliz em casa. Sentia que sua mãe não a entendia e não a amava. Ela se sentia mais feliz em Ilam entre nossa família do que algum dia já havia sido. Às vezes, após uma... querela com sua mãe, ela ficava bastante angustiada. Juliet então ficava aborrecida, com frequência ao ponto de chorar, e essa era uma das razões pelas quais Pauline era convidada a ir para Ilam, no meu entendimento sempre com permissão da mãe, quando assim desejasse. Pauline me deu a entender de forma um tanto clara que sua mãe com frequência a sujeitava a severos castigos físicos."

Em geral, o relato provavelmente é verdade, mesmo a parte quanto aos castigos corporais. A vida estressante de Nora, junto da indelicadeza de Pauline, pode tê-la levado a descontar sua frustração e sua raiva com surras em sua voluntariosa filha em uma frequência razoável, pelo menos até Pauline começar a estudar no Colégio para Moças. Isso ajudaria a explicar a garota que Pauline se tornou e os sentimentos que ela nutria pela mãe.

Muito da diversão das duas meninas no primeiro ano de amizade era bastante inocente. Elas amavam cavalgar: Juliet criava um cavalo em um estábulo do outro lado do rio, em relação a sua casa, e Pauline fazia aulas com regularidade. Em Ilam, elas amavam se fantasiar e interpretar peças, mesmo que, como Nancy Sutherland observou, Pauline estivesse quase sempre em um papel subordinado — uma serva ou uma dama de companhia. Juliet tinha que ser a estrela, o centro das atenções.

Quando o ano escolar se aproximou do fim, o entretenimento se tornou mais desvairado. Pauline saía de casa à noite, às escondidas, e pedalava até Ilam, Juliet roubava vinho e comida, e elas faziam piqueniques do lado de fora, no escuro, saracoteando para dentro e para fora da casa sem que fossem vistas através da varanda do andar de cima. Às vezes, elas montavam o cavalo de Juliet e saíam para cavalgadas durante a madrugada. Certa noite, elas foram de bicicleta até a praia de New Brighton. No fim do terceiro colegial, estavam perdendo a linha por completo. Elas, agora, eram Nigel e Philip.

PETER GRAHAM
ALMAS GÊMEAS

12

Duas Belas Filhas

Henry Hulme entrou para o Christchurch Club em 1951, provavelmente indicado como sócio pelo advogado Terence Gresson, que almoçava lá todos os dias quando não estava no tribunal. De modo crescente, aquele se tornou um local de refúgio. A maioria do conselho da universidade era agora abertamente hostil e as relações de Henry com a junta docente eram ainda mais tensas. Ele nem podia mais contar com uma recepção amigável na sala dos professores sêniores. Sua convivência social com os colegas da universidade dava-se, em sua maioria, em ocasiões formais ou apresentações compulsórias.

Quando ele estava sem pressa de chegar em casa para os braços hostis de Hilda e o histrionismo que nunca estava distante quando Juliet estava por perto, Henry podia desfrutar de um pito de seu cachimbo, a leitura da *Punch,* da *The Illustrated London News* ou de edições de dois meses atrás do *The Times*, acompanhado de um pacífico uísque com água. A atmosfera no fumódromo, adornado com guaches de Thorburn, com tetrazes e lagópodes brancos, e suas gravuras emboloradas de vencedores de Derby quase esquecidos, era de uma agradável nostalgia. Além de jornais e revistas, o único material de leitura eram volumes encadernados em couro da *New Zealand Turf Digest.*

Os membros eram, sobretudo, homens de negócios de antigas famílias de Canterbury e sociáveis criadores de ovelhas. Esses homens decentes e descomplicados, afeitos a bebidas e histórias divertidas, eram um abençoado alívio do mundo acadêmico onde as pessoas estavam sempre tramando e planejando, sempre descontentes, sempre querendo coisas. Henry tornou-se membro até da Sociedade Agrícola e Pastoral, o que dava a ele acesso à tenda dos sócios na exposição anual.

As esposas desses homens do clube de fato não faziam muito a linha de Hilda Hulme. Ela as considerava enfadonhas, tacanhas, sectárias e afligidas por um senso de moda deplorável. Entre seus pecados estava muito provavelmente uma indisposição a bajular a esposa do reitor. Quem era ela junto *delas*?

Hilda tinha seu próprio grupo de amigos. Além de Nancy Sutherland, era atraída por mulheres que eram ativas nas artes, nas comunicações e no teatro. Fez amizade com Eileen Saunders, que tinha a mesma idade. Ambas, com algumas exceções, "desprezavam os colonos", como afirmou uma conhecida. Uma outra amiga, Helen Holmes, era uma bela e elegante jovem que havia ganhado reconhecimento no teatro amador e se envolvido com programas de rádio. Seu marido, Lyall Holmes, ensinava na Escola de Engenharia Civil.

Em 1951, Hilda, Helen e Eileen tornaram-se personalidades do rádio em *Candid Comment*, um programa de rádio feminino regular na estação de rádio local, a 3YA. Os ouvintes escreviam contando seus problemas domésticos e as comentaristas ofereciam seus conselhos. Hilda, na época uma preeminente integrante da filial de Chistchurch do Conselho de Orientação Matrimonial, falava como uma especialista em relações conjugais e na educação de crianças. Nem todos eram persuadidos. A velha guarda de Christchurch considerava as três mulheres, além de Nancy Sutherland e outras de sua panelinha, uma gente muito desvairada, que eram modernas demais em suas ideias. Elas eram conhecidas por ler livros obscenos e falar muito sobre sexo e autossatisfação. Para alguns, era mais do que apenas conversa. As pessoas ficaram chocadas ao descobrirem que aconteciam banhos de sol sem roupa na fazenda da família de Nancy, em Marlborough Sounds.

Em 1952, uma tragédia se abateu sobre Nancy e sua família. Ivan, o marido de Nancy, que sofria com períodos de depressão, desapareceu. Dias se passaram e uma busca foi organizada. Enquanto Nancy ficou em Ilam com Hilda e Henry, as cinco crianças dos Sutherland foram hospedadas por vários amigos da família. A busca continuou até não haver mais nenhuma esperança. Após quase três semanas, o corpo de Sutherland foi encontrado próximo a uma solitária praia. Ele havia tirado a própria vida.

Jan Sutherland, então com 15 anos, nunca se esqueceria do que houve em seguida. Após o corpo de seu pai ser encontrado, ela, sua irmã e seu irmão foram levados para Ilam, onde Henry Hulme lhes deu a notícia. Jan ficou desesperada para ir até sua mãe, confortá-la e ser confortada, mas Hilda insistiu que Nancy estava descansando e não podia ser incomodada. Jan nunca a perdoou. Hilda não era deliberadamente indelicada, mas quando havia crianças envolvidas, podia ser desalmada e ignorante.

Através do *Candid Comment*, Hilda fez amizade com uma conhecida apresentadora Māori, Airini Grennell. Airini era neta de Teone Taare Tikao, uma bem-nascida integrante da tribo sulista dos Ngāi Tahu. Pelo lado de seu pai, ela era descendente de um caçador de baleias estadunidense que havia sofrido um naufrágio nas remotas Ilhas Chatham em 1859. Logo após a Primeira Guerra Mundial, a família de Airini se mudou de Chathams para Port Levy, um pequeno povoado costeiro, quase vinte quilômetros ao sul de Christchurch na Península de Banks, conhecido pelos Māori como Koukourarata. Airini havia estudado no Colégio do Sagrado Coração de Christchurch e na Faculdade de Canterbury. Tinha uma voz gloriosa para o canto: ela e sua irmã Hinemoa eram integrantes do famoso Coral Metodista Waiata que fez turnê pela Nova Zelândia, Austrália, Inglaterra, Irlanda e País de Gales durante os anos 1930, cantando até para o rei George VI no Palácio de Buckingham.

Em 1953, Airini Grennell havia retornado para morar em Christchurch, acompanhada por um batalhador pintor expressionista chamado Rudi Gopas, com quem ela mais adiante viria a se casar. Gopas vinha de uma cidade do litoral Báltico que havia sido parte do leste da Prússia, mas que depois foi anexada pela Lituânia. Ele se dizia lituânio; se soubessem que ele havia servido no exército alemão na Segunda Guerra Mundial, nunca teriam permitido que entrasse na Nova Zelândia como imigrante.

Como muitos pintores, Gopas tinha que pintar retratos para viver, algo de que ele se ressentia. Talvez como um modo de preservar sua dignidade artística, ele às vezes pintava dois retratos: um de razoável semelhança apropriada, que seria aceitável para o retratado, e outra, expressando sua verdadeira visão da pessoa, para ele mesmo. Com o tempo, ele viria a pintar retratos de Hilda, Henry e Juliet Hulme. Quando Helen Garrett, a esposa de um dos colegas de Henry Hulme, viu o segundo retrato secreto de Hilda pintado por Gopas, ficou chocada ao ver quão bem-sucedido o pintor tinha sido em capturar na tela "o caráter um tanto implacável" de Hilda.

O pai de Airini Grennell, Harry Grennell, morava em Port Levy, onde gerenciava a agência postal e comandava uma lancha que oferecia a mais rápida conexão entre a baía e o porto de Lyttelton, nas proximidades. Os Hulme descobriram que junto da casa de Harry, à beira-mar, havia uma casa de temporada desocupada. Harry disse a eles que poderiam usá-la durante as férias sempre que desejassem.

Port Levy está separado de Lyttelton por Adderley Heade e uma estrada poeirenta e esburacada que serpenteia através de Purau Saddle. É um lugar lindo. A baía estreita que se estende mais de seis quilômetros continente adentro é cingida por escarpadas colinas. "As colinas férreas, as tranquilas marés lá embaixo", foi como um poeta, Denis Glover, a descreveu. Ao contrário de Akaroa ou da Baía de Church, outros assentamentos da península, Port Levy não estava na moda. As desmazeladas habitações se aglomerando ao redor da ponta da baía abrigavam um agrupamento de europeus pé-no-chão como Dirty Mick, um desertor da Marinha Real cheio de histórias saborosas e conselhos sobre pesca. A maioria da pequena população Māori vivia em Puari ou em seus arredores, um povoado do lado leste da baía, na terra reservada para eles pela Coroa em 1849.

Port Levy tinha um passado interessante. Por volta de 1700, quando os Ngāi Tahu conquistaram a península de Banks, seu chefe, Moki, manteve prisioneiros lá para serem devorados ao seu bel prazer, ou usados como escravizados, se tivessem sorte. Nos anos 1820, durante o que veio a ser chamado de Contenda de Kai Huanga — "come parentes" —, um grupo de guerreiros tomou a colina de Little River e matou várias pessoas, incluindo um chefe idoso. Durante algum tempo nos anos 1840, Port Levy foi o povoado mais populoso de Canterbury e um dos locais favoritos dos capitães caçadores de baleia para conseguir madeira e água e, ainda, um local onde seus homens podiam descansar. A primeira igreja anglicana na Ilha Sul foi construída lá.

No fim de 1952, os Hulme passaram as férias de verão na casa de temporada de Port Levy, que Hilda apelidou de "Chalé do Natal". Pauline Parker estava tendo um feriado bastante diferente: duas semanas em um acampamento de ensino bíblico no interior de Canterbury, ao norte. Os jovens metodistas arrebanhavam ovelhas e cantavam ao redor da fogueira. Pauline suportou aquilo com um bom humor surpreendente.

Quando as férias escolares terminaram, Nora Rieper anunciou que agora que Rosemary estava morando na Fazenda Templeton, a família passaria a hospedar pensionistas. A primeira admissão consistiu em quatro jovens: Harry, Ross, Ron e John, também conhecido como Nicholas — todos eram estudantes universitários ou da Faculdade de Pedagogia. Pauline ficou entusiasmada. "Espero mesmo que Ross se mostre simpático", escreveu em seu diário. "Estive tão ansiosa por sua chegada que provavelmente ficarei decepcionada."

A enxurrada de empolgação teve vida curta e a vida voltou à sua entorpecedora normalidade. "Neste fim de tarde, após o chá, decidimos ir à praia", registrou. "Mamãe e Vovó lavaram os pratos. Ron foi conosco. Ross havia saído para o chá, então naturalmente não foi. Fomos até Brighton. Ron, Wendy e eu fomos nadar. Mamãe comprou alguns chocolates e biscoitos, que comemos no carro enquanto voltávamos para casa..."

Pauline tomou a decisão de se dedicar em seu quarto colegial, mas para Juliet, mais talentosa academicamente, o sucesso que só podia ser conquistado através do trabalho duro não valia a preocupação. Ela preferia exibir seu talento dramático, causando grande impressão como a assassina em uma produção de *Ghost Train*. Jill Taylor, que produziu a peça, lembrou que "era impossível interpretar o que havia em sua expressão (...) ela era muito autocontida e desdenhosa com as outras pessoas".

No entanto, não era desdenhosa com Pauline; a dupla agora era inseparável, caminhando pela escola de mãos dadas e sentando-se juntas para ter longas conversas em voz baixa. "Era permitido que você tivesse uma amiga especial", recordou Jan Sutherland, "contanto que isso permanecesse dentro dos limites." Mas quais eram esses limites? Sempre que podiam, Pauline e Juliet se ausentavam das atividades escolares. No dia anual dos esportes, em março, quando a escola inteira marchou para o Lancaster Park, nas proximidades, elas encontraram um local tranquilo debaixo da arquibancada no qual poderiam sentar e escrever poesias juntas. Juliet compôs um soneto enquanto Pauline escreveu três canções para Carmelita, uma de suas personagens ficcionais.

A intensidade do envolvimento entre elas era tão óbvia que o assunto ficou rodeado de comentários, mas para uma de suas colegas de turma, "era considerado normal que as meninas tivessem paixonites umas pelas outras. Era tudo parte da vida em uma escola exclusivamente feminina... lésbicas eram algo que não conhecíamos e em que não pensávamos".

A diretora, srta. Stewart, no entanto, mostrou-se menos tranquila com a situação e teve uma conversa com Hilda Hulme. Ela estava preocupada com que a relação entre as meninas pudesse estar indo além do normal de uma amizade saudável. Hilda, a especialista em criação infantil de mente liberal, supostamente respondeu que ela não estava preparada para intervir nas amizades de sua filha. Isso com certeza deve ter enfurecido Stewart, que estava tentando abordar gentilmente uma questão delicada, tornada ainda mais delicada pelo fato de que Hilda Hulme era agora integrante do conselho de diretores da escola.

A essa altura, Pauline estava proclamando extasiada que ela e Juliet eram geniais. "Nós decidimos", escreveu ela em seu diário, "o quanto é triste para as outras pessoas que não possam reconhecer nossa genialidade. Mas esperamos que o livro venha a ajudá-las a chegar a essa conclusão, embora ninguém possa nos reconhecer por completo."

"O livro", uma proposta de colaboração, não foi longe, mas as meninas continuaram a produzir poesia. O único exemplo sobrevivente, "The Ones That I Worship", era pueril, porém estranhamente perturbador.

There are living among two beautiful daughters
Of a man who possesses two beautiful daughters
The most glorious beings in creation;
They'd be the pride and joy of any nation.

You cannot know nor try to guess,
The sweet soothingness of their caress.
The outstanding genius of this pair
Is understood by few, they are so rare.

Compared with these two, every man is a fool.
The world is most honoured that they should deign to rule,
And above us these Goddesses reign on high.

I worship the power of these lovely two
With that adoring love known to so few.
'Tis indeed a miracle, one must feel,
That two such heavenly creatures are real.

Both sets of eyes, though different far, hold many mysteries strange.
Impassively they watch the race of man decay and change.

Hatred burning bright in the brown eyes, with enemies for fuel,
Icy scorn glitters in the grey eyes, contemptuous and cruel.

Why are men such fools they will not realise
The wisdom that is hidden behind those strange eyes?
And these wonderful people are you and I.

[Há viventes em meio a duas belas filhas
De um homem que tem duas belas filhas
Os seres mais gloriosos na criação;
Seriam alegria e orgulho de qualquer nação.

Impossível saber ou mesmo adivinhar,
Como é doce o reconforto de seu acarinhar,
Destas duas o gênio fenomenal
Poucos entendem, de tão excepcional.

Comparado às duas, todo homem é estúpido.
Quanta honra para o mundo que se dignem ao seu mando
E que tais deusas sobre nós reinem supremas.

Venero o poder dessa dupla encantadora
Pois é tão raro quem assim ama e adora.
Mas que milagre, assim devem sentir,
Tais criaturas sublimes poderem existir.

Dois pares de olhos, tão diferentes, têm dos mistérios a singularidade.
Veem impassíveis o ocaso e o transformar da humanidade.

Nos castanhos arde claro o ódio, seus inimigos são o combustível,
O gélido desprezo reluz nos cinzentos, desdenhoso e cruel.

Como podem, tão tolos os homens, não perceberem
A sabedoria que nesses estranhos olhos se escondeu?
E esses seres esplêndidos somos você e eu.]

Hilda encorajava a fantasia que rodopiava agradavelmente na cabeça de Pauline de que ela e Juliet eram irmãs, "belas filhas de um homem que possui duas belas filhas". Pauline fez tudo o que podia para cair nas graças da mãe de Juliet e foi dominada pela felicidade quando Hilda a beijou duas vezes em agradecimento por cigarros dados como presente. Hilda, por sua parte, parece ter tido um prazer malicioso em fazer observações que eram estimadas de todo o coração.

Pauline foi convidada a ficar na casa da praia de Port Levy durante o feriado da Páscoa. Aqueles dias, escreveu, foram os mais sublimes que ela já tinha vivido. "A sra. Hulme fez meu cabelo. Ela me chama de filha postiça." E alguns dias depois: "A sra. Hulme diz que gostaria que eu também fosse filha dela". Era injusto: ela teria trocado a própria mãe pela sra. Hulme sem hesitar um segundo. Estava enfeitiçada por Juliet, apaixonada pela sra. Hulme, apaixonada pelo dr. Hulme, apaixonada por todo o mundo dos Hulme. Mesmo a pequena fera de Jonty era, por associação, banhado por uma luz dourada.

As duas garotas perambulavam pela praia e pelas colinas dia e noite, sem querer dormir, tendo pensamentos que ficavam cada vez mais bizarros. Na Sexta da Paixão, 3 de abril, elas se levantaram antes do nascer do sol e subiram a colina por trás do chalé. Pauline descreveu em seu diário "uma estranha formação de nuvens", iluminada de baixo pela luz da lua refletida do mar e uma visão aparecendo quando o sol nasceu: "Hoje Juliet e eu encontramos a chave para o 4º Mundo. Agora nos damos conta de que estivemos de posse dela por cerca de seis meses, mas só percebemos no dia da morte de Cristo. Vimos um portal por entre as nuvens. Nos sentamos à beira da trilha e olhamos lá para baixo da colina, para a baía. A ilha estava linda. O mar estava azul. Tudo estava cheio de paz e êxtase. Nós então nos demos conta de que tínhamos a chave. Nós agora sabemos que não somos tão geniais quanto pensávamos. Temos uma parte extra do cérebro que pode reconhecer o 4º Mundo. Apenas cerca de dez pessoas a possuem. Quando morrermos, iremos para o 4º Mundo, mas, enquanto isso, por dois dias a cada ano, podemos usar a chave e olhar para aquele belo mundo tendo tido sorte o bastante de obter permissão para saber de sua existência, nesse Dia do Achado da Chave para o caminho através das Nuvens". Havia ecos de Queenswood, de Rudolf Steiner e da antroposofia, de um mundo espiritual acessível apenas aos iniciados, aos iluminados, aos escolhidos.

Os registros de Pauline em seu diário de 1953 eram intercalados por sua ficção. Já no início de março, ela estava escrevendo uma obra descrita por alguém que a leu como "cenas de intimidade... roubos em autoestradas e geralmente mais de uma morte violenta por dia". Sem dúvida se inspirava em *Escravos da Coroa* (*The Highwayman*), um filme que estava sendo exibido na época, estrelando Philip Friend como o romântico bandido mascarado. Os cartazes o anunciavam como "Nobre transformado em Fora da Lei! Aventura desde o inferno escuro dos calabouços da tortura até o doce aroma das perfumadas alcovas!".

Pauline estava criando um elenco de personagens violentos. Em abril, fez Roland estapear o rosto de Carmelina quando ela recusou seu pedido de casamento por estar noiva de Roderick. Em um acesso de fúria sombria, Roland atirou em Roderick. Um cavalo chamado Vendetta matou Gianina na véspera de seu casamento com Nicholas. Na saliência do Vale de Satã, os cascos estrondosos de Vendetta pisotearam Nicholas até a morte.

A principal inspiração para os romances subsequentes das meninas — e, por um tempo, uma grande parte de seu mundo de imaginação — foi o filme *Prisioneiro de Zenda* (*The Prisoner of Zenda*), de 1952, produzido pela MGM, que estreou no Majestic de Christchurch em 17 de abril de 1953. O cenário é o fictício reino mitteleuropeu de Rutitania, em finais do século XIX. Um homem inglês, chamado Rudolf Rassendyll, irmão vagabundo do conde de Burlesdon, é a imagem cuspida e escarrada do príncipe Rudolf da Ruritania. Stewart Granger interpreta tanto Rassendyll quanto o príncipe Rudolf. A impressionante semelhança entre os dois homens é melhor explicada no livro. A bisavó de Rassendyll, antiga Condessa de Burlesdon e uma grande beldade, deu à luz uma criança concebida ilicitamente, filha do rei Rudolf III da Ruritania quando ele estava visitando a Inglaterra. Vez por outra, o sangue da casa real da Rutitania vinha à tona na família Rassendyll.

Rudolf Rassendyll, um de seus herdeiros, vai para a Ruritania para um pouco de pescaria tranquila. Acontece que o príncipe Rudolf, que logo seria coroado rei, está sendo mantido prisioneiro no castelo de Zenda por Black Michael, duque de Strelsau, que está interessado em botar as mãos tanto no trono quanto na princesa Flavia (Deborah Kerr), a prometida do príncipe. Ele é auxiliado por seu maligno e belo capanga, conde Rubert de Hentzau (James Mason).

À espeita está uma espiã, Antoinette de Mauban (Jane Greer), recém-chegada do trem de Paris. Um ano ou dois acima dos 30, alta, de cabelos escuros e figura um tanto bem fornida, ela está ligada ao perverso duque Black Michael, mas não de modo tão permanente quanto gostaria.

Para frustrar a pérfida trama contra o príncipe, Rudolf Rassendyll é forçado a incorporar o rei desaparecido para sua coroação. A princesa Flavia fica atônita com o quanto seu pretendente mudou para melhor — o Rudolf de quem ela se lembra era muito afeiçoado à bebida e lhe faltava qualquer tipo de jeito com as mulheres. Ela se apaixona profundamente pelo novo Rudolf, assim como ele se apaixona por ela. Dando seguimento ao seu plano, Black Michael está preparado para renunciar a Antoinette de Mauban e se casar com a princesa Flavia, à força, se necessário fosse. Rupert, enquanto isso, tem seus próprios planos para Antoinette...

Rassendyll consegue libertar o príncipe do castelo de Zenda após o confronto com Rupert de Hentzau, apresentando uma das melhores lutas de espada já vistas no cinema. Rupert, o diabo encarnado, sobrevive para lutar um outro dia ao mergulhar no fosso, enquanto a cavalaria do rei retumba pela ponte levadiça e castelo adentro. Sendo um sujeito correto e irmão de um fidalgo inglês, Rassendyl devolve a adorável princesa ao verdadeiro rei intacta e com sua virtude a salvo. O senso de dever da princesa a obriga a renunciar a Rassendyll, o homem que ela ama, para permanecer em Ruritania como rainha.

Juliet havia adorado James Mason como o bajulador e desleal criado do embaixador britânico na Turquia, que se ocupava vendendo segredos militares para os nazistas em *Cinco Dedos* (*5 Fingers*), que havia sido exibido em Christchurch alguns meses antes, mas *O Prisioneiro de Zenda* foi o início de uma intensa adulação a Mason — "o jovem deus sombrio", como o diretor, Michael Powell, o chamou — e a fascinação dela pelos personagens implacáveis, de sangue-frio, que eram sua especialidade. Após ver Mason como o marechal de campo Rommel em *A Raposa do Deserto* (*The Desert Fox*, de 1951) e *Ratos do Deserto* (*The Desert Rats*, de 1953), ela foi cativada por Rommel e o que um jornalista inglês chamou de "a sugestão de um romântico mal" ligado ao exército alemão. Ela começou a tomar o lado de imperiosos vilões: homens que não estavam amarrados, como os seres inferiores, à moralidade insignificante e ao tedioso caminho da virtude.

Ela e Pauline ficaram tão fascinadas pela versão cinematográfica de *O Prisioneiro de Zenda* que devoraram o romance de *Anthony Hope*, no qual o filme se baseava, e sua sequência, *Rupert of Zentau*. Os impérios imaginários das meninas, a Borovnia e a Volumnia, deviam muito ao reino ficcional da Ruritania, mas era incomparável o quanto a violência neles se destacava e os padrões morais eram praticamente inexistentes. Outros livros que incendiaram a imaginação das garotas foram *Dark Duet*, de Peter Cheyney; *Eu, Claudius Imperador*, de Robert Graves; *Lord Hornblower*, de C.S. Forester; *Fantasmas do Passado*, de Georgette Heyer; *Cage Me a Peacock*, de Noel Langley; e os romances de Pimpinela Escarlate, da Baronesa Orczy.

Onde Juliet apontava, Pauline seguia, mas os escritos de Pauline mostravam que ela era mais do que páreo para sua amiga. Como poderia se esperar da garota em cujos olhos "arde claro o ódio", ela estava absorta em suas próprias fantasias de carnificina e vingança violenta.

PETER GRAHAM
ALMAS GÊMEAS

13

Charles e Lance

A grande empolgação gerada por *O Prisioneiro de Zenda* inflamou uma outra rodada de farras à meia-noite, a maioria no terreno de Ilam ou em seus arredores. O verão havia acabado e as noites agora eram frias e úmidas. Quando não estava em Ilam, Pauline estava em casa escrevendo até as primeiras horas da manhã. Ela calculou que dormiu em média quatro horas e 45 minutos por noite durante a semana de 20 de abril. Juliet estava vivendo uma existência com similar privação de sono.

Por volta dessa época, ficou decidido que Henry Hulme iria representar a Faculdade de Canterbury no Congresso das Universidades da Comunidade das Nações Britânicas de 1953, em Londres. Hilda ficou desesperada para acompanhá-lo. Nenhum deles havia voltado à Inglaterra desde sua chegada à Nova Zelândia, cinco anos antes. Combinaram a viagem para casa com uma curta visita aos Estados Unidos. Ficariam fora por três meses, partindo em 28 de maio e retornando no fim de agosto.

Não havia dificuldades quanto a Jonathan, que poderia se tornar aluno interno em Medbury. O problema quanto ao que fazer com Juliet foi resolvido no início de maio, quando Nora Rieper contatou Hilda e ofereceu que Juliet ficasse com eles. A oferta foi aceita com gratidão. É evidente que nenhum dos pais tinha grandes preocupações quanto ao relacionamento das meninas a essa altura. Nem, ao que parecia, Nora considerava Juliet uma presença condenável em sua casa ou uma influência indesejada para sua filha.

Dentro de mais ou menos uma semana, tornou-se evidente que Juliet não ficaria com os Rieper, afinal de contas. As travessuras tarde da noite ao ar livre no início do inverno se provaram desastrosas para sua saúde. Em 15 de maio, Pauline escreveu em seu diário: "A sra. Hulme me disse que eles descobriram hoje que Juliet está com tuberculose em um dos pulmões. Pobre Giulietta! Só agora me dou conta do afeto que tenho por ela. Quase desmaiei quando soube. Me deu um trabalho terrível não chorar. Seria maravilhoso se eu também pudesse pegar tuberculose!". O apelo romântico dos tísicos — a pálida e etérea jovem destinada a morrer, Violetta em *La Traviata* — não passou despercebido a Pauline.

Em 21 de maio, Juliet deu entrada no Sanatório Cashmere para tratamento. A casa de saúde era em Huntsbury Hill, Port Hills, com altura suficiente para escapar da bruma e da fumaça que pairavam sobre Christchurch no inverno, quando o carvão de baixa qualidade da West Coast era a principal fonte de aquecimento doméstico. Embora em 1953 um diagnóstico de tuberculose não fosse mais uma sentença de morte, não muitos anos antes ela havia sido uma doença detestável, que exigia um tratamento doloroso e uma recuperação longa e lenta. O poderoso antibiótico estreptomicina, geralmente combinado ao ácido 4-aminossalicílico — conhecido como PAS — era eficaz, mas tinha efeitos colaterais desagradáveis, como a perda de equilíbrio e problemas auditivos. Os hospitais não gostavam do custo dele: cada picada excruciantemente dolorosa no traseiro custava uma libra. E o PAS, que era tomado oralmente em largas doses, causava náusea, vômitos, diarreia e erupções cutâneas. A acessível droga isoniazida, disponível apenas a partir de 1952, foi um avanço considerável.

À luz da séria doença e hospitalização de Juliet, Hilda e Henry decidiram que só havia uma coisa a ser feita: ir em frente de qualquer jeito. Embora tivessem combinado com Nancy Sutherland que ela visitaria Juliet quando pudesse e cuidaria da lavagem de suas roupas, foi mais um abandono desalmado em uma época de necessidade e deve ter despertado em Juliet lembranças amargas do início de sua infância.

Na véspera de sua partida da Nova Zelândia, Henry Hulme foi abordado por uma delegação de membros do conselho, que disseram a ele que enquanto estivesse no Reino Unido, deveria procurar um outro emprego. Ele os informou que tinha um cargo estabelecido e que não faria tal coisa, mas a rejeição foi um golpe para o homem que apenas alguns anos antes havia sido apregoado como "de fato bom demais" para a Nova Zelândia. Foi sugerido que o real propósito para o retorno de Henry a Grã-Bretanha era ser entrevistado para um cargo em Cambridge, e que por essa razão era necessário que Hilda o acompanhasse. Não foi o que aconteceu. Hilda foi porque — não obstante a tuberculose de sua filha — ela não negaria a si mesma o prazer de uma viagem para casa.

Juliet tinha 14 anos e meio quando foi para o sanatório. Ficou internada lá por 120 dias e não viu seus pais até 30 de agosto. Por longos dias, ficou "deitada na cama sem permissão para falar, sem permissão nem mesmo para ler (...) uma longa agulha em seu traseiro a cada três manhãs. Eles pegam você enquanto ainda está dormindo".

Hilda, um tanto incapaz de entender o senso de aflição de sua filha, ficou irritada por ter recebido tão poucas correspondências dela. "O dr. Hulme e eu ficamos fora por três meses e durante todo esse tempo recebi apenas duas cartas. Ambas eram curtas e pareciam ter sido escritas sem muito cuidado. (...) Quando voltei à Nova Zelândia, ela parecia muito mais retraída. Notei que a amizade com Pauline era a única coisa que importava para ela."

O sentimento de abandono de Juliet por seus pais a havia tornado cada vez mais dependente de Pauline. Estava agora absolutamente provado que Paul Rieper era a única pessoa no mundo que a amava.

As visitas ao sanatório eram restritas. Nancy Sutherland ia uma vez por semana. Jan e Diony a visitaram um par de vezes, mas foram obrigadas a ficar do lado de fora e puderam apenas chamar por Juliet e acenar para ela. A pedido de Henry Hulme, um psiquiatra, David Livingstone, aparecia com certa regularidade "só para ver se ela estava bem". Pauline foi com a mãe três vezes — uma visita por mês. Ela estava lá um dia quando três ou quatro colegas do Colégio para Moças foram visitar Juliet e levaram para ela um jarro de ciclames. Parecendo satisfeita em vê-las, Juliet recostou-se na cama e bateu papo graciosamente. Pauline se postou atrás da cabeceira da cama exibindo uma carranca, mentalizando que elas fossem embora.

A correspondência entre as duas garotas durante o tempo de Juliet no sanatório foi prolífica. Pauline concebeu a "ideia luminosa" de que deviam escrever uma para a outra como Charles e Lance. Charles era um personagem de Juliet: príncipe Charles, segundo filho do imperador da Borovnia. Lance era um personagem de Pauline: Lancelot Trelawney, um soldado da fortuna que havia usado sua lábia para conquistar os afetos da imperatriz de Volumnia.

Na história, Lance e a imperatriz têm uma cruel filha, Marioli, que se torna ela mesma imperatriz com a idade de 13 anos. Em Borovnia, Charles lidera uma insurreição e depõe o irmão mais velho para tornar-se o imperador Charles ii. Deborah, sua amante, com quem ele havia gerado um filho bastardo de excepcional maldade, Diello, torna-se imperatriz.

Alguns dias antes de Henry e Hilda Hulme partirem para a Inglaterra, Pauline iniciou a correspondência com uma carta de seis páginas na pessoa de Lance, e duas páginas dela mesma, assinadas como "Paul". Juliet respondeu com uma carta de Charles e uma dela mesma, e esse tornou-se o padrão de costume da correspondência entre as duas: Juliet escreveu relatórios da Borovnia como Charles, Deborah ou Diello; Pauline respondeu de Volumnia, principalmente como Lance ou Marioli.

Em Volumnia e em Borovnia, assassinatos por vingança, suicídio, estupro, sedução e traição eram ocorrências diárias. Marioli, a imperatriz adolescente de Volumnia e obviamente o alter ego de Pauline, era implacável em infligir sua vingança sobre todos aqueles que a contrariavam. Pauline a descreveu como tendo "um temperamento violento e, em um aceso de raiva, matou todas as pessoas que haviam incorrido em sua ira". Ela é "muito orgulhosa" e "se recusa a conferenciar com qualquer um de classes inferiores", mas, contudo, é amada por seus súditos.

Não ficando atrás, o Diello de Juliet mata sem remorso ou consciência, com indiferença reminiscente de Rupert de Hentzau. "Barton (...) tolo salafrário (...) tentou atirar em mim, e tenho um temperamento terrível quando atiçado, e receio ter quebrado suas costas e o jogado no pântano (...) (estúpido malfeitor). E Linker (...) pobre sujeito (...) você sabe que eu de fato gostava um tanto dele (...) uma escolha de amigos tão indiscriminada e agora está (...) ai de mim! No pântano com Barton." O rosto e a voz açucarada da persona maligna de Juliet era o de James Mason.

• • •

Em 29 de maio, uma garota que dividiu a mesa com Pauline em uma lanchonete elogiou-a por falar tão belamente o inglês: ela possuía "quase um sotaque de Oxford". Pauline registrou a observação em seu diário: ela havia claramente sido bem-sucedida em imitar o modo como Juliet e Hilda falavam. No mesmo dia, um jovem neozelandês, Edmund Hillary, e um xerpa nepalês, Tenzing Norgay, tornaram-se as primeiras pessoas a se alçarem ao pico do Monte Everest. A notícia chegou ao mundo em 2 de junho, o dia da coroação da rainha Elizabeth II na Abadia de Westminster, e causou uma tremenda empolgação na Nova Zelândia, na Grã-Bretanha e por toda a Comunidade das Nações Britânicas. Foi um fato visto como um reluzente portento de um reino feliz e glorioso que estava por vir.

A coroação real foi uma fonte de inesgotável fascínio na Nova Zelândia. Cada colegial no país recebeu um painel dobrável com o panorama da procissão da coroação. Incontáveis crianças e adultos adquiriram modelos do coche folheado a ouro, puxado por oito cavalos cinzentos em arreios dourados e escarlates, escoltados pelos Yeomen da Guarda a pé, com o Regimento de Cavalaria cavalgando na dianteira e na traseira. Quase todo homem, mulher e criança tinha uma caneca comemorativa da coroação, milhares das quais ainda hoje repousam em armários de porcelana.

Durante semanas, foi impossível abrir um jornal ou uma revista sem receber instigantes fragmentos novos de informação, tais como os nomes das moçoilas aristocráticas escolhidas como damas de honra para a rainha. Muitos neozelandeses foram de navio para a Inglaterra especialmente para o evento. Aqueles que não eram tão afortunados sentaram-se ao lado do rádio escutando cada palavra aduladora dos comentários de Richard Dimbleby.

Em 12 de junho, as alunas do Colégio para Moças de Christchurch marcharam em formação para ver o documentário *A Queen is Crowned*. "Achei que o filme foi bastante chato enquanto filme", Pauline sentiu-se compelida a registrar. Mas ficou impressionada pela pompa, pelo ritual, pela lenga-lenga e pelas roupas de gala, que ofuscavam de longe até a encenação dos estúdios MGM da coroação do rei Rudolf de Ruritania em *O Prisioneiro de Zenda*.

O relato detalhado ajudaria Juliet a criar a vindoura coroação do imperador Charles II da Borovnia, e havia muito a transmitir: o cingir da espada; a colocação da túnica real; a apresentação do orbe com a cruz, o anel e os cetros da Justiça e da Misericórdia. Então veio a unção: o óleo sagrado foi derramado da ampola na colher da unção, no qual o Arcebispo de Canterbury lubrificou dois dedos antes de tocar a nova soberana na cabeça, no peito e nas palmas de ambas as mãos enquanto entoava, "E assim como Salomão foi ungindo rei por Zadok, o sacerdote, e Nathan, o profeta, então sejais tu ungida, abençoada e consagrada rainha sobre os povos, a quem o senhor, teu Deus, há dado a ti para reger e governar".

Os calcanhares da rainha foram tocados pelo lorde Chamberlain com as esporas douradas de São Jorge, o símbolo do cavalheirismo entre os cavaleiros. A coroa de São Eduardo foi tirada do grande altar e o arcebispo segurou-a no alto por um momento antes de baixá-la na cabeça da rainha. Nesse instante, os fidalgos e fidalgas em suas túnicas de arminho colocaram suas grinaldas, as trombetas soaram e os canhões na Torre de Londres ressoaram. Foi um material maravilhosamente inspirador.

Uma passagem alarmante apareceu na correspondência entre Borovnia e Volumnia. "Eu não mato pessoas", disse uma personagem feminina. "Pensei que você gostaria de saber, já que me perguntou há um tempo: meu pai não mata ninguém há bastante tempo. Eu, por outro lado, gostaria de matar alguém algum dia, pois acredito que seja uma experiência essencial na vida..."

Pauline Rieper com certeza estava ávida para obter a devida experiência, mas naquele momento era experiência sexual que ela vinha procurando. Em 1950, os ministros estrangeiros da Comunidade das Nações Britânicas, reunidos no Ceilão, haviam estabelecido um novo programa de auxílio "desenvolvido para alcançar a segurança [através] da assistência econômica para, e a amizade com, países subdesenvolvidos cuja inimizade seria perigosa, caso os baixos padrões de vida fomentassem o crescimento do comunismo em seu interior". A Nova Zelândia abraçou o Plano Colombo com entusiasmo. Em 1953, havia uma dúzia de estudantes do Ceilão na Faculdade de Canterbury. Quando Pauline e Juliet conheceram alguns deles em uma recepção oferecida por Henry Hulme em Ilam, ficaram fascinadas pelo exotismo dos jovens e fizeram amizade com três deles, Nada, Muthu e Jaya. Pauline observou com interesse o corpo flexível e negro de Jaya. Em 26 de junho, e outra vez uma semana depois, ela visitou o quarto dele à noite. Eles conversaram sobre sexo e ela pulou na cama com ele, mas nada aconteceu.

O conhecimento carnal ilícito — a majestosa frase da lei — de uma moça menor de 16 anos era um delito que com frequência acarretava em sentença de prisão de seis meses a um ano, embora ela geralmente fosse suspensa se fosse o primeiro delito e a diferença de idade entre as partes não fosse grande. O crime era cometido apenas pelo homem, sendo a premissa da lei a de que moças menores de 16 anos precisavam ser protegidas de predadores. Pauline tinha pouco mais de 15 anos. Jaya parece ter decidido, com sensatez, se desviar de tamanha chave de cadeia.

O mesmo não pode ser dito sobre um dos pensionistas no estabelecimento dos Rieper. John Nicholas Bolton era um estudante de direito vindo de Invercargill. "Um sujeito de cara pálida, com um cabelo longo e escorrido, que sempre chegava tarde nas aulas" foi como um de seus contemporâneos viria a se lembrar dele. Em um domingo, 12 de julho, Pauline se enfiou na cama dele, onde ficou até as três da manhã. Apesar de seus enérgicos esforços, Nicholas não teve sucesso em penetrá-la. Eles tentaram uma outra vez, novamente sem sucesso, na noite da terça seguinte, dessa vez na cama dela. Nas primeiras horas de 15 de julho, foram flagrados por Bert Rieper, e o jovem foi sumariamente expulso da Gloucester Street 31.

Pauline escreveu em seu diário: "Ocorreu uma tragédia terrível (...) fiquei lá deitada, magnetizada. Foi simplesmente aterrador demais para acreditar (...) quando levantei, descobri que Papai havia contado a Mamãe. Eu tive um mau presságio no começo. Mas agora percebo que meu crime foi aterrador demais para um prosaico sermão (...) estou terrivelmente arrasada. Sinto saudades imensas de Nicholas".

Nicholas havia sido "um tanto confortador" quanto aos apuros nos quais ela se encontrava. "Mamãe acha que não terei mais nada com ele (...) Mal sabe ela..."

• • •

O retorno de Henry e Hilda Hulme para a Nova Zelândia, em 30 de agosto, foi uma distração bem-vinda. Pauline ficou extasiada ao receber vários presentes da sra. Hulme, que também deu a Nora um pó compacto, em gratidão à gentileza dela para com Juliet. Nove dias depois, Juliet, melhor, mas não plenamente recuperada, recebeu alta do Sanatório Cashmere e foi liberada aos cuidados de seus pais. A equipe médica estava toda bem ciente de como ela vinha estando infeliz com seus pais no exterior. A primavera estava no ar. Supunha-se que poderiam confiar que o dr. e a sra. Hulme cuidariam bem da própria filha. Ar fresco, repouso e poucas emoções fortes foram receitados.

Pauline acompanhou os Hulme quando eles foram buscá-la. "Foi maravilhoso retornar com Juliet", escreveu. "Foi como se ela nunca tivesse estado longe. (...) Creio que eu poderia cair de amores por Juliet." O que, pelos céus, ela quis dizer com isso? Para o modo de pensar da maioria das pessoas, ela já amava Juliet tanto quanto uma amiga poderia.

As coisas não estavam fáceis na casa dos Hulme. Juliet punia seus pais pela negligência que sofreu através de birras, fria hostilidade e insultos calculados. Ela era implacável em comparar o amor e a lealdade demonstrados por Pauline — até pela sra. Rieper — com o próprio desamparo deles. Ela afastava cada vez mais os pais e se aproximava cada vez mais de Pauline.

Pauline, contudo, tinha seus próprios planos, que não incluíam Juliet. Ela continuou a se encontrar com Nicholas, visitando-o tarde da noite na casa na qual ele agora era pensionista. "Desejo Nicholas muitíssimo", escreveu ela. Mas entregar sua virgindade estava se provando difícil. No devido tempo, médicos especialistas seriam consultados quanto à razão para isso. Até onde sabia o dr. Reginald Medlicott, ela "nunca se envolveu eroticamente" com Nicholas, tendo estado apenas "buscando experiência". O episódio foi, pensou ele, "uma tentativa de funcionamento heterossexual".

Se isso era verdade ou se havia algum problema fisiológico, a persistência de Pauline era inegável. Quando visitou Nicholas em 14 de setembro, encontrou-o "muito ardente". Ela escreveu em seu diário que o amava. Uma semana depois, ela o visitou às duas da manhã. Em 29 de setembro, houve uma outra tentativa de relação sexual, mas foi muito dolorosa. Três dias depois, o mesmo aconteceu.

Então, em 4 de outubro, um domingo, "Nicholas ficou muito satisfeito por eu ter chegado tão cedo. Nos sentamos e conversamos por uma hora e então fomos para a cama. Primeiro recusei o convite, mas ele se tornou bastante imperioso e eu não tive opção. Descobri que não havia perdido minha virgindade na terça à noite. Porém, não há agora qualquer dúvida de que a perdi".

Quatro dias depois, ela e Nicholas tiveram uma desavença. Isso, pensou ela, foi algo bom: agora ela e Juliet poderiam continuar sua amizade "sossegadas, sem nenhum outro interesse externo". As duas se punham a pensar em todas as pessoas que gostariam de eliminar. Em 28 de outubro, o 15º aniversário de Juliet, Pauline disse a Nicholas que ela não estava mais "muito apaixonada por ele" e "seria melhor se eles deixassem de se encontrar". Foi como se ela tivesse sentido que seu caso com Nicholas havia sido um ato de deslealdade, a ser reparado no aniversário de Juliet.

Um mês depois, Juliet decidiu que não gostaria mais de ser chamada de Juliet. Dali por diante, seria Antoinette, em referência a Antoinette de Mauban, amante do perverso duque de Streslau em *O Prisioneiro de Zenda*. Um pouco depois, provavelmente inspirada por Deborah Kerr, que havia interpretado a princesa Flavia em *O Prisioneiro de Zenda*, ela mudou seu nome outra vez, dessa vez para Deborah, pronunciado De--*bor*-ah. Esse também era o nome com o qual ela batizou a amante de Charles II da Borovnia, mãe de Diello. Pauline se tornou Gina. Muito provavelmente em homenagem à robusta estrela de cinema italiana Gina Lollobrigida, cujo primeiro filme estadunidense, *O Diabo Riu Por Último* (*Beat the Devil*, de 1953), de John Huston, havia sido lançado naquele ano.

Ainda convalescente, Juliet não retornou ao Colégio para Moças em 1953, nem no ano seguinte, nem nunca mais. Para a srta. Stewart, a doença da garota havia resolvido o complicado problema de sua amizade descomedida com Pauline Rieper. Juliet, por sua parte, agora tinha tempo ilimitado para se deixar levar pela própria imaginação. Ela não tinha necessidade alguma de se envolver o mínimo que fosse com a vida mundana.

Ao final de novembro, com o final do ano de seu quarto colegial, Pauline estava ocupada auxiliando Juliet com seus planos para um importante evento na Borovnia. Charles II, usurpador do trono, havia decidido abdicar do poder aos 35 anos de idade em favor de seu filho bastardo, Diello. A coroação, a ser representada como um cortejo, seria realizada na sexta-feira, 10 de dezembro. Uma vez entronado, o jovem novo imperador Diello embarcaria em um reino de terror que não seria indigno de Calígula.

Dois dias depois, com o fim da coroação, Pauline saiu da cama na ponta dos pés logo após a meia-noite e se apresentou a Nicholas. No dia seguinte, a mãe a levou para visitar o dr. Francis Bennett em seu consultório na Armagh Street, junto da Cranmer Square. Desde que Hilda Hulme retornara de suas viagens, ela havia mudado de ideia quanto à relação entre sua filha e Pauline Rieper. Embora as meninas só houvessem se visto três vezes durante a estadia de três meses de Juliet no sanatório, Hilda estava convencida de que a amizade havia se desenvolvido enquanto eles estiveram longe. "Ficou aparente para meu marido e para mim que suas afeições reais recaem sobre Pauline. (...) Eu havia notado que a sra. Parker estava preocupada com essa amizade — sabia que a filha deles havia perdido peso durante minha ausência. (...) Ela parecia bem doente. Procurou aconselhamento médico em grande parte por sugestão minha e de meu marido."

Bert Rieper mais tarde viria a explicar que foi ideia do dr. Hulme que Pauline se consultasse com o dr. Bennett; ele havia insinuado que Pauline poderia ser lésbica. De sua parte, os Rieper estavam mais preocupados com o precoce interesse sexual da filha por meninos e com sua perda de peso. Mais ou menos na época em que perdeu a virgindade com Nicholas Bolton, Pauline desenvolveu o que hoje seria reconhecido como um transtorno alimentar. Quase certamente tratava-se de uma bulimia nervosa, uma condição que envolve comer compulsivamente e então induzir o vômito. Com base em seu diário, parece que Pauline passou um período de seis meses sem menstruar a partir de 21 de outubro. Esse tipo de interrupção da menstruação é um efeito colateral comum.

Nora ficou compreensivelmente preocupada. Ela ameaçou a filha de que se sua saúde não melhorasse, ela nunca mais veria Juliet. "A ideia é pavorosa demais", escreveu Pauline. "A vida seria insuportável sem Deborah. Liguei para Deborah e contei a ela sobre a ameaça. Queria poder morrer. Este não é um impulso vão ou temporário.

Eu decidi ao longo dessas últimas duas ou três semanas que seria a melhor coisa que poderia acontecer entre todas as outras e a ideia da morte não é assustadora." Não chegou a isso, mas a perda de peso de Pauline permaneceu uma questão preocupante na família Rieper nos meses por vir.

As recordações do dr. Bennet sobre os eventos são de que ele foi consultado pelo dr. Hulme em 9 de dezembro; a consulta com Pauline então foi marcada pelo dr. Hulme e pela sra. Rieper. Hulme "estava preocupado com aquilo que considerava ser uma associação insalubre e queria que eu visse Pauline sob um ponto de vista psiquiátrico", contudo a mãe de Pauline estava "preocupada com a perda de peso e os vômitos da garota". Ele assegurou a Nora de que não havia doenças físicas a serem levadas em conta para a perda de peso de Pauline.

A avaliação psiquiátrica de Pauline por Bennett ante a solicitação do dr. Hulme, uma terceira parte, era heterodoxa, para dizer o mínimo. No caso, ela também foi insatisfatória. Pauline se recusou a cooperar e, em grande parte, respondia às perguntas com um simples sim ou não. Ela disse que era infeliz e que sua mãe a azucrinava. Também disse a ele que sua única amiga era Juliet e que não gostava de garotas, no geral — achava que elas eram bobas; Bennet sugeriu que ela ampliasse seu círculo de amigos, mas percebeu que não estava chegando a lugar algum. Pauline Rieper era "estranha", escreveu ele em suas anotações de casos.

A inadequação da entrevista não impediu Bennett de informar a sra. Rieper que havia um apego homossexual entre sua filha e Juliet Hulme. Ele pode muito bem ter sido auxiliado em seu diagnóstico por um relato anterior de Hilda, sua colega no Conselho de Orientação Matrimonial. Sob essas circunstâncias, ele disse a Nora, não havia muito que pudesse ser feito. Ele pensou que a coisa toda com o tempo viria a esmorecer. Pauline estava indiferente: "Mamãe me carregou para ver um médico depois do trabalho, que foi algo imbecil e obtuso de se fazer, ainda mais porque me sinto perfeitamente bem. O médico era um tolo maldito...".

Depois disso, Nora tranquilizou Pauline levando-a para ver *Os Amores de Pandora* (*Pandora and the Flying Dutchman*, de 1951). Nessa peculiar fábula, um homem tem que viver para sempre, a menos que possa persuadir uma mulher a se apaixonar por ele para que os dois então possam morrer juntos. O filme era estrelado por James Mason e Ava Gardner. Pauline, que vinha ardendo de expectativa o dia todo, ficou arrebatada. "É a história mais perfeita que já conheci, o melhor filme (facilmente) que já vi. Pandora é a mais bela das mulheres que se possa imaginar e O é maravilhoso demais para tentar descrever. Me sinto deprimida e provavelmente chorarei esta noite." As duas garotas haviam recentemente decidido se referir a James Mason como "O"; isso envolvia um bizarro sistema de codificação que só elas poderiam desvendar.

Os Hulme agora tinham desaparecido para Port Levy para o Natal e o longo recesso de fim de ano sem convidar Pauline, cuja influência sobre Juliet, eles assim haviam decidido, era uma questão de preocupação real. Na véspera de Natal, Pauline notou que não se sentia muito natalina. Não era em nada tão empolgante quanto a noite anterior à coroação de Diello.

PETER GRAHAM
ALMAS GÊMEAS

14

Comportamento Angelical

Em 1954, "Rock Around the Clock" — o primeiro sucesso mundial do rock n' roll — foi gravado por Bill Halley e seus Cometas. Elvis Presley gravou suas primeiras canções, "That's All Right, Mama" e "Blue Moon Over Kentucky", para a gravadora Sun. Porém, levaria mais um ano antes desse novo gênero musical ganhar popularidade. Enquanto isso, baladas sentimentais, harmonias lúgubres e canções da moda com tempero italiano, de "Secret Love" de Doris Day, a "Three Coins in the Fountain", de The Four Acres e "Papa Loves Mambo", de Perry Como, imperavam.

Juliet Hulme preferia as elevadas árias de Puccini, Mascagni, Verdi, Donizetti e Bellini, e Pauline logo se uniu a ela. As meninas passavam horas escutando a coleção de grandes artistas dos Hulme — Jussi Björling, Tito Schipa, Benjamino Gigli, Maria Callas, Nellie Melba e especialmente Enrico Caruso — e Pauline vasculhava lojas de discos usados para comprar os seus próprios. Ela e Juliet desenvolveram uma paixonite por Mario Lanza, o tenor nascido nos Estados Unidos que havia interpretado Caruso com extraordinário sucesso no filme *The Great Caruso*, de 1951.

Agora, porém, com Juliet distante em Port Levy, a vida para Pauline era tão pavorosa quanto um mês só de domingos. Em seu novo diário da *Whitecombe's Handy*, com a dedicatória "Para Yvonne, com amor, do Papai", ela escreveu uma inquietante resolução de Ano Novo: "Coma, beba e se alegre, pois amanhã você pode estar morta". Uma tentativa de costurar uma trégua com sua irmã Wendy foi feita, que a encantou ao relatar que o sr. Tredrea, um amigo da família, dissera que Pauline era a moça mais jeitosa em que ele já tinha posto os olhos. Wendy também se ofereceu para emprestar dinheiro a ela quando precisasse.

Em 3 de janeiro, Pauline foi à igreja, brincou com sua irmã Rosemary, que havia ido passar o Natal em casa, e cozinhou um pouco. No fim da tarde, ela escreveu para Nicholas e "Deborah, ou melhor, Diello". Ela escreveu para Nicholas outra vez em 7 de janeiro, sentindo-se bem-disposta com relação a ele, mas incapaz de pensar em algo para dizer. Ela estava sob vigília atenta de seus pais e não se sentia mais livre para escapulir e voltar para a casa nas primeiras horas da manhã.

Alguns dias depois, com sua mãe em um bom humor inexplicável, ela abordou o assunto de obter permissão para ver Nicholas. "Creio que haja esperança, mas não devo ficar esperando, pois não quero me decepcionar", escreveu em seu diário. As noites eram passadas trabalhando em modelos de massa de modelar de cavalos selvagens. Ela queria "estar em alta conta com Mamãe". Por um breve momento, Juliet alimentou esperanças de ela ser convidada para Port Levy — "Alegria das Alegrias!" —, mas nada resultou disso.

Cerca de um dia depois, Pauline outra vez levantou o assunto de Nicholas. Nora estava insatisfeita quanto aos "modos boêmios" dele; teria que consultar o pai de Pauline. O que não era auspicioso, pensou Pauline. Seu pai era de uma cautela exasperadora em tais questões. "Fiquei um tanto aborrecida pela atitude de Mamãe, pois tenho sido totalmente angelical há mais de uma semana, o que é incrivelmente difícil, e ela deveria se mostrar mais agradecida."

Seus ânimos se elevaram após um piquenique em família em Coe's Ford, no Rio Selwyn. "Começou a chover um pouco e nos amontoamos no carro e partimos. Abri a janela do carro e uma brisa morna soprou, que foi sublime. Me senti mais descontraída e contente do que me senti em meses. Fiz planos maravilhosos para o futuro. Quando chegamos em casa (6h30), tomei um banho e vim direto para a cama me sentindo limpa, doce e feliz."

A fase angelical não impediu que ela fizesse uma compra clandestina. Vinha tendo aulas de equitação há anos com a srta. Rich em Hackthorne Road e estava propensa a ter seu próprio cavalo. Usando dinheiro economizado de um trabalho no fim do ano e pagamentos de sua mãe por ajudá-la com os pensionistas, ela em segredo comprou um capão, que batizou de Omar Khayyám, e conseguiu um pasto com uns tais sr. e sra. Purvis, a pouco mais de três quilômetros da cidade. "Eu fui muito franca e só o que não contei a eles foi que meus pais de nada sabiam sobre meu cavalo. Só o que eles pediram foi 5 xelins por semana, então fiquei muito aliviada e tudo ficou acertado."

Em 16 de janeiro, um sábado, ela recrutou Nicholas para ajudar a pegar Omar Khayyám e levá-lo para seu novo cercado. Eles não foram bem-sucedidos, mas Nicholas aproveitou a chance para dizer a Pauline que a amava e para relatar que a mãe dela havia telefonado e dito que ele não deveria vê-la. Pauline ficou furiosa. Ela havia sido levada a acreditar que, se continuasse a ser boa, poderia ver Nicholas de novo; havia sido "perfeita por duas semanas" e "incrivelmente boa". Sua mãe era "pavorosamente malvada"; ela sentiu-se "bastante passada para trás". Ver o épico bíblico *O Manto Sagrado* (*The Robe*, de 1953) no Savoy, naquela noite, a deixou com um espírito melhor. "Calígula era exatamente igual ao Demônio", observou, referindo-se ao imperador romano de sorriso maligno e malicioso interpretado por Jay Robinson.

Pelas semanas seguintes, Pauline conversou com Juliet por telefone quase todos os dias e as duas trocaram várias cartas. Nicholas, porém, estava repetidamente fora quando ela ligava. Quando enfim conseguiu contatá-lo, ele revelou que a mãe dela agora havia escrito para ele. "Ao que parece, meu comportamento angelical durante sua ausência a havia convencido de que ele é uma má influência para mim." A ideia de que sua mãe a havia decepcionado — até a traído — pesou de forma dura em seus pensamentos. Ela nunca a perdoaria.

De 18 a 22 de janeiro de 1954, houve uma comoção em Christchurch com a visita da recém coroada Elizabeth II — rainha da Grã-Bretanha, da Nova Zelândia e de numerosos outros países do velho Império — e seu belo consorte, o duque de Edinburgo. Prédios foram pintados, bandeirolas foram penduradas, bandeiras tremulavam e flores espalhafatosas estavam por toda parte em profusão. À noite, a Cathedral Square e as margens do rio eram iluminadas. Após o jovem casal chegar de trem, vindo de Greymouth, as multidões se amontoaram no Oxford Terrace, no exterior do Clarendon Hotel, onde estava hospedada a comitiva real. A Sociedade Musical Real de Christchurch, mulheres em longos vestidos brancos de baile e homens de smoking, se lançou a uma miscelânea de canções que esperava que agradasse aos ouvidos reais. Depois de onda após onda de uma ensurdecedora saudação, vossa alteza apareceu na sacada para os gritos de "Vida Longa à Rainha!".

No dia seguinte, o casal real cruzou de carro cerca de trezes quilômetros pela cidade, saudados pelo caminho por 150 mil simpatizantes. A rota cuidadosamente planejada os levou ao longo da Ilam Road até as novas instalações da Faculdade de Canterbury. Henry e Hilda Hulme haviam convidado algumas pessoas para assistir ao cortejo do gramado de sua casa. Entre eles estava um cirurgião aposentado e ex-membro do parlamento, sir Hugh Acland, e sua esposa. Quando a rainha passou, lady Acland teve um vislumbre de Juliet com o canto do olho. Ela escrevia furiosamente em um caderno, ignorando ostensivamente os acontecimentos. Ela era, pensou lady Acland, uma moça muito peculiar.

Naquela noite houve um baile no Christchurch Club, ao qual Henry e Hilda Hulme sem dúvida teriam comparecido. "Joias e vestidos magníficos foram exibidos", foi relatado pelo *The Press* no dia seguinte. "Várias das mulheres mais velhas usavam lindas tiaras." Uma tenda decorada com vinhas, uvas e hera ostentava uma pista de dança especial. Rosas, congeladas em grandes blocos de gelo, foram colocadas nos recantos, "ventiladores elétricos lançando o ar fresco do gelo para dentro do salão de baile". Os convidados ficaram decepcionados quando a rainha enviou uma mensagem dizendo que estava cansada demais para comparecer; a presença do primeiro ministro, Sidney Holland, e sua esposa, foi um pequeno consolo.

Como Juliet, Pauline estava tratando a visita real como indigna de sua atenção. Se nas reentrâncias de sua mente você é imperador da Borovnia ou imperatriz da Volumnia, as pessoas ladeiam as ruas aclamando *você*. Na noite após o baile, ela com alegria viu James Mason em *Secret Mission*, mas a principal questão em sua mente era o que fazer com Omar Khayyám. No café da manhã do dia seguinte, sua mãe soltou uma bomba: a sra. Purvis havia telefonado — algo a respeito de um pasto — então sua mãe agora sabia tudo sobre o cavalo. Pauline, disse ela, devia contar ao pai, confessar tudo, como se fosse por vontade própria. No início, sua reação foi "medíocre", mas naquela noite ela teve uma conversa com os dois pais, que foram "de fato bastante decentes". Bert e Nora haviam decidido que o cavalo devia ser encorajado, talvez afastasse os pensamentos de sua filha a respeito de Juliet Hulme.

Era uma esperança vã. Pela primeira vez desde sua visita ao dr. Bennett, em dezembro, Pauline foi de bicicleta até Ilam. Era agora 23 de janeiro. Hilda pode ter mudado de ideia, ou talvez apenas tenha concordado com a visita na tentativa de obter uma trégua da incessante amolação de Juliet. Em todo caso, uma outra coisa vinha então ocupando seus pensamentos.

As meninas tocaram todos os seus discos favoritos e, enquanto Juliet descansava, Pauline leu seu romance quase concluído, *The Beautiful Lady in Blue*. Era de fato muito bom, ela pensou, e daria um filme soberbo se um dia fosse filmado. O par então passou uma tarde feliz passeando pelo terreno, falando sobre James Mason. "É mesmo extraordinário que duas pessoas possam ser tão apaixonadas pela mesma pessoa e ainda assim nunca discutir por conta dela e obter um prazer infinito na discussão da possibilidade de um futuro de uma delas com ele", observou Pauline em seu diário.

No dia seguinte, com a ajuda do sr. e da sra. Purvis, ela conseguiu pegar Omar Khayyám e levá-lo pelas rédeas de Bexley até seu cercado. Os Purvis deram a ela um bridão e disseram que conheciam alguém que poderia emprestar uma sela. Nora, Bert, Vovó Parker e um dos pensionistas, Darren, foram até lá ver o cavalo e, naquela noite, a família Rieper fez um brinde a ele. Pauline teve permissão para voltar a passar o tempo com Juliet. Sua vida estava melhorando de forma esplêndida.

PETER GRAHAM
ALMAS GÊMEAS

15

O Templo no Jardim

Ninguém tem certeza de quando Walter Andrew Bowman Perry chegou à Nova Zelândia, nem como Hilda Hulme veio a conhecê-lo. Engenheiro canadense, Bill Perry, como era conhecido por todos, havia travado uma boa guerra. Na retaguarda em Dunkirk e um dos últimos dos combatentes evacuados da praia, ele havia recebido a Cruz Militar e chegado à patente de major. Um conhecido próximo recordou que ele era "muito bonito (...) um sujeito inteligente, muito alto... de aparência atlética (...) de aparência formidável". A sra. Grinlaubs, empregada dos Hulme, achou que ele era "muito atraente, alto (...) charmoso".

Perry trabalhava na Associated Industrial Consultants, uma empresa de consultoria de Londres que fora contratada para orientar uma companhia de Christchurch, Booth and MacDonald, fabricantes de equipamentos agrícolas, para reestruturarem seu negócio. Com a empresa necessitando urgentemente de seus serviços, ele havia ido de avião para a Nova Zelândia, enquanto sua esposa havia seguido de navio. No caminho, ela havia se apaixonado pelo comissário de bordo do navio e desembarcado na Austrália, o que significou o fim do casamento de Perry.

Um relato afirma que ele chegou a Christchurch em 2 de julho de 1953, mas pode ter sido antes. Renée Stockwell acreditava que ele havia conhecido Hilda Hulme antes de chegar à Nova Zelândia, que pode até ter tido um caso com ela na Inglaterra, e localizou-a através do

Conselho de Orientação Matrimonial. Helen Garrett, cujo marido, o professor John Garrett, também era canadense, tem uma recordação diferente. Perry, ela pensou, havia ido consultar Hilda sobre seu divórcio quando os Hulme moravam em Port Hills. Ela afirmou que Hilda tinha entrevistado Bill no quarto do casal sob a alegação de que seria um "local neutro". Com isso, eles teriam se conhecido — ou se reencontrado — antes de outubro de 1950, o que é improvável.

A versão mais aceita é a de que Perry conheceu Hilda Hulme quando ele foi até o Conselho de Orientação Matrimonial buscando aconselhamento, o que tornou a subsequente relação entre eles um grave constrangimento para a organização, sobretudo por Hilda ser sua vice-diretora: relações sexuais entre conselheiros e aqueles que eles aconselhavam eram estritamente proibidas. Nancy Sutherland, a amiga íntima de Hilda, que descreveu Perry como "um dos amantes de Hilda", havia pensado que eles eram ambos conselheiros no Conselho de Orientação Matrimonial. Essa é uma outra possibilidade. O que é certo é que, por volta do fim de 1953, Hilda estava se envolvendo cada vez mais com Perry. O que havia começado como uma aventura estava se transformando em um sério caso de amor.

Por volta do Natal, Hilda pediu ao sr. e à sra. Grinlaubs e seus dois filhos que se mudassem de Ilam: o sr. Perry precisaria do apartamento. A sra. Grinlaubs não ficou surpresa: já tinha visto a relação se desenvolver. Certa vez, quando estava limpando um quarto no andar de cima e foi sacudir o espanador na janela, testemunhou Perry e a sra. Hulme se beijando no jardim lá embaixo. "Eu apenas recolhi meu espanador e não disse nada", ela falou.

Nancy Sutherland e amigos de Perry tentaram dissuadi-lo da mudança para o apartamento. Cedo ou tarde, eles tinham certeza, Juliet e Jonathan fatalmente notariam o que estava acontecendo. Nancy considerava errado que Hilda ostentasse seu caso de forma tão inconsequente, sem consideração pelos sentimentos de seus filhos ou de Henry. Jan Sutherland, a filha de Nancy, lembra-se de sua mãe falando com Hilda ao telefone, as lágrimas correndo pela face, dizendo que ela não poderia mais ser sua amiga.

·   ·   ·

Na casa dos Rieper, o acalento trazido por Omar Khayyám não durou. As relações entre Pauline e sua mãe estavam mais uma vez voláteis. "Nesta manhã, Mamãe me deu o mais medonho dos sermões porque comecei a lavar o chão da cozinha usando meu roupão", escreveu Pauline em seu diário. "Ela ficou me amolando sem parar, mencionando todas as minhas más condutas passadas e é claro que fui insolente (nunca consigo ser contrita). Enfim, ela acabou dizendo que eu não poderia ir a llam hoje como eu havia planejado. Eu estava bem contrariada quando liguei para Deborah, uma vez que os sermões de Mamãe sempre me deixam histérica e o esforço de fingir não ligar é enorme. Deborah ficou muito preocupada com algumas das ameaças de Mamãe, e todos os Hulme também, o que foi agradável. (...) Liguei para Nicholas, mas ele estava fora e isso fez com que eu cuspisse fogo. (...) Esta noite, consertei meus velhos culos [culotes] para usar amanhã. Estou lendo um livro de mistério neste momento."

Pauline telefonava para Nicholas sempre que sua mãe estava fora de casa e o encontrava em toda oportunidade possível. Em 31 de janeiro, um domingo, ela o viu quando estava a caminho de uma aula de equitação com a srta. Rich. Ele parecia um tanto deprimido. No domingo seguinte, esperava visitá-lo quando estivesse a caminho da igreja, mas Wendy estava com ela. Ela ficou "desesperada de aborrecimento" em 20 de fevereiro, quando tentou telefonar e ele estava fora. Ele ainda estava fora quando ela telefonou outra vez naquela noite.

O caso seguiu de forma frágil até 25 de fevereiro. Naquela noite, ela ligou para Juliet e elas conversaram sobre O — James Mason — durante um longo tempo, depois ela se sentiu "muito animada" e escreveu uma carta para Nicholas dizendo que desejava descontinuar seu relacionamento. Ela levou a carta, junto de um pacote de livros que ele havia emprestado a ela, até a pensão onde ele morava e deixou-os lá.

O romance adolescente havia terminado. Em seu diário, Pauline não fez menção a ter feito sexo com Nicholas para além da noite em que perdeu sua virgindade e, ao que tudo indica, em 12 de dezembro, algumas noites após a coroação de Diello, mas, dada a declaração de amor de Nicholas e sua persistência canina em contatá-lo e combinar encontros, é provável que eles tenham aproveitado qualquer oportunidade que tivesse se apresentado. Tempos depois, todos procurariam zombar do relacionamento, incluindo a própria Pauline, que disse ao dr. Bennett que havia desistido de Nicholas porque ele era "frouxo e desagradável" e "apenas um troféu", e informou ao dr. Medlicott: "Não era pra mim. Eu não estava interessada". Mas qualquer um que mapear o curso do relacionamento através do diário de Pauline chegará à conclusão de que, enquanto durou, ele foi tão intenso quanto qualquer outro primeiro amor de colegial.

Depois de ter alta do sanatório e voltar pra casa, Juliet perdeu o interesse em seu cavalo, mas Pauline continuou com um interesse apaixonado por Omar Khayyám. Ao longo de janeiro e fevereiro do escaldante verão de 1954, ela pedalava quilômetros em sua bicicleta para visitá-lo e cavalgá-lo. Ela até foi escová-lo em 2 de fevereiro, o dia mais quente em Canterbury em 43 anos. Mas na época em que cortou relações com Nicholas, seu interesse estava se esvaindo e, em 11 de março, ela estava tentando vendê-lo.

O fora de Pauline em Nicholas e sua decisão de separar-se de Omar Khayyám coincidiram com um renovado contato com Juliet — permitido pelos dois casais de pais, apesar de eles estarem bem cientes de que o dr. Francis Bennett considerava a relação das meninas como sendo essencialmente homossexual. Pauline e Juliet haviam deixado para trás os impérios da Borovnia e de Volumnia. Pauline estava terminando seu novo romance, *The Donkey's Serenade*, e Juliet dava os toques finais em *The Beautiful Lady in Blue*. Questões sexuais ocupavam cada vez mais seus pensamentos e uma certa luxúria física adentrou aquela amizade.

Em 26 de janeiro, Juliet telefonou para Pauline para dizer a ela que seu pastor alemão "Rommel" havia chegado, uma emoção maravilhosa, pois ela havia pensado que não ganharia seu "cão Rommel" antes de seu aniversário. No fim das contas, fora só uma instigação. No dia seguinte, ela admitiu que o cão era de Bill Perry e que se chamaria Carlo (no fim, o cachorro foi chamado de Retzi).

Pauline passou duas noites em Ilam. O cão, ela observou, era um "animal adorável com as mais adoráveis orelhas". As meninas escutaram discos e caminharam pelos jardins comendo uvas surrupiadas da estufa. Durante a tarde, deitavam-se na cama de Hilda discutindo quais seriam as tarifas por seus serviços se elas fossem prostitutas.

No dia seguinte, celebraram o "Dia d'Ele", em honra a Mario Lanza, comendo bolo de aniversário, brindando, tocando discos de Lanza e construindo um altar para ele. Decidiram que "Dele" — Guy Rolfe — deveria ser inserido nos Deuses. Rolfe, um ator de Hollywood alto, esguio e atraente, famoso pelos papéis de vilões traiçoeiros, como o de príncipe John em *Ivanhoé, o Vingador do Rei* (*Ivanhoe*, de 1952) e um arrombador de cofres parisiense em *The Spider and the Fly*. Uma atriz que trabalhou com ele o considerava "estranho, muito saturnino", havia um sopro de enxofre ao seu redor. Mais tarde, as meninas calcularam quanto prostitutas ganhavam e decidiram que com certeza adotariam a profissão.

As aulas voltaram no segundo dia de fevereiro. Pauline estava agora no quinto colegial. Preparando-se para visitar Ilam no fim de semana, ela encontrou um vestido preto brilhante com o qual celebrar o "Dia de O". No sábado, Hilda e Henry Hulme saíram e as meninas ficaram sozinhas em casa — usaram os vestidos de noite mais elaborados de Hilda e ficaram "realmente lindas". Conversaram sobre os Santos, principalmente O, e sobre os livros que estavam escrevendo, e riram tanto que a barriga chegou a doer.

Na sexta seguinte, Nora estava em um humor "pavoroso". "Mamãe me deu um sermão medonho, junto da canseira de sempre, e declarou que eu não posso ir a Ilam amanhã", escreveu Pauline. No mesmo instante, ligou para Juliet. "Eu tinha que dizer a alguém que entendesse o quanto eu desprezava Mamãe. O pretérito perfeito não é necessário."

No dia seguinte, Nora estava implacável. "Mamãe me disse que eu não poderia ir a Ilam outra vez até chegar aos 50kg e estar mais alegre. (...) não há como evitar a recordação de que ela fez o mesmo quanto a Nicholas. Disse que eu não poderia vê-lo de novo até que meu comportamento melhorasse, e quando eu o fiz, ela concluiu que isso havia se dado por eu não ter a influência dele. Ela é muitíssimo irracional. Também entreouvi ela fazer observações insultuosas sobre a sra. Hulme enquanto eu estava telefonando nesta tarde. Fiquei lívida. Fico muito contente por os Hulme simpatizarem comigo e é bom sentir que adultos percebem o que Mamãe é. O dr. Hulme fará algo quanto a isso, creio eu. Por que Mamãe não morre de uma vez? Dezenas de pessoas morrem o tempo todo, milhares, então por que não Mamãe, e também Papai."

• • •

No dia após ela ter desejado tão fervorosamente que seus pais morressem, o comportamento de Pauline foi exemplar e seu humor, anormalmente gentil. A turbulência havia passado, mesmo que a causa não tivesse sido esquecida. Ela foi para a igreja e, junto dos pais, visitou Rosemary na Fazenda Templeton. Mais tarde, foi de bicicleta até o manejo de Omar Khayyám e passou uma ou duas horas dando passeios com os três jovens filhos da irmã da sra. Purvis. "Omar estava lindo", escreveu. "Ele foi, sem dúvida, maravilhoso com as crianças. (...) Eu me diverti mais do que me diverti em anos."

Embora Nora tivesse dito a Pauline que ela não poderia ir para Ilam até pesar 50kg, na quinta-feira seguinte ela havia se rendido: poderia ir no fim de semana após o seguinte. Pauline ficou perplexa com a mudança de opinião de sua mãe. "Curiosíssimo", escreveu em seu diário. À guisa de redenção adicional, Nora comprou para ela uma camisola e levou-a para ver *Júlio César* (*Julius Caesar*, 1953), estrelando James Mason como Brutus e Marlon Brando como Marco Antônio. Pauline registrou que "O era quase maravilhoso demais para ser verdade. O filme não me deprimiu como fizeram outros vários filmes de O. Embora tenha me feito chorar quando vim para a cama. Porém, fiquei muito satisfeita em ver como era o jovem O. Esse fato me alegrou imensamente e o soberbo físico de O...". Ela terminou *The Donkey's Serenade* e começou um novo livro chamado *Leander or Léandre.* Houve um momento de deleite quando uma garota lhe perguntou há quanto tempo ela havia saído da Inglaterra. "Cinco anos", respondeu ela.

No fim de janeiro de 1954, os Hulme, seja lá qual fosse sua preocupação quanto à natureza homossexual da amizade das meninas, haviam outra vez estendido a Pauline um convite aberto para ficar em Ilam. Naquele sábado, sentindo que estavam compensando o tempo perdido, ela e Juliet passaram um "dia sublime" perambulando pelo jardim, escutando seus discos, lendo os livros uma da outra e conversando sobre os "Santos", o que lhes deu acessos de riso; elas se deitaram na cama de Bill Perry e ficaram "simplesmente aos berros".

Os Santos eram um panteão particular de atores de cinema, cantores de ópera e personagens ficcionais que elas veneravam, adoravam e por quem, em um grau ou em outro, nutriam pensamentos lascivos. Os primeiros eram relativamente simples. Em resumo, James Mason — O — e Guy Rolfe — Dele — eram Deuses sobre os Santos.

De forma esquemática, o restante funcionaria mais ou menos assim:

DEUSES

James Mason = O

Guy Rolfe = Dele

SANTOS

Mario Lanza = Ele, Mario ou Pobre Mario

Orson Welles = Aquilo ou Harry Lime

Mel Ferrer = Este ou O Homem Raivoso

Jussi Björling = Aquele

Rupert ou Hentzau = Quem

(Charles) Boinard = ?

Nem o romance de Juliet, *The Beautiful Lady in Blue*, que ela escreveu em seu livro de exercícios da escola, nem o de Pauline, *The Donkey's Serenade*, sobreviveram. Nem parecem terem sido de uma violência tão extravagante quanto as correspondências Borovnia-Volumnia. O título do livro de Pauline veio de uma famosa canção de Allan Jones, astro da música de Hollywood; e, mais importante, Mario Lanza havia gravado uma versão. Bill Perry considerou *The Beautiful Lady in Blue* "uma aventura inocente (...) o tipo de coisa que se esperaria que uma adolescente escrevesse". Lembrava a ele *O Prisioneiro de Zenda*. Pauline considerou-o "incrivelmente divertido e O-zístico". Henry Hulme também o considerou maravilhoso. Certo dia, ele parou Len Hensley, um colega da universidade, na Hereford Street, pescou o livro de exercícios de sua maleta e fez Henley passar os olhos por ele a fim de poder partilhar a admiração que tinha por sua brilhante filha. Hilda não compartilhou de seu entusiasmo, declarando a obra "trivial".

Em 28 de fevereiro, um domingo, as meninas tomaram uma decisão de grande importância: iriam "apressar magnificamente" a busca por O. Para ir até Hollywood e se apresentarem, elas precisariam conseguir dinheiro e marcar as passagens. Depois da aula, no dia seguinte, Pauline perambulou pelas companhias de navegação perguntando sobre datas e preços. As novidades não foram encorajadoras: "Ao que parece, teremos que fazer a jornada em várias pequenas partes. Provavelmente indo primeiro para Honolulu por algum tempo".

Na quarta-feira, o par teve uma outra conversa febril "principalmente sobre (...) barcos e nossos planos para o futuro". No sábado seguinte, Pauline, em um frenesi de agitação, levantou-se às seis da manhã, fez a cobertura para um bolo, descascou batatas e ervilhas para o almoço, levou o café da manhã de Wendy na cama, então foi de bicicleta até Ilam. Uma vez lá, ela e Juliet passaram horas no jardim, limpando uma pequena gruta onde haviam estabelecido um pequeno cemitério de ratos, pássaros e outras criaturas menores. Elas estavam construindo um templo que planejavam sacrificar quando partissem em viagem, junto de um disco da ária de Donizetti, "Una furtiva lagrima".

Na primeira vez em que Pauline mencionou o templo em seu diário, ele seria dedicado a Minerva, mas acabou se tornando o Templo de Rafael Pan. O Arcanjo Rafael, protetor dos peregrinos e de outros viajantes, era o anjo favorito de Juliet. Artistas como Verrocchio e Perugino o haviam retratado como um belo jovem com elegantes asas. Se Rafael era um emissário dos reinos espirituais, Pan era o oposto, um lascivo deus da natureza no cio, com os chifres e as pernas peludas de um bode, violador de deuses, ninfas e mênades, o desvairado acólito desinibido de Baco. O templo simbolizava a dualidade da maravilhosa nova vida com a qual elas sonhavam.

Naquela noite, as meninas trabalharam no *The Saints Book*, uma coleção de fotografias e artigos de revistas sobre seus objetos de adoração. Com Hilda e Henry fora de casa, elas passaram um tempo "absolutamente maravilhoso", juntas, ficando "fracas de tanto rir".

Na noite de terça-feira, Pauline leu *Rubáiyát of Omar Khayyám* e, com Wendy e dois pensionistas, foi ver *The Wicked Lady* (1945), estrelando Margaret Lockwood e James Mason. Juliet também foi e elas acabaram sentando-se juntas.

"O", Pauline observou com aprovação, "estava magnificamente libidinoso e praguejou muito" e "passou bastante tempo na cama seduzindo e estuprando corpos excêntricos". Ela teria que desenvolver esse lado de Meredith Lanyon, seu protagonista em *Léander or Léandre*, que foi baseado fortemente em James Mason. Naquela noite, pegou-se fazendo amor apaixonadamente com a lateral de seu colchão.

Para juntar o dinheiro da sua passagem para os Estados Unidos, ou pelo menos até o Havaí, ela colocou um anúncio em um jornal para tentar vender Omar Khayyám. No sábado, ela e Juliet passaram a maior parte do dia organizando o Templo de Rafael Pan, tendo sido "decerto maravilhosamente divertido". Ela poderia, escreveu, "me abster de um paraíso [no] pós-vida com um tanto de boa vontade se pudesse ter sempre tal paraíso nesta aqui".

O domingo foi diferente. Em casa com sua família, Pauline poliu a mobília da sala de estar, então foi para a igreja. Após o jantar, provocou Wendy por causa de um incidente leviano. Nora ficou cuspindo fogo. Pauline, disse ela, não voltaria para a escola. "Não vejo por que eu deveria manter uma criança horrenda como você", esbravejou ela. Não tinha desejo algum de continuar a sustentá-la.

Pauline ficou encantada. A escola não era de interesse algum sem Juliet lá; ela queria sair, mas não tinha ousado pedir. Faria tudo o que pudesse para continuar a aborrecer sua mãe, para o caso dela mudar de ideia. No dia seguinte, para sua alegria, ela ainda não tinha permissão para ir à escola. No jantar, seu pai disse que ela poderia retornar se quisesse, mas Pauline recusou. Ela já havia proposto arrumar um emprego como preceptora no interior e Nora havia concordado. Naquela noite, o humor de Nora havia mudado: ela estava, nas palavras de Pauline, "mais gentil do que havia sido em semanas".

Dois dias depois, em 16 de março, as meninas foram ver *Scaramouche* (1952), uma aventura de capa e espada com Stewart Granger, Eleanor Parker, Janet Leigh e "Este" — Mel Ferrer. "Absolutamente soberbo... completamente divino", considerou Pauline. Ela passou a noite em Ilam. "Está uma noite sublime e me sinto maravilhosamente feliz", escreveu em seu diário. Na manhã seguinte, houve problemas no Templo de Rafael Pan: "Algum filho da mãe tirou todas as nossas cruzes. Maldito seja o canalha". Mesmo assim, as meninas fizeram um bom progresso na construção de uma cama com dossel adjunta ao templo. Completamente exaustas, elas se deitaram na cama rústica na gruta e conversaram sem parar.

No dia seguinte, Pauline concluiu *Leander or Léandre* e a família mais os pensionistas da Gloucester Street 31 tomaram uma taça de vinho para celebrar. Na sexta, ela voltou a Ilam e descobriu que a srta. Stewart havia telefonado para Hilda Hulme, preocupada ao saber que a amiga de sua filha estava abandonando a escola. Hilda tentou convencê-la a continuar, o que Pauline considerou "tudo muito lisonjeiro (...) porém ainda assim uma maldita chateação". Quando Henry e Hilda saíram, as meninas ficaram zanzando com os vestidos de noite de Hilda.

Na segunda, houve uma outra cena raivosa entre Pauline e sua mãe: "Mamãe e eu tivemos uma longa discussão, aos gritos, e ela fez um completo inferno comigo. (...) Ela disse o de sempre (...) e levantou uma série de novas ameaças. Um dia ela vai levar a cabo suas terríveis ameaças e não terá mais nada para se apoiar". No dia seguinte, a fúria de Nora havia passado. "Decidi usar as táticas da gentileza e do carinho para ajudá-la a superar", escreveu Pauline em seu diário. "Ela é mesmo uma tola desgraçada."

A essa altura, Pauline e Juliet raramente ficavam sem a companhia uma da outra e aproveitavam cada chance de irem juntas para a cama. Na quinta-feira, Pauline teve permissão de ir para Ilam e ficar até domingo. Encantada, ela registrou que a sra. Hulme havia ficado satisfeita em vê-la. Na sexta-feira, ela e Juliet escutaram os discos *Pagliacci*, *Cavalleria Rusticana* e *Tosca* e, quando Hilda, Henry e Bill Perry saíram para ir ao cinema, tomaram um longo banho. Depois disso, deitaram juntas na cama de Juliet no escuro, ficando "muito irrequietas", até o carro dos Hulme chegar à entrada da garagem e Pauline escapulir para sua própria cama.

No dia seguinte, as meninas estavam almoçando quando "uma coisa um tanto extraordinária aconteceu". "A sra. Hulme", registrou Pauline, "estava de pé junto à porta e, de repente, o sr. Perry entrou pela metade e a enlaçou com o braço. Ela logo disse 'Agora não, as crianças estão aqui' e ele ficou todo vermelho e parecendo nervoso. Deborah e eu ficamos pasmas. Chegamos à conclusão de que o sr. Perry e a sra. Hulme estavam tendo um caso. Todos os fatos se conectavam de forma magnífica e o comportamento dele, depois, foi de extrema culpa."

"Sob essas circunstâncias, talvez possamos pegá-los no flagra em algum momento e chantageá-los. Essa ideia foi de enorme agrado a nós duas e passamos o resto do dia discutindo sobre isso. Se tudo sair como esperamos, isso resolveria todos os nossos problemas."

PETER GRAHAM
ALMAS GÊMEAS

16

Sérios Apuros

Pauline e Juliet tinham a certeza de que haviam descoberto o plano perfeito para levantar o dinheiro necessário, ou uma boa parte dele, para a grande jornada. Restava apenas pegar Hilda *fazendo aquilo* com Bill Perry e todo o resto se encaixaria. Na quinta, Pauline foi com a mãe até o Civic Theatre para a performance de *Elijah*, de Mendelssohn, executada pela Sociedade Harmônica de Christchurch, na qual vovó Parker estava cantando. No dia seguinte, em Ilam, ela e Juliet revisaram empolgadas seus planos de viagem. Avessa a voltar para casa, Pauline deixou que um dos pneus de sua bicicleta se esvaziasse e telefonou para sua mãe, afirmando que ele tinha um furo que a manteria lá até o outro dia. Ela e Juliet, então, foram para a cama juntas e se deitaram conversando no escuro até ouvirem todos entrando; elas haviam tomado a precaução de colocar um boneco na cama de sempre de Pauline, para o caso de alguém conferir.

À 1h30, desceram até a cozinha e pegaram uma lata de espaguete, que comeram frio na cama. Elas conversaram até as 5h, então dormiram por duas horas, sonhando com O. "Ninguém suspeitava do que tínhamos feito durante a madrugada", se gabou Pauline. No sábado, ela estava de volta à sua casa quando Juliet telefonou para dizer que Bill Perry tinha dado a ela £50 por seu cavalo, que poderia vender Ômar para Pauline por £20 e que poderia conseguir um emprego para ela por £5 semanais. "Devemos ter dinheiro vindo de todos os lados", escreveu Pauline empolgada. Ela estava trabalhando duro, visando concluir seu terceiro livro, *The Queen of Hearts*, antes da Páscoa.

No dia seguinte, vovó Parker levou para ela as palavras de "Good--Bye!", de Tosti. "Elas são muito belas", Pauline escreveu, "e pretendo usá-las no meu livro o máximo possível". Francesco Paolo Tosti era um compositor nascido na Itália que se mudou para a Inglaterra, foi designado professor da família real pela rainha Vitória e nomeado cavaleiro em 1908. Sua famosa balada, uma letra febril de George Whyte-Melville, um dia foi uma das favoritas das salas de estar:

"What are we waiting for? Oh, my heart!
Kiss me straight on the brows! And part!
Again! Again! My heart! My heart!
What are we waiting for, you and I?
A pleading look — a stifled cry.
Goodbye, forever! Goodbye, forever!
Goodbye! Goodbye! Goodbye!" *

Quatro dias depois, Pauline voltou a Ilam. Ela e Juliet tiveram a casa só para si, afora a empregada de Bill Perry. Vagaram por ela conversando sobre sexo, os Santos, e "o assunto em pauta" — a busca por O — escutaram alguns dos novos discos de Juliet, leram poemas de Rupert Brooke, e após um longo banho, foram para a cama. "Eu pretendia ir para meu próprio quarto", escreveu Pauline, "mas é claro que não fui. Passamos a maior parte do tempo no escuro, inventando cantiguinhas indecentes (...) conversando na maior parte da noite, em grande parte sobre o assunto de sempre."

Pela manhã, elas tiraram fotos uma da outra. Para algumas, usaram os vestidos de noite de Hilda Hulme; para outras, posaram nuas. Pauline havia tido uma inspiração: elas mandariam as fotos para Hollywood e tentariam entrar no ramo do cinema dessa forma. Naquela noite, após outro longo banho juntas, elas foram para a cama cedo, mais uma vez colocando um boneco na cama de Pauline. No dia seguinte, elas passaram horas juntas na cama de Henry Hulme.

---

* (Em tradução livre: O que estamos esperando? Oh, meu coração! / Me beije bem no cenho! E vá! / Outra vez! Outra vez! Meu coração! Meu coração! / O que estamos esperando, você e eu? / Um olhar suplicante — um choro contido, / Adeus, para sempre! Adeus, para sempre! / Adeus! Adeus! Adeus!)

Elas haviam descoberto de alguma forma que a empregada era conhecida por ter dedos leves. "Isso nos foi de enorme agrado (...) agora seremos capazes de pegar vários objetos e as pessoas naturalmente vão concluir que ela é a responsável. De fato, ela será um bode expiatório de extrema utilidade." Nada resultou disso, uma vez que a mulher foi mandada embora alguns dias depois, ainda que a suspeita contra ela fosse provavelmente infundada.

Na noite de domingo, de volta à Gloucester Street, Pauline estava de bom humor. *The Queen of Hearts* estava indo bem e os planos dela e de Juliet para o futuro iam progredindo às mil maravilhas. "Me sinto muito satisfeita comigo mesma, no todo (...) e também [quanto] ao futuro. Somos de uma inteligência tão brilhante!"

O humor ebuliente continuou. Pauline passou a Páscoa em Ilam e, na Sexta da Paixão, ela e Juliet praticaram canto. Tinham decidido que, das artes nas quais estavam interessadas, o canto era a única que elas ainda não haviam dominado. "Somos ambas espantosamente boas", escreveu Pauline.

Juliet iria mais além. "Caruso (...) vai do baixo ao segundo tenor (...) Nenhuma de nós aspira esse alcance, mas Pauline chegou ao tom mais baixo dele, sendo uma contralto, e eu ao seu mais alto, sendo uma soprano coloratura. É com espanto que afirmo, nós os alcançamos! Passamos ao menos duas horas por dia praticando para termos a capacidade de manter suas notas mais prolongadas e segurar a afinação sem intervalos, quebras ou sons indevidos de esforço — o que foi difícil, acredite. (...) Por um bom tempo, eu não conseguia chegar ao fim de "O Paradiso", que fica a planar durante eras em dó soprano e uma ou duas mais baixas. Mas depois de muitos fracassos, acabei conseguindo. (...)"

"Meus favoritos, desnecessário dizer que são os que achei mais fáceis, foram Caruso — qualquer coisa —; Gigli, "O Soave Fanciulla" e "Celeste Aida" (...); Tito Schipa — qualquer coisa —; Gigli — qualquer coisa (...); Richard Tauber — qualquer coisa —; Schipa — um pouco —; Björling — geralmente um tanto alto demais. Ele é incrivelmente alto, sabe. Nós duas tentamos Lanza, mas ele é terrível de tão difícil se não tiver bastante prática. É ridículo, eu sei, mas não consigo acertar uma nota mais grave do que soprano ou mezzo alta. Ou não executo por inteiro ou desafino. Ah, tentamos Melba, Callas ou Gladys Moncrieff também, mas não gostamos tanto das músicas deles."

No Sábado de Aleluia, Juliet teve uma altercação com sua mãe após Hilda descobrir que ela havia tirado um de seus discos do apartamento de Bill Perry. Furiosas por terem sido deduradas, as meninas se sentaram em um tronco em um campo ali perto, gritando observações maldosas para os passantes a cavalo. Ao voltarem para casa, escreveram os dez mandamentos para se empenharem em quebrá-los. Pelas três noites seguintes, Pauline dormiu em sua cama designada no quarto com varanda. Na terça seguinte, as meninas foram até Fendalton, um bairro próximo, para buscar as fotografias que haviam mandado revelar. Jonty foi com elas e as meninas foram "completamente grosseiras com ele (...) chamando de todo tipo de coisas horríveis (...) feito totalmente de bobo", se gabou Pauline em seu diário.

Os planos de Pauline de se tornar, ao estilo de Charlotte Brontë, uma preceptora no interior, haviam dado em nada. Em vez disso, por estímulo de Nora, ela se matriculou na Escola Comercial da sra. Hilda Digby para aprender estenodatilografia. Vovó Parker podia ter desejado algo melhor para sua inteligente neta, mas Nora apenas queria uma filha capaz de ganhar o próprio pão. A própria Pauline não era avessa à ideia: datilografar seria uma habilidade útil para uma carreira literária que — junto do estrelato em Hollywood e do casamento com James Mason — se encontravam diante dela.

Em 23 de abril, houve um dramático novo acontecimento. Após voltar da Escola Digby para casa e escutar seu disco *Tosca*, ela telefonou para Juliet e ficou sabendo de uma estupenda novidade. Na noite anterior, Juliet havia acordado às duas da manhã. Ela foi ao quarto da mãe e, encontrando-o vazio, se dirigiu até o andar de baixo para procurar por ela. Quando não conseguiu encontrá-la, foi o mais furtivamente possível até o apartamento de Bill Perry. Ela escutou vozes vindas do quarto dele, subiu as escadas sorrateiramente e esperou por algum tempo. Então, escancarou a porta e ligou a luz.

Perry e sua mãe estavam juntos na cama, tomando chá. Juliet suprimiu um histérico impulso de rir; muito embora soubesse o que iria encontrar, estava tremendo de emoção e choque. "Suponho que deseje uma explicação", disse sua mãe. "Bem, veja, nós estamos apaixonados. Seu pai sabe de tudo." Eles pretendiam viver juntos como um trisal.

Se o relato do incidente feito por Pauline estiver correto, Juliet teve a presença de espírito de se lembrar que a chantagem era seu objetivo principal. Ela disse à mãe e a Perry que ela e Pauline estavam planejando ir para os EUA em seis meses. Mais tarde ela diria que Perry lhe deu £100 para os vistos de entrada. Ele negou isso terminantemente, mas reconheceu que Juliet "discutiu o fato de que ela iria me chantagear na noite em que encontrou a sra. Hulme me dando chá".

Hilda sabia que a situação era ruim. Nancy Sutherland se lembra que ela chegou em sua casa demonstrando uma excepcional seriedade. "Eu estava ocupada na cozinha, mas ofereci a ela uma xícara de chá. Ela se recostou na geladeira e disse, 'Noite passada Juliet me pegou na cama com Bill, Nancy (...) Vamos ter sérios apuros'."

Pauline pedalou até 11am. Estava chovendo a cântaros. Henry Hulme foi até o quarto de Juliet e pediu às duas meninas que descessem para conversar. Elas deviam, disse ele, contar tudo sobre seus planos de irem para os EUA. Ele foi, escreveu Pauline, tanto auspicioso quanto deprimente. "Conversamos por um bom tempo e Deborah e eu estávamos à beira das lágrimas quando terminou. O resultado foi, de certa forma, vago. Qual há de ser o futuro agora? Podemos ir todos para a África do Sul e para a Itália e para dezenas de outros lugares ou nenhum em absoluto. Nenhum de nós sabe onde estamos e um bom negócio depende do acaso."

"O dr. e a sra. Hulme vão se divorciar! O choque é grande demais para minha mente já ter conseguido absorver. É tão inacreditável. Pobre Papai. A sra. Hulme foi um doce e o dr. Hulme foi absolutamente gentil e compreensivo. O pobre Jonty está doente. Deborah e eu passamos o dia flutuando entre o inferno e o paraíso. (...) Tanto aconteceu que não sabemos onde estamos. O dr. Hulme é o homem mais nobre e a pessoa mais maravilhosa que eu já conheci. Mas uma coisa — Deborah e eu ficaremos [juntas] independente de tudo. (Nós afundamos ou nadamos juntas.)"

PETER GRAHAM
ALMAS GÊMEAS

17

Uma Observação Adorável

Henry Hulme estava passando por maus bocados. Assim como seu casamento estava na corda bamba, ele estava em conflito com a Faculdade de Canterbury. Embora no mês anterior ele tivesse resistido aos esforços de alguns membros do conselho da faculdade de forçá-lo a se demitir, a insatisfação com sua reitoria não havia sido mitigada. O fiasco com a Escola de Engenharia foi para seus opositores um exemplo fundamental do que havia de errado com ele. A escola era o orgulho da faculdade, respeitada em todo o mundo por sua excelência. O apoio de Hulme ao desenvolvimento de uma Escola de Engenharia rival na Universidade de Auckland foi visto como uma grave traição a sua própria faculdade. Se assemelhava demais à sua traição quanto à Escola de Silvicultura. Ele não havia aprendido nada!

De uma perspectiva mais ampla, Henry tinha o direito ao seu lado. Como membro do senado da Universidade da Nova Zelândia, ele considerava que seu dever primário era fazer fosse lá o que ele acreditasse que melhor serviria aos interesses nacionais e não se permitir ser subvertido pelo provincianismo. Mas seu ponto de vista não lhe valeu nenhum amigo em Canterbury.

Em *A History of the University of Canterbury, 1873-1973*, uma fonte anônima descreve o dr. Hulme como "um conversador charmoso, um homem com profundo apreço pela música, uma pessoa de uma simpatia intensa, que transbordava, um homem de quem ninguém poderia de fato desgostar". A verdade era que muitas pessoas desgostavam dele, e muito. Com frequência, ele era acusado de acender uma vela para Deus e outra para o Diabo. Neville Phillips, um jovem professor de história, não o considerava confiável e o achava desonesto. Outros comentavam que ele era "louco de pedra" e que "não batia bem". Ele era amplamente visto como um desastre enquanto reitor.

Em 3 de março de 1954, a junta docente aprovou uma resolução de que o reitor não era mais confiável. A razão dada chegava a ser uma impropriedade técnica: ele havia revelado um relatório da junta a membros do conselho da faculdade. Não era um delito capital, mas era pretexto suficiente. No dia seguinte, Hulme escreveu ao conselho oferecendo sua exoneração a partir de 31 de janeiro de 1955; ela foi aceita por carta em 15 de março. Quando a casa dos Hulme se sacudiu pelo drama que foi desencadeado quando Juliet descobriu Hilda e Bill na cama, já havia sido decidido que Henry deixaria a Nova Zelândia.

De acordo com Hilda, o acordo inicial com Henry foi de que ele voltaria para a Inglaterra em janeiro de 1955 a fim deconseguir uma outra colocação, enquanto ela e as crianças permaneciam na Nova Zelândia durante o verão para dar tempo a Juliet de recuperar plenamente sua saúde. Essa decisão, ela viria a dizer, mudou quando eles descobriram os planos das meninas de fugirem para os EUA, onde esperavam ter seus livros publicados e que filmes de suas histórias fossem produzidos. Ela e seu marido discutiram a situação e elaboraram um plano. Juliet iria para a África do Sul para ficar com a irmã de Henry, Ina Buyse, que administrava um internato para moças em Johanesburgo. O clima lá seria benéfico. Ela poderia seguir para a Inglaterra no início da primavera.

É quase certo que Hilda estivesse falseando a verdade: enquanto ela estivesse com o passaporte de Juliet, a garota não poderia fugir nem para os EUA, nem para qualquer outro lugar. É mais provável que ela não quisesse que sua maliciosa filha sabotasse seu romance com Bill Perry. Hilda considerava Juliet desatenciosa e altamente egoísta. As coisas seriam melhores com ela fora do caminho.

●　　●　　●

Os humores de Pauline flutuavam. Ela continuava seus estudos na Escola Digby e nas últimas semanas de abril assistiu ao filme *Rebelião na Índia* (*King Of the Khyber Rifles*, de 1953) com "as expectativas superadas em júbilo"; Guy Rolfe e Michael Rennie estavam "totalmente divinos" mesmo que a heroína fosse "medonha (...) sem um único mérito". Mas logo depois disso, quando ela e Juliet tomaram um banho juntas na casa dos Rieper, ela estava deprimida e considerou "com bastante seriedade" cometer suicídio. A vida não parecia digna de ser vivida e a morte, uma saída fácil. Em 28 de abril, ela escreveu: "A raiva por Mamãe ferve dentro de mim, uma vez que é ela um dos principais obstáculos em meu caminho. De repente, um meio de me livrar desse obstáculo ocorreu a mim. Se ela morresse...".

No dia seguinte, ela e Juliet foram ver *Uma Trágica Aventura* (*Dangerous Crossing*, de 1953) — anunciado como "um mundo de terror e mal" — estrelando Jeanne Crain e o adorado Michael Rennie. "Não contei a Deborah sobre meu plano de eliminar Mamãe", escreveu Pauline. "Não fiz ainda planos definitivos, já que a última sina que desejo ter é o reformatório. Estou tentando pensar em um modo. Não [quero] ter muito trabalho, mas também quero que pareça uma morte natural ou acidental."

No dia seguinte, ela conversou com Juliet ao telefone por duas horas e contou a ela sua intenção de matar a mãe. "Ela está bastante preocupada", escreveu Pauline, "mas não se mostrou tão contrária assim."

Quando ela foi passar o fim de semana em Ilam, mais gasolina foi jogada ao fogo. "A sra. Hulme entrou e nos mostrou um anel adorável que o sr. Perry lhe dera", anotou anotou em seu diário. "Ela fez uma observação adorável. Ela disse, 'Não será maravilhoso quando estivermos todos de volta à Inglaterra? Você acha que vai gostar da Inglaterra, Gina?'. Fiquei encantada. (...) Deborah e eu tomamos um banho e fomos para a cama um tanto cedo. (...) Não dormimos juntas pois tivemos medo de que o dr. Hulme pudesse entrar."

No domingo, as meninas tiveram uma conversa franca sobre quem permitiriam viver se pudessem aniquilar o resto do mundo, fizeram uma lista de seus nomes e acrescentaram quatro novos personagens aos Santos, que agora se multiplicavam feito bactérias. Em adição a Ele, O, Aquilo, Esse (Mel Ferrer), Aquele, Dele, Quem e Boinard, agora havia A (Ava Gardner), Rico (Cornell Wilde), Seu (Michael Rennie), Meu, Qual, Ou, Um, Nenhum, Outro, Holandês, Mais, Mora, Leso, Ele É, Julius, Christopher Robin, Wain, Hugo Fez, Geanne, Hildegard, Antoinette e Julian.

Uma semana depois, em 7 de maio, o ardor de Pauline e Juliet por James Mason foi alimentado ainda mais por *O Outro Homem* (*The Man Between*, de 1953). Ostentando um sotaque alemão, Mason interpretava um suspeito ex-nazista que sobrevivia parcamente com o tráfico de pessoas e outras cargas rentáveis entre os setores leste e oeste na Berlim do pós-guerra; Hildegard Knef, uma loira escultural com quem o ex-nazista revelava ser casado, também era uma dos Santos.

Pauline vibrou com ele. O filme era "maravilhoso, lindo, sublime e Meu. Claire Bloom (amante de Mason no filme e na vida real) estava horrenda, mas Hildegard, adorável. (...) O estava um tanto amargo, mas difícil de descrever. Ele estava diferente do que algum dia havia estado antes, mas eu agora o amo mais do que nunca. (Ah, O! O! O!) O significa tanto para nós agora que eu poderia assisti-lo para sempre de bom grado. Eu poderia fazer quase qualquer coisa por ele". Ao longo das duas semanas seguintes, ela e Juliet veriam o filme mais quatro vezes.

Em 8 de maio, houve um misterioso registro no diário de Pauline: "Vamos dar um jeito de ir logo para a Ilha. Lá tentarei fazer com que Julian se apaixone por mim e se case comigo. Claro, sua mente terá que ser aprimorada, mas isso não deve ser muito difícil. Vai ser tudo maravilhoso". Não houve pistas quanto à identidade de Julian.

Naquela noite, Juliet foi a um baile oferecido pelo dr. e a sra. Bennett no salão da Igreja Knox para comemorar o 16º aniversário do filho deles, Colin. Enquanto Juliet dançava o foxtrot sem entusiasmo com Colin Bennett e seus amigos, Pauline se ocupava escrevendo cartas para a 20th Century Fox, James Mason, Guy Rolfe e Michael Rennie. No dia seguinte, porém, em um momento de surpreendente realismo, as meninas decidiram que seus planos envolvendo a 20th Century Fox e Hollywood eram muito inverossímeis. A partir daquele momento, seu principal objetivo passou a ser viajar juntas para a África do Sul, antes de se mudarem para a Inglaterra e morarem com o pai de Juliet assim que ele encontrasse um emprego. Afinal de contas, James Mason e Guy Rolfe eram ingleses. Eles com certeza visitavam a Inglaterra de tempos em tempos. E a Inglaterra era bem mais perto de Hollywood do que a Nova Zelândia.

No domingo, Pauline foi para a igreja e depois foi visitar Rosemary em Templeton, com sua família e vovó Parker. Rosemary estava "muito feliz e divertida"; vovó deu a Pauline sua velha máquina de escrever.

O comportamento das meninas estava se tornando cada vez mais estranho. Pauline sonhou que ela e Juliet eram aprisionadas por cometerem um assassinato. Após assistirem ao filme *Hans Christian Andersen* (1952) com Danny Kaye e Farley Granger, ela disse a Juliet em uma voz um tanto inglesa, "Espetáculo absolutamente formidável, não?", ao que Juliet respondeu "Simplesmente supimpa, velha amiga". O efeito sobre as pessoas ao redor delas era "bastante divertido". No caminho para casa, no ônibus, as meninas conversaram fazendo uso de pesados sotaques alemães.

Na semana seguinte, foram ver *Mogambo* (1953), um inebriante drama romântico passado no Quênia. Embora elas desprezassem o mocinho, Clark Gable, tinham uma imensa admiração por seu par romântico, Ava Gardner. Elas decidiram que precisavam ter tanto Ava Gardner quanto Marilyn Monroe como amigas íntimas para se manterem com a melhor imagem possível: elas vinham "negligenciando a aparência" e precisavam se aprumar. Inspirada por Monroe, Juliet comprou uma tinta de cabelo chamada Golden Rinse. Isso foi um tanto extravagante: na conservadora Christchurch, boas moças não pintavam os cabelos.

Em 21 de maio, sexta-feira, elas encontraram um novo entretenimento. Após dormirem juntas à noite, acordaram com o pé esquerdo — supostamente para dar sorte — então partiram para o centro da cidade, onde, após comprarem fitas para os Santos e veludo castanho-claro para Juliet, elas começaram a furtar da Woolworths e de outras lojas. "Foi uma grande diversão", se entusiasmou Pauline, "e já estávamos realmente especialistas no momento em que terminamos." Elas conseguiram furtar £11 em mercadorias, a maioria delas joias baratas. Quase foram pegas uma vez, mas conseguiram escapar na base da enrolação.

No domingo, Pauline entregou à sua mãe algumas meias e pantufas que havia furtado para Rosemary. Pauline concluiu que não tinha consciência alguma. "Mamãe não parou de dizer o quanto Rosemary ficou satisfeita com as pantufas e como foi bondade minha comprá-las para ela... a cada vez eu ficava radiante de orgulho e resolvi fazer mais alguns furtos de loja no futuro próximo."

No domingo seguinte, Juliet ligou para dizer que o sr. Perry tinha ficado subitamente doente. "Espero sinceramente que ele não morra", escreveu Pauline calmamente em seu diário. "Isso estragaria tudo."

Enquanto isso, Henry Hulme estava reconsiderando seus planos futuros. Em 24 de maio, ele escreveu para o conselho da Faculdade de Canterbury pedindo que sua exoneração fosse postergada para o dia 31 de julho. Com as licenças a que tinha direito, ele estaria livre para partir no início de julho.

O destino de Juliet agora estava selado: ela ficaria com sua Tia Ina em Johanesburgo. Qual era o preço de uma passagem de avião da Nova Zelândia para a África do Sul, ela perguntou a Bill Perry. Ele pensava em algo em torno de £150. "Ótimo", disse ela. "Só precisamos conseguir mais ou menos mais £50. Já temos quase £100."

Pauline estava determinada a pôr as mãos nas £50. Em 26 de maio, em seu aniversário de 16 anos, seus pais foram até *Folies Bergère*, uma apresentação de teatro de revista atraindo lares inteiros até o Theatre Royal, mas ela ficou em casa datilografando *The Donkey's Serenade* e bebendo um grande copo de cidra de maçã para criar coragem: ela iria cometer um roubo e estava se sentindo "um tanto estranha e apreensiva".

Antes de ir para a cama, pegou para si as chaves da loja de seu pai. À 00h30, levantou e se encaminhou à Colombo Street, na intenção de abrir o cofre da Dennis Brothers. Infelizmente, um policial estava observando: uma torrente de roubos vinha acontecendo no centro de Christchurch e a polícia estava particularmente vigilante. "Primeiro, pensei ter encontrado um colega de crimes e que ele também tinha a intenção de cometer um arrombamento. (...) Eu estava prestes a me dirigir a ele (...) quando me dei conta de que ele não tinha essa intenção, então não o fiz. [Esperei] por ali durante algum tempo, mas ele não arredou o pé, então voltei para casa e passei uma noite um tanto agitada."

No dia seguinte, ela descobriu que "algo horroroso" havia acontecido com Juliet. Seu pai estava conferindo a correspondência. Quando ela perguntou a ele se havia algo de interessante, ele dissera, "Sim, isso" e entregou a ela uma carta anônima. O remetente tinha visto Juliet furtando. Por sorte, Juliet tinha conseguido convencer seu pai de que era uma mentira despeitada.

Apesar de Juliet ter escapado por um triz, as duas estavam se sentindo bastante felizes quanto às perspectivas para o futuro. Claramente Henry Hulme havia assegurado a elas que ele faria tudo que pudesse a fim de garantir que elas não fossem separadas. "O dr. Hulme é mesmo alguém em quem confiar", escreveu Pauline em seu diário. Alguns dias depois, uma foto do retrato de Hulme pintado por Rudi Gopas apareceu no *The Press*. Pauline a recortou e pregou na parede de seu quarto.

A solicitação de Henry Hulme para adiar a data de seu desligamento foi aceita. Ele receberia uma gratificação por rescisão de £1,126.4.0, mais um auxílio de £900 para cobrir os custos do seu regresso e o de sua família, mais £150 de reembolso pelo dinheiro que ele havia gastado com a manutenção da reitoria. Tendo forçado ele a se demitir, o conselho docente aprovou uma resolução expressando seu apreço pelo modo amigável e tolerante da chefia do dr. Hulme pelos últimos cinco anos e meio, e por sua defesa de "muitas propostas inovadoras, em particular àquelas relacionadas ao bem-estar dos estudantes".

Em 3 de junho, as aulas foram canceladas entre 10h45 e 12h com a intenção de permitir que os alunos e os funcionários comparecessem à despedida oficial no Auditório Principal. O ar estava carregado de hipocrisia. Foi anunciado que o dr. Hulme havia recebido um outro cargo na Inglaterra, embora isso não fosse verdade, ele havia apenas renovado sua bolsa de estudos na Gonville & Caius. Bill Cartwright, presidente do conselho, falou sobre a "inestimável contribuição" de Hulme não só à Faculdade de Canterbury, mas à Universidade da Nova Zelândia. A sra. Hulme também havia oferecido um excelente apoio com "auxílio e simpatia aos indivíduos em apuros ou dificuldades, na recepção de visitantes à faculdade, em sua liderança nas atividades sociais da faculdade, e em sua participação de muitas formas na vida social e comunitária fora da faculdade". O dr. Parton, vice-presidente do conselho docente, observou que o fardo do reitor era pesado, "talvez pesado demais", e que a universidade se lembraria dele como um homem de amigável informalidade. O subtexto não passou despercebido por aqueles que estavam por dentro do assunto.

Em resposta, o dr. Hulme afirmou que Christchurch foi uma das cidades mais amigáveis que ele já havia conhecido, e que podia dizer verdadeiramente que ele e sua esposa tinham mais amigos em Canterbury do que na Inglaterra. É um tanto provável que isso fosse verdade.

Em 4 de junho, Pauline e Juliet viram o novo filme de James Mason, *O Príncipe Valente* (*Prince Valiant,* de 1954), uma divertida fantasia na qual um jovem príncipe viking tenta se tornar um cavaleiro da corte do Rei Arthur para poder devolver seu pai exilado ao trono. O filme era pavoroso, pensou Pauline, mas "O estava maravilhoso". Elas ficaram entusiasmadas ao vê-lo com barba. Pauline ficou ainda mais empolgada com a ideia de que os Santos eram todos "repugnantes" e Este (Mel Ferrer) era "o mais repugnante em aparência entre todos os homens vivos (...) até pior que Aquilo [Orson Welles] em repelência". Ela havia descoberto um novo estímulo erótico.

A essa altura, as meninas haviam se convencido de que eram telepatas. Quando Juliet telefonou para contar a Pauline sobre a carta anônima, Pauline disse que já sabia. Dois dias depois, elas fizeram uma outra descoberta monumental. "Nos demos conta de por que (...) Deborah e eu temos essa telepatia tão extraordinária e por que as pessoas olham para nós como olham e por que nos comportamos como nos comportamos", escreveu Pauline em seu diário. "É porque somos LOUCAS. Somos duas completas LOUCAS varridas. Não há dúvida quanto a isso e ficamos entusiasmadas com a ideia."

E elas estavam em boa companhia. "Todo o elenco de Santos, exceto Nino, também é louco. Não é estranho, pois é provável que seja essa a razão para os amarmos. Discutimos o assunto de forma plena. O dr. Hulme é LOUCO, um LOUCO de pedra."

PETER GRAHAM
ALMAS GÊMEAS

18

Noites Frenéticas

Para Pauline e Juliet, uma empolgante reviravolta tinha acontecido na vida. "Nos sentimos muito estranhas sabendo o quanto somos loucas", escreveu Pauline. "Nos damos conta agora de que é impossível nos causarem indignação. Podemos discutir os assuntos mais repugnantes (como se o sexo impossibilita os hábitos de higiene dos Santos) durante uma refeição." Era uma desculpa para se comportarem como bem entendessem. "Eu estava me sentindo particularmente louca hoje", se gabou Pauline. "Esbravejei um tanto na Digby e apavorei a menina ao meu lado."

Em 9 de junho, ela e sua mãe tiveram um outro arranca-rabo. "Eu queria ver *A Dama de Negro* (*Trent's Last Case*, de 1952) e a vaca desgraçada não deixou." No dia seguinte, as meninas tiveram uma fascinante conversa sobre sexo. "A sra. Hulme falou várias coisas a Deborah sobre o assunto de sempre", relatou Pauline. "Nós o discutimos a fundo. Agora sabemos bem mais coisas (...) Estou me sentindo particularmente íntima de Deborah."

Enquanto as meninas se refestelavam em sua loucura e seu conhecimento sexual recém-descobertos, e Hilda desfrutava das horas roubadas nos braços de Bill Perry, Henry Hulme tinha em mente seu próprio romance. Vivien Dixon era uma bela e jovem violinista inglesa da Orquestra Nacional da Nova Zelândia que havia ministrado aulas de violino a Jan, filha de Nancy Sutherland. Sempre que Vivien estava em Christchurch, se hospedava com Nancy na Ashgrove

Terrace. Certa noite, Henry a encontrou lá e foi imediatamente fisgado. Quando ele descobriu que a orquestra iria tocar no dia seguinte em Timaru, uma cidade a 145 km ao sul, ele se ofereceu para levá-la de carro. Era um tanto desnecessário, disse Vivien a ele, a orquestra havia arranjado um ônibus. Porém, ele insistiu e, por fim, ela aceitou. No dia seguinte, para seu constrangimento, ele enviou a ela um enorme buquê de flores. Ela o havia considerado um homem estranho, sem graça, um tanto careta e não teve qualquer interesse romântico nele.

A convite de Henry Hulme, Vivien Dixon realizou vários recitais no horário do almoço na Faculdade de Canterbury. Após cada um deles, ele a convidou para ir a sua casa em Ilam. Ela se perguntava o que ele tinha em mente e pensava que ele poderia se atirar nela; para seu alívio, ele nunca o fez. Em cada ocasião, Hilda estava ausente. Henry disse a ela que ele e sua esposa iriam se divorciar. Era Hilda quem queria o divórcio, disse ele, mas Henry parecia um tanto feliz com isso, e relaxado quanto ao caso de Hilda com Perry, talvez grato a ele por tirar a esposa de suas próprias mãos. Ele pediu a Vivien para voltar à Inglaterra com ele. Ela recusou. Era uma proposta ridícula.

Em uma sexta-feira, Pauline concluiu seu curso de estenodatilografia na Escola Digby e logo rumou para Ilam. Naquela noite, com as cabeças cheias da estimulante conversa de Hilda sobre sexo, ela e Juliet foram ver *A Dama de Negro*. No filme, um jornalista suspeita que a morte de um magnata tenha sido assassinato; Orson Welles interpreta o magnata em uma série de flashbacks. Embora o ator há muito fosse um Santo consagrado, Pauline nunca o havia visto na tela.

A aparição de Welles desencadeou nas meninas um anseio diferente de suas paixões por tais personificações do mal como o conde Rupert de Hentzau, o marechal de campo Rommel e do traiçoeiro valete em *Cinco Dedos*. "Deborah sempre havia me dito o quanto ele era hediondo e eu havia acreditado nela, embora pelas fotos ele não parecesse tão mau. Aquilo [Welles] é aterrador. Ele é pavoroso. Nunca antes em minha vida vi algo na mesma categoria de hediondez, mas eu o adoro (...) Voltamos para casa e conversamos algum tempo sobre Aquilo, ficando cada vez mais animadas. Por fim, nós encenamos como cada Santo faria amor na cama, fazendo apenas o primeiro de sete, pois eram 19h30 a essa altura. Nos sentimos exaustas e muito satisfeitas, então dormimos por cerca de uma hora."

Pela manhã, Juliet se levantou para posar para Rudi Gopas, que estava pintando seu retrato. Naquela noite, ela e Pauline foram para a cama cedo e passaram a noite "muito frenéticas", quase "chegando ao fim" de todos os Santos. "Nós definitivamente somos loucas", escreveu Pauline, alegre, "mas de forma muito agradável."

Na manhã de domingo, dois novos Santos de origem desconhecida, "Salto Contínuo" e "Figurão", entraram no cânone e as meninas desfrutaram de uma "divertida discussão sobre Deus, Cristo e o Espírito Santo". Pauline telefonou para sua mãe, com a falsa afirmação de que havia encontrado um emprego e começaria na semana seguinte. Encantada ao ouvir isso, Nora concordou em deixá-la ficar em Ilam até o domingo seguinte. As meninas ficaram extasiadas. Naquela noite, segundo o relato de Pauline, elas foram para a cama muito empolgadas e passaram uma noite frenética repassando os Santos. "Foi maravilhoso! Sublime! Lindo! E nosso! Nos sentimos muito satisfeitas de fato. Nós agora descobrimos a paz daquilo que chamam Êxtase, a alegria daquilo que chamam Pecado."

Na segunda, elas acordaram às 10h, exaustas. Houve mais discussões sobre os Santos; Robert Wagner, o herói de *Príncipe Valente*, e Johnny Weissmuller, mais conhecido como Tarzan, foram acrescentados à lista. E havia algumas boas novas. Para fazer a vontade de Juliet, o dr. Hulme estava tirando Omar Khayyám das mãos de Pauline por £15. Ele já havia provado que era, de longe, um homem melhor que o desgraçado do sr. Perry, que havia prometido encontrar um comprador por £20 e então faltado com sua palavra.

Naquela noite, elas dormiram feito pedras e, no dia seguinte, após ajudarem Hilda, foram ver *O Tumulto dos Mares do Sul* (*All The Brothers Were Valiant,* de 1953), com Robert Taylor, Stewart Granger e Ann Blythe no Majestic, na Manchester Street. À noite, compareceram ao Civic Theatre para o recital de Jan Smeterlin, um maestro nascido na Polônia, considerado o maior intérprete vivo de Chopin.

A terça-feira teve uma outra noite frenética. "Só fizemos dez Santos ao todo, mas os fizemos meticulosamente (...) Eu prefiro fazer os que duram mais (...) Nos divertimos imensamente e pretendemos fazê-lo outra vez. Só fomos dormir às 5h30."

As meninas se tornavam cada vez mais maníacas. Na quarta-feira, descartaram oito Santos e tiveram "várias ideias brilhantes". Cada uma delas iria escrever uma ópera — elas poderiam facilmente ser encenadas no Covent Garden quando elas estivessem morando na Inglaterra — e então produziriam seus próprios filmes. Elas discutiram como iriam "apagar todas as eventuais esposas que ficarem em nosso caminho".

Isto parece ter sido uma brincadeira: "Nós planejamos nossos vários apagamentos", escreveu Pauline em seu diário, "e também conversamos a sério". Mas no sábado, a conversa foi mortalmente séria. "Nossa ideia principal era apagar Mamãe", registrou Pauline. "Esse conceito não é novidade, mas dessa vez é um plano definido que pretendemos levar adiante. Nós o desenvolvemos com todo cuidado e estamos as duas empolgadas com a ideia. Naturalmente, nos sentimos um tantinho nervosas, mas o prazer da antecipação é enorme. Não vou escrever sobre esse plano pois escreverei sobre ele quando o levarmos a cabo (espero)."

Naquela noite, elas queimaram a maioria de seus livros sobre filmes. Na manhã seguinte, após Juliet ter posado novamente para Rudi Gopas, elas continuaram a discutir seu plano. "Por mais peculiar que pareça", escreveu Pauline, "não tenho consciência (seria isso peculiar? Somos tão loucas)."

Na tarde de domingo, depois de Pauline ter estado em Ilam por mais de uma semana, Bert, Nora e Wendy a buscaram e a família foi de carro até Templeton visitar Rosemary. Um pouco depois, naquela noite, Bert Rieper viria a se lembrar, Pauline sentou-se em frente à lareira escrevendo um romance; na verdade, era o programa de sua nova ópera. "Ela parecia bem mais alegre na casa do que havia estado antes de partir para Ilam", disse. "Ela foi muito mais gentil conosco do que tinha sido em muito tempo."

PETER GRAHAM
ALMAS GÊMEAS

19

Juntas
Para Sempre

Pauline queria a mãe morta. Há eras queria matar a "vaca desgraçada". Sua mãe estava merecendo por conta de tanto mau humor, amolação, estupidez, tacanhez. Pauline nunca esqueceria a infelicidade de sua infância, tudo o que havia acontecido a ela. O modo como ela havia sido passada para trás com relação a Nicholas foi imperdoável: sua mãe havia prometido que ela poderia vê-lo de novo se fosse boa, mas quando foi boa, ela deu para trás. E havia o modo como ela, repetidas vezes, havia a ameaçado de não poder ver Deborah de novo se não ganhasse peso, ou não fizesse isso, ou não fizesse aquilo. Ela também não havia esquecido daquela vez em fevereiro, das observações ofensivas que havia feito sobre a mãe de Deborah.

Desde o começo da amizade das meninas, Juliet havia sido a fonte de quase todas as ideias peculiares e Pauline era apenas sua criada, mas após Juliet voltar do sanatório para casa e a relação se tornar mais sexualizada, isso havia mudado: Juliet havia passado a precisar de Pauline na mesma medida em que Pauline precisava dela, talvez até mais. Hilda Hulme viria a dizer que Pauline era uma das poucas pessoas que Juliet um dia já havia tratado como igual. Bill Perry notou que, sempre que Pauline deixava Ilam para voltar para casa, Juliet ficava adoentada e passava um ou dois dias na cama. Quando ela se recuperava, exigia a constante atenção de Hilda. Era por isso que a presença de Pauline em Ilam era tolerada com tanto bom grado: era uma distração bem-vinda.

Agora havia sido Pauline quem tinha concebido o plano para matar Nora Rieper. Quando ela o revelou, Juliet havia tido algumas reservas, mas logo concordou. Se Gina estava preparada para cometer um assassinato, como poderia ela, Deborah, ser tão ignóbil e pusilânime ao ponto de se colocar de lado e não tomar parte? De todo modo, o que seria extinguir a vida de uma mulher infeliz cuja existência era desagradável para Gina? Com que direito tal mulher continuava a viver? Diello não hesitaria em fazer o que era necessário. Nem o marechal de campo Rommel, Rupert de Hentzau, príncipe John, ou qualquer outro de real valor. Seu ato provaria que elas estavam vivas — e não, como o resto da humanidade, regidas por uma voz covarde que sempre colocava a cautela em primeiro lugar.

O consentimento de Juliet ao plano de assassinato veio no momento em que Hilda fez sua "adorável observação", encorajando Pauline a pensar que ela poderia acompanhar Juliet à África do Sul e depois disso à Inglaterra ("Você acha que vai gostar da Inglaterra, Gina?"). No dia seguinte, Henry Hulme foi um passo além. Como havia contado a Vivien Dixon, ele tinha se oferecido para pagar a passagem de Pauline para a África do Sul.

O dr. Bennet viria a atestar que, em 8 de maio, Hulme mais uma vez o consultou sobre a relação das meninas. O dia 8 de maio foi um sábado, o dia do baile de Colin Bennett. Hulme, que compareceu ao baile, havia claramente aproveitado a oportunidade de conversar com o médico, procurando se convencer de que as meninas sairiam de sua fase homossexual. No dia seguinte, ele disse a Pauline que escreveria para sua mãe e pediria permissão para que ela fosse para o exterior com eles.

É bastante improvável que Henry tenha mesmo escrito a Nora Rieper. Seu jogo era apaziguar Juliet, dando a entender que estava fazendo todo o possível para manter as duas juntas, enquanto tinha consciência de que isso não iria acontecer. Fazer o jogo duplo, levar as pessoas na conversa com falsas promessas e esperanças — esse era o estilo de Hulme, como poderiam atestar seus colegas na Faculdade de Canterbury. Ele sabia que Nora nunca concordaria que sua filha deixasse o país. Ele já dissera a ela que ele e Juliet deixariam a Nova Zelândia em três semanas. Ele sabia o quanto ela estava satisfeita com o fato de que logo essa amizade chegaria ao fim. Ela e Bert estavam contando os dias até que ele e Juliet partissem de navio para a África do Sul.

Hilda também estava levando as meninas na conversa. Em seu depoimento inicial ao promotor público após o assassinato, ela disse que era visível que as meninas estavam determinadas a não serem separadas — "Elas tentaram nos induzir a permitir que Pauline fosse para a África do Sul com Juliet". Depois, afirmou que ela e Henry não estavam de modo algum encorajando isso. "Juliet perguntou se seria possível que Pauline fosse com ela e nós dissemos que isso estava fora de questão. Ambas foram obrigadas a perceber que Pauline não acompanharia Juliet. Foi isso o que nós entendemos — que havíamos deixado isso claro para elas."

Eles claramente não haviam feito nada do tipo. Se eles *tivessem* deixado claro que Pauline não podia, sob quaisquer circunstâncias, ir para a África do Sul, Nora Riper não teria sido colocada na posição de parecer o maior obstáculo, senão único, para que as meninas ficassem juntas. A própria Juliet viria a confirmar, anos depois, que seu pai havia oferecido levar Pauline com eles.

O tempo estava se esgotando. Em 3 de julho, Juliet e Henry partiriam de Christchurch para Wellington, onde começariam a primeira parte da jornada no *Wanganella*, com destino à Austrália. É improvável que Pauline tenha perguntado diretamente à sua mãe se poderia deixar a Nova Zelândia com eles, ela sabia que não havia chances de que ela fosse concordar. Ela também sabia que, embora o dr. Hulme tivesse se declarado disposto a pagar sua passagem, ele só a levaria com o consentimento de sua mãe — e no tocante a questões práticas, ela precisaria do consentimento de seus pais para tirar o passaporte. Ela deve ter acreditado, ou torcido, para ter uma boa chance de conseguir o que queria junto ao seu pai — se ele fosse seu único genitor vivo. Em 19 de junho, assassinar a mãe de Pauline havia se tornado "um plano definitivo".

Sete semanas antes, quando Pauline trouxe o assunto à tona pela primeira vez, ela não queria ter trabalho demais: a morte deveria parecer natural ou um acidente. As meninas agora decidiram que deveria ser um "acidente". Elas iriam convencer a mãe de Pauline a sair para um passeio com elas até o Victoria Park, a uma distância segura da cidade. Tomariam o ônibus para Cashmere Hills até o Sign of the Takahe e de lá caminhariam até o parque. Então, elas sugeririam uma caminhada descendo a tranquila trilha da qual Pauline lembrava de uma visita, seis meses antes. Pauline teria um saco de areia em sua bolsa a tiracolo. Juliet seguiria na frente, jogaria uma pedra rosa na trilha e a apontaria para a mãe de Pauline. Quando a sra. Rieper se abaixasse para olhar para a pedra, Pauline a golpearia na nuca com o saco de areia e ela desabaria, morta. Elas a arrastariam da trilha para dar a impressão de que ela havia caído, batido com a cabeça e morrido. Elas correriam trilha acima e chamariam ajuda, parecendo chocadas e angustiadas.

Era um plano razoavelmente simples. Elas acharam que tinham uma chance justa de se safarem. Se não funcionasse, não seria o fim do mundo. Como menores, elas não seriam executadas. Era provável que pegassem apenas seis ou sete anos de prisão, talvez até menos tempo no hospício se conseguissem convencer as pessoas de que elas eram insanas, mas ainda estariam juntas. Isso era o mais importante. Pauline teria a grande satisfação de ter vingado todas as maldades miseráveis e todo o dissabor de sua mãe, porém, mais que isso, o mundo saberia de sua maravilhosa e linda amizade com Juliet Hulme, que estava preparada para matar com ela, por ela, para que elas pudessem ficar juntas. Para sempre.

O assassinato seria cometido na terça-feira — 22 de junho. Era vital que Pauline não tivesse uma pendenga com sua mãe nesse meio tempo ou ela se recusaria a sair com elas. Como Bert relatou, na noite de domingo, a casa dos Rieper fora um modelo de harmonia e tranquilidade. Na segunda, Pauline, mais uma vez empregando as táticas da doçura e do carinho, ajudou sua mãe energicamente com a lida de casa e conversou de forma entusiasmada com ela. Quando o momento pareceu certo, ela sugeriu que elas fizessem um piquenique com Juliet na tarde seguinte, no Victoria Park. Era uma ideia adorável, pensou Nora, mas ela antes teria que dar o almoço ao seu pai e a Wendy. As três poderiam ir ao parque depois disso.

Quando Juliet telefonou, Pauline relatou que tudo estava indo de acordo com o plano. Repassando mais uma vez os detalhes, elas decidiram usar um tijolo em uma meia-calça em vez de um saco de areia; um golpe com um objeto duro daria uma maior impressão de que a mãe de Pauline havia caído da ribanceira e batido a cabeça em uma pedra. Juliet levaria de casa a metade de um tijolo, e também a pedra rosa, retirada de um velho broche: esse toque artístico e atenção aos detalhes era típico de Juliet. Pauline, enquanto isso, encontraria uma de suas antigas meias-calças da escola. Juliet disse a sua mãe que a sra. Rieper a havia convidado para almoçar no dia seguinte, e depois disso levaria ela e Pauline para uma caminhada no Victoria Park. Hilda ficou contente em conceder sua permissão.

Bert notou que, ao chegar em casa para o almoço, sua esposa estava se sentindo muito feliz com a filha: "Ela vinha trabalhando tão bem e tinha conversado um bocado com ela. (...) minha filha parecia muito mais feliz em casa". Pauline havia estado discutindo os Santos com sua mãe, pensando que seria interessante ouvir sua opinião sobre eles.

Durante a tarde, ela lavou o cabelo e, junto de Juliet, foram ver o filme das 14h no Regent, na Cathedral Square. Uma de suas antigas colegas do Colégio para Moças as viu do lado de fora do Avon Theatre, na Worcester Street, virando a esquina logo após o Regent, mais ou menos às 16h15, e papeou com elas. Elas estavam esperando um ônibus ou bonde que levasse Juliet para casa em Ilam. A conversa foi breve, mas muito amigável. Essa colega de classe lembra-se do comportamento delas como "bem normal", nem exaltado nem dando indicação alguma de que estavam dividindo um tremendo segredo.

Pauline foi para a cama naquela noite às 20h45. Como de costume, escreveu em seu diário. "Estou me sentindo muito tensa, como se estivesse planejando uma festa surpresa. Mamãe concordou com tudo lindamente e o feliz evento vai se realizar na tarde de amanhã. Então, na próxima vez em que eu escrever neste diário, Mamãe estará morta. Que estranho, ainda que tão agradável..."

Na manhã seguinte, terça, 22 de junho, ela escreveu em seu diário enquanto ainda estava na cama, redigindo com cuidado o cabeçalho da página com uma caligrafia elaborada, "O Dia do Feliz Evento". "Estou escrevendo um pouco na manhã anterior à morte. Me sinto muito empolgada e, noite passada, parecia que eu estava vivendo uma véspera de Natal. Porém, não tive sonhos agradáveis. Estou prestes a me levantar!"

Naquela manhã, Juliet Hulme pegou metade de um tijolo de uma pilha de tijolos velhos ao lado da garagem em Ilam, embrulhou-o impecavelmente em um jornal e colocou-o em sua bolsa à tiracolo. Para Bill Perry, ela parecia "muito alegre" quando deixou a casa. Sua mãe notou que ela estava radiante de tão feliz e muito calma — "se muito, mais afetuosa do que de costume".

Na casa dos Rieper, enquanto Bert passava um tempo em sua horta e Nora se aprontava para servir o almoço, as duas meninas foram até o quarto de Pauline, retiraram o meio tijolo da bolsa de Juliet, escorregaram-no para o pé de uma das velhas meias-calças de Pauline exigidas pela escola, de fio da Escócia, e deram um nó no tornozelo para mantê-la no lugar. Elas então colocaram a arma na bolsa de Pauline.

À mesa do almoço, Juliet e Pauline estavam em brilhante forma. O dia foi agradável; por volta das 13h, a temperatura era de cerca de 17°C. O tempo quente e ameno era tão incomum para o dia mais curto do ano que o *Christchurch Star-Sun* diria que era sugestivo de um fim de primavera ou do verão, "embora as árvores estivessem nuas e os gramados, úmidos".

Tudo havia ido bem. No quiosque de chá, as meninas, silenciosas e pensativas, comeram os pães doces e bolinhos e bebericaram refrescos enquanto a sra. Rieper papeava com a encarregada. Quando elas desceram a trilha da mata em zigue-zague, Pauline tomou a frente, com Nora no meio e Juliet caminhando atrás.

Conforme a folhagem se adensava, a trilha ficava mais enlameada sob seus pés. A quatrocentos metros trilha abaixo, elas cruzaram uma pequena e instável ponte de madeira. Nora decidiu que por ela já estava bom e que não avançaria mais. As meninas prosseguiram por uma curta distância, talvez para uma conferência de último minuto, antes de voltarem para se unirem outra vez a ela.

A hora havia chegado. As três pareciam estar a quilômetros de qualquer outro sinal de existência humana. Juliet anunciou que ela seguiria um pouco à frente. Pauline caminhava atrás de Nora, remexendo atenta a fivela de sua bolsa. Quando Juliet se afastou o suficiente para que Pauline pudesse se preparar, ela derrubou a pedra rosa na trilha e chamou por Pauline e pela sra. Rieper para irem até ela e verem o que ela havia encontrado. Quando Nora se agachou para olhar a pedra, Pauline, vindo por trás, rodou o tijolo com a maior força possível contra o crânio de sua mãe. Nora gritou e, por instinto, cobriu a cabeça com as mãos. Ela agora estava lutando por sua vida.

Pauline seguiu golpeando implacavelmente, mas sua mãe demorou a cair. Ela e Juliet a forçaram para o chão. Juliet tomou a meia carregada de Pauline e desferiu mais golpes furiosos contra a cabeça de Nora. O sangue espirrava por toda parte. Sua resistência se enfraquecia.

A meia se rasgou. Nora estava agora caída com o rosto para cima, fazendo um barulho terrível. Juliet se ajoelhou, agarrou-a pela garganta e segurou-a contra o chão enquanto Pauline, agarrando o meio tijolo com a mão, surrou-a de novo e de novo e de novo — na testa, nas têmporas, em qualquer lugar onde conseguisse acertar um golpe. Nora se torceu e se contorceu, então se contraiu em espasmos. Elas tentaram arrastá-la para um local de onde pudessem rolá-la por uma ribanceira, mas ela já era um peso morto. Só o que puderam fazer foi deslocá-la alguns centímetros. Ela ainda gorgolejava sangue quando elas a deixaram e correram de volta até o quiosque lá em cima.

A morte havia feito uma lambança bem maior do que elas tinham imaginado: nos filmes, uma boa pancada na cabeça e a pessoa já ia dessa para uma melhor. Mas elas tiveram presença de espírito. Juliet depois viria a se gabar de que sua histeria e a aparência de choque de Pauline eram parte do plano, valendo-se de suas grandes habilidades para a atuação. Talvez seja verdade. Quando Pauline, na presença de Agnes Ritchie, grunhiu teatralmente "Mãezinha! Ela está morta!", era improvável que estivesse lamentando a perda da mãe. É perfeitamente crível que depois de Agnes Ritchie ter levado toalhas para elas e as deixado sozinhas para se limparem, Juliet tenha dito, "Ai, nossa, ela não é *gentil*?" e as meninas tenham sucumbido a um acesso de riso. Foi tão *engraçado*!

Colin Pearson, o patologista, fez a contagem. Havia 45 lesões externas na falecida. Algumas das 24 lacerações na face e no escalpo haviam penetrado até o osso. Havia extensas fraturas na parte frontal do crânio. A maioria dos ferimentos na cabeça era séria. "Não teria sido preciso muitos deles, apenas uns poucos, para levá-la a inconsciência", relatou Pearson. Foi uma migalha de consolo para aqueles que odiaram pensar em Nora Rieper sofrendo. Com os espasmos convulsivos da mulher e os barulhos gorgolejantes, teria sido impossível as meninas saberem quando exatamente a morte ocorreu. Elas a golpearam umas boas vinte ou trinta vezes.

PETER GRAHAM
ALMAS GÊMEAS

20

Um Crime Fora do Comum

A prisão de Juliet Hulme e Pauline Parker por homicídio causou uma grande comoção. As ondas de choque irradiaram de Christchurch até as extremidades da Nova Zelândia, passando pela Tasmânia e Austrália até chegarem à Inglaterra, onde aqueles que conheciam os Hulme ficaram incrédulos ao saber da notícia. A Nova Zelândia era um país obediente às leis e, por isso, o assassinato de qualquer tipo era um acontecimento grave. No início dos anos 1950, havia apenas dois ou três por ano, e assassinos condenados se tornaram nomes famosos. Mulheres que matavam eram raridades. Quanto a garotas adolescentes, ao matricídio — era sem precedentes. Que até alguns meses antes elas fossem moças instruídas, alunas do Colégio para Moças, colegiais, e uma delas uma garota bastante atraente de uma família bem conhecida, aumentava ainda mais o furor. No Colégio para Moças de Christchurch, uma atordoada srta. Stewart convocou uma assembleia e anunciou uma nova regra: nenhuma moça, em momento algum, deveria falar a qualquer repórter de jornal sobre uma "certa questão". Sérias consequências, disse, recairiam sobre qualquer uma que desse aos jornais até mesmo uma foto da turma que mostrasse as duas meninas.

A imprensa internacional rapidamente se deu conta de que esse era um crime bastante fora do comum. Em 24 de junho, o *The Times* e o *Daily Mail*, de Londres, e o *The Sidney Morning Herald* publicaram reportagens da Reuters, enfatizando que o pai de uma das acusadas fora o diretor britânico de pesquisa operacional naval durante a guerra. No dia seguinte, o *Manchester Guardian* relatou que Juliet Marion Hulme fora indiciada pelo assassinato da mãe de uma de suas amigas da escola. Além disso, informou que seu pai, o dr. Henry Rainsford Hulme, recentemente afastado da reitoria da Faculdade de Canterbury, tinha sido professor assistente na Universidade de Liverpool, chefe assistente no Observatório Real de Greenwich e consultor científico do Ministério do Ar, em Londres.

Em 25 de junho, Henry Hulme telefonou para Vivien Dixon, em Wellington. "Você provavelmente já soube, mas Juliet e Pauline mataram a mãe de Pauline com um tijolo", disse Henry a ela. Pelo modo como ele o disse, Vivien pensou se tratar de algum tipo estranho de piada. Quando ele insistiu que era verdade, ela ainda assim não acreditou. Ele não parecia chocado, nem perturbado, ela se lembrou, falando apenas em um tom neutro. "Veja o jornal", disse ele. "Está no jornal."

Quando ela falou outra vez com ele alguns dias depois, Henry disse a ela que Bill Perry havia sido maravilhoso, havia se encarregado de tudo. Henry tinha certeza de que Juliet seria condenada, embora fossem alegar insanidade. Ele estava voltando para a Inglaterra com Jonty para afastar o menino de tudo isso. Estava sendo evitado por todos em Christchurch. Havia acabado de ir até a agência postal e ninguém havia falado com ele. Todos se viravam e o ignoravam. Ele perguntou a Vivian se ela visitaria Juliet na prisão. Ela concordou, embora não a tivesse conhecido.

Em primeiro de julho, o dia em que Pauline e Juliet seriam levadas diante do magistrado estipendiário Rex Abernathy, na Corte de Magistrados de Christchurch, cerca de trezentas pessoas — a maioria, mulheres — faziam fila do lado de fora do tribunal para dar uma olhada nelas. Elas estavam na entrada errada. A Sala do Tribunal Nº 1, normalmente usada para audiências de custódia, estava sendo reformada e as prisioneiras foram deixados pela viatura da polícia em uma sala de tribunal menor, com entrada pela Armagh Street. Rex Abernathy havia trabalhado em proximidade com Hilda Hulme no Conselho de Orientação Matrimonial, é provável que a ocasião tenha sido orquestrada a fim de minimizar seu constrangimento.

Quando as meninas foram levadas embora um ou dois minutos depois, mantidas sob custódia, a multidão ainda estava à espera ao redor da porta errada.

Bert Rieper, apesar de estar na situação mais desgraçada em que um homem poderia estar, não hesitou em organizar uma representação legal para Pauline. Ele entrou em contato com o único advogado que conhecia, Eric Cleland, da G.W.C. Smithson, Cleland and Wicks; Nora um dia havia sido secretária de Cleland. Ele o repassou para o homem dos tribunais da firma, Jimmy Wicks. Este, sabendo que homicídio estava além de sua especialidade, mobilizou Alec Haslam, um advogado irascível, porém erudito, que atuava por conta própria e, com frequência, como advogado principal.

Haslam era um homem de queixo quadrado, atraente e enérgico. Obteve uma Bolsa de Estudos Rhodes na Faculdade Oriel, em Oxford, onde havia integrado a equipe de remo da instituição e se destacado como corredor fundista, enquanto obtinha seu doutorado em filosofia. Advogado amplamente respeitado, ele fora professor assistente em tempo parcial na Faculdade de Direito de Canterbury e presidente da Sociedade Legal do Distrito de Canterbury. Havia rumores de que ele não negaria uma nomeação para a Suprema Corte se ela lhe fosse oferecida.

Haslam atuou com agilidade. Em 24 de junho — menos de 36 horas após o assassinato — ele fez com que seu amigo íntimo, dr. Francis Bennett, também amigo dos Hulme, interrogasse Pauline e Juliet na Delegacia Central de Polícia.

Os Hulme, enquanto isso, mobilizaram seu amigo Terrence Arbuthnot Gresson. Sócio na firma Wynn Williams, Gresson, Reid and McClelland, Gresson possuía um pedigree legal imbatível. Seu bisavô, Henry Barnes Gresson, fora o primeiro juiz residente de Christchurch; seu pai, Maurice Gresson, um mentor da área na cidade; e seu tio, sir Kenneth Gresson, era juiz da Suprema Corte.

Gresson era produto de duas escolas particulares, Medbury e Colégio Christ's. No Christ's, havia se sobressaído no tênis e no squash, e se tornado integrante do First xv* e capitão de atletismo. Ele havia seguido adiante rumo à Faculdade Gonville & Caius, em Cambridge, onde foi contemporâneo de Henry Hulme. Sendo membro das equipes de atletismo tanto da Universidade Britânica quanto de Cambridge — uma fotografia dele ao lado de Jack Lovelock no encontro de atletismo Oxford-Cambridge estava sempre exposta em seu escritório — ele havia encontrado tempo para se formar com honras no bacharelado em direito. Ele obteve seu registro para advogar em Inner Temple, em 1935, e retornou à Nova Zelândia no ano seguinte.

Agora, aos 40 anos, Gresson era, nas palavras de um de seus ex-assistentes, um completo aristocrata, refinado e ligeiramente arrogante, mas uma companhia encantadora. Falava com um sotaque da BBC e nas ruas de Christchurch parecia afetado, com o cabelo mais longo do que o normal e um grande anel com sinete no dedo mindinho de sua mão esquerda. Ele com frequência usava os antiquados trajes da preferência dos advogados ingleses, de calças listradas, casaco preto de lã penteada e colete. Proprietário de um cavalo de corrida e criador de cães, ele era parte do comitê do Canterbury Jockey Club, um lugar quase sagrado.

Embora a essa altura de sua carreira Gresson raramente fizesse mais do que doze julgamentos por ano, era conhecido por suas inquirições cruzadas polidas, porém altamente eficazes. Se ele às vezes parecia indolente, era capaz de períodos de intensa diligência, produzindo ladainhas de anotações em uma caligrafia pequena e elegante. Ele aceitou o dever de defender Juliet Hulme pela quantia nada insubstancial de £500.

Gresson, que não era bom em visitar clientes criminosos em delegacias de polícia e celas de cadeia cheirando a urina, teve sorte de ter um associado júnior excepcionalmente capaz para fazer o trabalho de campo. Educado no Colégio Christ's com uma bolsa de estudos, Brian McClelland, conhecido entre seus amigos como "Clicks", viria

---

* O First xv é o principal campeonato de rúgbi entre colégios e faculdades do país; no caso, ele se refere à equipe, entre as diversas do Colégio Christ's, que disputa esse campeonato.

a se tornar um dos mais persuasivos advogados de júri que já atuaram na Nova Zelândia, devido em grande medida a sua rara habilidade de criar empatia com homens trabalhadores comuns e ganhá-los para sua causa com um humor geralmente cáustico. Sua aparência esguia, quase frágil, eram uma contradição diante de seus duros anos no Atlântico Norte com a Marinha Real. Seus cristalinos olhos castanhos, um tanto proeminentes, inspirariam Juliet a apelidá-lo de Bambi.

Quando Gresson e McClelland leram a confissão por escrito de Juliet, se deram conta de que não poderiam alterar uma única vírgula dos fatos. Amaldiçoando a incompreensível estupidez dos Hulme em permitir que sua filha fizesse um depoimento para a polícia sem antes procurarem aconselhamento legal, eles se resignaram a apresentar, se fosse possível, uma defesa por insanidade sob o artigo 43 da Lei Criminal de 1908.

Na Nova Zelândia, qualquer pessoa considerada inocente por assassinato (ou qualquer outro crime) por razão de insanidade era, e ainda é, detida indefinidamente em uma instituição psiquiátrica. Não era incomum que acusados encarando a pena de morte considerassem essa uma alternativa atraente. Mas esse não era o caso aqui. Como Juliet Hulme e Pauline Parker eram menores de 18 anos, se elas fossem condenadas pelo assassinato, seriam sentenciadas à prisão até segunda ordem de Sua Majestade — em outras palavras, até que as autoridades decidissem soltá-las. A maioria das pessoas, podendo escolher, teria preferido isso à detenção indefinida em uma instituição psiquiátrica, fora do sistema de condicional e em condições geralmente bem piores do que as da prisão.

Henry e Hilda Hulme estavam, contudo, ansiosos para que os advogados se empenhassem pelo veredito de insanidade. Para Hilda, era uma questão de fachada. Se pudesse ser determinado que sua filha havia ajudado a matar Nora Rieper tão somente por estar sofrendo de um distúrbio mental, seria preferível a que as pessoas pensassem que ela e Henry haviam criado uma peste maligna. Gresson aconselhou Hilda e Henry a contratarem Reginald Medlicott, um brilhante psiquiatra que era superintendente médico do Ashburn Hall, uma instituição privada em Dunedin. Após receber uma Bolsa de Estudos Rockefeller em 1949, Medlicott havia realizado estudos avançados na

Universidade da Reserva de Case Western, em Cleveland, e pôde conhecer muitos dos mentores da psiquiatria estadunidense. Ele viria a ser reconhecido como o pai da psiquiatria moderna na Nova Zelândia. Alto e estiloso, com uma leve gagueira e um pendor por gravatas-borboleta, ele amava música clássica, carros esportivos e brandy requintado. Se havia alguma fraqueza em seu currículo, era sua limitada experiência em testemunhar como especialista em um tribunal.

De acordo com todos que a conheciam, Nan, esposa de Medlicott, era uma querida, tão adorável quando bela. Ela havia estado no palco com a companhia de teatro de J.C. Williamson, e na casa do superintendente, em Ashburn Hall, ela e Medlicott supervisionaram um salão de arte que atraía os principais artistas de Dunedin, intelectuais e personalidades teatrais de passagem. Quando Rudi Gopas e sua primeira esposa, Natasha, moraram na cidade, eles estavam entre seus frequentadores constantes.

Acompanhado por Nan, Medlicott passou o fim de semana de 27 e 28 de junho em Christchurch, interrogando Juliet e Pauline separadamente tanto no sábado quanto no domingo. Ele e Nan também visitaram os Hulme em Ilam. Medlicott achou Henry Hulme simplista e sentiu que ele não captava coisa alguma. Nan, por sua vez, ficou horrorizada com seu comportamento indiferente. Bancando o perfeito anfitrião, Hulme a convidou para sentar-se diante da lareira como se nada tivesse acontecido. Seus modos se estenderam até a Bill Perry: Medlicott ficou surpreso quando ele pediu licença e foi buscar um copo de bicarbonato de sódio para o amante de sua esposa.

Henry Hulme partiu para Wellington em 3 de julho, acompanhado por seu filho, Jonty. Embora o assassinato tivesse sido a fofoca de Christchurch por uma semana, Jonty, aos 10 anos, não fazia a mais remota ideia de que sua irmã tinha sido presa. Só foi possível mantê-lo nesse estado de ignorância porque ele havia ficado em isolamento na enfermaria da Escola Medbury, sofrendo de catapora. Ele havia passado longos dias ensinando ao seu único companheiro de infortúnio, um menino chamado Forbes Mackenzie, a jogar xadrez.

Em Wellington, quem se encarregou de Henry Hulme foi Clarence Beeby, diretor de educação do país. Enquanto Christopher, o filho de 19 anos de Beeby, levava Jonty ao zoológico e para um passeio no bonde da cidade, Hulme se reuniu com Sam Barnett, o secretário de justiça. Ele tinha, disse a Barnett, certeza de que as meninas seriam condenadas. Barnett prometeu ajudar em tudo que pudesse e Hulme disse que voltaria imediatamente à Nova Zelândia se isso pudesse ajudar. Ele pensou que tinha um amigo e um aliado em Barnett. Não poderia ter estado mais errado.

No *Wanganella* a caminho da Austrália, Henry e Jonty se ocuparam jogando jogos de baralho. Quando chegaram a Sidney, Henry adquiriu as obras mais recentes disponíveis sobre física nuclear para se atualizar: ele já estava pensando em possibilidades de emprego na Inglaterra. Em sua próxima parada, Adelaide, onde o par embarcaria no transatlântico *Himalaya*, da P&O, quando *Wanganella* foi cercado por repórteres, Hulme, incapaz de protelar por mais tempo, enfim contou a Jonty sobre Juliet.

Os jornalistas australianos exigiram saber como um pai decente poderia deixar a Nova Zelândia enquanto sua filha encarava uma acusação por assassinato. "O mundo deve me considerar um pai desnaturado", afirmou Hulme segundo relatos. Uma fotografia dele, com um sorriso débil no rosto, foi amplamente publicada.

Brian McClelland condenou Hulme como "um imbecil fraco e molenga" por deixar a Nova Zelândia, e se recusou até mesmo a dar a ele o crédito por seu trabalho na guerra. "Tudo o que ele fez foi garantir que o vinho fosse servido na temperatura certa", viria a observar. Mas a decisão não foi apenas de Henry: Hilda o queria fora do caminho. A mais indesejada das publicidades logo estaria enchendo os jornais. Henry precisava encontrar um trabalho na Inglaterra o mais rápido possível e Jonty precisava se estabelecer em uma escolinha preparatória decente.

Mesmo antes da partida de Henry Hulme, rumores que só poderiam ter vazado da Delegacia Central de Polícia estava circulando por Christchurch e ainda mais além. Que as duas meninas eram lésbicas, tinham escrito romances sanguinolentos e feito planos de se tornarem prostitutas. Que haviam encenado fantasias sexuais pervertidas debaixo do teto do reitor na grande casa em Ilam. A ostensiva casa, com seus jardins que pareciam parques, tornou-se objeto de intensa curiosidade.

Não só Pauline — "aquela da peixaria", como era a frequente descrição grosseira — era lésbica, diziam, mas antes até de fazer 16 anos estava sendo traçada por pelo menos um dos pensionistas de seus pais e alunos do Ceilão, "pretos feito carvão", como disseram na época. Além disso, seus pais não eram casados. Eles estavam vivendo em pecado há mais de vinte anos! E muitos estavam dispostos a acreditar no que vinha sendo dito sobre Henry e Hilda Hulme e Bill Perry. Que eles viviam juntos em um *ménage à trois*, os três dividindo a mesma cama. Até a esposa do vigário, sra. Norris, acreditava nisso. Seria difícil imaginar um caldeirão de fato e ficção mais sórdido que esse.

PETER GRAHAM
ALMAS GÊMEAS

21

A Única Defesa Possível

Apesar de toda a considerável experiência do dr. Reg Medlicott, ele nunca havia cruzado o caminho de um par como Juliet Hulme e Pauline Rieper. Nenhuma das duas demonstrava o menor remorso pela morte de Honorah Rieper. Ao contrário, seu humor era jubiloso: elas se engajaram naquele assassinato com um alegre desembaraço e, agora, se exaltavam por aquilo que viam como sendo seu brilhante sucesso.

Sua arrogância e sua presunção eram "um tanto além das proporções normais". Elas não aceitaram Medlicott como seu par intelectual e seu desprezo não deixava nunca de ser aparente. Às vezes, elas eram abertamente hostis e abusivas, e mesmo que esse abuso fosse pueril, sua hostilidade podia ser venenosa. Quando ele levantou com Pauline a possibilidade de que ela pudesse ser separada de Juliet, fosse na prisão ou em uma instituição psiquiátrica, ela o fuzilou com o olhar, de forma ameaçadora, e pareceu prestes a atirar nele um tinteiro que estava por perto. Quando o objeto foi tomado dela por um guarda, ela escarneceu, desagradável, "Você nem é digno disso!".

Uma outra vez ela o chamou de "tolo irritante... desagradável ao olhar". Ele tinha, disse ela, "um modo de falar irritante". Ela torcia para que uma bomba caísse na Nova Zelândia com ele bem embaixo dela. Uma vez, após ele completar um exame físico, ela gritou, "Espero que quebre a porcaria do seu pescoço!". Ele teve que se esforçar para conter qualquer reação.

Medlicott achou Juliet um pouco mais sofisticada e menos injuriosa, mas tão desafiadora quanto para seu distanciamento profissional. Certa vez, ela o repreendeu por falhar em falar com clareza. Em outra ocasião, quando se recusou a ser conduzida a uma discussão sobre religião, ela desdenhou professoralmente, "Você *pensa*, não pensa?".

O dr. Francis Bennett também ficou chocado por nenhuma das meninas mostrar contrição alguma pela morte de Norah Rieper. "A morte não é nada do que dizem", disse Juliet pomposamente. "Afinal de contas, ela não era uma mulher muito feliz. No dia em que a matamos, creio que sabia de antemão o que ia acontecer e não pareceu guardar nenhum rancor." Questionada se tinha algum arrependimento, ela respondeu "De forma alguma. (...) É claro que não queríamos que minha família se envolvesse nisso, mas estivemos ambas bastante felizes desde o acontecido, então foi tudo um mal que veio para o bem".

Pauline, do mesmo modo, sentia muito pelos problemas que havia levado à casa dos Hulme, mas não tinha arrependimento algum quanto à sua mãe. Ela a mataria outra vez de bom grado se representasse uma ameaça à sua relação com Juliet. Esta foi ainda mais longe: o assassinato da sra. Rieper não só havia sido justificado, como seria o assassinato de qualquer outra pessoa que ameaçasse sua amizade.

Bennett estava inclinado a aceitar a declaração de Juliet de que sua histeria e o aparente choque de Pauline nos salões de chá e, mais tarde, em Ilam haviam sido uma atuação. Se as duas jovens tivessem mesmo sofrido uma súbita experiência emocional horripilante, em geral haveria algum embotamento da memória, até uma misericordiosa amnésia, mas não houve nada disso. Quando ele disse a Juliet que havia decifrado a forma com que elas cometeram o assassinato, ela interpôs um tanto animada, "Bom, você quer que eu lhe conte como nós fizemos?". E então cada detalhe foi dito. Ela se lembrava de tudo e estava mais do que feliz em contar a ele.

Reg Medlicott, de sua parte, não tinha certeza se as meninas haviam exibido uma resposta emocional normal após o assassinato, mas ele com certeza duvidava de que meninas normais teriam pedido e feito uma refeição tão cedo após um incidente tão brutal e sangrento.

Após entrevistar Juliet e Pauline, Medlicott interrogou os Hulme e Bert Rieper e se reuniu com Francis Bennett. Ele levou o diário de 1953 de Pauline e uma cópia de *The Donkey's Serenade* consigo a Dunedin para ler, bem como uma grande quantidade dos escritos de Juliet, incluindo suas poesias, algumas das correspondências Borovnia-Volumnia e parte de seu segundo livro.

Na semana seguinte, ele voltou a Christchurch, onde estudou a transcrição do diário de Pauline de 1954 feita pela polícia e conversou de novo com Hilda Hulme, Bert Rieper, e, pela primeira vez, com Bill Perry; com Wendy, a irmã de Pauline; com Amy Parker, sua avó; e com uma das professoras do Colégio Feminino de Christchurch. Ele ainda interrogou Juliet e Pauline outras duas vezes, separadamente. Após a segunda visita na prisão, Medlicott chamou seu amigo David Livingstone, um psiquiatra de Christchurch. Pálido, ele pediu por uma dose maior de uísque. Medlicott nunca havia, disse ele a Livingstone, encontrado um mal tão puro quanto aquele que estava presente nas duas meninas.

Medlicott tinha agora um diagnóstico pronto, que poderia ser a base de uma defesa por insanidade. Ela foi iniciada em uma reunião na casa de Terence e Eleanor Gresson em Fedelton, no fim de uma longa estradinha oposta à elegante Igreja Anglicana de St. Barnabas. Terrence Gresson, Brian McClelland, Alec Haslam e Jimmy Wicks se sentaram ao redor de uma mesa de jantar georgiana com Medlicott e Bennett.

Ficou decidido desde o princípio que a única chance possível de uma defesa bem-sucedida seria que os advogados e os especialistas em psiquiatria atuando por Juliet colaborassem com a equipe de Pauline. Como Pauline havia previsto em seu diário no dia 25 de abril, "Nós afundamos ou nadamos juntas". Foi com esse entendimento que Bennett e Medlicott haviam cada um entrevistado as duas meninas e trocado anotações livremente.

Por causa das confissões por escrito que as meninas haviam feito, a insanidade era a única defesa possível. Para contextualizar o diagnóstico psiquiátrico, Gresson resumiu a seção 43 (2) da Lei Criminal. Nenhuma pessoa poderia ser condenada por um delito, ele os lembrou, em razão de um ato cometido quando estivesse enfrentando uma debilidade mental natural — o que não se aplicava aqui — ou uma doença da mente em tal extensão que a pessoa seja incapaz de compreender a natureza e a qualidade do ato ou ter conhecimento de que o ato foi errado. Sob a seção 43 (1), cada pessoa julgada por um crime era supostamente sã, então o ônus de provar a insanidade cabia ao acusado. As provas eram julgadas de acordo com o padrão civil: não "para além de dúvida razoável", e sim "mais provável do que improvável".

Era uma brecha estreita. Não havia possibilidade de que os advogados pudessem chamar Juliet ou Pauline para testemunhar. Não havia obstáculos legais a um depoimento de nenhuma das meninas, mas sua grosseria, sua arrogância e sua presunção, sua insolência — que Medlicott e Bennett haviam recentemente experimentado — alienariam o júri. O fato de elas terem se gabado de matar a sra. Rieper deixaria qualquer um chocado.

Era um problema difícil. Juliet amava as luzes da ribalta e estava tão convencida de seu próprio brilhantismo que acreditava que não poderia falhar em ser uma testemunha maravilhosa. Brian McClelland não podia lhe dizer que ela seria pavorosa. Ele teria que persuadi-la, com muita gentileza, de que era melhor deixar que sua mãe e Bill Perry falassem em seu lugar.

PETER GRAHAM
ALMAS GÊMEAS

22

Um Crime em Um Milhão

Em 16 de julho, foi decidido que Juliet Hulme e Pauline Parker seriam levadas a julgamento por um júri na Suprema Corte da Nova Zelândia. Havia sido estabelecido de forma conclusiva que Herbert e Norah Rieper nunca haviam sido casados legalmente, portanto, dali por diante, tanto mãe quanto filha sofreriam a indignidade de serem oficialmente conhecidas pelo nome de solteira de Nora.

As evidências obtidas junto a Agnes e Kenneth Ritchie, Harold Keys, dr. Donald Walker, sargento Robert Hope, agente Audrey Griffiths, Herbert Rieper, Hilda Hulme e Walter Andrew Bowman Perry haviam sido apresentadas na forma de depoimento. Declarações obtidas junto às meninas foram apresentadas pelo detetive sênio Brown e o sargento detetive Tate.

Juliet havia pintado um dramático quadro. "No caminho de volta, eu estava andando na frente e esperando a sra. Rieper ser atacada. Escutei barulhos atrás de mim. Era uma conversa raivosa em voz alta. Vi a sra. Rieper em uma posição meio que agachada. Elas estavam discutindo. Eu voltei. Vi Pauline acertar a sra. Rieper com o tijolo na meia. Peguei a meia e acertei-a também. Eu estava apavorada. Pensei que uma delas tinha que morrer. Eu queria ajudar Pauline. Foi terrível. A sra. Rieper se movia convulsivamente. Nós duas a seguramos. Ela estava imóvel quando a deixamos. O tijolo havia saído da meia com a força dos golpes..."

Enfim a imprensa tinha alguns fatos nos quais cravar suas presas. A audiência de prisão preventiva foi amplamente noticiada no *The Times*, no *The Manchester Guardian* e no *The Sydney Morning Herald*. Até a *Time* publicou uma matéria curta, embora o autor tivesse uma compreensão capenga da *mise em scène*: "Um dia, três semanas atrás, Pauline e Juliet, como muitas outras elegantes neozelandesas, sentaram-se para tomar chá com a mãe de Pauline em um restaurante no altaneiro Victoria Park...".

The Manchester Guardian relatou que arfadas haviam se elevado na corte lotada quando o detetive sênior Macdonald Brown leu alguns trechos de um diário encontrado no quarto de Pauline. "Por que Mamãe não poderia morrer?", Pauline escrevera. "Dezenas de pessoas morrem o tempo todo, milhares. (...) A raiva por Mamãe ferve dentro de mim, uma vez que é ela um dos principais obstáculos em meu caminho. (...) quero que pareça uma morte natural ou acidental (...) O prazer da antecipação é enorme."

O *Daily Mail*, de Londres, relatou que durante as sete horas e meia em que as meninas estiveram na corte, elas "riram, sussurraram, bocejaram e fizeram anotações". *The Sidney Morning Herald* noticiou que elas sorriram e sussurraram juntas com uma postura bastante despreocupada, e por duas vezes tiveram que ser repreendidas por uma carcereira da polícia. A carcereira disse a um repórter do *Sun-Herald*, de Sidney, que elas acharam "tudo muito entediante".

A Prisão de Christchurch ficava na área rural de Paparua, a cerca de dezesseis quilômetros de Christchurch, e perto da Fazenda Templeton, onde Rosemary Rieper morava. Enquanto aguardavam seu julgamento, Pauline e Juliet ficaram na ala feminina, uma moderna instalação ao estilo bangalô que abrigava sete ou oito prisioneiras. Mantidas separadas das outras prisioneiras, o *Sun-Herald* relatou que elas passavam muito de seu tempo na varanda. Livres para escrever, elas o fizeram volumosamente e tinham permissão para escutarem música clássica por uma hora a cada manhã e cada tarde. "Elas estão muito felizes juntas e parecem muito despreocupadas quando à seriedade da situação", disse o jornal aos seus leitores.

Esses nacos de informação aguçavam o apetite do público, não apenas na Nova Zelândia, mas ao redor do mundo. Os narizes dos experientes editores de notícias diziam a eles que este era um crime em um milhão. Muitos viam uma similaridade com o famoso caso de Chicago, em 1924, no qual dois universitários abastados, Nathan Leopold e Richard Loeb, acreditando que eram seres superiores, decidiram cometer o assassinato perfeito. Leopold tinha 19 anos e Loeb, 18 anos.

Para muitos, o ato maligno de Parker e Hulme era um exemplo fundamental da degradação moral que afligia os adolescentes. Mesmo um ano antes do rock n' roll ser lançado sobre o mundo e *teddy boys* aparecerem em ternos *zoot*,* enquanto jovens rebeldes envergavam seus jeans e jaquetas de couro, a geração mais velha já estava perdendo as esperanças com a juventude. Na cidade de Nova York, em 21 de abril de 1954 — uma semana antes de Pauline se focar seriamente em "remover Mamãe" — um subcomitê do Comitê Judiciário do Senado que investigava a delinquência juvenil havia aberto um inquérito sobre a indústria das histórias em quadrinhos. Acreditava-se que os quadrinhos de horror voltados para os jovens leitores eram um importante colaborador da delinquência juvenil. A principal testemunha do subcomitê, Fredric Wertham, era um psiquiatra especializado em comportamento criminal e autor de um alarmante livro chamado *Seduction of the Innocent*. Wertham acreditava que crianças "normais" eram particularmente ameaçadas pelos quadrinhos de horror. Crianças "mórbidas", disse ele, eram menos afetadas, estando "envolvidas em suas próprias fantasias". A descrição se adequava a Pauline Parker e a Juliet Hulme perfeitamente.

A Nova Zelândia não estava imune ao pânico moral generalizado. Hilda Ross, a ministra do governo sem papas na língua responsável pelo bem-estar de mulheres e crianças, culpou as "imagens luxuriosas fluindo das revistas vulgares e materiais de leitura impuros" pela imoralidade juvenil e, em julho de 1954, quando o julgamento de Pauline Parker e Juliet Hulme estava prestes a começar, o governo convocou um comitê especial para uma investigação. Ele relatou que tanto os

---

* No Reino Unido dos anos 1950, *teddy boy* era a alcunha dada aos jovens encrenqueiros que se distinguiam pelo uso de ternos *zoot*, bem maiores e mais largos que os normais.

quadrinhos quanto as mães que trabalhavam fora de casa seriam os culpados. O governo logo aprovou uma legislação banindo a venda de contraceptivos para qualquer pessoa menor de 16 anos.

Para os cidadãos mais sóbrios, as fétidas vidas secretas de Pauline Parker e Juliet Hulme eram uma clara evidência da doença que contaminava a juventude. Durante o julgamento, pais por toda a Nova Zelândia fizeram de tudo para impedir que as crianças lessem sobre ele nos jornais. Quem sabe quais efeitos poderia ter sobre mentes tão imaturas a leitura de tão sórdida imundície?

Em agosto de 1954, enquanto Terence Gresson e Alec Haslam estavam fazendo planos para a defesa por insanidade, a acusação foi levada adiante à toda velocidade pelo promotor público Alan Brown. Ele havia sido nomeado para o cargo recentemente, após a morte de sir Arthur Donnelly, que o havia ocupado desde 1921. Tendo mais de vinte anos como vice de Donnelly, Brown havia feito grande parte do trabalho da acusação enquanto seu chefe, um homem capaz, afável e de imensa popularidade, estava quase sempre ocupado com as corridas de cavalos e interesses comerciais. A acusação de Pauline Parker e Juliet Hulme por homicídio, um caso que havia capturado a atenção da maioria dos países anglófonos do mundo, era a oportunidade perfeita para Brown deixar sua marca, agora que o cobiçado gabinete enfim era dele.

Aos 43 anos, Brown era um homem atarracado que se vestia ao estilo de um mafioso de Chicago. Desde os anos 1920, enquanto estudava em meio período na Faculdade de Canterbury e trabalhava nos escritórios da Raymond, Stringer, Hamilton & Donnelly, ele havia se destacado na graduação como diretor, compositor e astro de espetáculos de teatro de revista, como *You're Hit*, *Crash*, *Gosh* e *Jubilations*. De acordo com a história oficial da faculdade, "Brown produzia à tradição de Zigfield, elencos de quarenta moças não eram incomuns e as canções eram cantadas e assobiadas pela faculdade durante o resto do ano".

Mais tarde, como farol da Sociedade Operística de Christchurch, ele havia se tornado um dos atores amadores mais conhecidos da cidade, com um talento particular para a comédia. Durante a Depressão, ele havia se alçado à fama nacional como apresentador e bufão de uma série de "cantos comunitários", que tiveram início em Christchurch como um meio de elevar a moral das pessoas e levantar fundos para as famílias de homens desempregados. Brown tinha uma orientação maravilhosa nas piadas, na troca de tiradas e conduzia um show de ritmo rápido com mais de trinta canções por hora. Seu bordão era "Vamos todos cantar como cantam as aves", ao que o público começava a piar, cacarejar e grasnar estrondosamente. As cantorias foram transmitidas no rádio por mais de três anos e Brown recebia cartas de fãs de todo o país. Cantos comunitários passaram a ser realizados em Auckland e em Wellington, mas ninguém mais os fazia como Alan Brown.

No tribunal, Brown era uma pessoa diferente. Enquanto seu predecessor acreditara que o dever do promotor público não era lutar por uma condenação com uma advocacia agressiva, mas apresentar calmamente as evidências para que a justiça seguisse seu curso, Brown era entusiasmado. Era inquestionável que se tratava de um advogado muito capacitado, com uma memória invejada por seus oponentes, mas seu estilo era muito forçado e muito intenso para o gosto de alguns. Tendo um temperamento teatral, ele não resistia ao exibicionismo de um pitoresco jogo de palavras e nunca deixava passar uma citação ou alusão literária que fosse oportuna. E ele amava vencer. Talvez amasse vencer um pouco mais do que seria desejável para um promotor público.

A afluência de correspondentes dos jornais ao redor do mundo pôs sob Brown a pressão de entregar um bom espetáculo. Era até um pouco inquietante para o refinado Terence Gresson. E o dr. Francis Bennett, preparando-se para prestar depoimento à defesa, estava claramente tenso. Ele escreveu para Pearl, sua esposa, que naquele momento estava no exterior: "Creio que haja vários correspondentes estrangeiros prestes a chegar. A exposição publicitária será feroz. A exposição local não me importa, é a histórica aquela que eu temo".

PETER GRAHAM
ALMAS GÊMEAS

23

Mocinhas de Mente Suja

Os correspondentes estrangeiros que afluíram em bando para Christchurch foram atingidos de imediato pela incongruência de um assassinato do tipo mais vil ocorrendo no que o *Sun-Herald*, de Sidney, chamou de "A cidade mais tranquila, mais sóbria, mais inglesa vitoriana da Nova Zelândia — uma cidade de bicicletas, de rendas e antigas heras". A Suprema Corte ficava ao lado do Rio Avon, no coração da cidade. As paredes neogóticas de pedra cinza do prédio e seu interior melancólico poderiam ter sido projetados para intimidar todos que tivessem assuntos a tratar ali. O local taciturno não via um público tão grande e empolgado desde o julgamento de Thomas Hall e Margaret Graham Houston por tentativa de homicídio, em 1886. Naquela ocasião, a entrada havia sido restrita aos portadores de ingresso. Tinha sido um "crime da alta sociedade", então muitos dos que compareceram faziam parte dos abastados da cidade, cujos cabriolés haviam lutado para atravessar o vai e vem das massas que rodeavam o tribunal.

Na segunda, 23 de agosto de 1954, quando Pauline Yvonne Parker e Juliet Marion Hulme se postaram diante do juiz e do júri, acusadas pelo assassinato de Honorah Mary Parker, estava mais para uma bandalheira. Às 8h, os primeiros aspirantes a espectadores já tentavam abrir as portas da corte. Às 9h, havia várias dezenas do lado de fora. Quando as portas se abriram, os mais ou menos cem assentos públicos nos fundos da corte foram rapidamente preenchidos, sobretudo por mulheres, que estavam, como relatou um dos jornais, vestidas com roupas da moda. Não era permitido ficar em pé no andar de baixo. A seguir, as galerias foram abertas e sessenta pessoas avançaram em um estouro para as três primeiras fileiras.

Juliet havia rejeitado as tentativas de sua mãe de trocar algumas palavras com ela na cela de detenção no andar de cima antes do início do julgamento. Agora, longe de se sentirem intimidadas por seus arredores, Juliet e Pauline deram toda a impressão de estarem se divertindo, aparecendo sorridentes em uma das janelas do andar de cima, acenando e posando para a turba de fotógrafos da imprensa lá embaixo, até a equipe do tribunal colar folhas de papel-jornal sobre as janelas.

Pelo menos uma dúzia de correspondentes, a maioria representando jornais e agências de notícias do além-mar, tomaram seus lugares designados no banco da imprensa, lápis equilibrados, cadernetas a postos. Na fileira da frente de um pequeno camarote reservado para as testemunhas, Hilda, acompanhada por Bill Perry, sentava-se carrancuda. Um cochicho percorreu a multidão: a esposa louca por sexo do reitor estava ostentando publicamente o amante que havia instalado em um apartamento nos fundos da casa da família. A maioria dos integrantes do público que tinham sido bem-sucedidos em garantir lugares estavam saboreando o justo castigo dela. Eles não gostavam nem um tiquinho de sua pose esnobe de alta classe inglesa. Era óbvio que havia sido seu adultério com Perry que havia arruinado o lar e causado a coisa toda. E ela se considerava conselheira de orientação matrimonial!

Bert Rieper não havia sido capaz de criar coragem para comparecer — ele viria a aparecer apenas quando necessário para prestar depoimento — mas Hilda, em seu belo tailleur de tweed marrom, se postaria no tribunal pelos pavorosos cinco dias inteiros. Durante as pausas para o almoço e outros intervalos, ela e Perry se retiravam para a sala das togas dos advogados, com Terence Gresson e Brian McClelland, para tomar café entregue em garrafas térmicas pelo assistente de Gresson.

Após ser anunciado em voz alta, o juiz do caso, o sr. juiz Adams, adentrou a corte e assumiu seu lugar enquanto a multidão logo se colocava de pé, em respeito. Francis Boyd Adams era um viúvo de 66 anos de idade. Antes de sua ascensão ao cargo de juiz, ele havia sido procurador público de Dunedin por quase trinta anos, uma posição que havia herdado de seu pai, quando este se tornou juiz da Suprema Corte. Adams vivia para a lei. Seu livro *Adams on Criminal Law*, do qual foi editor e principal colaborador, seria publicado dez anos depois e se tornaria a bíblia do direito penal para gerações de advogados. Homem austero, ele vivia sozinho no Gainsborough, um hotel reservado no centro da cidade, mas devia possuir certos rebuliços nos países baixos. Uma auxiliar — como eram chamadas as secretárias datilógrafas dos juízes — certa vez reclamou que ele a havia perseguido em uma sala. Jovens convidadas a dançar com ele nos bailes da Sociedade de Direito eram alertadas para que tomassem cuidado com suas mãos bobas.

Adams tinha a reputação de juiz carrasco. A parcialidade para com a promotoria era uma acusação difícil de se escapar para um juiz que havia sido promotor público pela maior parte de sua vida e filho de um promotor público, mas Brian McClelland foi mais além. Em sua opinião, Adams era um "canalha terrível e maldoso... um escocês batista de merda, infeliz, tacanho e abstêmio". Era certo que ele era abstêmio e foi por muitos anos funcionário eclesiástico na Igreja Batista da Hanover Street, em Dunedin.

Juliet e Pauline entraram na sala do tribunal e se sentaram lado a lado no banco portátil dos réus que era colocado no lugar sempre que a sala era usada para julgamentos criminais. Entre elas, sentou-se a carcereira da polícia, a sra. Felton. Pauline usava um vestido marrom e um pequeno chapéu marrom, e Juliet um casaco verde e um lenço de cabeça verde-claro. Após a acusação ser lida para elas, as duas meninas murmuraram calmamente, "inocente".

Parecendo um pouco ruborizado, Alan Brown se colocou de pé, ajustou sua peruca e fez as alegações iniciais. Ele tinha o ar petulante de um homem que tinha todos os ases na mão. As evidências a seguir, prometeu, deixariam claro que as duas jovens acusadas haviam conspirado juntas para matar a mãe de uma delas e levaram seu plano a cabo horrivelmente.

"Estava planejado", continuou Brown, "que a acusada Hulme iria com seu pai para longe, para a África do Sul. A acusada Parker queria ir com ela... as duas garotas estavam determinadas a não serem separadas e as duas garotas sabiam que a sra. Parker seria aquela que se oporia com maior tenacidade a elas irem embora juntas. As duas decidiram que o melhor modo de acabar com a objeção da sra. Parker era matá-la de tal maneira que fizesse parecer que ela havia sido morta por acidente. (...) Seu plano foi malogrado e, como resultado, repetidos golpes tiveram que ser desferidos contra a cabeça da desafortunada sra. Parker, causando os terríveis ferimentos que ela sofreu."

"O comportamento das duas acusadas pode ter sido chocantemente incomum e seu ato, dos mais pavorosos, mas ambas as acusadas sabiam o que estavam fazendo quando espancaram a sra. Parker até a morte, que o que estavam fazendo era errado e que elas eram, por todos os padrões médicos e legais, perfeitamente sãs."

Havia mais uma ou duas coisas que ele teria que lembrar ao júri. O caso havia recebido muita publicidade, mas era o dever deles esquecer tudo o que haviam lido ou escutado sobre ele e decidirem o caso com as evidências que escutariam na corte e nada mais. E não havia espaço para sentimentos pessoais. "Podem ter pena da falecida e se enfurecerem contra as jovens no banco dos réus, ou podem sentir pena das duas acusadas na pavorosa situação em que elas hoje se encontram. Essas coisas não têm absolutamente nada a ver com esse julgamento. Sentimentos e emotividade não têm lugar na justiça britânica. Seu dever, como juraram realizá-lo, é lidar com o caso diante dos fatos e não permitirem que seu parecer seja influenciado por sentimentos nem pela falecida, nem pelas duas acusadas no banco dos réus."

Brown tinha razão quanto a ideias pré-concebidas contra um acusado não deverem ter papel em um julgamento criminal, mas os advogados de defesa estavam sem dúvida torcendo para conquistar simpatia. Se os jurados pudessem ser persuadidos de que Juliet e Pauline estavam sofrendo de um sério transtorno mental, poderiam lidar com elas com generosidade, sem uma interpretação pedante da letra exata da seção 43 (2) da Lei Criminal. Não era a beleza do sistema de júri o fato de que a justiça podia ser moderada pela clemência, que o senso comum e a humanidade do homem comum das ruas poderiam prevalecer, se necessário fosse, sobre a estrita letra da lei?

Tendo defendido da boca pra fora a doutrina de que sentimentos e emotividade deveriam ser postos de lado, Alan Brown sentiu-se livre para atacar as acusadas com toda a veemência à sua disposição. "A alegação da promotoria é que esse foi claramente um homicídio planejado e premeditado de forma fria e insensível, cometido por duas mocinhas altamente inteligentes, porém precoces e de mente suja." A expressão "mocinhas de mente suja" saiu fácil de sua boca; ele a usaria outra vez antes de o julgamento chegar ao fim.

No final das alegações iniciais, Brown procurou apresentar como evidência as medonhas fotografias do rosto espancado de Honorah Parker que haviam sido tiradas no necrotério. Terence Gresson se opôs tenazmente. As fotos não provavam nada, disse ele, e apenas chocariam e enojariam o júri. O sr. juiz Adams concordou. Brown teve que se contentar com imagens menos explícitas que mostravam o corpo dela caído na trilha, com a meia-calça e a metade do tijolo visíveis com clareza.

Uma sucessão de testemunhas agora dava seus relatos dos eventos da tarde de 22 de junho. Agnes Ritchie descreveu as duas meninas voltando, salpicadas de sangue, para o quiosque de chá. Kenneth Ritchie disse que Juliet Hulme estava "agitada (...) mas não histérica". Aos Ritchie, seguiu-se Eric McIlroy, o motorista de ambulância Harold Keys, o dr. Walker, o sargento Hope e os agentes Donald Molyneaux e Griffiths, mas foi Bert Rieper quem causou o maior impacto na calada galeria. Era quase impossível imaginar a dor no coração que esse homenzinho moderado e inofensivo havia suportado. Sua descrição da filha do meio o tratando "com desdém" era trágica. Assim como seu relato da última vez em que tinha visto a esposa viva. "Fizemos a refeição todos juntos, minha esposa, as duas acusadas e outros membros da família. A hora do almoço foi de fato muito animada. As duas acusadas pareciam muito felizes (...) rindo e brincando."

Nada, porém, causou mais arrepios do que ouvir o patologista, dr. Collin Pearson, descrever os horríveis ferimentos de Honorah Parker — as extensas fraturas na parte da frente do crânio, as múltiplas pequenas contusões do próprio cérebro. Os ferimentos no crânio sugeriam um tipo de dano por esmagamento, com a força aplicada enquanto a cabeça estava imobilizada contra o chão. Os hematomas na região da cartilagem da tireoide sugeriam que, em certo ponto, a falecida havia sido segurada pela garganta. Também havia uma laceração no dedo mindinho de uma das mãos, que poderia ter sido causado pela tentativa da falecida de se defender. Era fácil demais visualizar o terrível esforço final da mãe de Pauline.

Brown em seguida chamou Hilda Hulme ao banco das testemunhas. Seu depoimento, embora de grande interesse para o júri, a imprensa e o público, não teria utilidade real para a acusação. Ele pegou leve, sem nem mesmo perguntar o que havia acontecido com o diário de Juliet, embora fosse óbvio que ela havia mantido um.

Em resposta às perguntas dele, Hilda traçou um vago esboço da infância infeliz de Juliet: o choque das bombas que ela havia sofrido quando criança, aos 2 anos, em Londres durante a guerra; sua natureza irritadiça, "muito exigente (...) mesmo no início da infância"; como ela, quando tinha 6 anos, havia sido separada da mãe após o nascimento de Jonathan; como havia na sequência sofrido um grave colapso de saúde com a pneumonia e a bronquite, e como isso fez com que Juliet fosse mandada para morar com estranhos nas Bahamas; como, após um ano, essas pessoas a haviam levado para a Nova Zelândia, onde ela havia enfim reencontrado o resto de sua família; como ela, então, havia sido enviada para o internato em Queenswood, uma escola Waldorf em Hastings, e depois, após contrair tuberculose, havia sido deixada no Sanatório Cashmere enquanto ela e Henry iam para a Grã-Bretanha e os Estados Unidos.

Sua filha era incapaz de ser disciplinada com facilidade, tinha uma tendência a querer ser o centro das atenções e era sempre crítica com as outras pessoas, disse Hilda Hulme ao tribunal. Certa vez, ela e o dr. Hulme haviam se perguntado se seria sábio levá-la a um psicanalista, mas amigos médicos que conheciam Juliet alertaram que a psicanálise seria uma insensatez em tão tenra idade. Hilda preferiu não dar o nome de tais amigos, mas um deles era doutor em psicologia. Ela provavelmente se referia a David Livingstone, o psiquiatra que havia visitado Juliet no sanatório.

Assim como na maior parte do julgamento, Juliet e Pauline pareciam indiferentes, calmas e aparentemente despreocupadas. Um dos jornalistas descreveu o comportamento delas como "divertimento desdenhoso". Uma das poucas vezes em que Juliet reagiu visivelmente foi quando sua mãe disse à corte que ela nunca havia aceitado seu irmão mais novo, nunca havia brincado muito com ele e que "com certeza se ressentia dele". Ela se levantou pela metade no banco dos réus, como se estivesse prestes a dizer alguma coisa, mas logo se sentou outra vez.

Alec Haslam agora havia assumido, convidando Hilda a explicar o episódio, descrito no diário de Pauline, que havia se dado às 3h no quarto do sr. Perry. O sr. Perry, disse Hilda, havia estado seriamente doente por cerca de catorze dias, sofrendo de dores severas. Tendo escutado uma perturbação na casa, ela se levantou, colocou seu robe, passou pela porta que levava ao apartamento dele e o chamou. Como era óbvio que ele estava com dor, ela desceu até a cozinha, fez um bule de chá e levou até seu quarto, lá em cima. Deu a ele uma xícara de chá e tomou uma ela mesma. Hilda se sentou em uma cadeira ao lado da cama dele. Ele, também, estava vestindo um robe. A luz estava acesa.

Enquanto eles estavam tomando chá, escutaram a porta do apartamento se abrir cuidadosamente e então se fechar de novo. Pensando que poderia ser uma das crianças, ela chamou, "Tem alguém me procurando?". Quando sua filha apareceu na porta aberta, ela disse, "Está me procurando, querida?". Juliet respondeu, "Ah, então você está aqui". Ela pediu para entrar e tomar uma xícara de chá. O sr. Perry, que a essa altura estava se sentindo um pouco melhor, desceu até a cozinha para pegar uma xícara e um pires para Juliet.

Juliet, continuou Hilda, parecia entretida com uma piada secreta só dela. Quando Hilda perguntou por que estava rindo, ela disse algo como, "Ah, a vaca foi para o brejo. Eu esperava flagrar vocês dois".

"Eu não fazia ideia do que ela estava se referindo", disse Hilda. Ela podia não se lembrar de cada detalhe da conversa, mas se recordava de Juliet dizer ao sr. Perry, "Pauline e eu havíamos esperado conseguir £100". Ela não fazia ideia do significado da observação até ler o diário de Pauline, pouco tempo antes.

Haslam, então, fez a ela uma pergunta capciosa; como ele estava fazendo uma inquirição cruzada, ela foi admissível. "Você fez o melhor que podia", sugeriu, "apenas para impedir que ela fosse tola quanto a um incidente bastante rotineiro?"

"Sim", ela respondeu. O relato do incidente no diário de Pauline era "totalmente incorreto... inteiramente falso".

É improvável que alguém tenha acreditado nela. A ideia de que ela entraria no quarto de Perry apenas em uma emergência médica foi amplamente vista como uma mentira ultrajante. O futuro de seu casamento era mais do que apenas, como ela o havia descrito, "incerto": anos depois, o jardineiro da família revelaria que, quando foi chamado para investigar um cano obstruído do lado de fora do apartamento de Perry, ele o encontrou entupido de camisinhas.

Bill Perry tentou corroborar a história de Hilda. O que a sra. Hulme dissera sobre a noite em que ela foi ao seu quarto e fez chá para ele estava inteiramente correto, disse ele ao tribunal. Juliet discutiu mesmo o fato de que iria chantageá-lo, mas não havia se dado qualquer coisa de inapropriada. Nunca havia ocorrido nenhum engodo para com Henry Hulme, ele acrescentou. Antes do incidente no quarto, ele dissera a Hulme que ele e a sra. Hulme haviam percebido que estavam apaixonados.

Tudo que restava era o detetive sênior MacDonald Brown e o sargento detetive Tate descreverem o interrogatório das duas acusadas e a tomada dos depoimentos por escrito assinados pelas duas meninas. No meio da tarde de 24 de agosto, a acusação concluiu sua argumentação e Terence Gresson se levantou para abrir sua defesa de Juliet Hulme.

PETER GRAHAM
ALMAS GÊMEAS

24

Uma Rara Forma
de Insanidade

Terence Gresson teve pouca margem de manobra. Que as meninas acusadas haviam matado a sra. Rieper não estava em debate, ele disse ao júri. A única questão era se elas estavam em sã consciência. Após ler em voz alta a seção 43 da Lei Criminal, ele os informou que se as acusadas estavam sãs ou não era uma questão médica. Como o dr. Medlicott e o dr. Bennet viriam a explicar, as meninas estavam sofrendo de uma paranoia associada à *folie à deux*, ou "insanidade comunicada". Isso fazia com que elas não fossem legalmente responsáveis por seu crime. Elas sabiam o que estavam fazendo quando mataram a sra. Rieper, mas por causa de suas constituições paranoicas, eram incapazes de formar qualquer visão racional quanto à retidão do que estavam fazendo. Elas não eram prosaicas "mocinhas de mente suja"; eram mentalmente doentes. Sua preocupação com questões sexuais era um sintoma de sua doença mental. Seu relacionamento homossexual foi fatal para ambas, acelerando a inevitável derrocada.

Reg Medlicott subiu ao banco das testemunhas. Embora chamado pela defesa como uma testemunha especialista, ele jurou dizer "toda a verdade e nada além da verdade". Como psiquiatra, ele pode ter se perguntado se toda a verdade esteve alguma vez no escopo do entendimento humano, mas sua obrigação profissional e dever prioritário para com a corte era dar sua opinião honesta sobre o caso tanto quanto permitiam seu conhecimento e sua habilidade.

A opinião de Medlicott era de que as meninas estavam sofrendo de paranoia do tipo exaltado na configuração de *folie à deux*. A paranoia, ele explicou, era uma forma relativamente rara de insanidade. Era difícil de diagnosticar porque paranoicos parecem lúcidos, enquanto alimentam estranhos delírios, com frequência por anos, sem que seus parentes mais próximos se deem conta. Os delírios, em geral, eram sentimentos infundados de perseguição, mas, nesse caso, eram opiniões infladas de modo fantasioso quanto à genialidade, singularidade, talento literário e uma grande beleza, acompanhadas por uma exultação de humor e sensação de grandeza. *Folie à deux* se referia a delírios compartilhados por duas pessoas, ou às vezes até mais que isso. Na maioria dos casos, a insanidade comunicada era *folie imposée*, resultado da influência de um indivíduo mais forte sobre outro mais fraco. O presente caso, na visão dele, era uma forma ainda mais rara, *folie simultanée*, com cada garota desenvolvendo psicoses simultâneas e "ecoando" os delírios uma da outra entre idas e vindas. Não havia evidência, considerou ele, de que qualquer das garotas impusesse suas ideias sobre a outra. Consciente, talvez, dos olhos de Hilda sobre ele, Medlicott não admitiria que Juliet pudesse ser a dominante.

Cada garota, observou, havia sofrido com uma boa cota de saúde frágil no início da infância. Aos 5 ou 6 anos de idade, Pauline havia tido osteomielite. O longo confinamento no hospital a havia retirado de casa em uma época importante de seu desenvolvimento. Ela havia escutado seus pais dizerem que sua sobrevivência era incerta. Algumas crianças que haviam passado por tal experiência de quase morte tinham desenvolvido um senso de serem especiais. Pauline também havia passado por um período de fervor religioso durante sua doença.

O sr. e a sra. Rieper, sustentou Medlicott, haviam gerado apenas uma criança normal entre quatro. Seu primeiro filho sofreu a síndrome do bebê azul e morreu dentro de 24 horas. Rosemary era uma "imbecil mongoloide", como ele afirmou, institucionalizada em Templeton. Pauline possuía uma rara forma de insanidade. Wendy era a única normal. Na opinião dele, tudo isso levantava uma questão quanto à ascendência de Pauline.

Ele prosseguiu para Juliet. O problema torácico que ela tivera aos 5 ou 6 anos de idade havia interrompido sua educação escolar e resultado na separação de sua família. Isso pode ter tido um efeito danoso, tendendo a romper o desenvolvimento normal entre pais e criança e a afastando de associações e interesses normais. Seu período no Sanatório Cashmere também a havia tirado da escola, dando a ela mais tempo para viver uma vida de fantasia e para escrever. Era um relato notavelmente insípido da terrível negligência na infância de Juliet.

A adolescência, sugeriu Medlicott, era "uma parte significativa do quadro". Nessa época, o aumento do amor e da preocupação para consigo mesmo não era incomum: isso havia sido chamado de "a arrogante megalomania da infância". E, então, havia o aspecto sexual. Antes de desenvolver uma capacidade madura de amar uma pessoa do sexo oposto, o adolescente com frequência passava por um estágio de formação de paixões por membros de seu próprio sexo. A associação havia sido trágica para as duas acusadas devido a seu relacionamento ter logo se tornado homossexual, embora não houvesse prova de que era físico.

Diante disso, o sr. juiz Adams ficou alerta. "O que é a homossexualidade além de uma relação física?", ele queria saber. Medlicott respondeu que a homossexualidade não tinha que envolver um relacionamento físico, embora houvesse várias evidências "muito sugestivas" nos diários de que havia existido uma entre Pauline e Juliet. O diário de Pauline de 1954 continha frequentes referências às meninas tomando banho juntas, passando uma boa quantidade de tempo nas camas uma da outra até altas horas e frequentes conversas sexuais entre elas. Isso não era, de um ponto de vista médico, saudável. Mais importante, isso impedia o desenvolvimento de relacionamentos adultos saudáveis com o sexo oposto. E a homossexualidade e a paranoia, declarou o dr. Medlicott, com frequência estavam relacionadas.

Antes do doutor se aprofundar em suas consultas com as meninas, houve um problema que precisou ser resolvido. Quando Medlicott viu as duas acusadas pela primeira vez, elas afirmaram serem insanas. Mesmo aceitando seu argumento de que os paranoicos eram lúcidos e poderiam planejar e raciocinar, isso era um problema mais sério para a defesa do que Medlicott pareceu reconhecer. Não seria difícil persuadir o júri de que as duas meninas que eram insanas poderiam *fingir* serem insanas? Era fato bem conhecido que os hospitais psiquiátricos estavam cheios de lunáticos insistindo que eram sãos, mas pessoas insanas fingindo serem insanas? — isso era algo que os membros do júri fatalmente teriam problemas em aceitar.

Medlicott foi vago quanto a exatamente quando as meninas haviam parado de fingir serem insanas. Ele havia visto cada uma delas duas vezes nas semanas de 27 e 28 de junho e de 11 e 12 de julho. "Dentro de bem pouco tempo em ambos os interrogatórios, elas me concederam o que consideravam serem provas de sua insanidade." Uma delas disse que por vezes tinha a compulsão — que nunca seguiu — de enfiar a mão no fogo. Ambas afirmaram terem poderes telepáticos e receberem "comunicações incomuns" uma da outra. Elas também afirmaram sofrerem de oscilações de humor entre o êxtase e a depressão, com pensamentos suicidas. Ele não aceitou nenhuma dessas declarações como evidências de insanidade.

Na terceira rodada de interrogatórios — não ficou claro quando, exatamente, eles foram realizados —, as duas meninas foram um tanto categóricas quanto a não serem insanas, disse ele. Um médico dissera a elas que estariam melhor na cadeia do que em um hospital psiquiátrico. Em 23 de agosto — o dia antes de ele prestar depoimento — Pauline dissera a ele, "Somos ambas sãs. Todos é que estão redondamente enganados. Nossas visões são muito mais lógicas e sensatas...".

A anormalidade mais marcante que convenceu Medlicott de que tanto Juliet quanto Pauline eram insanas foi o humor que demonstraram durante os interrogatórios. "Havia uma persistente euforia e... elas de repente oscilavam para a fúria", disse ele ao tribunal. "A incongruência de seu humor era flagrante. Elas faziam exaltações ao seu crime... com essa exaltação, havia uma empolgação um tanto excessiva. Cada uma das meninas tinha súbitos períodos de intensidade. Elas, pode-se dizer, entravam em marcha, falavam com tanta rapidez durante certo tempo que era quase incoerente."

"Elas demonstraram certa presunção que era um tanto fora da normalidade. As ideias a respeito de suas próprias aparências não são baseadas em qualquer realidade. A pretensa genialidade delas não possuía nenhuma base sólida, exceto uma delas ter um QI alto... elas estavam prontas a aceitar que seus livros abalariam o mundo sem tê-los submetido a nenhum tipo de autoridade exterior."

As meninas, disse ele, haviam sofrido "uma reversão muito brutal da moralidade ou da moralidade sexual (...) admiravam as coisas que eram malignas e condenavam tudo que a comunidade considerasse bom. Era óbvio que as defesas de uma personalidade normal contra o mal haviam desaparecido quase que por completo". Seus superegos — em termos freudianos, as vozes da consciência e da autocontenção — haviam sido praticamente silenciados.

O pensamento delirante — paranoico — das meninas, declarou Medlicott, foi claramente demonstrado no diário de Pauline no registro da Sexta da Paixão, 3 de abril de 1953: "Hoje Juliet e eu encontramos a chave para o 4º Mundo. Agora nos damos conta de que estivemos de posse dela por cerca de seis meses, mas só percebemos no dia da morte de Cristo. (...) Nós agora sabemos que não somos gênios, como pensávamos. Nós temos uma parte extra de nosso cérebro que pode reconhecer o 4º Mundo. Apenas cerca de dez pessoas a possuem. Quando morrermos, iremos para o 4º Mundo, mas, enquanto isso, por dois dias a cada ano, podemos usar a chave e olhar para aquele belo mundo, tendo tido sorte o bastante de obter permissão para saber de sua existência".

Durante sua visita de julho, as duas meninas haviam, disse ele, fornecido relatos consistentes sobre o 4º Mundo, que a essa altura elas vinham chamando de "Paraíso" ou "Paradisa", e das partes extras de seus cérebros. Ele estava convencido de que, por causa da crença delas no próprio paraíso especial, a ideia da morte não as perturbava de qualquer modo. Esse delírio era um tanto diferente das fantasias corriqueiras que teciam.

Medlicott também havia ficado impactado pela "pretensão um tanto fantástica" revelada no poema de Pauline, "The Ones That I Worship":

"...two beautiful daughters
The most glorious beings in creation;
They'd be the pride and joy of any nation.
The outstanding genius of this pair
Is understood by few, they are so rare.
Compared with these two, every man is a fool.
The world is most honoured that they should deign to rule,
And above us these Goddesses reign on high..."

[...duas belas filhas
Os seres mais gloriosos na criação;
Seriam alegria e orgulho de qualquer nação.
Destas duas o gênio fenomenal
Poucos entendem, de tão excepcional.
Comparado às duas todo homem é estúpido.
Quanta honra para o mundo que se dignem ao seu mando
E que tais deusas sobre nós reinem supremas...]

Quando ele perguntou a Pauline sobre esse ingênuo disparate, ela havia reconhecido que estava "um pouco mais convencida do que o normal" no dia em que o escreveu, mas insistiu que ele, em essência, era verdade. Quando perguntou a Juliet sobre religião, ela havia ficado tão agitada e extática que ele, muitas vezes, achou quase impossível acompanhar o que ela dizia. Elas tinham sua própria religião, dissera Juliet a ele. Nela, as pessoas não eram todas iguais: só havia 25 pessoas em seu próprio nível que iriam para o Paraíso, "um mundo de música, arte e puro deleite". Seu deus não era o cristão, mas uma versão mais poderosa do humano. "Ele tem os mesmos poderes, só que imensamente ampliados." A parte extra de seus cérebros "conectada à parte comum (...) torna a coisa toda diferente. (...) Você consegue apreciar a natureza integral de tudo."

"Não desejo me colocar acima da lei", disse ela. "Estou à parte dela."

Pauline havia falado a Medlicott mais detalhes a respeito do 4º Mundo. Ela e Juliet ficaram sabendo dele, disse ela, seis meses antes de sua experiência em Port Levy. Quando Medlicott perguntou a ela sobre os dois dias a cada ano em que elas conseguiam enxergá-lo, ela respondeu, "Nós agora o vemos sempre que desejamos".

No dia após aquilo que Medlicott chamou de "a revelação de Port Levy", houve um episódio particularmente sanguinário nos escritos de Pauline. Roland, em fúria ardente, havia baleado Roderick, e o cavalo Vendetta havia matado Gianina na véspera de seu casamento com Nicholas, então pisoteou Nicholas até a morte antes de galopar rumo ao pôr do sol cor de sangue. Esses escritos haviam acontecido tão logo após os delírios em Port Levy que Medlicott acreditava que eles haviam liberado impulsos homicidas. Se ele tivesse lido a passagem um ano antes, teria ficado temeroso de que algum dia as meninas pudessem partir para a ação.

Os registros nos diários de Pauline, incluindo sobre fazer amor com os Santos, também sustentavam seu diagnóstico de que as duas meninas estavam sofrendo de delírios paranoicos, Medlicott disse ao júri. Eles mostravam que, com o passar do tempo, "o mal se torna cada vez mais importante (...) elas por fim acabam indefesas sob sua influência".

Os horários irregulares de Juliet e Pauline e suas atividades noturnas eram, afirmou, sintomáticas de sua crescente euforia. Ele estava convencido de que, em junho de 1954, as duas meninas estavam flagrantemente insanas. Mesmo antes de elas começarem a brincar com o mal, como demonstrado por seus furtos a lojas e tentativas de chantagem, havia sinais de alerta de que suas defesas normais estavam sendo sobrepujadas. Sua presunção tinha que ser alimentada de forma contínua por sua zombaria de outras pessoas, provando que todo o resto estava errado. O paranoico tinha uma falta de habilidade de reconhecer os direitos dos outros — "mesmo [o direito] à vida".

Porém, disse ele, embora Parker e Hulme estivessem insanas quando atacaram a sra. Rieper, estavam cientes da natureza física e do caráter de seu ato: sabiam que estavam matando um ser humano. Por vezes, estavam "cientes da correção e da incorreção de seus atos. Essa consciência é tão temporária que elas, em um piscar de olhos, passam do que sabem sobre a lei para suas próprias ideias fantásticas. A paranoia, sem dúvida alguma, afeta o julgamento... o motivo delirante é o que sempre as impele". Nenhuma das meninas, disse Medlicott, havia alguma vez reconhecido, durante as conversas com ele, que tudo o que tinham feito era moralmente errado.

Alan Brown fitava o psiquiatra com impaciência, ávido para começar sua inquirição.

PETER GRAHAM
ALMAS GÊMEAS

25

Aquilo Que Chamam Êxtase

Alan Brown estava determinado a mostrar que Pauline Parker e Juliet Hulme eram legalmente sãs quando mataram Nora Rieper. Ele começou fazendo Reg Medlicott admitir que todos os três médicos que foram chamados pela Promotoria para refutar a insanidade — James Hunter e James Saville, do Hospital Psiquiátrico Sunnyside, e Kenneth Stallworthy, oficial médico sênior do Hospital Psiquiátrico Avondale — tinham consideravelmente mais experiência em questões médicas legais do que ele.

Ele então voltou seu foco para uma clara fraqueza do argumento da defesa: o fato de que as meninas tinham *fingido* serem insanas. Medlicott não tinha certeza de por qual razão elas haviam feito isso, disse ele. É possível que elas tenham pensado que serem insanas poderia diminuir seu tempo de detenção. Brown fez a observação de que elas pensaram que estariam melhor em um hospital psiquiátrico do que na cadeia, tendo que trabalhar.

Brown se voltou para o fato de que, durante o primeiro interrogatório de Pauline feito por Medlicott, ela dissera a ele que sabia que assassinato era considerado algo errado, contra a lei. A menina Hulme também havia admitido saber que, ao matarem a mãe de Pauline, ela e Pauline haviam feito algo errado perante a lei. Ela acrescentou, "Não existe certo ou errado. (...) Se eu comandasse um país, faria leis às quais os outros seguissem e os puniria se não o fizessem. Como rei, é claro, as leis não se aplicariam a mim". Mas ela havia entendido que a lei da Nova Zelândia se aplicava a ela. Se fosse velha o bastante para ser enforcada, disse ela a Medlicott, não teria se importado. "Ir para o Paraíso é algo bom."

Embora as meninas soubessem que o assassinato era errado perante a lei, ele nunca conseguiu fazê-las admitir que era moralmente errado, replicou Medlicott. Ele foi forçado a concluir que elas não sabiam que suas ações eram moralmente erradas. Elas entendiam os padrões de certo e errado aceitos em geral pela comunidade, mas não reconheciam que eles se aplicavam a elas.

"O senhor acha que essas meninas estavam convencidas de que surrar a cabeça da sra. Parker era moralmente certo?", perguntou Alan Brown.

"Acho que estavam", Medlicott pôde apenas responder.

Não havia, continuou Brown, uma aparente contradição entre as meninas se considerarem além das limitações da lei embora soubessem que seriam punidas se fossem flagradas a transgredindo?

Paranoicos faziam isso, respondeu Medlicott. Eles consideravam que os padrões morais da comunidade não se aplicavam a eles.

"Elas tinham permissão para fazer isso [cometer homicídio], mas ninguém mais tinha?"

"Sim."

Por que, então, as meninas haviam ficado ansiosas para não serem pegas e mentiram para a polícia, perguntou Brown.

Seu plano seria frustrado se elas fossem pegas, afirmou Medlicott. Até Juliet enfim confessar, elas pensaram que Pauline seria considerada insana e os Hulme seriam capazes de assumir a responsabilidade por ela e a tirariam do país. "É uma crença fantástica", reconheceu ele.

Brown seguiu pressionando. "Qual foi o primeiro momento em que qualquer uma delas se tornou flagrantemente insana?", perguntou.

Os primeiros sintomas da paranoia eram insidiosos, respondeu Medlicott. Era difícil reconhecer o momento exato, mas ele acreditava que o incidente em Port Levy, em abril de 1953, havia se dado quando elas passaram de sua inerente personalidade paranoica para a paranoia de fato.

"A crença delas de que eram altamente inteligentes era um delírio?"

"Não."

"A crença de que [a sra. Rieper] estava no caminho delas não era um delírio?"

"Não."

"Era a mais pura realidade?"

"Sim."

"E a razão para elas matarem a sra. Parker não foi tirá-la do caminho?"

"Sim."

"Não foi, em absoluto, o resultado de um delírio, foi?"

"Não diretamente."

"O principal objetivo de vida delas era permanecerem juntas?"

"Era."

"A interferência da sra. Rieper não estava atrapalhando o plano delas?"

"Estava."

"E elas se livrarem da sra. Parker removeria a interferência aos planos delas?"

"Era isso o que elas pensavam."

Era um argumento válido. Mesmo que as duas acusadas estivessem sofrendo de delírios paranoicos, não era possível concluir que a morte de Honorah Parker se dera por um delírio — uma falsa crença em um estado das coisas que não existia.

Alan Brown estava indo bem. Em que estado emocional estavam as meninas quando elas encontraram a sra. Ritchie no quiosque de chá, ele queria saber. Elas não exibiram as emoções que se esperaria de duas meninas sãs que haviam cometido um ato pavoroso?

"Creio que houve certa resposta emocional nítida ao ato. Acho que o sangue as chocou", respondeu Medlicott.

Brown insistiu em seu argumento. "O senhor concorda que, logo após matarem a sra. Parker, elas se comportaram como seria esperado que se comportassem duas pessoas que cometeram tal ato?"

"Sim. Elas mostraram sinais de choque."

"Elas se comportaram como se esperaria que se comportassem pessoas que cometeram tal ato: sim ou não?"

"Eu não sei", foi tudo que Medlicott pôde dizer.

Brown continuou a desmoralizar a testemunha. "O senhor diz que [Pauline] afirmou ter passado por um período de fervor religioso durante a escola primária (...) foram essas as palavras dela?"

"Não estou certo. Eu revi minhas anotações. Posso estar me confundindo com o que me foi dito por sua irmã, Wendy."

O juiz interveio. "O senhor está dizendo que não pode nos garantir que alguma das meninas usou a frase sobre fervor religioso?"

"Não. Eu repassei minhas anotações e não consegui encontrá-la. Eu de fato a encontrei em minhas anotações da entrevista com Wendy e lamento muito por ter ficado confuso..."

Alan Brown tinha colocado Medlicott contra a parede. "O senhor se dá conta de que é muito importante que haja exatidão nas evidências."

Era algo pequeno, mas havia causado dano à credibilidade de Medlicott. Se, assim que foi descoberto que um erro tinha sido cometido, ele tivesse oferecido uma correção à corte, nenhum mal teria sido causado.

Brown ainda não havia terminado. Ele queria saber por que Medlicott dissera em depoimento que problemas com os outros filhos dos Riepers levantavam questionamentos quanto à ascendência de Pauline.

"O senhor não acha que está sendo injusto com a sra. Rieper ao dizer isso?"

"Eu nada disse além de que isso levanta um questionamento."

"O senhor não acha que é ser injusto dizer mesmo isso?"

"Creio que não."

"O que o senhor quer dizer com isso?"

"É apenas o que eu disse — isso sugere a possibilidade de uma ascendência defeituosa."

"Ou seja, insanidade hereditária de pai para filho ou de mãe para filha?", perguntou Brown.

"Não pude encontrar nenhuma evidência de insanidade hereditária."

"Sua sugestão é de que poderia haver?"

"Não é essa a intenção de minha sugestão."

"O que o senhor quer dizer com isso?", continuou Brown. "Apenas que eles são uma família de quatro, o primeiro filho morreu dentro de 24 horas, a segunda é normal, a terceira eu considero que sofra de paranoia e a quarta está em Templeton?" Brown se deleitava com o crescente desconforto de Medlicott. "As palavras do senhor não inferem que a insanidade que o senhor alega existir em Parker foi hereditária?"

"Não."

"O que o senhor quis dizer?"

"Que isso sugere uma ascendência defeituosa."

"O que quer dizer ascendência defeituosa?"

"Que uma geração pode ser defeituosa."

"Quer dizer insanidade hereditária?"

"Não considero que seja isso o que signifique."

"O que significa?"

"Não consigo me aprofundar mais."

"Não significa nada?"

"Significa o que eu disse."

"O que significa, além da sugestão de insanidade hereditária?"

"Não posso ir além em minha resposta", disse Medlicott.

O sr. juiz Adams lançou sua própria pergunta. "O senhor está agora me dando a entender, doutor, que o fato de que houve uma criança que morreu e que uma outra criança é 'imbecil' não tem qualquer relevância sobre a sanidade ou a insanidade da acusada Parker?"

"Creio que tenha tido, mas não por causa de qualquer hereditariedade, pois não temos conhecimento de nenhuma hereditariedade", respondeu Medlicott. "Posso estar enganado, mas acredito que a família em que só há um membro normal — isso tem alguma significância."

"Em que sentido?", interrompeu Brown.

"Apenas ascendência defeituosa. Não consigo me aprofundar mais do que isso."

Brown estava coagindo a testemunha, dizendo poucas e boas a ele por causa de algo que era, em essência, sem importância. Agora, de repente, ele tinha dado meia-volta. "O senhor concorda", perguntou a Medlicott, "que não há sugestão, a partir do fato da criança com síndrome do bebê azul e da imbecil, de que houve alguma insanidade hereditária?"

Alguns dos espectadores trocaram olhares. Medlicott não havia deixado isso claro o tempo todo? Era Brown quem estava insistindo que "ascendência defeituosa" significava insanidade hereditária.

As idas e vindas peculiares das perguntas de Brown eram ágora evidentes para o outro advogado e não escaparam à atenção do juiz. O promotor público parecia não estar muito no controle. O assistente de Brown, Peter Mahon, se retesou de constrangimento. A essa altura, ele e Brown mal se falavam e ele sabia que Brown andava bebendo bastante. Durante o julgamento, "Brown se encheu de birita o tempo todo", diria ele a Brian McClelland.

Quando teve início a linha de interrogatório seguinte de Brown, a multidão se inclinou para a frente e os repórteres apontaram seus lápis. Era para isso que eles estavam lá.

O promotor não mediu palavras. Medlicott dissera que o relacionamento entre Juliet e Pauline era homossexual, mas que não havia provas de que ele fosse físico. "Para pessoas comuns como eu e o júri", vociferou Brown, "acredita-se que a homossexualidade signifique contato físico entre duas pessoas do mesmo sexo."

"Essa é uma visão completamente errônea", rebateu Medlicott.

"Sua leitura dos diários mostra claramente que essas jovens fizeram brincadeiras sexuais e físicas uma com a outra."

"Tentei comprovar isso, mas não consegui evidências absolutas."

"É muito convincente", insistiu Brown, "tão convincente que qualquer um com alguma inteligência deve saber que foi isso o que elas fizeram."

Medlicott não estava pronto para reconhecer. "Também há evidências muito claras de que, até onde Parker saiba, ela também era heterossexual, e teve relações sexuais com rapazes — pelo menos com um rapaz."

"Homossexuais podem ter relações sexuais com pessoas do sexo oposto", ressoou Brown. Pauline havia feito isso "uma vez após a outra". Ela havia tido relações com um rapaz.

"Isso foi relatado no diário", admitiu Medlicott.

"Uma vez após a outra!"

"Isso foi negado. Ela disse que apenas uma vez."

Brown repassou com Medlicott todos os registros no diário de Pauline que se referiam às suas tentativas de ter relações sexuais com Nicholas. Ele parecia não ter um propósito óbvio, a não ser criar um preconceito contra a menina acusada.

"Ela possuía uma boa parcela de conhecimento sexual do sexo oposto", colocou ele para Medlicott.

Nesse ponto, reportou o *Sun-Herald*, "a expressão de Juliet Hulme era selvagem. Ela se inclinou para a frente, cerrando os dentes e cuspindo palavras em silêncio por seus lábios distorcidos pela fúria", enquanto Pauline "curvou sua cabeça até os joelhos". Pauline dissera a Medlicott que tinha descrito todos os eventos a Juliet. Ao que parecia, Juliet não sabia tanto quanto Pauline o havia levado a acreditar.

Alan Brown agora partia para desafiar cada aspecto do diagnóstico de Medlicott em um estabanado tiroteio de perguntas. "Não há várias pessoas que têm visões? (...) Pessoas que são perfeitamente sãs não têm ideias notoriamente diferentes sobre deus e o pós-vida? Há budistas, muçulmanos, confucionistas, todos têm ideias notoriamente diferentes? (...) Os nativos nas selvas africanas têm ideias sobre religião que são peculiares para nós? (...) Essas pessoas são todas loucas? Todos os profetas tiveram visões? Essas meninas tiveram uma visão que afirmam poderem conjurar a qualquer momento. Por que isso as torna loucas? (...) Ela gostava muito de ter relações? (...) Ela tentou uma vez após a outra? (...) Ela estava abaixo da idade para consentimento!"

Ele havia voltado para o sexo. "Não é um fato que elas encenaram questões sexuais com seus Santos, ou como seus Santos?"

"Juliet sustentou que não era comportamento sexual", respondeu Medlicott. "Certamente soa como tal pelo diário, mas ela negou isso a mim."

"Você acreditou nela?"

"Foi muito duvidoso."

"Você suspeitou que ela não estivesse dizendo a verdade?"

"Naquela ocasião."

"Harry Lime?", perguntou Brown. "Já ouviu falar dele?"

"Sim, é um astro do cinema", respondeu Medlicott, equivocado. "As meninas... me disseram que usavam os rostos deles para seus personagens."

"Não era um fato que elas usaram outras partes de sua anatomia?"

"Por vezes, podem ter usado", admitiu Medlicott.

"Até no que concerne às partes íntimas?"

"Quanto a isso, não sei."

"O senhor não perguntou?"

"Não."

Brown seguiu no ataque. Poderia o dr. Medlicott imaginar uma menina que fosse afeita à fornicação?

Poderia.

"Ela pode gostar de ter relações com tipos diferentes de homens?"

Pode.

"Não era isso o que elas queriam dizer em relação a esses Santos?"

"Eu havia entendido que o senhor pensava que elas eram homossexuais", retaliou Medlicott. O fato de elas terem descrito alguém como comprido, ossudo ou roliço não tinha, sustentou, nenhuma grande relevância sobre sua intensa preocupação com esses personagens fictícios.

"O senhor acha que elas brincam como crianças inocentes?", inquiriu Brown, tremendo de fúria.

"Não há nenhuma sugestão de que elas brinquem como crianças inocentes", respondeu Medlicott com a voz tão tranquila que ele poderia usá-la até para acalmar um lunático perigoso.

Brown estava com sangue nos olhos. "Tome um deles como exemplo. Ele — Mario Lanza — é roliço?"

"Naquele registro", respondeu Medlicott.

"Sendo assim é agradável fingir, quando elas rolam juntas na cama, que uma delas é Mario Lanza?"

"Pode ser", admitiu Medlicot.

Brown leu o registro de domingo, 13 de junho, do diário de Pauline. "'Passamos uma noite frenética repassando os Santos (...) Nós agora descobrimos a paz daquilo que chamam Êxtase, a alegria daquilo que chamam Pecado.' O que elas quiseram dizer com isso?", inquiriu.

"Eu pensaria que houve relações amorosas entre elas."

"Físicas?"

"Eu pensaria que houve", respondeu Medlicott. "Sei que elas são flagrantemente homossexuais. Não tenho a menor dúvida quanto a isso." Mas quando ele perguntou a Juliet sobre o registro de 11 de junho no diário de Pauline — "Nós encenamos como cada Santo faria amor na cama, fazendo apenas o primeiro de sete, pois eram 19h30 a essa altura" — Juliet havia respondido que a encenação de cenas de amor não equivalia a nenhuma relação física entre elas.

"O senhor acreditou nisso?", perguntou Brown.

"Eu já disse que fiquei extremamente indeciso."

A essa altura, o sr. juiz Adams interrompeu. "A mesma pergunta foi feita a Hulme?"

"Isso foi perguntado a Hulme", disse Medlicott.

"A mesma pergunta foi feita a Parker?"

"Isso foi perguntado a Parker. Me desculpe."

"O senhor perguntou a Hulme?"

Medlicott estava atrapalhado, perdendo a imperturbável autoridade de uma boa testemunha especialista. "Estou confuso, uma vez que as anotações não estão identificadas para os diferentes interrogatórios", disse. "O interrogatório é de Juliet Hulme. Eu me enganei. *Foi* Juliet Hulme."

O juiz não ficou satisfeito. "Você nos falou de uma das meninas negando que era uma relação física. O mesmo ponto foi colocado à outra menina?"

"Não tenho referência específica. Não creio que tenha sido."

Brown insistiu nesse ponto. "O senhor acha que não perguntou a Pauline Parker se houve alguma relação física entre elas?"

"Eu a questionei com bastante atenção sobre seu relacionamento com Juliet. Ela disse, 'Juliet não é uma amiga íntima. É muito mais próxima'. Eu sugeri, 'Isso não é amor?'. Ela disse, 'Não sei... eu me importo mais com ela do que com qualquer outra pessoa nesse mundo'."

"O senhor não perguntou a ela se esse amor progrediu para uma paixão sexual ou para orgias?", perguntou Brown, malicioso.

"Não perguntei. (...) Fisicalidade não me preocupa — não tenho dúvidas quanto à flagrante homossexualidade."

Brown estava relutante em abandonar o assunto do sexo. Qual era, ele perguntou a Medlicott, o significado do registro no diário de Pauline para a sexta, 11 de junho: "Aquilo é aterrador. Ele é pavoroso. Nunca antes em minha vida vi algo na mesma categoria de hediondez (...) Voltamos para casa e conversamos durante algum tempo sobre Aquilo, ficando cada vez mais excitadas".

"Aquilo", ou Harry Lime, representava o mal para elas, disse Medlicott. "A adoração da hediondez é geralmente considerada maligna."

"Suponho que o senhor concordará que... alguns [homens] têm feições um tanto hediondas", disse Brown. "O senhor acredita mesmo que algumas mulheres se apaixonam de verdade por homens feios?"

"Sim, isso acontece", concordou Medlicott.

"Porque a pessoa é feia, isso não significa que ela seja má?"

"Ser mau é diferente de ser feio."

Após mais um pouco de discussão, Brown se voltou à questão do diário de Juliet. A menina algum dia havia escrito um diário?

"Não do qual eu tenha conhecimento", respondeu Medlicott.

"O senhor indagou?"

"Indaguei."

"A quem?"

Ele não se lembrava ao certo. Ao sr. Gresson, ele acreditava.

"O senhor não perguntou a Juliet?"

"Não. Eu estava um tanto certo de que se ela tivesse escrito um diário, isso teria sido levado ao meu conhecimento, porque teria sido uma evidência."

Brown prosseguiu. "Não há uma referência — ou mais de uma — no diário de Parker: 'Fomos para casa e escrevemos em nossos diários'?"

"Pode haver."

"Isso não faria o senhor indagar a Juliet e a Pauline se Juliet havia escrito um diário?"

"Eu fiz averiguações (...) A sra. Hulme me contou, creio eu, uma história bastante franca sobre a menina e não fez nenhuma referência a qualquer diário. Foi entregue a mim uma caixa de terno com o que conseguiram encontrar dos escritos de Juliet para que eu levasse comigo. Eu concluí que era evidente que não havia um diário."

Brown não havia terminado. "O senhor concorda que, se tivesse havido um ou mais diários, eles poderiam ter sido escondidos?"

"Poderiam ter sido", respondeu Medlicott.

Brown deixou claro o que queria dizer: as respostas de Medlicott não foram convincentes. Qualquer desconforto que Hilda Hulme pudesse ter sentido durante essa discussão foi superado pelo alívio de saber que o documento terrivelmente constrangedor havia sido destruído.

Por fim, Brown voltou ao ponto principal do testemunho de Medlicott, seu diagnóstico de que as meninas eram insanas em uma configuração de *folie à deux*. "O senhor alguma vez", perguntou ao médico, "teve em sua experiência pessoal qualquer caso de duas pessoas [insanas] combinando de cometer um crime?"

"Não tive", respondeu Medlicott, "mas não está fora de questão."

"O senhor já leu em algum livro teórico a respeito de duas pessoas insanas combinando de cometerem crimes e ambas os cometerem?"

"Não li muita coisa sobre *folie à deux*."

"A resposta é não?", persistiu Brown.

"Eu não li."

Houve, Medlicott frisou, o famoso caso Leopold e Loeb, mas não era exatamente a mesma coisa, uma vez que os acusados "não tinham a insanidade distinta com a flagrante perturbação emocional que é possível ver aqui". Embora pessoas insanas, concordou, em geral não fizessem maquinações, a insanidade de Parker e Hulme era de um tipo diferente.

Brown tinha duas últimas perguntas.

"Elas sabiam que [assassinato] era errado aos olhos da lei?"

"Sabiam."

"E elas também sabiam que o que tinham feito era errado aos olhos da comunidade?"

"Aos olhos da comunidade, sim."

Essas eram as respostas que ele queria. Reg Medlicott já estava no banco das testemunhas há nove horas.

A defesa estava em frangalhos. Como colocou Brian McClelland, o promotor público havia feito sua principal testemunha comer o pão que o diabo amassou, tinha feito um estrago nele.

Medlicott, enquanto isso, estava convencido de que Brown estava exibindo seus próprios sintomas psiquiátricos. "Não se engane", disse a McClelland, "Alan Brown é um caso clínico. Vai estar no Ashburn Hall em dois anos."

Ele foi ainda mais franco com seu colega psiquiatra David Livngstone. Brown, disse a David, era tão insano quanto as duas meninas.

PETER GRAHAM
ALMAS GÊMEAS

26

Dormindo Com os Santos

Alec Haslam se pôs de pé para defender Pauline Parker. Sua abertura para o júri foi econômica. Eles não desafiariam as evidências fornecidas pela acusação. A única pergunta era se as meninas acusadas eram insanas ou não. A primeira e única testemunha da defesa de Pauline Parker foi o dr. Bennett.

Francis Bennett caminhou na direção do banco das testemunhas tomado pela sensação de que os olhos da História estavam sobre ele. Apesar de não ter a qualificação de especialista em psiquiatria — ele era clínico geral, mais conhecido por sua prática obstétrica — ele estava explodindo de confiança. Brian McClelland o considerou "teimoso (...) não tão inteligente quanto pensava". Reg Medlicott também o viu como arrogante, um ator frustrado que amava o drama daquilo tudo e se aprazia de sua conexão próxima com os Hulme.

Ainda que menos cerebral do que Medlicott, Bennett com certeza era mais belicoso. Na guerra, ele havia se alçado a tenente coronel no Corpo Médico. Estava acostumado a ser deferido. Estava determinado a não ser intimidado por Alan Brown do mesmo modo que Medlicott havia se permitido ser.

Ele foi direto ao ponto. As ações de Pauline Parker e de Juliet Hulme só podiam, afirmou, ser explicadas com base na insanidade mútua. Como o dr. Medlicott, ele acreditava que as meninas vinham sofrendo de uma grave psicose conhecida como paranoia, de delírios, muito embora *aparentemente* — ele enfatizou a palavra — fossem capazes de raciocínio claro e lógico. Uma vez que tais delírios tomaram conta, continuou ele, se tornaram a obsessão preeminente na vida das pacientes, uma compulsão implacável.

"Forçado a escolher entre os valores morais da comunidade ou perseguir seus delírios, o paciente rejeita os valores morais. Paranoicos tem que seguir, precisam seguir, o delírio onde quer que ele os leve. Tais pessoas se tornam amorais, antissociais e, em qualquer comunidade, perigosas."

O delírio das meninas era que elas possuíam um dom especial, que eram mentalmente brilhantes e imensuravelmente superiores à manada geral da humanidade. A verdade era que, embora as meninas com certeza não fossem obtusas e fosse sabido que uma delas tinha um QI alto, elas não eram intelectos altaneiros. Seus escritos, acreditava ele, não eram de um mérito literário excepcional.

Ele considerava que a "perturbação mental" de ambas as meninas era similar; era uma coincidência extraordinária que as duas tais meninas se encontrassem na mesma turma da mesma escola. Se elas nunca tivessem se conhecido, os sintomas totais da paranoia teriam se desenvolvido em uma época muito posterior, assim ele acreditava. "O paranoico solitário faz um progresso lento em seu conflito com a sociedade."

As duas meninas tinham "delírios de grandeza (...) se incitavam a um estado de júbilo (...) formaram sua própria sociedade (...) habitavam essa nova sociedade em êxtase (...) repleta dos Santos e de suas famílias e seus personagens ficcionais". Até então, assim parecia, Bennet estava se saindo muito melhor do que Medlicott na descrição do estado delirante das meninas.

"Elas só podem perdurar nessa agradável nova sociedade", continuou, "se estiverem juntas. Se forem separadas [cada uma deve] reverter ao seu conflito solitário e infeliz com outros seres humanos contemporâneos. A ligação entre as duas é homossexual e é vital para elas. Somente nessa relação elas se sentem seguras. Se nunca tivessem sido ameaçadas, poderiam ter continuado em sua paixão mórbida sem nenhuma transgressão brutal contra a sociedade. Mas a relação *foi* ameaçada. A ameaça a ela foi uma ameaça ao delírio de sua superioridade e, como é da natureza do paranoico, elas agiram para resistir a essa ameaça."

Haslam estava satisfeito com o quanto sua testemunha estava indo bem. Bennett agora havia chamado a atenção do júri para os diversos registros no diário de Pauline que ilustravam os delírios de grandeza das meninas, e então, com um floreio, resumiu suas esquisitices. As meninas "passavam todo o tempo que fosse possível em Ilam, discutindo infindavelmente os Santos e as tramas de seus livros; se banhando e se deitando juntas; fotografando uma a outra em elegantes vestidos emprestados e nuas; conversando a noite inteira; se arrumando; levantando durante a noite, saindo para o jardim e atuando; ignorando outras pessoas; fazendo um pequeno cemitério no terreno que elas mais tarde ampliaram como o (...) Templo de Rafael Pan, onde enterraram um rato morto e colocaram uma cruz sobre ele, e mais tarde colocaram diversas outras cruzes para representar o enterro das ideias mortas que um dia elas haviam tido e haviam descartado desde então. Elas não tinham amigos de sua própria idade; nunca foram aos bailes, com uma exceção; (...) nunca liam os jornais; Pauline registra o quanto ela odiava a escola; odiava a Escola Digby; dizia que as meninas (...) eram tolas. Ela foi à competição de natação da escola e passou o evento inteiro escrevendo um romance. Durante a visita da rainha, elas não fizeram tentativa alguma de ver a rainha ou as decorações. Elas preferiram a companhia dos Santos".

A história progrediu ao seu insano clímax. As meninas haviam "deixado esse mundo para trás", estavam "se elevando cada vez mais alto em seu êxtase de paixão". Estavam convencidas de que havia vida após a morte. Todos iriam ou para o Céu, ou para o Paraíso. O Céu era para a felicidade; o Paraíso era para o êxtase. A vasta maioria iria para o Céu. Quanto ao Inferno, Juliet havia garantido a ele que tal coisa não existia. A ideia toda era primitiva demais, *antiestética* demais.

Ele havia observado a ela que, com base em suas próprias crenças, ela provavelmente encontraria a mãe de Pauline ou no Céu, ou no Paraíso. "Creio que sim", ela havia admitido.

"Com o rosto todo cheio de sangue?"

"Bom, ela não chegaria naquele estado. De todo modo, ela vai estar no Céu, e nós, no Paraíso. Mesmo que nós a encontrássemos, não nos preocuparíamos. A morte não é nada do que dizem. Afinal, ela não era uma mulher muito feliz."

Juliet conhecia qualquer outra pessoa, além delas mesmas, que iria para o Paraíso?

"É provável que haja algumas, mas ainda não conhecemos nenhuma."

"Quem são as melhores pessoas?"

"As melhores pessoas são aquelas que lutam contra todos os obstáculos na busca pela felicidade."

"Até mesmo matando?"

"Ah, sim, se necessário."

Juliet havia insistido que a Bíblia era uma patetice. Elas iriam escrever uma nova. Ela a escreveria em papel pergaminho e Pauline a ilustraria. Pauline se gabava de ter desobedecido a todos os dez mandamentos, e Juliet, a nove.

Juliet havia se lembrado e estado preparada para recitar animada cada detalhe do ataque delas à sra. Rieper. Na visão de Bennett, isso era prova ainda maior de insanidade. E tendo decidido assassinar a mãe de Pauline, nenhuma das meninas havia apresentado tumulto emocional — medos, dúvidas, hesitação, indecisão, falta de sono — que seriam esperados dos sãos. Pauline, fingindo demonstrar afeto a sua mãe, fazendo a encenação de ajudar sua mãe diligentemente com o serviço de casa para aliciá-la a acompanhá-las no passeio fatal, o assassinato "bestial, traiçoeiro e imundo" em si — isso, insistiu ele, estava "a milhares de quilômetros da sanidade".

"Se desejam entender melhor do que posso expressar, leiam *Macbeth*", disse ele ao tribunal.

No último interrogatório de Pauline feito por Bennett, em 14 de agosto, ela havia acabado de retornar da prisão de Mt. Eden, para onde havia sido enviada a pedido dele como um experimento para ver que efeito teria sobre ela, se é que teria algum, um período de separação de Juliet. Ela falou, segundo ele, de forma franca e inteligente, admitindo que algumas de suas ideias anteriores sobre os Santos ou ir para os EUA agora pareciam um pouco tolas. Sua conversa com ela havia sido "animada, fácil, cooperativa" até ele abordar o assassinato. Pauline foi inflexível quanto ao assassinato ter sido justificado, como seria qualquer outra coisa que a impedisse de ser separada de Juliet.

Quando a entrevista se encaminhava para o fim, ela de repente havia ficado impaciente e relutante em responder mais perguntas. Ao que parece, um agente prisional dissera a ela que, assim que ele fosse embora, ela poderia reencontrar Juliet. Quando ele disse ter sido informado de que ela teria que esperar até a noite para ver Juliet, ela ficou muito agitada. "Ela pulou da cadeira em que estava sentada, começou a gaguejar admoestações e... estava óbvia e profundamente consternada. (...) Sua reação revelou de forma um tanto convincente a profunda força impulsiva do delírio."

Em resumo, ele acreditava que ambas as acusadas eram paranoicas homossexuais *folie à deux* do tipo exultante, e sem dúvida clinicamente insanas, de acordo com a Lei dos Deficientes Mentais. Ele estava familiarizado com a seção 43 da Lei Criminal. Na opinião dele, quando as duas meninas atacaram a sra. Rieper, elas sabiam que estavam matando uma mulher e quem ela era, mas não reconheciam a característica moral do ato. "Elas não acharam que era errado. Elas sabiam que era contra a lei do país, mas tinham uma outra lealdade que era muito mais persuasiva a elas. Era a lealdade ao delírio. ... Acharam que, ao matá-la, conquistariam duas coisas. Primeiro, transfeririam uma mulher infeliz para o céu, e segundo, elas preservariam a integridade de sua associação, que era tão vital aos seus cruciais delírios paranoicos de grandeza."

O depoimento principal de Bennett havia ido bem, mas de pé no banco da promotoria, cheio de gás, estava Alan Brown. O promotor foi direto ao cerne da questão. A testemunha, perguntou, concordava que as meninas sabiam, quando mataram a sra. Parker, que estavam cometendo um ato criminoso?

"Elas sabiam que era contrário à lei", respondeu o dr. Bennett.

"Se elas sabiam que era contra a lei, elas saberiam que era errado aos olhos da sociedade em geral?"

"Provavelmente sabiam", reconheceu Bennett, embora ele duvidasse muito que elas tivessem qualquer consideração pela sociedade em geral.

Brown em seguida fez Bennett concordar que, quando ele examinou Pauline em 14 de dezembro de 1953, embora tenha achado que ela era "incomum", não havia considerado ela insana. Bennett, mais adiante, reconheceu que a sra. Parker estar no caminho do desejo das meninas era um fato muito concreto, não um delírio, mas insistiu que seu assassinato fora "um efeito resultante do delírio, como são a maioria dos atos paranoicos".

"Seria correto dizer que o único delírio real era a crença equivocada quanto às suas próprias qualidades e importância?", indagou o juiz Adams.

"É exatamente isso", disse o médico.

Brown se voltou para os Santos. O dr. Bennett concordava que os Santos eram atores de cinema com quem as meninas gostavam de imaginar que haviam dormido, atores que elas escolhiam, um a um, para dormirem com elas por causa de seus atributos físicos?

"Não, creio que não."

"Isso fica muito claro, acredito eu, a partir do diário."

"Não, não creio que fique."

"O senhor acha que qualquer homem na média do bom senso chegaria a essa conclusão?", indagou Brown, insolente.

"Há mais informações sobre isso para além dos diários", insistiu Bennett. "Há o interrogatório que fiz com elas."

"Mas o senhor sabe que elas mentem", insistiu Brown.

"Às vezes, mas não no todo."

"Elas mentem sempre que isso é conveniente para elas?"

"É provável."

"Colocando sem rodeios, elas são mentirosas?"

"Sim."

"Passagens em seus diários que se referem a gostar de 'uma grande quantidade de homens' e a características visíveis de O, A e Aquilo etc — isso sugere que os atores do cinema seriam pessoas com quem elas gostariam de dormir?"

"Sugere, sim. Não é prova."

"Sugere fortemente?"

"Sim, sugere fortemente."

Brown agora voltou seu foco para a sexualidade das meninas. "A ligação entre elas é homossexual?"

Bennett concordou.

"Fisicamente?"

O médico estava inclinado a pensar que não. Primeiro, se Pauline obtinha satisfação a partir de práticas heterossexuais, como estava postulando Brown, era improvável que ela se envolvesse em atos homossexuais ao mesmo tempo.

Segundo, continuou Bennett, as meninas, "de um modo que me leva a acreditar que é provável que elas estejam dizendo a verdade", negaram que tivesse havido qualquer relação homossexual física entre elas. Ele havia perguntado a Juliet Hulme "com certa delicadeza" e "ela pareceu não ter ideia do que eu estava falando". Quando ele perguntou a ela diretamente sobre práticas homossexuais físicas, ela havia parecido um tanto surpresa. Suas palavras de fato foram, "Mas como poderíamos? Nós duas somos mulheres". Bennett considerou isso "um tanto convincente".

Como Medlicott, Bennett estava propenso a enfatizar que se a relação homossexual de Pauline e Juliet era ou não física, não fazia diferença para o diagnóstico.

O sr. juiz Adams pareceu inconvicto. "Não precisa haver algum elemento sexual, seja físico ou não?", insistiu.

"Não necessariamente", disse Bennett. "A palavra vem do grego 'homus', que significa 'mesmo'. Homossexual significa mesmo sexo, sem que haja o aspecto físico do sexo."

"Se a palavra fosse interpretada desse modo", o juiz disparou de volta, "ela não significaria nada mais que duas pessoas serem do mesmo sexo."

"No mundo da psiquiatria", explicou Bennett, "ela pode ser aplicada a essa associação mórbida — ao amor, se assim preferir — entre duas pessoas com uma exclusão insalubre de outras pessoas, sendo muito frequente que, e talvez na maioria dos casos, ela passe às relações físicas."

Aqui, Brown interrompeu. Claro que era questionável se o relacionamento entre Pauline e Juliet era homossexual, dado o interesse claramente heterossexual de Pauline por Jaya, o rapaz cingalês, e o fato de que ela havia feito sexo pelo menos em uma ocasião com Nicholas.

Bennett não aceitaria nada daquilo. Pauline Parker era, disse, "uma adolescente tola e amoral buscando experiência".

Às quatro e meia, o julgamento foi interrompido. Os membros do público que haviam tido sorte o suficiente de garantir lugares na galeria saíram em um burburinho de empolgação. Eles haviam tirado mais do que esperavam daquele dia. Era raro que tais acontecimentos em Christchurch fossem discutidos tão abertamente.

Quando começou o quinto dia do julgamento, a obstinada inquirição cruzada com o dr. Bennett continuou. Para grande surpresa, Brown se comprometeu a pôr à prova se algum dia as meninas haviam exibido grandiosidade em seus pensamentos. A testemunha afirmou que "The Ones That I Worship", o poema de Parker, exibia essa grandiosidade, mas conhecia ele um verso da poesia inglesa, "*Not marble nor the gilded monuments / Of princes, shall outlive this noble rhyme*"?* Isso não era grandioso? Não significava que o poeta considerava que sua rima viveria mais do que o mármore? Teria ele já ouvido falar do imortal Shakespeare? Esse era um verso de Shakespeare. Ele já o havia lido? Não concordava que havia grandeza nele? Ele concordava que Shakespeare era um gênio? Ele concordava que Shakespeare tinha escrito sobre amor e amor sexual? Ele havia lido *O Estupro de Lucrécia*? Aquele poema era cheio de sexo. As meninas escreveram muito sobre sexo.

Podiam não ter notado na galeria pública, mas havia ficado claro para todos os advogados na corte, e com certeza também para o juiz, que o promotor público estava se comportando de modo um tanto singular. Era como um ônibus desgovernado. Qual era o problema com aquele homem?

Ele agora havia escolhido pôr à prova, junto a Bennett, se havia qualquer coisa de delirante nas ideias das meninas sobre religião. Seria uma crença insana que as pessoas iam para o céu ou o paraíso? Milhões de pessoas não acreditavam nisso? Algumas igrejas bem famosas não acreditavam que havia dois ou três lugares no pós-vida? *Elas* eram

---

* "Nem o mármore nem os dourados monumentos / De príncipes hão de viver mais que esta nobre rima", em tradução livre.

insanas? Por que essas meninas eram insanas por acreditarem que havia dois lugares do pós-vida? Não havia milhões de pessoas que achavam que a bíblia era uma patetice?

A torrente de perguntas continuava a fluir. Quando Bennett duvidou que uma pessoa sã pudesse abordar um crime como o assassinato em um estado mental completamente calmo, Brown retorquiu, "O senhor já ouviu falar de Judas Iscariotes? Judas Iscariotes não estava frio e calmo quando comeu o pão e tomou o vinho com nosso Senhor?"

Aqui o sr. juiz Adams foi levado a contê-lo. "Sr. Brown, independentemente do quanto esteja tentado, creio que seja aconselhável não prosseguir neste tópico."

"Não vou levá-lo adiante, Vossa Excelência."

"Lamento por não continuarmos", declarou Bennett. "Levaria a quando Judas se enforcou."

Resoluto, Brown voltou sua atenção a Shakespeare. Macbeth não assassinou Duncan sob o incentivo de Lady Macbeth? Ela era insana? Lady Macbeth não estava calma antes do assassinato? Ela não se comportou antes e depois do assassinato de Duncan precisamente do modo como as meninas haviam se comportado?

O promotor público já não sabia mais o que era passar dos limites. "Tenho que insistir nisso. Lady Macbeth não deu a Duncan as boas-vindas ao castelo na noite de sua morte?", indagou.

"Sim."

"Ela não achou que Macbeth estava dando para trás quanto à morte?"

"Sim."

"Ela não o incitou a fazer logo aquilo?"

"Sim."

"Ela não foi calma e calculista durante tudo isso? (...) Ela não foi uma das partes na morte para além de desferir o golpe de fato?"

"Ela não estava no cômodo. Ela se manteve à distância daquilo."

"Ela sabia que seria feito? Ela recomendou que fosse?"

"Sim."

As lágrimas agora corriam pelas faces de Alan Brown. Vendo que o promotor público estava ficando transtornado, o sr. juiz Adams interveio com uma pergunta que esperava que fosse costurar a questão toda. "A visão do senhor", perguntou ele, "poderia ser resumida nestas palavras: de que na sua opinião [as acusadas] sabiam que o ato era contrário à lei e sabiam que era contrário aos padrões morais comuns da comunidade, mas mesmo assim não era contrário aos seus próprios padrões morais?"

"Sim", respondeu Bennett. "O senhor resumiu perfeitamente."

PETER GRAHAM
ALMAS GÊMEAS

27

"Não Vejo Nada de Insano..."

A equipe de três homens do Departamento de Higiene Mental do governo tinha uma clara missão: refutar o argumento de que Juliet Hulme e Pauline Parker eram insanas. O líder, dr. Kenneth Stallworthy, havia examinado as duas meninas ao longo de diversas visitas à prisão de Christchurch. Ele também havia examinado Pauline na prisão de Mt. Eden, em Auckland, quando ela havia sido separada de Juliet. Embora ele não tenha visto nenhuma das meninas até mais de um mês após o assassinato, ele se sentiu apto a dizer que na época em que mataram a sra. Rieper, nenhuma das meninas tinha qualquer doença da mente. Ambas sabiam da natureza e da característica de seu ato ao matarem a sra. Rieper e, além disso, ambas eram sãs em termos médicos e no sentido legal. Ele acreditava que nenhuma das duas era um caso clínico de acordo com a Lei dos Deficientes Mentais.

Mais que isso, as duas sabiam que estavam desobedecendo à lei. Pauline Parker dissera explicitamente a ele que elas sabiam que o que estavam fazendo era errado. "Nós sabíamos que seríamos punidas se fôssemos pegas e fizemos o melhor que podíamos para não sermos pegas." Em outra ocasião, Parker dissera a ele que dificilmente ela poderia não saber que o assassinato não era algo encorajado e Juliet Hulme chegou ao ponto de dizer, "Seria preciso ser um completo imbecil para não saber que o assassinato é contra a lei".

Até onde Stallworthy sabia, a insanidade podia, sendo assim, ser descartada. Ambas as acusadas haviam agido por um motivo inteligível. Seu crime havia sido cuidadosamente premeditado e planejado e elas haviam pesado as perspectivas de se safarem dele. Haviam considerado que tinham grandes chances. Estavam cientes de que por causa de suas idades elas não seriam enforcadas se fossem pegas. Então, havia o fato de que queriam ser consideradas insanas se isso garantisse a elas uma libertação precoce. Pessoas consideradas insanas estavam sempre ansiosas para serem consideradas sãs.

Embora a paranoia fosse uma doença relativamente rara, informou Stallworthy ao júri, ele havia visto dezenas de paranoicos em hospitais psiquiátricos, e eles não se comportavam em nada como aquelas meninas. Em todos os casos, as doenças paranoicas progrediam a um estágio em que eles não se davam mais conta de que estavam infringindo a lei. Todos eram muito insistentes quanto a serem sãos e se indignavam por serem enviados para um hospital psiquiátrico.

Ele também não acreditava que as meninas eram delirantes. Delírios eram crenças que não tinham nenhuma base factual e eram mantidas incondicionalmente apesar de toda a lógica e argumentos em contrário. A presunção excessiva, mesmo a presunção acachapante, não constituía um delírio de grandeza. A adolescência é geralmente uma fase de muita presunção e as acusadas tinham uma base muito maior para a presunção do que a defesa havia admitido. Hulme apresentava o vocabulário e a perspicácia, no entendimento e na resposta a perguntas difíceis, de uma pessoa altamente inteligente e sofisticada de idade muito maior. Parker, também, estava consideravelmente acima da média em inteligência.

O argumento de Stallworthy de que as meninas estavam sofrendo de nada mais do que a presunção comum que se esperaria de adolescentes, em especial de adolescentes inteligentes com algo do qual serem presunçosos, era frágil e talvez ele tenha se dado conta disso. "Supondo que minhas visões estejam erradas", ele agora reconhecia, "e as meninas tenham tido delírios de grandeza, não creio que eles explicassem o crime." Não havia uma base delirante em sua motivação: a mãe de Pauline *estava* no caminho de sua amizade. "Essas duas meninas estavam apaixonadas uma pela outra... a coisa mais importante no mundo para elas era estarem juntas."

Stallworthy também não acreditava que as várias fantasias das meninas fossem indicativos de insanidade. "Não vejo nada de insano em ter uma imaginação vívida e o gosto por usá-la em toda oportunidade."

Ele já havia declarado que não via nada de insano em duas adolescentes altamente inteligentes e imaginativas se preocupando com o além, até mesmo brincando com uma religião particular própria.

Também foi afirmado por Stallworthy que, nas entrevistas com as acusadas, ele não tinha visto evidências de reações emocionais inapropriadas. Elas com certeza não haviam mostrado o remorso e o arrependimento que alguém imaginaria que seria o normal, mas ele afirmou que já tinha visto assassinos, a respeito de quem não havia sugestões de insanidade, aparentarem a mesma frieza e indiferença. Embora houvesse evidência de que as meninas tinham ficado satisfeitas consigo mesmas um tanto indevidamente, ele não considerava que isso chegava à exaltação no sentido em que um psiquiatra usaria a palavra. Nunca houve o grau de elevação do humor que era, em si, evidência de insanidade.

Em resumo, o oficial-chefe de medicina do Hospital Psiquiátrico de Auckland não reconhecia que as meninas estivessem sofrendo de qualquer tipo de anormalidade mental.

Terence Gresson se levantou para inquirir a testemunha. Como era de seu estilo, ele levantou devagar, com um pé sobre sua cadeira. Ele rapidamente extraiu uma série de concessões. Sim, concordou Stallworthy, o dr. Medlicott, que ele conhecia há muitos anos, era um psiquiatra competente e capaz e um homem de integridade profissional. Sim, se uma pessoa era sã ou insana era uma questão sobre a qual psiquiatras poderiam discordar. Sim, houve ocasiões no passado em que tinham provado que ele havia estado errado e que seus colegas estavam certos. E sim, a paranoia era uma das formas raras de insanidade e, muitas vezes, era difícil de diagnosticar. A paranoia do tipo exaltado era, ele concordava, uma forma *muito* rara. Ele reconhecia que era bastante comum que os paranoicos apresentassem uma presunção flagrante e, em estágios posteriores, achassem que eram deuses ou seres superiores. Mulheres paranoicas, ele tinha que admitir, por vezes acreditavam serem deusas.

O que Stallworthy pensaria, perguntou Gresson, sobre a condição mental de uma adolescente que entrasse em seu consultório dizendo a ele solenemente que tinha uma parte extra no cérebro e persistisse nessa crença? Ele reconheceu que suspeitaria que essa adolescente tinha um delírio e buscaria evidências confirmatórias de doença mental. Mais adiante, chegou a reconhecer que se a mesma pessoa dissesse a ele que estava destinada ao paraíso para o qual apenas dez pessoas se qualificavam, ela poderia ser descrita, em terminologia psiquiátrica prévia, como uma monomaníaca.

Ele também estava disposto a confirmar que *folie simultanée* era uma condição mental rara, porém reconhecida, na qual, como Gresson colocou, "a instabilidade mental de um paciente agrava a instabilidade mental do outro", causando "um tipo de aceleração mútua da doença mental". E ele concordou que se um paciente era portador de paranoia, a doença poderia macular a integridade de seu raciocínio e afetar seu julgamento.

Gresson levantou alguns argumentos um tanto úteis enquanto evitava uma colisão frontal que pudesse alienar o juiz e o júri.

O próximo a sentar-se no banco foi o dr. James Saville, oficial médico do Hospital Psiquiátrico Sunnyside, em Christchurch. Saville disse que havia examinado milhares de pacientes psiquiátricos e nunca antes havia chegado ao seu conhecimento o caso de duas pessoas insanas combinando de cometer um crime. Ele também acreditava que, nas primeiras duas vezes em que as meninas haviam sido examinadas por ele, estavam tentando fazer de conta que as duas eram insanas. Juliet dissera a ele que as duas pensavam que poderiam receber alta de um hospital psiquiátrico em dois ou três anos, mas que era improvável que pudessem sair tão rápido da prisão. Em sua opinião ponderada, na época do delito, ambas as acusadas compreendiam a natureza e a qualidade de seu ato ao matarem a sra. Rieper e, ainda, que o ato era contra a lei e errado moralmente do ponto de vista da crença geral da comunidade. Ele havia lido os diários da menina Parker e passado os olhos pelos outros escritos. Nada neles, ou qualquer coisa dita a ele no curso dos interrogatórios, fez com que ele alterasse sua opinião de que as acusadas eram sãs na época do assassinato e sãs naquele momento.

O dr. James Hunter, superintendente médico no Hospital Psiquiátrico Sunnyside, foi ainda mais superficial. Ele pareceu estar ali para dar peso aos números, para que na contagem final houvessem três psiquiatras em favor da acusação contra dois em favor da defesa. Ele nunca havia, disse ele, ouvido falar de duas pessoas insanas conspirando para cometerem um crime, exceto por um exemplo mencionado em *Forensic Medicine*, de East. Ele não se deu ao trabalho de explicar que exemplo era esse. Sua opinião, para a surpresa de ninguém, era a de que nenhuma das meninas sofria de qualquer doença da mente na época do assassinato e nem seria um caso clínico.

Nenhum dos três especialistas em psiquiatria da acusação, que juraram dizer "toda a verdade", havia estado pronto a reconhecer qualquer tipo de anormalidade mental nem em Juliet Hulme, nem em Pauline Parker. Não houve concessões que pudessem deixar o júri tentado a se apiedar das duas meninas.

A contra-argumentação da promotoria terminou pouco antes das cinco na sexta, 26 de agosto. Havia chegado a hora dos discursos de encerramento, seguidos pela conclusão do juiz, depois da qual o júri se retiraria. O juiz pediu ao presidente do júri que consultasse os outros jurados se eles gostariam de continuar na manhã seguinte, um sábado. O presidente disse que eles gostariam.

Houve uma consternação generalizada. Um evento da mais elevada importância iria se realizar no sábado à tarde: às 14h, Canterbury estaria defendendo o Escudo Ranfurly* no Lancaster Park, em um duro desafio contra Waikato. Como quase todos os amantes de rúgbi da cidade, Terence Gresson e Brian McClelland tinham planos de assistir ao jogo.

Os jurados também não esperavam estar lá? Fazê-los se apresentar em um sábado pareceu a Brian McClelland um estratagema do juiz Adams para fazer o júri apressar sua decisão. Um veredito rápido seria uma má notícia para a defesa, ele pensou, desalentado. Uma absolvição só poderia vir após uma longa e dura deliberação.

A equipe do tribunal também ficou infeliz por ter que trabalhar em um sábado, assim como Peter Mahon, o assistente de Alan Brown. Em que forma estaria seu líder na manhã seguinte? Brown já havia disparado na direção do Canterbury Club, onde costumava beber com mais frequência.

---

*   Um dos prêmios mais importantes do rúgbi na Nova Zelândia.

Enquanto os advogados reuniam seus papéis, uma mensagem veio do juiz. Ele desejava ver os causídicos em sua câmara o mais cedo possível. Disseram a Vossa Excelência que o sr. Brown estava indisposto; concordaram que o assistente poderia cuidar do que fosse lá o que o sr. juiz Adams desejasse discutir.

McClelland, Wicks e Mahon marcharam até o interior da lúgubre sala e descobriram que o juiz pretendia retirar do júri a defesa por insanidade e instruí-los a apresentar um veredito de culpadas. Não havia evidências, disse ele, para apoiar o veredito de insanidade de acordo com a seção 43 da Lei Criminal. Os doutores Medlicott, Bennett, Stallworthy e Saville haviam prestado depoimentos no sentido de que, na época em que cometeram o crime, ambas as acusadas sabiam que tal transgressão era errada diante da lei criminal e errada de acordo com os padrões da comunidade.

Isso era verdade. Medlicott e Bennett haviam insistido que as meninas eram clinicamente insanas no sentido de que eram casos clínicos de acordo com a Lei dos Deficientes Mentais de 1911 e que, por causa de seus delírios, haviam acreditado que seria certo — ou pelo menos que não era errado — elas matarem a mãe de Pauline, muito embora soubessem que seria errado que outros o fizessem. Havia sido bem estabelecido que em uma leitura estrita da seção 43, tal crença, pessoal para elas mesmas, não dava sustentação a uma defesa por insanidade.

Brian McClelland protestou com firmeza. Havia evidências que, se aceitas pelo júri, significariam que Juliet Hulme era legalmente insana. Ele precisaria de mais tempo para pesquisar a questão. Peter Mahon também se opôs. Ele tinha a forte crença de que a decisão sobre a questão da culpa ou da inocência das meninas devia ser devidamente deixada ao júri.

O juiz Adams foi firme: a decisão da questão era unicamente dele. "No fim, disse que nos veria de novo pela manhã antes da corte se reunir", lembrou-se McClelland. "Enquanto isso, nós poderíamos reavaliar."

Acompanhado por Mahon, McClelland se enfiou na biblioteca legal da Suprema Corte para ver se havia algum precedente para o que o juiz havia proposto. O único caso de relevância era *R v Windle*, que fora decidido pela Corte Inglesa de Apelações Criminais dois anos antes. Não era útil em nada. A defesa do homicídio também havia sido insanidade *folie à deux*. Embora houvesse evidência de que o apelante sofresse de uma doença mental, especialistas médicos de ambos os lados concordaram que quando ele administrou uma dose fatal de aspirina à esposa, sabia que estava cometendo um ato ilegal. Tendo isso como base, o juiz do caso havia retirado do júri a defesa por insanidade.

Ao longo da discussão, lorde Goddard, o Presidente do Tribunal, dissera que ele mesmo havia tomado uma decisão judicial similar e estava ciente de um outro caso onde o mesmo havia sido feito. Recusar que a insanidade fosse deixada com o júri, ele havia decretado, era uma linha dura a ser adotada por um juiz — na maioria dos casos, o efeito era condenar o prisioneiro à morte — "mas ele deve fazê-lo se estiver convencido de que não há evidências a serem deixadas ao júri nessa questão em particular".

Embora houvesse bases seguras para o procedimento que o juiz estava ameaçando, McClelland não se deixou abater. Na manhã seguinte, ele disse ao sr. juiz Adams que se ele descartasse a insanidade, a defesa logo entraria com um recurso. Peter Mahon acrescentou que se sentiria moralmente obrigado a se retirar do caso. Diferentemente de Alan Brown, Mahon não estava preocupado com a vitória. Ele achou que era bastante óbvio que as meninas, se não legalmente insanas, sofriam de sérias perturbações mentais e não queria negar a elas a possibilidade de um veredito por simpatia que permitisse que recebessem um tratamento que não teriam na prisão.

Se o júri não tivesse permissão para considerar a defesa por insanidade, a balbúrdia que isso criaria, com a imprensa mundial ali sentada anotando cada palavra, podia ser prontamente imaginada. No dia anterior, o *Christchurch Star-Sun* havia contado a vantagem de que há muitos anos as notícias da Nova Zelândia não recebiam tamanha proeminência nos jornais britânicos. A cada dia, a maioria publicava pelo menos meia coluna, quase sempre na primeira página. Em alguns dos grandes jornais, a cobertura era ainda mais ampla. O *Mirror* e o *Daily Sketch* estavam dando espaço extenso ao julgamento em suas páginas internas.

O sr. juiz Adams se abrandou. Ele permitiria que a defesa fosse colocada ao júri, sujeita a uma cuidadosa orientação. Graças em grande parte a Mahon, a bola ainda estava rolando. Mas o conselho de defesa não estava nada animado: eles tinham certeza de que haveria uma forte fundamentação contra eles.

PETER GRAHAM
ALMAS GÊMEAS

28

O Júri Se Retira

Era a primeira vez em muitos anos que havia uma audiência de homicídio em um sábado. Às 9h30, a galeria pública no andar superior da Suprema Corte não estava tão cheia quanto nos cinco dias anteriores, mas ainda havia uma centena de espectadores. Alguns eram torcedores de rúgbi, agarrando chapéus de tricô com as cores de suas respectivas províncias. Esses visitantes de fora da cidade contariam por anos suas lembranças do famoso julgamento por assassinato.

Alec Haslam falou primeiro. Ele pediu desculpas ao júri pelas "muitas evidências repulsivas" que haviam sido colocadas diante deles. A intenção não fora chocá-los, mas ajudá-los a decidir a questão da insanidade. As duas acusadas, disse, eram "tipos solitários e retraídos", que haviam ambas sofrido com uma saúde fraca na infância, e cuja amizade havia se desenvolvido com rapidez e uma "intensidade alarmante". Elas haviam se tornado "morbidamente íntimas".

Ele não fez nenhum ataque aos depoimentos psiquiátricos convocados por Brown e fez pouco ao longo de 25 minutos para contrariar a afirmação do promotor público de que as meninas meramente tinham a "mente suja". Apelar às emoções não era o forte de Haslam. Ele pincelou a questão crucial da insanidade legal de acordo com a seção 43 na esperança de que se o júri sentisse pena das meninas, deixaria passar os detalhes legais. "O dr. Bennett (...) concordou com o dr. Medlicott que as meninas estavam sofrendo de paranoia com ilusões de grandeza (...) Houve amplas evidências de que as meninas eram insanas no amplo sentido geral do termo (...) o dr. Bennett dissera que seus delírios afetariam o todo de seu julgamento (...) Elas não consideravam suas ações como moralmente erradas." Dito isso, ele convidou o júri a trazer de volta um veredito de inocência com base na insanidade.

Terence Gresson foi mais persuasivo, mas como Haslam, ele não era dotado de muita garra. O dr. Medlicott, disse ele, havia chegado a um nítido diagnóstico de paranoia com uma associação de *folie à deux*. As acusadas eram clinicamente insanas, por vezes cientes do certo e do errado, mas era algo tão temporário que, em um piscar de olhos, elas podiam passar do que sabiam sobre a lei para seu próprio mundo fantástico. O dr. Bennett chegara de forma independente a uma conclusão similar. "Temos dois médicos competentes e respeitados dizendo aos senhores que Parker e Hulme eram insanas e peço que aceitem essa evidência."

Ao lidar com os depoimentos dos psiquiatras do Departamento de Higiene Mental, ele pisou em ovos. Os três médicos, destacou, trabalhavam todos para a Coroa. "Não estou sugerindo que eles sejam mentalmente desonestos, mas eles vêm do mesmo cercado. Se estivessem lá no [Hipódromo de] Addington nesta tarde, teriam que ser colocados na mesma categoria. Isso tende, sim, a criar uma identidade entre as visões." Ele esperava que os jurados pudessem captar o argumento sem que ele tivesse que mastigá-lo.

Então, ele fez sua apelação final ao júri. "Se vocês tivessem uma filha e ela demonstrasse metade dos sintomas que foram enumerados a respeito dessas meninas, os senhores não chamariam um médico? Os senhores não presumiriam que ela era mentalmente desequilibrada? Os fatos não deixam clara a comprovação de que essas meninas são o que é comum chamar de 'birutas'? Eu submeto aos senhores que elas foram incapazes de formar um julgamento moral quanto ao que fizeram. (...) Essas meninas são mentalmente debilitadas, adolescentes doentes — não criminosas brutais."

• • •

Brian McClelland sabia que Gresson não havia feito uma apresentação forte o suficiente para as emoções do júri. Até Nico, o filho de Gresson, que estava sentado na corte, admoestaria seu pai por ter sido muito brando. "Por que o senhor não bancou o Marshal Hall?", perguntou ele, referindo-se a um advogado inglês famoso por sua poderosa advocacia. "Era necessário."

Gresson, no fundo, era cavalheiro demais. Tanto ele quanto Haslam haviam ficado contentes em entregar performances profissionais. Nenhum havia estado preparado para arriscar alienar o júri, e talvez bancarem os bobos, com um ataque veemente aos psiquiatras do governo, na vã esperança de ganharem a absolvição para suas desagradáveis clientes. McClelland acreditava que eles estavam interessados demais em se tornarem juízes eles mesmos para arriscarem a se indispor com o sr. juiz Adams.

Agora era a vez de Alan Brown. Juliet e Pauline, que vinham sussurrando e sorrindo uma para a outra, caíram em silêncio quando o promotor começou a falar. As duas, no banco dos réus, haviam sido acusadas de um crime bastante pavoroso, disse Brown. Não havia como evitar ter pena delas pela posição horrível na qual elas estavam e por serem pessoas tão ruins. Elas eram completamente depravadas, mas sua depravação não significava que fossem insanas. "A evidência provou que elas tinham mentes um tanto insalubres, mas era maldade, e não uma questão de insanidade. Eu digo o que disse em minha alegação inicial — que esse foi um homicídio premeditado, planejado com insensibilidade, cometido por duas meninas altamente inteligentes, porém precoces e de mente suja."

Juliet ficou com os dedos nos ouvidos. "Elas não sofrem de uma insanidade incurável", exclamou Brown, em tom teatral. "Elas sofrem de uma maldade incurável!"

Ao se sentar, ele se curvou um pouco para a frente, parecendo terrivelmente aflito. Nico Gresson, sentado no camarote do grande júri, notou isso e se perguntou o que estava acontecendo com ele.

A Seção 43 da Lei Criminal da Nova Zelândia, assim como a defesa legal por insanidade em uma série de jurisdições, era intimamente baseada na inglesa Regra de M'Naghten, de 1843. Ao longo dos anos, vários especialistas legais e médicos, incluindo o dr. Kenneth Stallworthy, haviam observado que se essas regras fossem interpretadas corretamente, poucos assassinos seriam considerados inocentes por razão de insanidade. Não obstante, estava firmemente estabelecido na prática tanto na Inglaterra quanto na Nova Zelândia que, se um acusado provasse ter sofrido de insanidade *clínica* na hora de seu crime, seria absolvido. Em casos claros de insanidade, era costume das cortes, do júri, do juiz e dos advogados, como Stallworthy um dia havia escrito, "ser conivente ou com a desconsideração das regras ou com sua mera enunciação da boca para fora". Essa era precisamente a porta que Stallworthy e seus colegas de Sunnyside estavam agora determinados a não deixar escancarada para Pauline e para Juliet.

O eminente professor de direito Glanville Williams, da Cambridge University, havia escrito que a defesa de M'Naghten era "extremamente limitada (...) a menos que interpretada com indulgência". O juiz Adams era um genuíno advogado criminalista, mas sua abordagem da lei era pedante e literal: ele não era dado a interpretações indulgentes. A tarefa do júri, ele os instruiu, era considerar fria e calmamente se a defesa por insanidade havia sido provada para além de dúvida razoável. O caso para ambas as meninas, disse ele, havia sido conduzido com base em que as evidências que as afetavam de forma individual — por exemplo, os diários de 1953 e 1954 escritos por Parker — deveriam ser consideradas em relação às duas. Os únicos veredito abertos eram "inocentes com base em insanidade" ou "culpadas".

"A insanidade", continuou o juiz, "deve, é claro, ser uma questão de gradação. (...) Os senhores podem muito bem pensar que elas sofreram de algum grau de perturbação mental, que em algum ponto e de algum modo suas mentes e suas inteligências são anormais. Não creio que alguém possa ter escutado as evidências desse caso sem formar algum tipo de conclusão nesse sentido." Suas palavras pareciam uma leve censura à equipe psiquiátrica da acusação, que havia professado não ter chegado a tal conclusão.

Nesse ponto, as coisas ficaram mais difíceis para a defesa. O juiz explicou que a lei não eximia as pessoas de suas responsabilidades criminais apenas por serem insanas. A insanidade deveria ser de tal magnitude que tornasse a pessoa incapaz de compreender a natureza e a gravidade do ato ou omissão, ou de reconhecer que tal ato ou omissão era errado.

Quatro médicos, ele lembrou ao júri, haviam dito que ambas as meninas sabiam que o que tinham feito era errado aos olhos da lei e de acordo com os padrões morais da comunidade aceitos em geral. Não era suficiente sugerir que uma pessoa acusada tinha seus próprios padrões morais particulares: isso não era defesa perante a lei. Nenhum homem da medicina, disse ele, havia falado sobre as evidências necessárias para determinar que as meninas não sabiam que o ato de matar a sra. Parker era errado sob os efeitos da lei. A menos que o júri pudesse encontrar, em qualquer outra parte das evidências, algum material que pudesse sustentar uma conclusão em contrário, seu dever era condená-las.

Onde o júri poderia começar a procurar por tal evidência? A defesa por insanidade havia sido destruída com tanta certeza quanto se o juiz a houvesse retirado. Mesmo que eles estivessem propensos a aceitar os depoimentos de Medlicott e Bennett de que as meninas eram clinicamente insanas, não haveria a indulgência da flexibilização de um argumento legal em seu favor.

O júri se retirou às 12h41. Duas horas e doze minutos depois, quando eles voltaram em fila e tomaram seus lugares, a corte estava cheia em sua total capacidade. A atmosfera era tensa. Pauline fitava o espaço à sua frente, impassível. Juliet passou os olhos brevemente pelos rostos dos jurados e o tênue sorriso em seu rosto desapareceu. Bill Perry pôs a mão no braço de Hilda Hulme enquanto o escrivão pedia o veredito ao presidente do júri. Não houve hesitação. "Culpadas", respondeu ele. O resto do júri indicou que aquele era o veredito de todos eles.

O silêncio momentâneo foi quebrado por um jovem nas galerias superiores que berrou, "Eu protesto! Objeção!".

O oficial de justiça bramiu, "Silêncio!" e dois policiais lançaram o rapaz interruptivo para fora da sala do tribunal.

Havia uma outra questão com a qual lidar. A pena capital — morte por enforcamento — era a sentença determinada por lei para assassinos condenados, mas havia uma condição: se a pessoa tivesse menos de 18 anos, a Seção 5 da Lei da Pena Capital determinava que, em vez disso, a sentença deveria ser a detenção até segunda ordem de Sua Majestade. Isso significava um período indefinido de aprisionamento até que o ministro da justiça decidisse ordenar a libertação do prisioneiro. Vossa Excelência desejava ouvir o que o advogado tinha a dizer quanto a isso. Terence Gresson alegou que havia claras evidências da sra. Hulme quanto à idade de sua filha. Alec Haslam disse que o sr. Rieper havia produzido evidências similares a respeito de Pauline Parker. O juiz estava preocupado em seguir o procedimento apropriado: as idades das meninas eram questões que deviam mesmo ser determinadas.

Alan Brown propôs que as evidências relevantes às idades das prisioneiras fossem lidas ao júri. "Ele parecia aborrecido e teve que parar por diversas vezes, como se estivesse tendo dificuldades para falar", relatou o *The San Francisco Examiner*. Quando ele se sentou outra vez, desabou para a frente, de rosto na mesa, braços esticados à sua frente, soluçando audivelmente. Quando se sentou, ainda chorando, cobriu o rosto com as mãos.

Quando Brown conseguiu retomar o controle sobre si, o sr. juiz Adams submeteu a questão ao júri. Após uma breve consulta ao camarote dos jurados, o presidente do júri anunciou que eles haviam considerado que ambas as prisioneiras tinham menos de 18 anos de idade.

Juliet e Pauline não exibiram sinais de emoção quando foram sentenciadas. "Sendo as duas menores de 18 anos de idade, a sentença da corte é a detenção até segunda ordem de Sua Majestade", declarou o juiz Adams. "Esta sentença é passada a cada uma de vocês. (...) As prisioneiras podem agora ser retiradas." Pauline encarou com firmeza à sua frente quando elas foram levadas de volta às celas no andar de cima. Juliet olhou de soslaio para o lado na direção de sua mãe, mas Hilda não a viu; seus olhos estavam fechados em profundo desespero.

Sentindo-se nauseado em meio a tantas lágrimas, Brian McClelland foi até o andar de cima para falar com Juliet.

"Bambi", perguntou ela, "é verdade que essa peruca na sua cabeça é feita de crina de cavalo?"

"Me desculpe, sinto que a decepcionei", disse McClelland.

"Não se preocupe. Fiz uma aposta quanto a isso, li que…"

"Sim, é feita disso", afirmou ele. "Você pode ver sua mãe?"

"Eu não quero vê-la", respondeu ela.

"Então vou até lá embaixo para vê-la e volto", disse McClelland.

Ao receber a notícia de que a filha não falaria com ela, Hilda manteve a compostura, assim como tinha feito ao longo de toda aquela provação. "Diga a ela que farei tudo que puder para ajudar", disse ela.

Quando McClelland voltou ao andar de cima, a única preocupação de Juliet era que ele garantisse que ela e Pauline fossem para a mesma prisão. McClelland disse a ela que o dr. Medlicott achava que ela precisava da ajuda dele.

"Eu não ligo", disse ela. "Ele sempre foi bom comigo."

Pouco antes das 16h, quando a maioria da multidão lá fora já havia partido, as meninas foram levadas para começarem suas sentenças. Brian McClelland não visitou Juliet na prisão e nunca mais a viu de novo. "Para ser sincero", disse, "eu não queria. Não havia nada que eu pudesse fazer. Ela precisava de um médico, não de um advogado."

PETER GRAHAM
ALMAS GÊMEAS

29

Até Segunda Ordem
de Sua Majestade

Os desprezados adúlteros formavam um belo casal ao deixarem o tribunal. Hilda Hulme, de braços dados com Perry, manteve a compostura. Ela estava determinada a não dar aos tipos lúgubres que formavam uma turba ao seu redor o prazer de vê-la se lamuriar. A multidão ficou decepcionada, sentindo-se ludibriada. O comportamento dela não era natural. Alguns disseram que era uma pena que as meninas não tivessem levado *ela* para um passeio no Victoria Park, em vez da mãe boa. Mesmo pessoas que conheciam Hilda muito bem consideraram que seus modos calmos e circunspectos durante o tribunal mostraram que ela era uma mulher dura. Quase ninguém pensou em dar a ela o crédito por seu corajoso e inabalável apoio à filha.

Uma das agentes de polícia que escoltaram Juliet e Pauline de volta a Paparua foi Audrey Griffiths, a jovem policial que havia tido o serviço de despir o corpo de Honorah Rieper na noite do assassinato. Ela nunca esqueceria a parvoíce desalmada de Juliet. Ficou chocada ao ouvi-la dizer para Pauline em um aparte, "O abate da velha moça exigiu um pouco mais do que imaginamos". Quando Griffiths lhe passou um carão, Juliet se virou para ela, escarnecendo, "Ah, mas que policialzinha perfeita você é".

Se Pauline e Juliet eram mesmo psicóticas, ou afligidas por alguma perturbação mental menor, a tragédia é que elas tinham se tornado, individualmente e como par, tão odiosas que dificilmente alguém poderia dar a elas um segundo de simpatia. Um pedaço de papel foi descoberto, no qual elas haviam listado todas as outras pessoas que pretendiam matar na primeira oportunidade. É provável que ele ser encontrado fosse a intenção. Agnes Ritchie ficou alarmada quando contaram a ela que seu nome e o de seu marido estavam nele. Havia seis outros nomes, incluindo o de Archie Tate e duas ou três professoras do Colégio para Moças, incluindo a de latim, srta. Waller.

E mesmo assim, as meninas não deixavam de ter seus admiradores. Havia o jovem que se levantou no fundo do tribunal e gritou "Objeção!" quando o júri voltou com seu veredito. Havia o anônimo fantasista sexual na Inglaterra que enviou para Brian McClelland um longo vestido preto para ser usado em eventos noturnos e sapatos de salto alto, esperando que ele os encaminhasse à Juliet. E por toda a Nova Zelândia — e mais além no exterior — havia meninas adolescentes infelizes que não tinham problema algum em imaginar como elas também, se ao menos tivessem a determinação, poderiam pegar meias-calças e tijolos e mandarem suas mães para o reino dos céus.

E, então, houve as meninas cujas vidas foram transformadas pelo caso. Uma delas foi Alison Laurie. Aos 13 anos e no terceiro colegial de uma escola para meninas em Wellington, ela havia se percebido apaixonada por garotas e tinha uma vida de fantasia cheia de romance e paixão, embora limitada por seu desconhecimento. Apesar de todo o esforço dos pais, ela leu sobre o caso de Pauline e Juliet nos jornais locais. Para ela, foi a confirmação de que havia outras meninas que se apaixonavam e sentiam uma pela outra o que ela havia sentido por várias meninas. Muitos anos depois, ela viria a escrever sobre o caso como coautora de um livro, *Parker and Hulme: a Lesbian View*.

Os psiquiatras do governo, que não encontraram evidências de anormalidades mentais que sentissem, compelidos pelo juramento, que deviam mencionar ao júri durante o julgamento, agora se viam com um outro papel para desempenhar. O secretário de justiça, Sam Barnett, os consultou antes de apresentar um relatório ao seu ministro, cujo dever era decidir onde e por quanto tempo as meninas seriam confinadas.

O editor do *Dominion*, de Wellington, ficou ultrajado pelo processo. "As acusadas, duas meninas completamente maliciosas, foram condenadas por um dos crimes mais graves no calendário, e que chocou a consciência da nação", escreveu. "Como afirmamos, o júri não teve dúvidas de seu estado mental. Por que então deveria a questão psiquiátrica ser levantada agora na decisão da forma de detenção? A psiquiatria se faz indesejada neste caso."

Como convinha a uma questão de tal seriedade, o ministro tinha que consultar seus colegas de gabinete antes que uma decisão pudesse ser anunciada. Enquanto isso, as duas meninas continuaram detidas em Paparua, onde, anunciou o superintendente, elas ficavam em celas separadas, mas viam uma à outra durante os períodos de exercícios pela manhã e à tarde. Não sendo mais prisioneiras preventivas, elas agora usavam uniformes da prisão.

As opções do ministro eram poucas. As únicas prisioneiras mantidas em Papaua eram aquelas em prisão preventiva ou cumprindo sentenças curtas. Havia o Centro de Custódia e Reformatório Arohata, perto de Porirua, alguns quilômetros ao norte de Wellington. O Reformatório era um lugar de treinamento corretivo para jovens que, nas palavras do Departamento de Justiça, ainda "não têm uma vivência ampla do crime e que podemos esperar que, com tratamento individual, sejam regenerados". Em Arohata houve, em determinado momento, cerca de trinta mulheres e meninas, que passavam seus dias trabalhando na lavanderia, na jardinagem ou na costura para outras instituições. O departamento reconhecia livremente que as detentas de Arohata representavam "o problema penal mais difícil da Nova Zelândia, visto que muitas delas constituem problemas morais".

A Prisão de Auckland, no subúrbio de Mt. Eden — "a Colina", para os conhecedores — era um lugar velho e pavoroso, uma cadeia vitoriana úmida, fria, fedorenta e infestada de ratos, construída pelo trabalho de condenados nos anos 1880, com rochas talhadas de sua própria pedreira. Hoje é considerada sórdida, insalubre e inóspita demais para acomodar até os mais brutos, duros e maus prisioneiros, por qualquer período que seja. Suas instalações eram ainda piores em 1954. Uma pequena seção foi estabelecida à parte para mulheres mais velhas e "jovens mulheres para quem Arohata não é adequada". Essas prisioneiras eram colocadas para trabalhar com lavanderia e costura.

Quando a questão foi apresentada ao gabinete, a visão dos oficiais do Departamento de Justiça, apoiada pela opinião psiquiátrica, era de que a maior punição que poderia ser infligida a Parker e a Hulme era separá-las. Era desnecessário dizer que, quanto mais severa a punição, melhor: a maioria das pessoas na Nova Zelândia estava firmemente convencida de que o veredito fora correto.

Ficou decidido que Juliet Hulme seria enviada para Mt. Eden. Algumas semanas depois, assim que fosse concluído um complexo de três aposentos à prova de fuga, Pauline Parker iria para Arohata. O ministro da justiça, Thomas Webb, anunciou que essa providência seria periodicamente revertida para que Parker também pudesse "provar um pouco de Mt. Eden". De acordo com as informações disponíveis, disse Webb, Hulme era a personalidade dominante, mas eles não pretendiam tratá-las de forma diferente. Esse compromisso seria vergonhosamente desonrado.

Quanto ao seu período de detenção, "até segunda ordem de Sua Majestade", ele seria determinado pelo ministro da justiça. As pessoas menores de 18 anos condenadas por crime capital poderiam ser soltas a qualquer momento, sob condições impostas pelo ministro. Webb assegurou ao público que ele manteria os casos de Parker e Hulme sob revisão regular.

Em 3 de setembro, Peter Penlington, assistente de Terence Gresson, foi às pressas até o Cartório da Suprema Corte para registrar um documento. Era um requerimento para mudança de nome, passando o sobrenome de Hilda Marion Hulme para Perry. A mãe de Juliet escolheria ser conhecida nos anos seguintes como Marion Perry. Cinco dias depois, o tabloide *N.Z. Truth* relatou que a sra. Hulme havia proposto deixar a Nova Zelândia dentro de poucos dias. "Estou consternada por deixar Juliet aqui", disse ela segundo relatos, "mas sinto que Jonathan tem maior direito a mim."

Bill Perry disse ao repórter que ele também deixaria a Nova Zelândia. O fato era que ele tinha pouca escolha. A Associated Industrial Consultants de Londres não tinha visto com bons olhos a publicidade que seu representante na Nova Zelândia havia atraído como um adúltero intimamente ligado a um caso de assassinato chocante e amplamente divulgado. Ele havia constrangido a empresa a tal grau que seus serviços não eram mais necessários.

A partida de Hilda levou a um atrito com Nancy Sutherland, que não conseguia entender como sua amiga podia abandonar o país, deixando sua filha na cadeia. Juliet havia se recusado a vê-la, Hilda disse a ela. Jonathan precisava dela em casa, na Inglaterra. Bill havia perdido o emprego e só conseguiria encontrar trabalho na Inglaterra ou em alguma das companhias internacionais que recrutavam na Inglaterra. Eles não tinham casa na Nova Zelândia. Ela providenciaria para que amigos visitassem Juliet na prisão e que professores dessem aulas a ela. Reg Medlicott a visitaria para dar o tratamento que ela precisava. Ela voltaria se fosse mesmo desejada e necessária. Nenhum desses argumentos impressionou Nancy Sutherland A decisão de Hilda de deixar a Nova Zelândia era, aos seus olhos, imperdoável.

Hilda e Bill, gratos pelos esforços de corpo e alma de Brian McClelland em prol de Juliet, o presentearam com uma caneta tinteiro com a inscrição "De W.A. e H.M. Perry". Os três tinham uma sinistra piadinha interna por ela ser uma caneta Parker.* Em 11 de setembro, um sábado, o casal partiu do Aeroporto Internacional de Christchurch para Sidney, e de lá para Melbourne, onde fariam a conexão para um navio rumo à Inglaterra. Apenas uns poucos simpatizantes estavam por perto para dar adeus, entre eles Terence Gresson e seu filho, que tirou fotos deles caminhando pela pista de decolagem enquanto se direcionavam ao embarque na aeronave.

Em Sidney, Hilda deu uma entrevista à imprensa. "Não foi justiça", disse, "mandar uma jovem menina para a cadeia quando o que ela mais precisava era amor, cuidado, atenção e afeto." Ela acreditava firmemente que Juliet era insana, uma paranoica, "embora, de acordo com as regras de M'Naghten, ela não fosse insana aos olhos da lei quando cometeu o assassinato". As regras, disse ela, deveriam ser revisadas. "Sob as presentes regras, ela era culpada porque sabia que o

---

* A piada interna pode não se referir apenas ao nome da caneta, que alude ao sobrenome pelo qual Pauline viria a ser conhecida, mas também ao termo pen name (pseudônimo), usado em inglês para designar um nome fictício adotado por um escritor. Isso é relevante porque Juliet mais tarde se reinventou sob o pseudônimo de Anna Parker.

que estava fazendo era errado, mas em sua própria mente insana — o que a lei não reconhece — ela acreditava ser imune à lei, que era um deus e capaz de infringir a lei."

Foi observado que o rosto de Hilda estava exausto e marcado pela preocupação e pela ansiedade que havia sofrido. Era algo, disse ela, que nunca poderia esquecer. "Fazer isso seria dar minha filha como perdida por completo e mãe alguma poderia fazer isso." As pessoas disseram a ela que, após o julgamento, estaria tudo acabado. "Como estavam erradas. É só o começo. Vai durar para sempre." Um psiquiatra estava mantendo sua filha sob constante observação e ela poderia retornar à Nova Zelândia se sua filha fizesse qualquer progresso. Enquanto isso, disse aos jornalistas australianos, ela viajaria em busca de descanso e paz.

O *N.Z. Truth* não economizou ao criticá-la. *The Standard*, o jornal do Partido Trabalhista, havia publicado uma matéria de primeira página lamentando o fato de que a sra. Perry — como ela agora gostaria de ser conhecida — havia sido perseguida pela imprensa. O *Truth* ficou indignado. "Seja lá o que possa ter acontecido fora da Nova Zelândia, nem o dr. Hulme, o pai, nem a sra. Hulme, a mãe, foram perseguidos de nenhum modo por qualquer jornal neozelandês. A partida do dr. Hulme, embora fosse de óbvio interesse, mal foi noticiada. (...) Os jornais da Nova Zelândia se restringiram a cobrir o julgamento em si e não deram nenhuma ênfase em particular aos depoimentos dados no tribunal que afetassem a relação entre a sra. Hulme e Perry."

O jornal considerou a preocupação da sra. Perry pelo bem-estar de sua filha e a suposta desumanidade da sentença "difícil de reconciliar com o fato de que ela foi ver a menina apenas ocasionalmente após a prisão, e apenas, assim foi compreendido, após uma mensagem lhe ser transmitida de que sua filha desejava vê-la". Após sua condenação, Juliet havia ficado uma semana em Paparua antes de ser transferida para Auckland, destacou o jornal. Durante esse tempo, sua mãe havia estado em Christchurch ou em uma casa de temporada em Port Levy a cerca de cinquenta quilômetros de distância. Informada de que haviam concedido uma oportunidade de ver a filha antes de ela ser transferida para Mt. Eden, ela nada havia feito.

O *Truth* estava preocupado com a possibilidade de, diante da partida de sua mãe, Juliet Hulme não ter qualquer parente para visitá-la. "Todos os visitantes dela são oficiais, médicos que se interessem pelo caso ou visitantes penitenciários oficiais."[*] A manchete declarava: "PARTIU SEM VISITAR A FILHA PRA DIZER ADEUS".

Sejam lá quais fossem os defeitos de Hilda enquanto mãe, ela não merecia um ataque tão cruel. Teria dado qualquer coisa por algumas palavras com sua filha, por quem ela havia mentido, traído e destruído evidências. Um pouco de averiguação teria prontamente estabelecido a amarga verdade: que Juliet se recusava a falar com ela. O tom da reportagem refletia a hostilidade direcionada à família Hulme que pairava no ar, o sentimento de que a filha manipuladora de degenerados *poms* de classe alta havia feito a menina do honesto peixeiro se desviar. Embora a Nova Zelândia proclamasse ser uma sociedade sem classes, a divisão social e cultural entre os Rieper e os Hulme foi vista como tendo grande influência para explicar como a filha devota de gente comum, decente e trabalhadora, tinha vindo a assassinar a própria mãe.

---

[*]   Pessoas que se dedicam a visitar detentos que não têm
       familiares ou amigos que os visite com frequência.

PETER GRAHAM
ALMAS GÊMEAS

30

A Presença do Mal

Em 1955, o dr. Maurice Bevan-Brown, psiquiatra de Christchurch que havia sido colega de Hilda Hulme no Conselho de Orientação Matrimonial, publicou um artigo que havia escrito sobre a morte de Honorah Rieper. Em "Adolescent Murder", ele debatia o problema de como Juliet Hulme e Pauline Parker, filhas da "classe educada", poderiam ter cometido um homicídio particularmente horrendo. Ele concluiu que a força motriz havia sido o amor — "sem dúvida, amor de um tipo imaturo e até infantil e remontando às suas próprias necessidades infantis; amor do melhor tipo que elas eram capazes, embora tão egocêntrico que ignorasse os interesses de outras pessoas".

"Muitas pessoas", continuou Bevan-Brown, "disseram que os reais culpados são os pais." Ele achava razoável sugerir que eles deviam de fato carregar uma pesada responsabilidade. A origem suprema do crime poderia ser expressada como a privação de amor no início da infância e tanto Juliet Hulme quanto Pauline Parker haviam tido uma criação inadequada. Se uma criança é privada "de amor e valor, em especial na questão de sentimentos delicados, vários resultados anormais ou mórbidos vão se seguir. Um é a reação de ódio e agressividade, truculência e rebeldia, junto de uma instável pseudoindependência". Mas isso não foi dito para condenar os pais da criança, ele se apressou em acrescentar. Eles também eram produtos dos defeitos de seus próprios pais.

Bevan-Brown também considerou a intensa relação homossexual entre as meninas, quer tenha havido ou não intimidade física, como um fator essencial. Parker e Hulme, indivíduos amplamente isolados sem nenhum amigo real, haviam encontrado uma na outra uma relação de amor pela primeira vez na vida. "Elas tinham intensa importância uma para a outra", escreveu, "e ninguém mais no mundo importava em absoluto ou era digno de qualquer consideração. Era de importância suprema para elas que não fossem separadas — talvez mais importante que a vida em si e com certeza mais importante que a vida de qualquer pessoa."

Reg Medlicott também não conseguiu tirar as meninas da cabeça. O caso Parker-Hulme foi de tal interesse para o campo da psiquiatria que ele viajaria o mundo palestrando em congressos científicos. Alguns colegas afirmaram, torcendo o nariz em desaprovação, que ele fez uma carreira em cima disso. Quando ele morreu, em 1987, o *Bulletin of the Royal College of Psychiatrists* declarou que a psiquiatria da Nova Zelândia havia perdido sua figura mais veterana e respeitada.

Medlicott não só permaneceu fascinado pelo caso por toda a vida, como, de tempos em tempos, revisava sua opinião médica. Em 1955, ele publicou seu primeiro artigo sobre o caso no *British Journal of Medical Psychology*. A questão extraordinária quanto ao humor das meninas, relatou, era sua "clara exaltação", que havia se elevado a uma crescente intensidade nos meses antes do assassinato. "Quando elas iniciaram seus cruciais temas religiosos e filosóficos, a exaltação chegaria a uma alta intensidade e seria acompanhada de uma flagrante empolgação. (...) Elas nunca duvidaram de que eram gênios excepcionais muito acima do rebanho comum da humanidade." Ele havia ficado impressionado pelo permanente estado de exaltação, completa falta de remorso e fantástica presunção, arrogância e autoenaltecimento.

Para Medlicott, o diagnóstico de psicose — isto é, delírios sistemáticos e plenamente desenvolvidos — dependiam imensamente do que ele chamou de visões "filosófico-religiosas" das meninas. Juliet dissera que ela e Pauline tinham sua própria religião, com um deus não cristão, e apenas 25 pessoas em todos os tempos haviam alcançado o nível delas. Seu deus era "um sujeito bacana", que não necessariamente rotulava todo pecado como mau ou maligno. O pecado podia ser bom.

Medlicott ficou impressionado por ter interrogado as meninas sobre o 4º Mundo e "The Ones That I Worship" e elas terem dado a ele relatos consistentes, muito embora não tivesse havido oportunidade para que trocassem anotações entre as entrevistas. Porém, dadas as incontáveis horas que passaram discutindo tais questões e o servilismo com o qual Pauline adotava as ideias de Juliet, é provável que não houvesse nada de notável em particular quanto ao fato de que seus relatos estivessem intimamente de acordo.

Ele considerava a "revelação de Port Levy" uma evidência crucial de que as meninas eram paranoicas em uma configuração de *folie à deux*. Isso estava aberto para debate. O incidente havia ocorrido menos de um ano depois de as meninas se tornarem amigas íntimas. De fato, Parker disse a Medlicott que elas tinham tomado conhecimento do 4º Mundo seis meses antes e sua experiência em Port Levy tinha apenas a "elucidado". Se esse fosse o caso, sua crença nesse outro mundo deve ter vindo a existir nos primeiros meses de sua amizade — um tempo extraordinariamente curto para que uma "insanidade comunicada" se desenvolvesse, em especial entre duas pessoas que não viviam juntas em isolamento.

É mais provável que o 4º Mundo fosse só um disparate qualquer sonhado por Juliet — talvez trazendo à luz lembranças vagas da antroposofia da escola Queenswood — e colocada no papel por sua fiel discípula. A julgar por seu diário, a própria Pauline não tinha interesse particular por ideias filosófico-religiosas. Para além da revelação de Port Levy, a única referência à religião, além de mencionar quando ia à igreja, foi em 14 de junho de 1953: "Juliet e eu decidimos que a religião cristã se tornou uma grande piada e decidimos criar a nossa própria". As palavras "decidimos criar" deixavam claro que a nova religião seria uma invenção autoconsciente — a antítese do pensamento delirante paranoico. Pauline continuou a frequentar a Igreja Metodista de East Belt regularmente até o assassinato, em junho de 1954.

É provável que Juliet estivesse jogando conversa fiada para Medlicott — parte do fingimento de ser insana — quando disse a ele que as duas tinham a própria religião e apenas 25 pessoas em toda a criação haviam alcançado o mesmo nível de iluminação que elas tinham. O 4º Mundo "elucidado" na Sexta da Paixão de 1953, em Port Levy, deu uma frágil sustentação à tese de Medlicott de que as duas meninas haviam cruzado a obscurecida fronteira da personalidade de constituição paranoica à paranoia de fato.

Qual era a base médica do diagnóstico de Medlicott? "Paranoia do tipo exaltado", de acordo com a definição proposta pelo psiquiatra alemão Emil Kraepelin, que no fim do século XIX desenvolveu um pioneiro sistema de classificação para transtornos psiquiátricos que é a base dos sistemas usados até hoje. Na sexta edição de seu *Textbook of Psychiatry*, Kraepelin reconheceu apenas duas grandes psicoses: a doença maníaco-depressiva, que era curável, e a *dementia praecox*, agora chamada de esquizofrenia, que não era. Ele acreditava que a paranoia era uma variação da *dementia praecox*. Medlicott explicou que, embora a paranoia envolvesse vários tipos de crenças delirantes, o funcionamento intelectual permanecia intacto: "o pensamento claro e organizado era preservado".

Medlicott esteve sempre bem inteirado do jogo: nos anos 1950, a classificação de Kraepelin fora amplamente aceita pelo campo psiquiátrico na Grã-Bretanha e nos Estados Unidos, mesmo que o diagnóstico de paranoia fosse, em sua maioria, ignorado pelos psiquiatras até 1980, quando foi publicado o livro estadunidense *Manual Diagnóstico e Estatístico de Transtornos Mentais* (DSM-III). O dr. Kenneth Stallworthy, em comparação, pareceu ignorar um tipo de psicose paranoica cujos portadores poderiam planejar, premeditar e calcular as chances de sucesso de um ato criminoso — e até fingir insanidade. Foi uma infelicidade que os advogados de defesa não tenham feito uma inquirição com ele quanto a esse importante ponto.

Em seu artigo, Medlicott argumentava que não havia nada incomum na paranoia em sua forma exaltada se desenvolver durante a adolescência. Parker e Hulme, sustentou, "entraram na adolescência já fortemente narcisistas, e cada uma agia sobre a outra como um ressonador, aumentando a intensidade de seu narcisismo. Tendo sua própria companhia, elas eram capazes de se isolar cada vez mais dos interesses exteriores comuns a meninas adolescentes e das experiências de socialização de relacionamentos em grupo".

Com o advento da paranoia, mudanças súbitas impregnaram suas personalidades. Em particular, as meninas tiveram as "defesas contra forças agressivas inconscientes varridas e seus superegos quase silenciados. (...) Seus valores morais se tornaram invertidos e elas abraçaram o mal como sendo algo bom. Seus impulsos agressivos estavam em tamanha ascensão que alguém poderia ter previsto sua expressão em um ato violento mesmo que as circunstâncias tivessem sido diferentes".

Medlicott atraiu o apoio de outro dos gigantes da psiquiatria, Eugen Bleuler, que em 1924 havia escrito em seu *Textbook of Psychiatry* que paranoicos com frequência não podiam reconhecer ou sentir os direitos dos outros. "Sua própria causa é em demasiado a única coisa importante, posso dizer até a única coisa *sagrada* no mundo. (...) Como um câncer, o delírio se estende por áreas em constante ampliação e exerce um vasto domínio de toda a personalidade em seu comportamento e seus esforços."

Exatamente desse modo, as meninas não haviam nem pensado no direito à vida da mãe de Pauline Parker. Medlicott reiterou sua conclusão prévia: "As meninas estavam tão perturbadas mentalmente na época da ameaça de sua separação que trataram do assassinato com alegre desembaraço".

Como Bevan-Brown, Medlicott permaneceu convencido de que a relação das meninas era homossexual. Não havia evidência de que Juliet algum dia tivesse se interessado por meninos, disse, e as tentativas de heterossexualidade de Pauline haviam terminado em fracasso — sem evidências de real envolvimento erótico. Além disso, "todas as suas escapadas foram totalmente discutidas com Juliet (...) um traço comum entre pessoas basicamente homossexuais em sua orientação". Isso se baseou no que Pauline dissera a ele, embora ela possa não ter sido de todo sincera, dado o relato do *Sun-Herald*, de Sidney, de Juliet rangendo os dentes e cuspindo palavras em silêncio por entre lábios distorcidos pela raiva quando as relações sexuais de Pauline e Nicholas foram descritas na corte.

Apesar da "mais incriminadora evidência", ambas as meninas haviam negado relações homossexuais físicas, mas Medlicott sentia que elas estavam apenas relutantes em admitir inclinações homossexuais: a escolha de parceiros masculinos em suas encenações de cenas de amor com os Santos era apenas um disfarce.

Deve-se ter em mente que a homossexualidade era categorizada como um transtorno psiquiátrico até 1974, quando foi removida do *Manual Diagnóstico e Estatístico de Transtornos Mentais* após um referendo da Associação Americana de Psiquiatria. Em 1954, mesmo na ensolarada Califórnia, lésbicas recebiam tratamentos com choques elétricos na tentativa de fazer com que recuperassem o juízo.

Seis anos depois, Reg Medlicott apresentou uma nova teoria. Havia, ele agora tinha decidido, paralelos mais próximos entre Parker e Hulme e Leopold e Loeb, os assassinos de Chicago, do que ele havia estado disposto a reconhecer no julgamento. Leopold e Loeb, adolescentes filhos de milionários, haviam partido para uma vida de crimes que tinha culminado no assassinato de um estudante. Leopold foi descrito como "intelectualmente brilhante, mas fisicamente desinteressante e sexualmente anormal", enquanto Loeb era "altamente inteligente, bem apessoado". Os jovens tinham sido defendidos pelo célebre advogado estadunidense Clarence Darrow. Ao se dar conta de que ele não tinha perspectivas de conquistar uma absolvição com base na insanidade, Darrow havia tentado salvar os jovens da cadeira elétrica persuadindo o júri de que a responsabilidade legal deles era diminuída por seus transtornos de personalidade. Preeminentes psiquiatras estadunidenses da época deram depoimentos em defesa deles. O dr. Bernard Glueck encontrou em Loeb "a absoluta ausência de qualquer sinal de sentimentos normais". O dr. William Healy afirmou que Leopold tinha "ideias e sentimentos típicos de personalidade paranoica (...) Tudo o que ele queria fazer era o certo, até sequestrar e matar. Não havia lugar para a simpatia e o sentimento".

Medlicott havia discutido o caso de Leopold e Loeb com Glueck e um outro psiquiatra da defesa, William Alanson White. Este pensava que, embora Leopold e Loeb tivessem um inquestionável entendimento intelectual do certo e do errado, "não havia uma postura de sentimento adequado com relação à improbidade do ato". E embora os psiquiatras da promotoria tivessem testemunhado que os rapazes eram mentalmente normais, Glueck permaneceu convencido de sua "flagrante anormalidade".

Todos esses quatro assassinos adolescentes, Medlicott agora argumentava no *New Zealand Law Journal*, eram homossexuais, tinham elaboradas vidas de fantasia, entregavam-se a encenações e se viam como super-homens. Todos exibiam arrogância, sentimentos de onipotência e flagrante exaltação que continuaram após os assassinatos e durante seus julgamentos. Ele não era mais afeito ao seu diagnóstico prévio para Parker e Hulme de paranoia exaltada. A paranoia era normalmente uma doença da meia-idade e o exibicionismo das meninas não guardava semelhanças com o de paranoicos cujas faculdades mentais estavam em um estado de deterioração. Após refletir, ele acreditava que os casos de Parker e Hulme, e Leopold e Loeb, eram tão excepcionais que exigiam a formulação de um diagnóstico próprio. Ele propôs "megalomania adolescente".

Ele não afirmou expressamente se a megalomania adolescente era uma psicose ou um transtorno de personalidade e não fez tentativas de estabelecer o que a causava, contentando-se em afirmar que "A história natural da megalomania adolescente é desconhecida". Contudo, ele estava certo de que "sem o estímulo contínuo de (...) reações mútuas e com o aumento da idade, ela perde sua flagrante natureza psicótica e se abranda". Quando separados do estímulo oferecido por um parceiro também portador, os adolescentes megalomaníacos se recuperavam de forma natural com o tempo. Seu novo diagnóstico pareceu desenvolvido para acomodar o fato de que nem Juliet Hulme nem Pauline Parker haviam apresentado sintomas de psicose enquanto cumpriam suas sentenças na prisão.

Medlicott também alijou a paranoia como tal e colocou o narcisismo no núcleo do caso. Ambos os pares, observou, "entraram na adolescência já fortemente narcisistas". Os indivíduos em cada dupla "agiam um sobre o outro como um ressonador, aumentando a intensidade de seu narcisismo".

Um defeito da análise de Medlicott era ele não ter realizado nenhuma tentativa de distinguir Pauline e Juliet uma da outra, como se seus pensamentos, sentimentos e motivações tivessem sido idênticos em todos os momentos. O cenário de *folie à deux* fez com que ele procurasse similaridades em vez de diferenças. É dito que o narcisismo é associado a um desenvolvimento inadequado da consciência, mas as meninas eram um tanto diferentes quanto a isto. Juliet Hulme parecia genuinamente despreocupada com a consciência; ela achava que uma consciência era algo sem sentido, algo "incutido nas pessoas para que elas se punam".

Pauline Parker, por outro lado, às vezes lutava para superar sentimentos de culpa, considerando-os indignos de um ser superior. Seu diário revelou um alto grau de autoconsciência: ela não teve sonhos agradáveis na véspera do assassinato; sentiu-se "um tanto estranha e apreensiva" antes de resolver pilhar o cofre da Dennis Brothers. Quando, depois da primeira expedição das meninas de furto a lojas, ela escreveu, "cheguei à conclusão de que não tenho consciência alguma", era como se ela tivesse estado tentando se persuadir. Quanto mais seus casos são vistos com atenção, mais óbvio se torna que, embora Pauline e Juliet partilhassem muitas ideias loucas, suas personalidades eram perceptivelmente diferente.

Apesar de toda a sua análise científica, Reg Medlicott nunca se esqueceu de que, quando entrevistou Pauline e Juliet em Paparua, ele sentiu que estava na presença do mal. Em seu estado de delírio flagrante, escreveu, as meninas haviam "abraçado abertamente o mal. Em outros tempos, alguém teria dito que elas tinham sido possuídas por espíritos malignos". Quando foi entrevistado 33 anos depois pelas autoras de *Parker and Hulme: A Lesbian View*, ele narrou um sonho no qual uma maligna criatura semelhante a um escorpião, parecida com Juliet, saía rastejando de uma parede.

Com certeza era verdade que Juliet e Pauline haviam sido cativadas pelo mal: era glamoroso e sedutor, um modo de provar sua superioridade para a massa plebeia da humanidade. Elas veneravam personagens malignos como o conde Rupert de Hentzau, Black Michael, duque de Streslau, Diello em *Cinco Dedos* (1952), o marechal de campo Rommel, de James Mason, e o Calígula de Jay Robinson. Segundo a visão de Medlicott, as duas meninas eram tanto insanas *quanto* más.

Em seu artigo de 1961, ele adentrou um território ainda mais controverso, valendo-se de um artigo de 1948 do célebre psiquiatra estadunidense Leo Alexander para comparar Parker e Hulme à Shutzstaffel, a infame SS, de Adolf Hitler. Alexander acreditava que a SS, enquanto organização, era paranoica por natureza. Medlicott escreveu: "Embora isso possa parecer estar muito distante dessas duas meninas, há várias analogias muito próximas (...) [em específico] o modo como a SS frequentemente cometia crimes de uma brutalidade repugnante, sem qualquer sentimento de piedade, vergonha ou remorso, e com uma atitude que, muitas vezes, era francamente exultante." Pauline Parker e Juliet Hulme haviam abordado seu crime e reagido a ele de maneira similar, ele escreveu..

Leo Alexander estava particularmente interessado no que ele chamou de "rápida perversão do superego" alcançada pelo treinamento da SS. Medlicott concluiu: "O superego cultural humano-religioso, comum à civilização, foi substituído por um exclusivamente tribal no caso dos nazistas e por um narcisista no caso das meninas. (...) A razão, a principal força à disposição do ego na repressão e sublimação de forças destrutivas primitivas do id, foi enfraquecida. No caso da SS, a sanção pelo grupo se tornou o principal apoio do ego, enquanto no caso das meninas, isso foi providenciado pela sanção uma da outra. Com a SS, houve uma destruição progressiva do tabu contra o assassinato. (...) Ambas as meninas vieram a tratar a morte de forma muito banal, como algo de nenhuma preocupação em particular".

Essas visões seriam maliciosamente mal-interpretadas. Décadas depois, um artigo no *New Zealand Listener* afirmou que, no julgamento, Medlicott havia declarado que as meninas estavam impotentes sob a influência do "mal" e mais tarde as havia comparado a SS nazista. A implicação era de que não havia tal coisa como o mal, e que Medlicott tinha sido tolo o suficiente para acreditar que o assassinato de Honorah Rieper se equiparava às atrocidades da SS. Isso proporcionou uma manchete chamativa, mas, naturalmente, ele não acreditava em tal coisa.

Em 1954, a capacidade dos seres humanos de cometer atos de perversidade indescritível não saía das mentes não só de psiquiatras, mas de todas as pessoas racionais. Quase toda a Europa e grande parte da Ásia haviam recentemente emergido de uma das piores épocas na história da humanidade. A moralidade e a civilização pareciam ter ruído. Havia uma chocante tomada de consciência de que um homem erudito poderia chefiar o extermínio de milhares de seus semelhantes e, então, ir para casa e jantar de bom humor com a esposa e os filhos. Como tamanho horror podia ter acontecido? Em 1954, o lorde Russell de Liverpool, membro da equipe legal nos julgamentos de Nuremberg, em 1961, publicou *The Scourge of the Swastika* (*O Flagelo da Suástica*, em sua edição portuguesa), que deu ao mundo anglófono seu primeiro relato detalhado dos horrores dos campos de concentração nazista e das políticas de extermínio em massa praticadas pelos nazistas. Foi um fenomenal campeão de vendas.

Também em 1954, um professor inglês chamado William Golding publicou *O Senhor das Moscas*. O romance, que se tornou uma sensação, usava a história de um grupo de meninos colegiais isolados em uma ilha deserta para explorar a fragilidade da sociedade civilizada e a horrível violência no coração da humanidade. *Os Herdeiros*, publicado por Golding no ano seguinte, teve como tema a força bruta do homem primitivo.

Golding veio a desenvolver uma preocupação com o mal e com o pecado original. Explicando sua motivação, ele escreveu, "Houve um tempo em que eu teria dito que não somos maus e, na época em que descobri após a Segunda Guerra Mundial o que os homens haviam feito uns com os outros, o que homens tinham feito ao seu próprio povo, eu então fui realmente forçado a postular algo que eu não conseguia enxergar como sendo vindo da natureza humana normal, tal qual era retratado em bons livros e todo o resto. Pensei que deveria haver algum tipo de princípio do mal em ação".

PETER GRAHAM
ALMAS GÊMEAS

31
A Vida na Prisão

"A falha de julgamento mais extraordinária", escreveu Reg Medlicott sobre as duas meninas cujo caso tinha ocupado tanto seus pensamentos, "era sua completa incapacidade de prever o resultado natural de sua ação — ou seja, a separação." Juliet dissera, "Decerto ninguém será tão ilógico de nos separar", e acrescentou, "Vamos nos comportar, contanto que ninguém tente nos separar".

Inevitavelmente, suas ameaças não foram ouvidas. Mesmo que as meninas tivessem sido consideradas inocentes por razão de insanidade, teriam sido enviadas, por razões terapêuticas, para instituições psiquiátricas separadas. Da forma como tudo se deu, enquanto homicidas condenadas, elas foram despachadas para diferentes instituições a fim de agravar sua punição.

O *N.Z. Truth* garantiu aos leitores que Parker e Hulme seriam mantidas em "condições de total segurança" e ambas as meninas estariam sujeitas "de todos os modos" ao regime normal de uma sentença de longa duração. "Elas vão usar uniformes comuns da prisão, vão comer a comida normal da prisão, realizar as tarefas comuns da prisão atribuídas às prisioneiras de sentenças longas e estarão sujeitas à disciplina comum da prisão."

Tanto em Arohata quanto em Mt. Eden, o trabalho dado às prisioneiras era tedioso e exaustivo. Nas lavanderias, os únicos apetrechos que atenuavam o trabalho eram torcedores de roupa manuais. Para o trabalho, as mulheres usavam jeans grosseiros e cardigãs de lã — e, como *Truth* foi rápido em destacar, "roupas íntimas simples". Elas recebiam um vestido simples de algodão para usar fora dos horários de trabalho.

Em 3 de setembro, Juliet Hulme foi enviada para Auckland em um avião da Força Aérea Real da Nova Zelândia. No aeroporto de Whenuapai, foi recebida pessoalmente pelo superintendente chefe da prisão de Mt. Eden. A ala feminina de Mt. Eden oferecia acomodações lúgubres. A moça de 15 anos vivia em um uma cela de paredes de pedra de 2,5 metros por 1,8 metro, com um pé-direito de 4 metros. Só havia uma pequena janela gradeada, alta demais para se poder ver através dela. Sua mobília consistia em uma cama de ferro com um colchão de palha, um travesseiro e seis cobertores, uma banqueta, um pequeno armário e um tapetinho no chão de concreto. Nenhum aquecedor era fornecido.

Arohata, para onde Pauline Parker havia sido enviada assim que a nova ala de segurança fora concluída, oferecia aposentos mais agradáveis. Era um prédio moderno que não diferia de um hospital, incluindo corredores de linóleo polido. A ala de segurança havia sido projetada para abrigar detentos teimosos ou difíceis que, assim se pensava, precisavam ser separados dos outros prisioneiros. Mesmo o pátio de exercícios era isolado das vistas por uma tela e a ala tinha sua própria oficina, com vista para os campos verdejantes. Pauline tinha um quarto de madeira à prova de som, de 2,5 metros por 3 metros, com uma janela de tamanho normal coberta por uma forte malha de arame. Os móveis eram uma cama de madeira, uma mesa embutida à parede e uma banqueta. Suas roupas de cama eram iguais às de Juliet em Mt. Eden, mas em Arohata a temperatura interna era consideravelmente mais alta.

Convencido de que Juliet precisava de tratamento psiquiátrico, Medlicott, apoiado por Hilda Hulme, buscou permissão para visitá-la. Foi recusada. Embora o sr. juiz Adams houvesse dito que ninguém poderia ter chegado ao fim do julgamento sem concluir que as duas meninas sofriam de algum grau de transtorno mental, o autor do editorial do *The Dominion*, que havia insistido que a "psiquiatria não é desejada nesse caso", estava em sintonia com o humor vingativo do público. Em 13 de dezembro, Sam Barnett, o secretário de justiça, foi estimulado a negar, em um jornal de Sydney, os relatos de que Juliet estava recebendo tratamento psiquiátrico. Tudo o que foi feito, ele explicou, foi analisar o caso dela para determinar se tal tratamento era necessário.

Barnett assumiu a responsabilidade pelas duas jovens prisioneiras como sua em particular. Ele queria que as duas continuassem seus estudos e estava disposto a disponibilizar instalações. Também decidiu quem poderia visitá-las e se corresponder com elas. Muitas cartas vinham de abelhudos bem-intencionados, alguns com motivação religiosa, mas outros com fantasias sexuais. Todas as cartas eram interceptadas.

Como era o caso com todas as prisioneiras de sentenças longas, Juliet foi mantida em semi-isolamento das outras prisioneiras na ala feminina por três meses. Esse era, em parte, um período de "condicional", ou "acomodação", e em parte uma vigília antissuicídio. Após quase dois meses, Barnett notou que ela não estava demonstrando a menor inclinação a se adaptar a qualquer trabalho sistemático.

Primeiro, ela teve permissão para visitas de meia hora nas tardes de domingo. Mais tarde, um acesso mais liberal foi concedido a pessoas que iam tutoreá-la, entre elas Erica Hoby, uma violinista e professora de música que havia ministrado aulas durante dezessete anos em uma escola feminina particular, a Woodford House, em Hawke's Bay, antes de se tornar proprietária e diretora de Queenswood, a escola Waldorf na qual Juliet tinha estudado brevemente. Outros dedicados visitantes eram o professor Kenneth Maidment, um professor universitário de clássicos* em Oxford que era vice-chanceler da Universidade de Auckland, sua esposa Felicity Maidment e Vivien Dixon. Embora ela tivesse conhecido Henry Hulme apenas semanas antes do assassinato e não morasse em Auckland, Vivien Dixon visitou Juliet três vezes por ano durante todo o tempo em que ela esteve na prisão.

* * *

---

* Uma graduação dedicada ao estudo de literatura, história, filosofia, línguas e arqueologia greco-romanas clássicas.

No fim de outubro de 1954, em uma carta a Nancy Sutherland, Felicity Maidment pintou um quadro da vida de Juliet na prisão. Juliet "conversou livre e alegremente e estava animada e sorridente, embora nenhum de nós soubesse de fato o que se passava em sua cabeça. Levamos livros para ela ler e flores, mas não tivemos permissão para entrar com mais nada. (...) Como consideram que ela está sob risco de suicídio, ela é segregada das outras prisioneiras até certo ponto. Ela é levada de volta ao seu 'quarto' perto das 16h, recebe sua refeição noturna e então é trancafiada até as 6h da manhã seguinte — longas horas de solidão para uma jovenzinha, e estamos fazendo o melhor possível para ajudá-la a se ocupar. Eles recolheram até os óculos dela — suponho que por medo de que ela os quebre e os use para se cortar."

Ela relatou que Juliet levantava às 6h, fazia uma refeição e, então, começava a trabalhar esfregando e polindo o chão preto dos corredores. Duas ou três vezes por semana ela fazia lençóis, macacões brancos e outras peças de vestuário da prisão na sala de costura. Ela ganhava um xelim e seis pennies por dia, tendo que guardar a maioria. Apenas alguns pence eram deixados para comprar chocolates, doces ou grampos de cabelo.

"Os fins de semana, posso imaginar, são de morte. O Exército da Salvação passa por lá e toca hinos, e nós temos permissão para visitá-la por meia hora, mas além disso não há nada para aliviar o tédio. (...) Ao que parece, ela ainda vem escrevendo bastante, coisas que a superintendente diz serem 'sexy'."

As outras detentas eram "um bando bem miserável". A maioria eram prostitutas e ladras baratas presas por curtos períodos. Sua conversa era "longe de ser edificante" e sua mentalidade era "bem tacanha". Uma boa parcela tinha doenças venéreas e a maioria tinha piolhos, "o que deixa Juliet apreensiva de pegá-los".

Para Vivien Dixon, a prisão era como o Castelo de Colditz, em condições chocantes. Juliet tinha "roupas terríveis para vestir, incluindo grandes botas pretas" e tinha que suportar "um monte de canto Māori barulhento". As prisioneiras comiam uma boa quantidade de pudim de tapioca e nunca comiam ovos ou frutas. Juliet disse a ela que não se desse ao trabalho de levar bolos, uma vez que as agentes da prisão sempre os quebravam para ver se não havia drogas dentro. As prisioneiras tinham permissão para tomar banho apenas duas vezes por semana. As toalhas sanitárias* tinham que ser improvisadas com tiras de tecido. Não havia portas nos lavabos, e isso era o que Juliet mais odiava.

Quando Dixon reclamou dessas condições em uma carta a Sam Barnett, ele perguntou se ela o visitaria. Nesse episódio, ela levou junto Nancy Sutherland para apoio moral. Sutherland e sua franqueza deixaram Barnett tão exaltado que ele bateu a porta quando elas foram embora.

Em novembro, Juliet escreveu para Nancy Sutherland, agradecendo o bolo de aniversário que ela havia mandado e transmitindo a informação de que não teria permissão para comê-lo antes do Natal. Estava, disse ela, lendo uma grande quantidade de poesia. "Tenho dezessete livros de poemas em meu quarto neste momento. Sete deles com mais de quinhentas páginas e os outros, todos com exceção de um, com cerca de 250 ou 300. Tenho 1500 páginas de Byron (obras completas), mil de Shelley, quinhentas de Tennyson (emprestado a mim, não é dos meus favoritos), o *Rubáiyát de* Omar Khayyám, Rupert Brooke, James Elroy Flecker, *The Oxford Book of English Verse* e alguns de prosa, o resto são antologias."

Haviam emprestado a ela o *History of England*, de Macaulay, que ela achou muito interessante, embora ainda não tivesse arrumado tempo para lê-lo, e estava aprendendo italiano. "Eu amo a língua, também a comida, a arte, a música e as pessoas etc. Estou quase na metade do curso. Quanto aos meus planos para o futuro (...) é provável que eu deva tentar escrever. Mas se eu pudesse fazer qualquer coisa que desejasse, seria cantar. Minha paixão preponderante é a ópera italiana." Com dois meses de sua sentença de prisão, sua presunçosa autoconfiança não havia sido amortecida pelo humilhante regime prisional.

Três meses depois, Henry Hulme reclamou em uma carta a Vivien Dixon que Juliet "ainda tem a cabeça nas nuvens (...) completamente distante e centrada em si mesma e nas suas ideias grandiosas sobre poesia, escrita etc. Lamento desesperadamente por ela, mas seria ruim (...) simpatizar com seu estado atual — ela sente (como uma paranoica) que tem razão e que os outros estão errados, e Medlicott acredita piamente que encorajar isso reduziria as parcas chances de sua recuperação". Embora

---

* Usadas antigamente no lugar dos absorventes, coletores etc. de hoje em dia.

ele estivesse satisfeito por Juliet não parecer "muito infeliz", ele estava "muito amargo quanto aos vagabundos de quinta categoria na Nova Zelândia que insistiam que ela devia ser tratada como uma criminosa".

No fim de novembro, Juliet escreveu para Nancy Sutherland, declarando que ela e Pauline eram maravilhosas cantoras de ópera. Ela mesma era especialmente boa, afirmou — uma soprano coloratura! Em 15 de dezembro, o *Truth* relatou que Parker e Hulme receberiam permissão para estudar para o exame de Admissão Universitária — na verdade, para o Certificado Escolar. O jornal acrescentou que, quando as meninas começaram suas sentenças na prisão, Hulme estava "condescendente e de nariz em pé" e Parker "rabugenta e intratável"; nenhuma delas parecia demonstrar nenhum remorso óbvio. Porém, desde que haviam sido separadas, Hulme aparentemente havia demonstrado uma "considerável melhora em seu comportamento" e alguns sintomas de remorso. Havia ganhado cerca de seis quilos e melhorado consideravelmente sua aparência física, mas tinha demonstrado "pouco interesse aparente pela sina de sua amiga. As duas meninas não têm permissão de escrever uma para a outra".

Após o Natal, Juliet informou a Nancy Sutherland que seu primeiro Natal na prisão havia sido bom. "É claro que há muitas coisas das quais a pessoa sente falta, mas no geral, foi muito bom. Todo tipo de gente veio até aqui e nos deu coisas." Ela estava, assim disse, estudando para o Certificado Escolar em inglês, matemática, história, latim e italiano. Ela também estava estudando grego apenas porque gostava e estava amando aprender italiano: "a língua me apetece em cada aspecto e está longe de me dar qualquer trabalho".

Uma estranha paixão havia se desenvolvido a partir de seu amor por James Mason em *A Raposa do Deserto*. "Estou lendo Rommel no momento e gostando tanto que não consigo fechar a bendita coisa. Estou muito interessada e tenho grande simpatia pelo exército alemão, o deserto do Norte da África, por tanques, táticas e por Rommel, em uma ordem ascendente aproximada. (...) Também tive vontade ler as memórias de Ribbentrop, mas não consegui obtê-las. Um belo dia qualquer vou terminar a história da Segunda Guerra Mundial por Churchill. Eu amei, era mesmo fascinante, mas é provável que solte um uivo e o largue quando os alemães começarem a ser vencidos."

Ela também amou *Os Três Mosqueteiros*. "Eles são bem a minha cara (especialmente Athos, Richelieu e D'Artagnan). Gosto de Athos em particular quando ele passa um longo tempo na estalagem com [seu servo] Grimaud." Neste episódio, Athos, de cara cheia, diz a D'Artagnan que na juventude se apaixonou por uma menina de 16 anos "tão bela quanto a aurora. Embora tão criança, era maravilhosamente dotada; não tinha a mente de uma mulher, mas de um poeta; ela era mais do que encantadora — era enfeitiçante". Não era difícil de ver por que Juliet havia achado esta história tão cativante.

Sendo um senhor feudal, Athos poderia ter seduzido a menina, ou mesmo tê-la violentado se assim tivesse desejado, mas ele se casou com ela e a tornou primeira-dama de sua província. Um dia, quando estavam caçando, ela levou uma queda feia e perdeu a consciência. Vendo que estava sendo sufocada por seu justo traje de montaria, Athos abriu-o na faca enquanto ela estava no chão, expondo seu ombro. Nele, havia uma flor de lis: ela estava marcada. "O anjo era um demônio, a inocente criança, uma ladra; ela havia roubado a bandeja de comunhão de uma igreja." O belo jovem sacerdote que posava como seu irmão era, na verdade, seu amante. Athos despiu-a do resto de suas roupas, amarrou suas mãos atrás das costas e a enforcou. Seu coração ficou partido para sempre.

Nancy Sutherland deve enfim ter considerado o egocentrismo e a falta de arrependimento de Juliet difíceis de aturar. Escreveu a ela dizendo que tinha muitos outros compromissos e não poderia escrever com tanta regularidade quanto no passado. Juliet se recusou a mostrar qualquer mágoa. "Entendo bastante que não possa escrever com tanta frequência. Por mais curioso que pareça, eu também não posso, por causa de várias restrições e coisas." Ela se entusiasmou com suas conquistas como tricoteira. "O suéter vermelho — terminei aquilo há eras. (...) Fiz mais quatro desde então, quase terminei um quinto, comecei bem um sexto e tenho um sétimo planejado. Eu tricoto e leio ao mesmo tempo."

Ela também estava fazendo camisas para as prisioneiras. Quando saísse, disse ela, seria capaz de fazer todas as camisas de seu pai, bem como as blusas de sua mãe e os vestidos dela, e as próprias roupas íntimas. "Fiz quatro pares de sutiãs desde que cheguei aqui. São bem divertidos de fazer. Feitos de calicô cru para nós, não de cetim, mas o princípio é o mesmo."

Dora Sagar, encarregada de tutorar Juliet para o Certificado Escolar, a visitava regularmente. Em um certo dia de inverno, disseram a ela que Juliet não conseguia se levantar por conta de um severo resfriado. Uma superintendente simpática permitiu que ela visse Juliet em sua cela. Dora mais tarde afirmou que após ver as condições nas quais Juliet estava vivendo, perdoou todos os seus chiliques. O prédio tinha vazamentos, e para chegar às celas ela teve que atravessar poças d'água. As celas tinham vista para a lavanderia, cujas paredes pingavam e tinham mofo. Não havia luz elétrica na cela e, embora fizesse um frio de amargar, Juliet vestia apenas um vestido de algodão e um cardigã. Não era um local adequado para que o governo da Nova Zelândia abrigasse uma jovem que havia sofrido durante a maior parte de sua vida de fraquezas no peito e havia recebido alta de um sanatório para tuberculosos apenas um ano antes. Apesar das condições, o cabelo castanho-claro de Juliet estava lindo, relatou Sagar.

PETER GRAHAM
ALMAS GÊMEAS

32

Um Ano Difícil

Enquanto o julgamento de Juliet estava sendo realizado, Henry Hulme havia levado Jonty para Bruxelas, onde os jornais ingleses eram escassos e eles poderiam se manter na surdina. Em seu retorno à Inglaterra, eles ficaram com amigos em Blackheath, e Hulme deixou seu filho paramentado para o internato em uma escola preparatória.

Com suas conexões na universidade, Hulme não teve dificuldades em conseguir uma nomeação para ensinar matemática em Cambridge, mas na época havia algo mais no ar. O governo britânico havia determinado que se o país quisesse manter sua condição de potência mundial, precisaria desenvolver uma arma termonuclear independente — a bomba de hidrogênio. O projeto, que seria levado a cabo no Estabelecimento de Pesquisa de Armas Atômicas, localizado em um antigo campo aéreo em Aldermaston, Berkshire, foi colocado nas mãos do célebre físico nuclear William Penney, um velho amigo de Hulme. Em setembro, Hulme tinha bastante certeza de que teria um emprego para que pudesse começar a procurar acomodações pela região, embora seus quadros, seus livros, sua louça e outras posses recuperadas do casamento não fossem chegar até o meio de outubro.

Na escola de Jonathan, os pais eram encorajados a fazer visitas frequentes, relatou Henry a Nancy Sutherland. Jonty estava "muito bem" e "meio feliz o tempo todo". O menino ainda não havia ficado sabendo de Hilda e Bill. Deixaria que o garoto se acomodasse na escola primeiro, e então garantiria que ele visse bastante os três juntos durante seu primeiro recesso escolar. "A parte realmente inquietante para uma criança é se os pais discutem ou criticam um ao outro e tenho certeza de que podemos evitar isso."

Ele sentiu-se encorajado pelo povo da Inglaterra ter sido "de uma gentileza extraordinária". O mesmo não podia ser dito de alguns de seus antigos colegas da Nova Zelândia. Embora tivessem concedido a ele £900 para cobrir os custos das passagens dele e da família para a Inglaterra, no fim das contas, o comitê executivo do conselho da faculdade, ciente de que a unidade familiar havia sido desfeita, havia resolvido não pagar a passagem de Hilda. De acordo com os advogados da faculdade, Dougall e Co., a sra. Hulme não tinha mais direito ao benefício.

A faculdade foi além. Ela não cobriria nenhuma parte de uma conta de £144.12.0 que Hilda havia feito ao enviar pertences pessoais de volta à Inglaterra, muito embora alguns dos pertences fossem de Henry. Ela também não arcaria com nenhum dos custos de viagem de Henry para além de sua passagem. Seus advogados haviam determinado que a faculdade não tinha autoridade para pagar despesas de mudança e viagem a qualquer empregado que tivesse pedido exoneração. Isso havia, de fato, excedido sua autoridade.

Em novembro, Hulme disse a Nancy que as coisas estavam indo razoavelmente bem na Inglaterra. Caius o havia tornado membro da instituição por um ano e ele estava passando semanas alternadas em Cambridge e em Aldermaston. Hilda havia concordado que ele tivesse a custódia de Jonty (em 1954, sendo uma esposa infiel, ela não teria tido escolha). O divórcio seria concluído em um par de meses, "com sorte, sem publicidade". Hilda e Bill estavam se recuperando lentamente da tensão dos últimos poucos meses. Ele mesmo, às vezes, se sentia muito solitário.

Também chegou a escrever para Vivien Dixon. Hilda e Bill, disse a ela, ainda não tinham a própria casa e Bill não estava conseguindo arranjar emprego: a publicidade do caso havia matado suas chances com sua antiga firma. Enquanto isso, Jonathan havia sido inscrito na Escola Stowe, em Buckingham, para 1957. O nível de escolaridade lá não era dos mais altos, confessou, mas a escola era conhecida por dela saírem boas pessoas e os meninos eram muito felizes. Essa foi uma enorme mudança de postura para Henry Hulme, que sempre havia valorizado os padrões acadêmicos acima de tudo.

No fim do ano, Jonathan foi o primeiro de sua turma e seus professores relataram que ele era muito bem equilibrado. Ele e o pai passaram o dia de Natal com Hilda e Bill: esse foi o dia em que escolheram contar a ele que estavam se divorciando. No Dia da Oferenda,* Henry levou o filho para a Suíça para um feriado de esportes de inverno. A petição do divórcio foi contemplada em 26 de janeiro.

Algum tempo após ter voltado à Inglaterra, Henry Hulme conheceu e deu início a um relacionamento com uma mulher chamada Margery Ducker. O pai de Ducker, sir James Cooper, era um magnata que detinha as diretorias da Lancashire Cotton Corporation, da vasta firma de engenharia Vickers-Armstrongs, da Goodyear Tyre and Rubber e outras grandes companhias. Margery tinha por volta da mesma idade que Henry. Ela havia sido casada duas vezes antes e tinha um filho de cada casamento, um rapaz de 17 anos e uma menina de 12. Henry disse a Nancy Sutherland que, como ele, Margery tinha passado tempos difíceis e tinha interesses similares aos dele. Quando os dois se casaram, na metade de 1955, Hulme havia garantido um cargo permanente em Aldermaston e eles esperavam comprar uma casa na zona rural de Berkshire, perto de Reading.

Em junho de 1955, Hulme escreveu para Juliet dando a notícia. A carta foi interceptada pelas autoridades da prisão, que responderam informando que não poderiam entregar à sua filha uma carta tão desalmada. Ele deveria escrever outra vez, demonstrando algum sentimento dirigido a ela. Dora Sagar, a quem eles haviam mostrado a carta, a considerou "um tanto inacreditável", direta e brutal. Várias semanas se passaram até que Henry escrevesse uma outra carta em termos levemente mais simpáticos. Mesmo assim, como afirmou Vivien Dixon, a carta fez Juliet perder o chão.

---

* No original, *Boxing Day*, nome mais popular do *Offering Day*, feriado de 26 de dezembro em vários países anglófonos; nele, tradicionalmente, se ofereciam presentes a pessoas pobres; hoje tem outros significados, como um dia para liquidações e de uma importante rodada no futebol inglês.

Fervendo de ódio pela insensibilidade de Henry, Vivien foi visitar Juliet. Seu humor não melhorou com a carcereira, que ficou ali chacoalhando suas chaves e escutando cada palavra entre elas. Juliet garantiu a Vivien que, embora tivesse ficado chocada de início, ela agora tinha superado. Porém, sentia que poderia ter recebido mais notícias, uma vez que coisas assim não acontecem em uma semana — "especialmente com pessoas na idade deles". Vivien ficou inclinada a concordar que o relacionamento deveria estar acontecendo quase desde a época em que Juliet foi sentenciada.

Nessa altura, Juliet havia mandado uma carta para a nova madrasta, pedindo a ela que escrevesse algumas linhas, mas não houve resposta naquele momento — "suponho que ela não queira me assumir" — embora tivesse recebido fotografias de seu pai e de Margery, e achasse Margery muito bonita. No fim de agosto, porém, uma linda carta foi enviada por Margery, e Juliet assegurou a Nancy Sutherland que ela "não precisa temer que eu fique aborrecida ou ressentida pelo casamento. Fiquei chocada, é claro, mas acho que é algo maravilhoso — na verdade, é apenas isso que é".

Ela acrescentou um apelo — provavelmente direcionado mais às autoridades da prisão, que leriam a carta, do que à Nancy — para que fosse deixada só. "Nunca olharei para trás", escreveu, "mas acho muito difícil pois há tanta gente tentando incessantemente me manter amarrada, dizendo 'você deve fazer isso, aquilo ou aquilo outro', tudo isso estreita uma rede ao meu redor e faz com que eu me sinta em pânico. Vou construir uma nova personalidade, e uma boa personalidade. Aprendi minha lição, lamento e nunca mais perderei a cabeça. Vou me regenerar, me tornar uma nova pessoa (...) mas devo fazer isso eu mesma, sem ser observada e comandada. Devo fazer isso eu mesma, ninguém pode fazer por mim, nem me ajudar."

Hilda e Bill, na verdade, vinham passando por uma época pavorosa. Em dezembro de 1955, quando Hilda respondeu com atraso a uma carta de Nancy, eles estavam morando em Ullesthorpe, um pequeno vilarejo em Leicestershire. "A maior parte deste último ano", confidenciou ela à velha amiga, "foi difícil demais. (...) estivemos tão falidos que durante meses fomos vivendo com dificuldade, enfrentando uma semana de cada vez, esperando em vão que algo melhor aparecesse. No fim, fui à Agência de Trabalho e consegui um emprego para mim. Quis fazer isso em primeiro lugar, mas havia razões reais para não tê-lo feito. Eu me vi quase fisicamente impossibilitada de falar com qualquer pessoa. Tinha que me preparar mentalmente para fazer as mais simples das compras necessárias. Queria me manter livre para ver Jonty quando pudesse. Tinha que manter a coragem e a esperança de Bill vivas de que um emprego apareceria."

"Enquanto caminhava sozinha por quilômetros, dia após dia, e as semanas se passavam, creio que me tornei menos sub-humana e me apeguei à minha vontade de viver, que às vezes tinha sido inexistente. Não se engane quanto à minha interpretação da palavra 'falidos'. Casebres baratos, sem xerez para ajudar a afogar minha confusão."

No dia após ela ter conseguido um emprego, Bill Perry também conseguiu ser contratado pela Daimler Motor Company, em Coventry. O casal desde então havia comprado uma casa, que iriam "dividir com os corretores da hipoteca pelos próximos vinte anos! Mas faz uma diferença grande e nos dá a chance de erguer nossas cabeças outra vez".

Embora Hilda tivesse sido a favor de Hulme levar o filho deles para casa na Inglaterra enquanto Bill Perry permanecia na Nova Zelândia para apoiá-la durante o julgamento, ela estava amargurada por seu ex-marido ter rapidamente encontrado emprego enquanto Bill havia sofrido. "O escândalo ligado ao julgamento arruinou a carreira de Bill", escreveu. "Se ele tivesse deixado a Nova Zelândia antes do julgamento, teria sido diferente, mas como ele se ofereceu para ficar, em vez de Henry, acabou envolvido demais. Ao retornar, ele descobriu que era qualificado demais para qualquer trabalho que estivesse disposto a fazer, e os melhores empregos precisavam de uma indicação que ninguém daria a ele, dadas as circunstâncias." Ele agora tinha um emprego por um quarto do salário que deveria ter, mas era um começo. "Pelo menos dá pra viver."

Os pés de Henry, reclamou ela, "simplesmente não tocam o chão". Ninguém que o encontrasse faria ideia de que havia acontecido alguma coisa para perturbá-lo. "Ele parece ter alguma fórmula mágica que faz ele ignorar tudo. Se algo pode ser desagradável, ele dá as costas e, abracadabra, não está mais lá."

Ela encerrou sua longa e pesarosa carta dizendo que havia escrito cartas de Natal para outras pessoas na Nova Zelândia, onde ainda havia "restado algumas pessoas que têm compaixão por aqueles em profundo apuro", mas para nenhuma outra pessoa ela escreveu com tanta liberdade e honestidade. "Em minhas longas e solitárias caminhadas, conversei com você por muitas horas e a desejei junto de mim. Será que você já sentiu isso? Eu me pergunto. Ou achou que eu tinha escapulido, me livrando de todo o passado e desfrutando de uma vida descuidada e de luxo? (...) Já faz quase dois anos desde que eu e você passamos aqueles poucos dias sossegados no chalé. Dois anos ou duas vidas inteiras. Ah, Nancy, que tragédia. E eu não tinha como saber, apenas não tinha como adivinhar..."

Ela acrescentou que a mãe estava indo passar o Natal com eles. "Vou gostar de recebê-la, embora ela queira me salvar, naturalmente, para Deus. Que Deus me ajude, se puder. Me mande seu amor em algum momento. Preciso dele."

PETER GRAHAM
ALMAS GÊMEAS

33

Um Recomeço

Pauline Parker chegou em Arohata de nariz em pé por causa de sua associação com Juliet Hulme e a notoriedade que o assassinato altamente noticiado havia proporcionado a ela. Não conseguia ver nenhuma boa razão para ter que tomar parte no trabalho na prisão. "Sou um caso especial aqui", informou a um dos funcionários. Ela precisava ser lembrada repetidas vezes de que era só mais uma dententa.

Para além de dois oficiais da prisão que partilhavam seus interesses por música e literatura, ela tratava os funcionários com desdém. Um observador mencionou que para aqueles com quem não estava em sintonia, ela mantinha um humor frio, arredio, muitas vezes sarcástico e, com frequência, uma gélida educação. Por um bom tempo, ela se recusou a ter qualquer contato com suas colegas de cárcere, a maioria delas meninas Māori de pouca instrução. Em sua maioria, eram meninas de navio — prostitutas que se escondiam em navios para prestar serviços aos marinheiros.

Por detrás daquela postura insolente, porém, ela sentia falta demais de sua amada "Pandy", como ela agora havia apelidado Juliet. Escreveu em seu diário, "Tenho andado por aí esses dias com lágrimas rolando pelo rosto. Ah, Pandy, como sinto sua falta. Eu, que a adorava. Eu, que a venero. O que fiz para perder você?". Em janeiro de 1955, foi observado em seu registro da prisão que ela havia desenvolvido um interesse por colecionar recortes de revistas e jornais sobre qualquer coisa pertinente a crime e terror, incluindo casos de assassinato no exterior. Ela também recortava de revistas e colecionava várias fotografias contendo intensas cenas de amor.

O regulamento permitia que ela escrevesse três cartas por semana, cada uma de duas páginas, para destinatários aprovados. Ela não tinha permissão de escrever para Juliet, embora seja provável que tenha existido uma linha de comunicação clandestina entre prisioneiras transferidas entre Mt. Eden e Arohata. De acordo com anotações dos funcionários, ela escreveu cartas inteligentes e divertidas para uma amiga da escola, assinando como "Nina", "Rosemarie" e "Pauline (ugh, nome repulsivo)". Cartas ao seu pai, sua avó e sua irmã Wendy eram quase amorosas e compreensivas. Ela dava duro nelas, uma vez registrando em seu diário, "Escrevi para vovó e redigi muito bem, creio eu". Ela assinava essas cartas como "Yvonne".

Sua família era menos comunicativa. Wendy não escreveu antes de janeiro de 1955 e seu pai antes de outubro do mesmo ano. Ele a visitou apenas uma vez em Arohata e descreveu a experiência como deprimente.

Embora o *N.Z. Truth* tenha garantido aos seus leitores que as meninas, enquanto prisioneiras, não escapariam à rotina normal de trabalho por causa de seus estudos, Pauline se tornou cada vez mais envolvida com o trabalho da escola e menos com a costura, a lavanderia e a limpeza do chão. Tendo recebido livros-texto do Departamento de Justiça, depois de certo período ela estava estudando quase em tempo integral. Embora de início ambivalente, sua postura melhorou quando começaram as aulas por correspondência para o Certificado Escolar, no qual ela foi aprovada em cinco disciplinas, antes de prestar a Admissão Universitária. Seu trabalho duro foi recompensado com um passeio: ela recebeu permissão para visitar a Universidade Victoria, em Wellington, durante as férias acadêmicas para ver como era uma universidade.

As autoridades da prisão observaram que conforme ela passava menos tempo fazendo serviços que considerava degradante, tornava-se mais relaxada e agradável. Mas era sujeita a dramáticas oscilações de humor. Quando estava bem-disposta, consternava os agentes da prisão com suas opiniões majestosas. "Creio que o prazer é a única coisa pela qual viver", declarou certa vez. Mas havia acessos de tristeza. Um dia, em março de 1955, ela foi vista choramingando, e escreveu em seu diário que estava solitária e se sentia terrível diante do que havia feito ao pai e à família. Alguns dias depois, contudo, ela estava de novo se misturando às outras meninas, "jogando cartas... feliz, radiante e animada".

Em abril, ela estava pensando em fugir. Escreveu em seu diário que fingiria estar doente: quando uma das funcionárias viesse, ela a subjugaria, tomaria suas chaves e a trancaria em sua cela. No mês seguinte, começou a se preocupar com sua saúde, pensando que estava prestes a ter um ataque cardíaco. O oficial médico da prisão atestou que seu coração estava normal, mas ela estava com sobrepeso e precisava fazer uma dieta; a prisão a havia curado rapidamente da bulimia. Apesar de se esforçar bastante, ela com frequência sucumbia à tentação dos bolos e pudins.

Após um ano de sua chegada à Arohata, Pauline embarcou em duas relações íntimas com colegas prisioneiras. Uma teria um final infeliz, quando sua amiga a acusou de roubar seu chocolate. Houve uma reclamação de uma terceira detenta. "Pauline não para de colocar o braço ao redor dela e chamá-la de 'meu bem' e 'querida'", registrou uma das agentes da prisão. As funcionárias parecem não tê-la tido em pior conta por causa disso e, na época em que Pauline deixou Arohata, ela era considerada uma prisioneira modelo — educada, estudiosa e "exemplar" em seu comportamento.

A despeito da promessa do secretário de justiça de que as meninas deveriam ser intercambiadas de tempos em tempos entre as duas prisões, isso nunca aconteceu. Embora os conselheiros psiquiátricos do governo acreditassem que Juliet havia sido a personalidade dominante, essa pode não ter sido a razão para ela ter passado a maior parte de sua pena em Mt. Eden: Barnett, afinal de contas, havia prometido que as duas receberiam a mesma punição. É mais provável que tenha sido uma simples questão de conveniência.

Em agosto de 1958, Pauline foi transferida para a Prisão de Christchurch, em Paparua, e Hulme para Arohata. Falando como diretor-geral de prisões, Barnett garantiu ao público que a condicional para as duas meninas não havia sido considerada. O período de suas sentenças continuava o mesmo: detenção indefinida. Dado que tanto a prisão de Arohata quanto a de Mt. Eden eram locais menos aprazíveis que Paparua, Juliet Hulme ainda estava levando a pior. Porém, em Arohata, às vezes viria a receber solturas diurnas para viajar de trem até Wellington e usar a biblioteca da Universidade Victoria, além de receber visitas regulares de uma psicóloga, Beatrice Beeby, esposa do diretor de educação.

Em Paparua, Pauline era visitada com regularidade por Wendy, Rosemary, vovó Parker e seu pai, e por amigos dos Hulme, o professor Henry Field e sua esposa, Helen. Os Field eram ideais como visitadores prisionais. Henry Field era detentor da cátedra de educação na Faculdade de Canterbury e há muito tinha interesse na psicologia de comportamento criminal e delinquência, que ele havia estudado em Harvard com, entre outros, Sheldon Glueck. Helen Field era médica especializada no cuidado de mães e crianças.

Em outubro de 1958, Pauline passou o primeiro de muitos fins de semana em condicional, hospedada com os Field. Nessa altura, estava estudando francês e inglês para um bacharelado em artes e, provavelmente por estímulo do professor Field, sendo tutorada pelo professor Sussex, diretor do departamento de francês da universidade, e por Gordon Troup, um professor assistente sênior em francês. Em dezembro de 1958, ela foi notificada de que havia tirado um A em inglês e um B em francês. No ano seguinte, começou a estudar a língua Māori e antropologia.

Pauline parecia travar uma contínua luta interna entre o bem e o mal. Em Arohata, a fria e sarcástica jovem com um sinistro fascínio por assassinato coexistia com a polida e estudiosa prisioneira modelo que "tentava ser boa", assim como a irmã diligente e beata também havia desfrutado do furto em lojas, do sexo e se regozijado com "aquilo que chamam Pecado". Em Paparua, começou a receber instrução religiosa de um sacerdote católico romano, padre Tom Cahill, diretor da agência Serviços Sociais Católicos. Em dezembro de 1958, ela foi à missa pela primeira vez no Asilo Mount Magdala, uma instituição fundada pelas Irmãs do Bom Pastor "para a regeneração da mulher caída em desgraça". Ao longo de 1959, ela iria à missa no Mount Magdala uma vez por mês.

• • •

Em fevereiro de 1959, ressurgiram os rumores sobre o futuro de Juliet Hulme. O *Sunday Express*, de Londres, afirmou que "a garota inglesa que chocou o mundo ao ajudar a assassinar a mãe de sua amiga de escola pode em breve ser libertada da cadeia na Nova Zelândia e vir para a Inglaterra". Uma ex-detenta dissera ao repórter do jornal que Juliet esperava ser libertada antes de seu aniversário de 21 anos, em 28 de novembro (na verdade, seu aniversário era em 28 de outubro). Juliet havia se transformado em uma costureira de mão cheia, disse ela, e tinha ideias de montar uma loja de vestidos na Inglaterra. Dera a entender que nunca mais queria ver Pauline Parker outra vez.

Ao ser solicitado a se pronunciar, o ministro da justiça afirmou que cabia a ele a recomendação quanto aos casos até segunda ordem de Sua Majestade e a questão da libertação de Juliet Hulme não havia sido considerada. No dia seguinte, Sam Barnett afirmou que a questão da condicional de Juliet Hulme e Pauline Parker ainda não havia sido levada à Junta de Condicional. Dez meses depois, em 4 de dezembro, ele confirmou que ambas haviam sido libertadas da prisão no mês anterior. A soltura fora ordenada pelo Conselho Executivo. Nenhum anúncio oficial havia sido feito na época porque o Departamento de Justiça desejava dar a elas a oportunidade de recomeçar a vida sem serem identificadas.

As meninas haviam cumprido quase cinco anos e meio de prisão. Pelos padrões de hoje, esse seria considerado um período curto na cadeia para tal assassinato brutal e premeditado. É provável que um crime similar, cometido por infratores de idade similar, resultasse em prisão perpétua com um período mínimo de dez a quinze anos sem condicional.

Perguntaram a Barnett se os agentes da prisão estavam confiantes de que ambas as meninas haviam sido completamente reabilitadas. Ele evitou uma resposta direta. Elas haviam estado sob "atenta observação" durante seu aprisionamento e tinham se "desenvolvido de maneira altamente satisfatória", disse. Ambas haviam buscado "interesses saudáveis". Tinham avançado em sua educação e uma delas havia seguido em frente, com grau de sucesso considerável, tencionando um Bacharelado em Artes. A Junta de Condicional havia concluído que, individualmente, nenhuma teria cometido o crime; tinha sido uma chance em um milhão que sua associação tivesse sido de tal natureza a levá-las a planejar um ato tão ultrajante.

Foi dito com frequência, em especial pela própria Juliet Hulme, que uma condição para a soltura das meninas era de que elas não tivessem mais nenhum contato. Não foi o que aconteceu. O *Sun-Herald*, de Sydney, citou uma fala de Barnett, "A soltura da srta. Hulme é incondicional. (...) A soltura da srta. Parker está sujeita a controle geral como o de sua residência, de seu emprego e afins". Perguntado se haviam dado às meninas, ou solicitado a elas que dessem, um entendimento para que se mantivessem separadas ou se abstivessem de se corresponder, o secretário de justiça afirmou que elas não tinham sido soltas sob essa condição.

Juliet Hulme já havia deixado a Nova Zelândia, disse Sam Barnett à imprensa. Havia ido para a Austrália a fim de recomeçar. Em Sydney, Juliet havia andado pelas ruas sem ser reconhecida. Foi um comentário dissimulado, talvez com a intenção de tirar a imprensa de seu rastro. Na verdade, o governo da Nova Zelândia havia providenciado à sua prisioneira libertada um novo passaporte e uma nova identidade: ela agora era Anne Steward. No Aeroporto Rongotai, de Wellington, ela havia recebido o adeus da carcereira de Arohata, que havia se afeiçoado a ela. Florence Howland ficou ali acenando enquanto Juliet atravessava a pista de decolagem até o avião. Juliet não se virou. "Ela nunca demonstrou nenhum remorso por seu papel no assassinato", afirmou Howland.

Era verdade que Juliet havia voado até Sydney — mas de lá, havia embarcado em um avião para Roma.

Henry Hulme, recentemente promovido a chefe de pesquisa atômica em Aldermaston, havia tomado providências para encontrar a filha quando ela chegasse à Itália. Tinha discutido os planos que fizera com Vivien Dixon, que nessa altura havia voltado à Inglaterra. Ele e Margery levariam o carro até a França de balsa e dirigiriam até Roma, contou a ela. Tendo buscado Juliet, eles então seguiriam de volta à Inglaterra depois que as coisas se acalmassem um pouco.

Vivien Dixon havia encontrado Margery uma vez e não tinha gostado muito dela. Ela ficou chocada porque Margery estaria presente quando Henry encontrasse sua filha pela primeira vez em quase seis anos. Inevitavelmente, o encontro foi um desastre. As duas mulheres criaram uma antipatia instantânea uma pela outra. Margery mais tarde disse à Vivien que não aceitaria que Juliet ficasse em sua casa. Ela era perigosa de se ter por perto.

Quando chegou à Inglaterra, Juliet — agora Anne — estava vivaz, imperturbável e exultante por se reencontrar com sua mãe e Bill Perry. Seu ânimo parecia não ter sido mitigado de modo algum por seus anos na prisão. Ela mais tarde afirmou que sua mãe nunca falou sobre seu crime. "Ela sentia que devíamos deixar para trás. Creio que, de muitas formas, não queria se sentir culpada. Talvez achasse que se tivesse estado mais ao meu lado quando eu era adolescente, isso poderia não ter acontecido."

Em Roma, após a longa viagem de carro, Margery não suportava nem olhar para a enteada, mas Juliet não guardou a menor animosidade por seu pai com relação ao casamento. Pai e filha desfrutavam da companhia um do outro, mas precisavam tomar cuidado quanto a serem vistos juntos. Por causa de seu trabalho, Henry Hulme era razoavelmente conhecido. Se ele fosse visto regularmente com uma jovem, não seria difícil para as pessoas deduzirem que Anne Steward era Juliet Hulme, a assassina. Seus encontros quase sempre se davam na National Gallery ou no Tate; eles perambulavam olhando para os quadros antes de um almoço tranquilo. Quando seu 22º aniversário se aproximou, Anne pediu um bracelete de cornalina que tinha visto e admirado. Henry, sempre cuidadoso com dinheiro, relutou com a despesa até ela lembrá-lo de que não havia custado nada a ele por mais de cinco anos.

Anne havia aprendido estenodatilografia na prisão e foi fácil para ela encontrar um trabalho como secretária. Após alguns anos, ela se mudou para um apartamento e começou a sair com rapazes. "Eu estava sempre apavorada com o dia em que teria que contar a alguém o que havia feito", disse mais tarde a um jornalista que a entrevistou, "mas, no fim das contas, só houve um namorado de quem me senti próxima o suficiente para conversar sobre isso." Ela enfatizou sua heterossexualidade com avidez. Pauline Parker era "uma ótima amiga. Tínhamos muitos sonhos românticos. (...) Gosto muito de mulheres enquanto boas amigas, mas para o romance, tem que ser um homem".

Não muito depois de sua chegada à Inglaterra, ela mudou seu nome de Anne Steward para Anne Stewart Perry. De onde veio o Stewart é motivo de conjecturas. É improvável que ela o tenha escolhido em homenagem a "Stewpot", sua antiga diretora no Colégio para Moças de Christchurch. Pode ter sido de sua avó materna, cujo nome do meio era Stuart. É provável, porém, que tenha sido apenas uma modificação de Steward, o nome fornecido pelo governo da Nova Zelândia. Quanto ao seu uso de "Perry", ela certa vez comentou que, "Após minha mãe se casar outra vez, meu padrasto me adotou legalmente, então assumi seu nome". Foi uma explicação curiosa. Por que, sendo uma adulta com uma relação amigável com o pai, ela iria querer ser legalmente adotada por Bill Perry? Em uma outra vez, comentou que era óbvio que se ela ia morar com a mãe e com Bill Perry e "ser filha deles", deveria adotar o nome do padrasto.

Ela não havia perdido a ânsia de ir a Hollywood. De acordo com alguém que escutou a história da própria Anne, ela foi até a embaixada estadunidense em Londres a fim de solicitar um visto e foi entrevistada por um oficial consular. Estava tudo indo às mil maravilhas até a última pergunta.

"Alguma condenação criminal?", perguntou o oficial à jovem bela e segura de si que estava sentada diante dele.

"Ah, só uma coisa quando eu tinha 15 anos", respondeu ela com desenvoltura.

"Bom, tenho certeza de que não será problema", disse o oficial. Quando estava caminhando em direção à porta, ele pensou em perguntar a ela qual havia sido a razão.

O visto não foi concedido.

Após três anos em Londres, Anne Stewart Perry se mudou para a histórica cidade mercantil de Hexham, em Northumberland, perto de Hadrian's Wall. Sem dúvida uma grande parte do apelo da cidade era que ela ficava no território de seus ancestrais, os Reaveley, meirinhos hereditários da casa senhorial de Chatton para os condes de Northumberland.

Anne, então, tramou um plano. Ela conseguiu um trabalho como aeromoça de uma companhia aérea que voava com frequência para os Estados Unidos. A companhia aérea tinha um visto de grupo para sua tripulação, permitindo a entrada de seus membros para estadias curtas. Após alguns voos de volta, ela disse ao seu pai que, da próxima vez que fosse aos Estados Unidos, não voltaria. Fazendo valer sua palavra, ela abandonou seu posto em Los Angeles e logo estava trabalhando como babá para um casal em Hollywood.

Por fim, ela conseguiria o visto que havia sido negado a ela em Londres. Mais tarde, insistiu que havia revelado sua condenação por homicídio aos oficiais da imigração dos Estados Unidos, que haviam emitido para ela um visto total e uma autorização de trabalho após analisarem uma transcrição do julgamento. Não há como saber se isso é mesmo verdade.

Anne Stewart Perry morou no sul da Califórnia de 1967 a 1972. Segundo a história que conta, ela alugou um apartamento em Beverly Hills "em uma área barra pesada da cidade, em uma rua ladeada de jacarandás" e trabalhou como despachante de limusines e corretora de seguros. Tinha uma vida social agitada com muitos namorados, mas nunca se casou, embora tenha "chegado perto uma ou duas vezes". De acordo com Vivien Dixon, ela esteve noiva certa vez.

Aos 26 anos, Anne se tornou membro da Igreja de Jesus Cristo dos Santos dos Últimos Dias. Embora mantivesse seu passado escondido de seus contatos sociais cotidianos, ela afirma ter revelado seu crime à igreja antes de ter sido batizada.

Não é difícil de ver a atração do mormonismo à antiga Juliet Hulme. Quando menina, ela não tinha sido capaz de acreditar na ideia de um inferno sob o argumento de ser "muito antiestético". No mormonismo, não há inferno ou danação eternos: todos são salvos. Quando você chega ao paraíso, há três níveis. O mais baixo e mais densamente povoado, o reino telestial, é para aqueles que não aceitaram Jesus como seu salvador — incluindo os impenitentes "mentirosos, feiticeiros, adúlteros e devassos". Acima dele, o reino terrestre atende a pessoas essencialmente boas que se perderam pela perversidade do mundo e não fizeram o bastante para espalhar a palavra do evangelho de Jesus. Tais pessoas estão aquém de alcançar a "exaltação". Esse mundo espiritual está localizado na Terra, mas em "outra dimensão". Às vezes, o véu se levanta e é possível ver os espíritos.

No topo da pirâmide está o reino celestial, onde Deus mora. Esse é o mais alto objetivo para os mórmons. Chegar lá exige batismo, fé, tenacidade e vários rituais, incluindo a limpeza dos pecados. Ninguém pode entrar sem o consentimento presumido do fundador da igreja, Joseph Smith. O "casamento eterno" é um pré-requisito, embora as pessoas que tenham falhado em se casar na Terra hão de ter uma outra chance após a segunda vinda de Cristo. Esses exaltados ao reino celestial se tornam deuses eles mesmos: reis e rainhas que habitam com Deus por toda a eternidade.

Nenhuma outra religião poderia oferecer um prospecto tão atraente a uma jovem que, de acordo com sua própria mãe, havia acreditado ela mesma ser um deus aos 15 anos. E o pós-vida dos mórmons era muito parecido com seu conceito juvenil de céu para as massas e paraíso para os poucos escolhidos.

Tão atraente quanto era a doutrina da igreja sobre o pecado. Na crença mórmon, uma pessoa comete um pecado apenas quando ele ou ela faz o oposto daquilo que sabem ser o correto – sendo assim, violando sua consciência. Fazer o errado *sem saber* que se trata de algo errado é considerado um mero "lapso". Nas palavras do *Livro dos Mórmons*, "Aquele que não distingue o bem do mal é irrepreensível". Adão e Eva não poderiam ter cometido um pecado no Jardim do Éden porque o conhecimento do bem e do mal não havia sido dado a eles.

Anne Stewart Perry parece ter abraçado de todo o coração esse ensinamento. Certa vez, ela explicou que os mórmons acreditam que, de modo a evoluírem, Adão e Eva tiveram que morder a maçã no Jardim do Éden. "Só se pode aprender a diferença entre o bem e o mal com a experiência. (...) Gosto dessa doutrina em que você tem que continuar aprendendo e que ninguém é excluído, ninguém é penalizado. (...) Eu não acredito que Adão e Eva tenham pecado. Nós precisamos ter conhecimento sobre o bem e o mal e precisamos cometer erros."

É necessário pouco esforço para o corolário: alguém que "comete erros" — até erros grandes, como ajudar a espancar alguém até a morte — aprende mais sobre o bem e o mal, evolui mais e se torna uma pessoa melhor do que os menos inclinados aos erros.

PETER GRAHAM
ALMAS GÊMEAS

34

Vidas Deterioradas

Quando deixou a prisão, Pauline Parker também alterou o nome. Através de um requerimento de mudança de nome, registrado em 1 de dezembro de 1959, ela se tornou Hilary Nathan. Chris Cooke, um jornalista que estudou atentamente o caso Parker-Hulme, acredita que enquanto devota católica, ela pode ter escolhido o nome Nathan tendo em mente uma história do Velho Testamento. Davi, rei de Israel, avistou a bela Betsabá, esposa de Urias, o hitita, se banhando no telhado de sua casa. Ele faz com que ela seja levada até ele para que se deitem juntos. O marido de Betsabá está distante, lutando no exército de Davi. Este arma para que Urias seja morto, instruindo seu comandante, Joabe, a colocá-lo "na linha de frente da batalha mais acirrada e afasta-te dele, para que possa ser golpeado e morto". Deus envia Natã (ou Nathan, como grafado em inglês) até Davi para informá-lo de sua ira diante de seu desprezível ato. Quando o rei admite que pecou, Natã diz a ele que está perdoado: "O Senhor também pôs de lado o teu pecado".

Cooke ouviu de um padre católico que uma pessoa que escolhe o nome Nathan estaria indicando que se arrependeu de seus pecados. Essa teoria desconsidera o fato de que Nathan era o mensageiro de Deus, não o pecador arrependido. Uma possibilidade mais mundana, também sugerida por Cooke, é de que Pauline se afeiçoou por uma assistente social em Arohata cujo sobrenome era Nathan.

Como havia sido uma das condições para a soltura de Parker que ela estivesse sob supervisão do Departamento de Justiça, em fevereiro de 1960 ela recebeu ordens de se apresentar ao oficial de condicional em Auckland. Ela retomou seus estudos visando um diploma em Artes na Universidade de Auckland, sustentando-se com trabalho braçal, que incluía lavar garrafas em um hospital. Na época em que se formou, em 1963, seu oficial de condicional expressou preocupação por ela estar andando com lésbicas.

Algum tempo após deixar a universidade, Hilary decidiu se tornar freira. Ela entrou em um convento como noviça, mas após pouco tempo foi considerada inadequada para a vida em uma ordem de confinamento. Ela teria que encontrar a salvação no mundo exterior. Em 1964, ela estava morando em um chalé em Lyall Bay, um subúrbio à beira-mar de Wellington, e estudando na Escola de Bibliotecários da Nova Zelândia. Cooke, em artigo para a *New Zealand Woman's Weekly*, disse aos leitores que os colegas de Hillary a consideravam misteriosa e reservada; ela fez questão de estar ausente no dia de fotografar a turma. Alguém que afirmou ser uma amiga próxima na época disse que não tinha ideia de quem era Hilary Nathan. "Havia algo em seu passado que ela mantinha bem escondido."

Em 1965, ela se mudou de volta para Auckland, onde trabalhou como bibliotecária na Universidade de Auckland. No devido tempo, o Departamento de Justiça decidiu que ela não precisava mais ficar em condicional e sua soltura tornou-se incondicional. Logo depois, ela abandonou seu emprego na universidade e desapareceu, seu paradeiro sendo conhecido apenas por algumas poucas pessoas.

Pauline Parker ter assassinado sua mãe degradou muitas outras vidas; ela possuía todas as razões para se sentir "terrível" quanto ao que havia feito à família. Além da tortura emocional, os Rieper sofreram consequências financeiras calamitosas. Eles contavam com a renda dos pensionistas, mas sem Nora o negócio chegou ao fim. Bert Rieper lutou para pagar os honorários legais para a defesa de sua filha. Em 1957, quando Alec Haslam foi nomeado juiz da Suprema Corte, descobriu que seus honorários ainda estavam causando dificuldades à família e generosamente dispensou a grande soma pendente.

Havia também complicações legais. A casa da Gloucester Street 31 estava registrada no nome de Nora, assim como o lar de vovó Parker, uma atrativa casa vitoriana de dois andares próxima ao Rio Avon, junto à Bealey Avenue. O combinado decerto havia sido firmado na tentativa de facilitar o financiamento da hipoteca para a família através da firma de Eric Cleland, onde Nora trabalhava e — em uma razoável suposição de que Nora viveria mais do que a mãe — evitar futuras taxas de herança. Agora, taxas de herança eram devidas. E ainda havia outra questão a ser resolvida. Pauline era uma beneficiária no testamento de sua mãe, mas Bert estava determinado a não deixar que ela se beneficiasse de seu crime. Mais honorários legais incorreriam ao tentar organizar o patrimônio.

Durante os primeiros anos após o assassinato, vovó Parker morou com Bert e Wendy na Gloucester Street, onde os três podiam cuidar uns dos outros. É possível que o Public Trust,* como executor testamentário de Nora, tenha angariado uma renda bastante necessária com o aluguel da casa de vovó Parker na Churchill Street enquanto o espólio estava sendo concluído. A casa foi enfim vendida em 1957.

Bert Rieper pouco viu Pauline. Embora ele levasse a avó e as irmãs dela de carro para vê-la após ter sido transferida para Paparua, ele mesmo fez poucas visitas e escreveu poucas cartas. Não sendo um homem frequentador da igreja, ele tinha pouco a dizer a Pauline e nunca a perdoou. Segundo relatos, ao descobrir que tinha sido solta, ele disse, "Ainda não compensa o fato de ela ter roubado a vida de outra pessoa. Foi o mal entre elas que causou isso, o puro mal".

Duas coisas aconteceram para aliviar um pouco a tristeza na vida de Bert: sua irmã solteira, Rhoda, se mudou da Tasmânia para cuidar dele e, como resultado da publicidade do caso, seus filhos Ken e Andre entraram em contato. Ao longo dos anos, eles e suas famílias o visitariam quando iam à Ilha Sul, pelo visto sem guardar nenhum ressentimento por ele os ter abandonado quando eram crianças. Nos anos posteriores, Bert morou em um triste apartamentozinho em Upper

---

* Órgão do governo da Nova Zelândia responsável pelas questões legais referentes a heranças e afins.

Riccarton. Pelo resto de sua vida, para onde quer que fosse, era objeto de pena, com as pessoas apontando para ele e sussurrando. Ele morreu de uma condição respiratória em 1981.

Wendy, a irmã de Pauline, que tinha 17 anos na época do crime, viria a dizer que essa foi a coisa mais horrível que poderia ter acontecido a ela. Um namorado sério, com quem ela esperava se casar, foi desencorajado pelo escândalo que envolveu a família. Diante das circunstâncias, ela foi de uma extraordinária lealdade à irmã. "Não acredito no que aconteceu. Não quero aceitar", escreveu a Pauline na prisão. A alternativa, disse ela, era odiá-la pelo resto da vida por ter levado sua mãe embora. A resposta de Pauline foi um pragmático "As coisas apenas saíram do controle", escreveu. "Não sei o que aconteceu e apenas quero manter contato com você".

Embora Wendy tenha se casado e tido filhos, ao olhar para trás, sentia que sua vida tinha sido mais infeliz que a da irmã. Enquanto Pauline tinha sido capaz de escapar da Nova Zelândia com uma nova identidade, ela precisou ficar e lidar com a situação. "Há milhares de pessoas lá fora que vão olhar e dizer, 'Ah, você sabe quem ela é, não sabe?'", disse Wendy a um jornalista. "Eu tenho que viver com isso e sou muito sensível a esse respeito."

As irmãs mantiveram contato ao longo dos anos. "Eu a amava e ela ainda me ama", disse Wendy. Levaria 33 anos até elas serem capazes de conversar sobre o assassinato. Pauline fez Wendy recordar que ela sempre havia sido uma extremista. Mesmo quando menina, já passava dos limites quando as coisas não eram do seu jeito, afirmou.

Wendy acredita que a irmã entendia o que estava fazendo e havia tido a intenção de matar sua mãe, mas não tinha total entendimento do caráter definitivo da morte. "Depois do acontecido, ela lamentou muito. Levou cinco anos até se dar conta do que havia feito."

PETER GRAHAM
ALMAS GÊMEAS

35

Um Passado Secreto

Tudo que Anne Stewart Perry sempre quis fazer foi escrever. Não havia, disse ela certa vez, nenhum Plano B. Em Hexham, em Los Angeles e, mais tarde, na Inglaterra, para onde ela retornou em 1972 após Bill Perry ficar seriamente doente, ela escreveu com regularidade. Em 1978, havia produzido diversos romances históricos, todos rejeitados pelas editoras. Estava vivendo na pequena cidade de Saxmundham, em Suffolk, quando, por um golpe de sorte, a casa vizinha à sua foi comprada por uma escritora. Através desse contato, Anne conheceu uma agente literária, Meg Davis, e mostrou a ela seu romance mais recente. *The Cater Street Hangman* era um mistério de assassinato que se passava na Londres Vitoriana; a ideia tinha surgido de uma conversa com Bill Perry sobre Jack, o Estripador. O livro foi logo aceito para publicação nos Estados Unidos e se tornou um sucesso comercial. Anne abreviou seu nome para o mais prático "Anne Perry". Ela agora tinha 41 anos e era uma mulher muito atraente.

Em *The Cater Street Hangman*, cinco jovens são mortas por um assassino em série, que as estrangulava com um arame de corte e, com uma faca, desfigurava seus seios. A assassina era revelada como sendo a enlouquecida esposa de um vigário, a quem as vítimas haviam sido uma tentação à luxúria da carne. A linguagem é por vezes floreada. "Tu, criatura do demônio", esbraveja a assassina. "Tu me tentaste com teus braços e tua carne alva, mas não haverás de vencer! O Senhor disse, melhor nem ter nascido que ter levado um destes à tentação e à destruição, meus pequeninos, e os levado a pecar. (...) Sei como seus corpos ardem, sei de suas luxúrias secretas, mas hei de destruir vocês todas, até que me deixem em paz. Satã não haverá de vencer nunca!"

Tudo isso é demais para a cândida Charlotte Ellison, que logo se casaria com o inspetor Pitt e se tornaria a heroína da série. "Eu nem sabia que mulheres podiam sentir isso — por outras mulheres", ela arfa, ecoando a resposta de Juliet ao dr. Hulme 24 anos antes, quando ele perguntou a ela sobre práticas homossexuais.

Enquanto morava em Saxmunham, Anne também conheceu uma mulher que se tornaria sua companheira para toda a vida. Meg MacDonald estava às voltas com um divórcio e, assim como ela, tinha pouco dinheiro. "Não tínhamos um centavo", se lembrou Meg, "mas até que nos divertimos."

No início da amizade, Meg MacDonald soube do passado secreto da amiga. Ela havia começado a suspeitar de algo quando estavam estudando a bíblia juntas. Anne "era irracionalmente contra o Rei Davi mandar Urias, o hitita, para batalha na tentiva de poder ficar com Betsabá. Estávamos discutindo a ideia de matar alguém deliberadamente e a confissão apenas saiu". É uma coincidência assombrosa que o catalizador para a confissão de Anne Perry tenha sido a história bíblica que pode ter inspirado a escolha do novo nome de Pauline Parker.

O assassinato era um bicho-papão que sempre havia assombrado a amiga, disse Meg MacDonald. "Ela é muito, muito insegura. Parece confiante, mas por baixo disso há uma menininha perdida." Anne ficava em "polvorosa total" sempre que surgia o assunto da pena capital. Isso dificilmente era de alguma surpresa. Cinco enforcamentos haviam sido realizados em Mt. Eden durante sua estadia lá. Toda a prisão ficava sabendo que haveria um enforcamento quando uma lona encerada era colocada sobre o campo de exercícios no bloco das punições. As prisioneiras ouviam um tinido alto quando o alçapão da forca era aberto.

• • •

Muitos outros livros se seguiram a *The Cater Street Hangman*. Parece ter havido, ao menos por algum tempo, uma colaboração literária entre Anne e Meg. De acordo com MacDonald, "Nós pensamos sobre os nomes e personagens. Então Anne escreve à mão um capítulo de cada vez. Anne lê o capítulo para mim e nós o repassamos com uma caneta vermelha. Estamos sempre pensando em coisas novas. Fomos às Ilhas Canárias e trabalhamos em oito livros que capitulamos e caracterizamos durante duas semanas".

Em 1988, Meg MacDonald se mudou para Invernesshire, nas terras altas escocesas, ao norte, e Anne foi junto. "Eu fui visitar Meg", explicou ela, "e me apaixonei pelo lugar." Portmahomack é uma pitoresca vila pesqueira com cerca de quinhentos habitantes em Dornoch Firth, a oitenta quilômetros ao norte de Inverness. Meg encontrou um chalé para Anne nas cercanias da vila, que ela comprou sem nem tê-lo visitado antes.

Poucos anos depois, um velho celeiro de pedra junto ao chalé, transformado em uma oficina de motocicletas após permissão formal, foi posto à venda. Como não queria ter uma oficina de motos como vizinha, Anne comprou o celeiro. Com os royalties de seus livros agora entrando aos montes, ela o converteu naquilo que um visitante descreveu como "uma mansão pseudoitaliana reformada com elegância e com um jardim". Embora o exterior fosse austero, por dentro, relatou um jornalista, era "um tumulto de vermelhos, amarelos e verde-limão em acabamento de estilo toscano". Havia lustres italianos e torneiras douradas no banheiro de hóspedes. Uma fonte ornamental formava o ponto central de um pátio que havia começado a vida como chiqueiro. Um Jaguar e um carro esporte repousavam na garagem. Aqui, Anne escrevia seis dias por semana, acompanhada de duas secretárias de meio período, uma assistente em tempo integral, três jardineiros e uma empregada. Aos domingos, louvava por três horas no templo mórmon mais próximo em Invergordon, na Cromarty Firth.

Seus livros conquistaram um enorme séquito, particularmente nos Estados Unidos e na Alemanha. Em 1994, havia vendido mais de 3 milhões de exemplares nos EUA e tinha um contrato de 1 milhão de dólares para mais oito novas obras. Os livros eram repletos de mensagens éticas e morais, algumas banais ao extremo ("Se você ama uma pessoa, deve estar preparado para deixá-la ir embora"). Outras podiam ser vistas como particularmente reveladoras ("Quando se é rejeitado o bastante, a dor é tanta que você parte para o ataque sempre que pode. Escolhe as pessoas vulneráveis, não necessariamente aquelas que atacaram você"). Uma certa inexperiência às vezes se fazia visível ("Venha nos avisar quando o chef estiver pronto, Blunstone. E me traga um pouco daquele clarete novamente, o mesmo da última vez. O Bordeaux estava horrível.").

Um redator do *The Times* viu o trabalho de Anne como "um longo debate entre o bem e o mal e as áreas nebulosas entre eles". Anne Perry alegou que "Há tantos motivos compreensíveis para o crime — males sociais, injustiças, muitos dos quais vivemos hoje".

Um aspecto interessante dos primeiros livros de Anne Perry é a postura quanto ao assassinato e aos assassinos. Em *Bethlehem Road*, dois membros do parlamento são assassinados em uma sucessão de razoável rapidez na Ponte de Westminster. Ambos são encontrados pendurados em postes de luz por suas echarpes, feitas de seda branca, com as gargantas cortadas. O inspetor Thomas Pitt investiga e a suspeita de imediato recai sobre Florence Ivory, uma famosa sufragista, e a srta. Africa Dowell, a amiga com quem ela mora. Ambas as vítimas de assassinato tinham sido fundamentais em privar Florence da custódia de sua filha.

Florence, embora tendo "um colo indigno de menção" e ombros "quadrados e um pouco ossudos", não é "pouco feminina", tendo olhos grandes e bem separados e uma voz "rouca, doce e completamente única". Quando pensa na injustiça cometida contra ela, "o ódio contorce sua face e sua boca, que há um instante eram móveis, suaves e inteligentes". Africa Dowell é mais nova e maior, com "um colo delicado, braços roliços" e um "rosto como o de uma modelo de Rossetti coroada com uma nuvem de cabelos castanho-avermelhados". O inspetor Thomas Pitt nota o modo protetor como ela coloca o braço ao redor da figura delgada de Florence, e dirige sua raiva a ele em prol de sua amiga.

A disposição de cometer um assassinato é retratada como admirável, até heroica. Florence é ouvida dizendo que há ocasiões em que a violência é a única resposta para males incuráveis. Pitt relata ao seu superior que ela "decerto tem a imaginação e a inteligência para fazê-lo, e a força de vontade". Ele acredita que, no que se refere a assassinato, ela não seria impedida por "medo ou convenções, riscos a si mesma ou as dúvidas e crenças de outra pessoa (...) ela era capaz disso tanto emocional quanto fisicamente com a ajuda de Africa Dowell".

Charlotte Pitt tem a mesma opinião. Ela bate os olhos em Florence e conclui que "uma mulher com um rosto daqueles poderia sem dúvida ter amado e odiado a ponto de fazer qualquer coisa". E Africa, com seu rosto cinzento e pré-Rafaelita, estaria preparada para defender aquilo que amava — tanto a mulher quanto o ideal. "Era o rosto de uma sonhadora, o rosto de alguém que seguiria sua visão e morreria por ela."

Anne Perry põe tudo às claras: "Pitt gostava de assassinos. (...) Eram os pecadores mesquinhos, os hipócritas, os farisaicos que ela não conseguia suportar". No fim das contas, o assassino é alguém completamente diferente. A admiração de Pitt pelo tipo certo de assassinos os tiraram do rastro.

Em *Brunswick Gardens*, a srta. Unity Bellwood mergulha para a morte em uma escadaria na casa do reverendo Ramsay Parmenter, um eminente teólogo. Mesmo na morte, essa jovem, uma brilhante estudante de línguas, fluente em grego e em aramaico, adepta do amor livre, é "extremamente bela de uma forma caprichosa e sensual". Descobre-se que ela estava grávida de três meses e a suspeita recai sobre dois jovens, o espantosamente belo Dominic Corde e o filho do reverendo Parameter, que está estudando para o sacerdócio católico. Quando o reverendo Parameter ataca Vita, sua esposa, "uma mulher das mais formidáveis" com "olhos muito grandes e separados" e "colo e ombros muito belos", as suspeitas também recaem sobre ele.

Uma vez mais, o assassinato é o domínio moral dos passionais, dos compassivos e dos ousados. Pitt — agora superintendente — concorda com a velha e sábia lady Vespasia que as pessoas matavam "porque se importavam com algo tão fervorosamente que perdiam todo o senso de razão e proporção. Por algum tempo, sua necessidade eclipsou a de todos os outros, tendo afogado até mesmo o próprio senso de autopreservação".

Em outra série de histórias de crime de Anne Perry, o inspetor Monk, assim como Pitt, considera a capacidade de cometer um assassinato como um teste de caráter. Em *A Dangerous Mourning*, ele pondera que "importar-se com qualquer pessoa ou questão o bastante para fazer um imenso sacrifício a isso era com certeza o sinal de estar completamente vivo. Que desperdício da essência de um homem que ele nunca venha a se doar o bastante a qualquer causa, que fosse sempre escutar a preponderante voz passiva e covarde que conta os custos e prioriza a cautela. E assim envelheceria sem testar o poder de sua alma...".

Sentimentos similares são proferidos por uma cozinheira em uma das casas. É impossível, pensa ela, que as criadas pudessem tê-lo feito. Uma tem "medo demais do que aconteceria a ela, para além de qualquer outra coisa", outra é "moderada demais para fazer algo de tão passional" e uma terceira "também não teria a coragem".

Ao que parece, apenas os mais miseráveis, superficiais e covardes dos seres — que não se importam com nada nem com ninguém — *não* cometeriam um assassinato se assim as circunstâncias exigissem. É um ponto de vista completamente de acordo com a declaração da Juliet Hulme de 15 anos de idade ao dr. Bennett de que "As melhores pessoas são aquelas que lutam contra todos os obstáculos na busca pela felicidade".

"Até mesmo matando?", perguntara Bennet.

"Ah, sim", respondeu ela, "se necessário."

PETER GRAHAM
ALMAS GÊMEAS

36

Um Ponto de Vista Lésbico

O assassinato de Honorah Rieper se consolidou de forma extraordinária na imaginação popular. Relatos do caso foram publicados em muitas antologias de crimes, entre elas *The World's Worst Murderers, Greatest Criminals of All Time, The Deadly Innocents: Portraits of Children Who Kill, Queens of Crime, Murderous Innocents, Killer Couples: Terrifying True Stories of the World's Deadliest Duos* e *The World's Wickedest Women. Ao* menos três livros foram lançados. *The Evil Friendship*, da estadunidense Marijane Mearker, sob o pseudônimo Vin Packer, e *Obsession*, de Tom Gurr e H.H. (Harold) Cox, dois dos repórteres australianos que cobriram o julgamento, foram ambos publicados em 1958. Também inspirado pelos relatos do caso nos jornais, o romancista inglês Beryl Bainbridge concluiu *Harriet Said* naquele mesmo ano, mas não encontrou uma editora até 1972. Uma das cartas de recusa dizia que o autor tinha tornado as duas personagens principais "quase inacreditáveis de tão repulsivas".

Em 1991, um sério estudo sobre o caso foi publicado em forma de livro. *Parker and Hulme: A Lesbian View*, foi escrito por Julie Glamuzina, instrutora em tecnologia da informação, e Alison J. Laurie, professora assistente em estudos femininos na Victoria University de Wellington. Laurie havia se assumido lésbica aos 16 anos e, de acordo com uma reportagem do *New Zealand Listener* "deu início a uma extensa busca por outras como ela". Em placas de seu quadro de avisos na Victoria University, lia-se "Cultive sua própria droga, plante um homem" e "Quanto mais conheço os homens, mais gosto do meu cachorro".

Glamuzina e Laurie se lançaram à escrita sobre o assassinato de um ponto de vista pró-lésbico e feminista. Laurie mais tarde explicou, "simpatizei com as meninas e pensei que, para que elas cometessem tal ato, deveria ter havido algum incitamento mais forte do que havia ficado aparente nas matérias dos jornais". O resultado gerou uma leitura que é, por vezes, desconfortável. Laurie acredita que Parker e Hulme foram publicamente transformadas em monstros tão grandes que por 35 anos foi difícil para qualquer lésbica sair do armário na Nova Zelândia.

Em 1995, uma edição atualizada do livro, publicada nos EUA, incluiu um prefácio de B. Ruby Rich, uma acadêmica cultural e crítica de cinema. Rich afirmou que em Christchurch, a lesbianidade era, na época do assassinato, tão tabu quanto o matricídio. Não é uma surpresa que a autora pensasse daquela forma. Glamuzina e Laurie confrontam seus leitores com uma visão da Nova Zelândia de 1950 que é alarmante de tão sombria. Há uma rigorosa censura de filmes e publicações. Os filmes reforçam um "modelo de vida romântico e heterossexual". O povo Māori é oprimido e explorado pela maioria branca, cujo racismo também é direcionado aos chineses, iugoslavos, judeus, indianos e libaneses. Pessoas de origem indiana não têm permissão para se sentar nos melhores lugares das salas de cinema. Em uma escola primária de Auckland do Sul, meninos Māori são obrigados a usar sanitários segregados. Essa última informação, espantosa para qualquer um que tenha estudado em uma escola primária pública nos anos 1950, veio de um jornal do Partido Comunista, *People's Voice*, assim como outras exemplificações dos males da época.

Não acabava por ali. Termos de ofensa racial, como *chink*, *chow*, *nigger*, *dago*, *wop* e *wog*,* afirmavam Glamuzina e Laurie, eram usados de forma coloquial. Muitos empregos eram anunciados em termos de gênero específico. O sexo fora do casamento era visto com maus olhos, em especial para as mulheres — embora muitas quebrassem os códigos da sexualidade. Mulheres divorciadas e mães não casadas eram ultrajadas como promíscuas e imorais. As mulheres não eram bem-vindas em

---

* *Chink* e *chow* referem-se aos chineses; *nigger*, aos negros, enquanto *wog* se refere a qualquer não branco, em especial do norte da África e regiões da Ásia; *dago* a falantes de português, espanhol ou italiano — já *wop* se refere em específico aos italianos.

bares públicos. A própria Canterbury era uma "sociedade profundamente estratificada" e a cidade de Christchurch era "conservadora (...) refletindo suas origens como um assentamento anglicano branco e classista".

Na edição de 1995 do livro, as autoras citaram Fay Weldon, que morava em Christchurch quando criança e estudou brevemente no Colégio para Moças. Weldon disse que não ficou surpresa quando as duas meninas de sua antiga escola pegaram a mãe de uma delas e a espancaram até a morte. A Nova Zelândia pós-guerra era "repressora e reprimida". Na verdade, Weldon havia deixado a Nova Zelândia em 1946, aos 13 anos, oito anos antes do assassinato.

Glazumina e Laurie tinham poucas dúvidas quanto a uma coisa. "Pauline e Juliet tinham um relacionamento lésbico? Em nossa visão, tinham, embora haja dificuldades envolvidas no passado para o uso do termo 'lésbica' para mulheres e meninas que podem não ter se definido dessa forma." O fato é que Juliet Hulme — Anne Perry — nunca se definiu como lésbica. Mais de cinquenta anos depois, ela ainda é taxativa ao negar que é, ou que algum dia tenha sido, lésbica.

Parker e Hulme: A Lesbian View advogava pela normalidade das duas meninas e discordava de qualquer coisa que pudesse corresponder a uma crítica a elas. Não havia nada de curioso, insistiam as autoras, nas meninas chamarem uma a outra — e exigirem que os outros as chamassem assim — de Deborah e Gina. "Consideramos que seja comum que meninas adolescentes façam experiências com nomes e identidades dessa forma." De modo similar, o registro no diário de Pauline sobre a revelação de Port Levy, em vez de evidência de paranoia, poderia, declaram elas, ser um registro de fato de uma experiência religiosa, de escrita experimental, uma prosa hiper-romântica descrevendo um belo cenário, ou a referência a um "encontro físico emocional" entre as duas garotas.

Da perspectiva de Glamuzina e Laurie, os talentos das meninas foram "injustamente depreciados por agentes da cultura dominante". O poema de Pauline, "The Ones That I Worship", longe de demonstrar falta de talento, continha "alguns versos interessantes, com um uso vivaz da língua e algum senso de ritmo". E muitas mulheres tinham, como essas meninas, sonhado em publicar poesia e romances que tinham poucas possibilidades de encontrar uma editora "por causa dos opressivos controles editoriais e dos desdenhosos críticos homens". Nem os planos das meninas de viajar para o exterior e publicar seus escritos eram demonstrativos de uma negação da realidade. Aos olhos de Glamuzina e Laurie, os passos dados pelas meninas para atingirem seus objetivos de viagem, como Pauline visitar as empresas de viagem de navio e juntar dinheiro "por vários meios, incluindo o roubo" eram medidas práticas.

Ainda mais ousada era a afirmação de que era provável que Parker e Hulme tivessem pouca ideia da permanência da morte ou de seu significado. Muitos achavam isso difícil de acreditar. Embora muitas vezes crianças mais novas tenham dificuldade em compreender a permanência da morte, Pauline e Juliet claramente entendiam que matar Nora Rieper significaria que ela estaria morta para sempre, como evidenciado pelo pretérito perfeito nas arrepiantes palavras de Juliet, "A morte não é nada do que dizem. Afinal, ela não era uma mulher muito feliz".

Glamuzina e Laurie argumentam que Juliet e Pauline não sofriam de modo algum de qualquer anormalidade mental. "Psiquiatrização" — a suposta conjectura de que mulheres que cometem crimes devem ser mentalmente enfermas — não era nada mais que o preconceito hostil de um mundo dominado pelos homens. Elas lastimavam a crença de Reg Medlicott de que poderia haver uma conexão entre a homossexualidade e a paranoia. "O diagnóstico de Medlicott foi rejeitado, não apenas no sentido legal, mas também em termos médicos, no julgamento na Suprema Corte. Psiquiatras da acusação haviam refutado claramente o conceito de *folie à deux* e negaram explicitamente que houvesse qualquer conexão entre a paranoia e a homossexualidade." De fato, qualquer hipótese que pudesse reforçar atitudes negativas quanto à lesbianidade era impensável. O veredito do júri rejeitando a insanidade como defesa foi, na visão delas, o fim da questão.

Convencidas de que as meninas não eram insanas, Glamuzina e Laurie ponderaram se as circunstâncias familiares das famílias Rieper e Hulme não poderiam ajudar a responder à questão "Por que Honorah Parker foi morta?". Havia, elas salientaram, segredos e tensões em ambas as casas; ambas "continham muitos conflitos não resolvidos". A relação entre Juliet e sua mãe, por exemplo, tinha "conflitos típicos de uma cultura que encorajava as crianças a verem a ausência da mãe como uma negligência". Mesmo assim, elas rejeitaram a ideia de que a disfuncionalidade no seio das famílias Rieper e Hulme poderia prover uma resposta: "a sugestão de que algumas famílias são 'disfuncionais' implica a existência de uma família 'funcional', um conceito que rejeitamos".

Sua conclusão era de que Hulme e Parker haviam encontrado uma "solução extrema" para o problema que encaravam e, ao usarem a violência, haviam renunciado aos padrões de gênero esperados. "Pauline escolheu matar a mãe como uma solução para os conflitos. Juliet escolheu ajudá-la, possivelmente como um substituto para o assassinato de sua própria mãe, ou talvez apenas quisesse ajudar Pauline."

Alison Laurie mais tarde viria a sugerir a um jornalista do *New Zealand Listener* que havia circunstâncias atenuantes. "Elas eram absolutamente isoladas enquanto jovens lésbicas. Elas sem dúvida sentiram que, se fossem separadas, nunca mais conheceriam ninguém — então ficaram desesperadas."

"Hoje em dia", continuou ela, "o esperado seria que duas jovens lésbicas naquela posição ligassem para o *Lesbian Line** e obtivessem aconselhamento e apoio."

Alison Laurie e Julie Glamuzina tinham uma teoria ainda mais extravagante para lançar ao balaio. Como haviam mostrado as evidências na corte, antes da aurora da Sexta da Paixão de 1953, Pauline e Juliet haviam subido uma colina que ficava atrás da casa de temporada dos Hulme em Port Levy. Ali, Pauline havia escrito em seu diário, elas tinham encontrado um portal em meio às nuvens usando uma parte extra de seus cérebros possuída por apenas dez outras pessoas e enxergado o interior do belo 4º Mundo, para onde iriam quando morressem.

Port Levy — Koukourarata — é um local ancestral de moradia dos Māori, rico em lugares de significado espiritual, cultural e histórico para o povo Ngāi Tahu. Por conselho de amigos Māori que leram o diário de Pauline, Glamuzina e Laurie consultaram um tohunga — um especialista sacerdotal — da localidade. Longe de o incidente ter sido, como havia pensado o dr. Medlicott, evidência de paranoia, o tohunga acreditava que havia sido uma verdadeira ocorrência e as meninas *tinham mesmo* adentrado uma outra dimensão. "Um portal por entre as nuvens", disse ele, poderia ser um modo de ascender a outros mundos.

---

* Serviço de auxílio telefônico estabelecido na década de 1970.

Ele explicou que mauri era a força vital física que vinha do sistema solar e era controlada pelos kaitiaki, ou guardiões. Uma vez que uma pessoa sabia onde havia mauri, as karakia (orações ou encantos) ou as waiata tawhito (canções ancestrais) podiam levar essa pessoa para outra dimensão. Era possível entrar nessa outra dimensão apenas duas vezes por ano, logo antes de certos planetas entrarem em alinhamento. Uma das vezes era na Páscoa. Pauline e Juliet parecem ter topado com isso por acidente.

O tohunga achava que o fato de as meninas serem tão novas e de Pauline estar menstruada — como mencionado no diário — as tornavam especialmente vulneráveis. Era possível, pensava ele, que os Santos fossem guardiões do 4º Mundo. O simbolismo sexual era uma chave para o que havia acontecido: os "experimentos" das meninas podem ter desencadeado uma experiência espiritual; seus banhos frequentes teriam "oferecido uma oportunidade para as forças as atravessarem e serem recebidas".

Quanto à questão colocada por Glamuzina e Laurie — "Por que Honorah Parker foi morta?" — o tohunga acreditava que Pauline e Juliet haviam estado próximas a vários wāhi tapu — locais sagrados e proibidos. Hoje esses locais ainda são conhecidos e temidos pelos Māori da região, e outra coisa que também desperta temor é um polvo gigante vermelho, ou wheke, que os moradores de Port Levy afirmam ter visto espreitar a ponta leste da Ilha Horomaka, guardando-a.

O local mais tapu é na face da colina escalada pelas meninas: as rochas vermelhas sagradas de Te Ngarara. Quando o levantamento topográfico da reserva de Port Levy estava sendo feito em 1849, segundo relatos, o topógrafo Octavius Carrington causou um alvoroço ao se colocar sobre essas rochas, e os Māori ainda passam longe delas. No passado, as rochas foram um tuahu — um santuário — onde os tohunga realizavam rituas e faziam oferendas aos atua, os deuses ou espíritos. Os mortos eram sepultados em cavernas ao longo das rochas e os itens tapu mais letais, como o vestuário indesejado e cestas de comida pertencentes a chefes de alta posição e tohungas, eram descartados ali. Os tuahu, como outros de seus semelhantes, ficavam a uma distância segura das moradias.

Teone Taare Tikao, avô de Airini Grennell, um homem de grande erudição que havia morado em Port Levy entre 1880 e 1889, certa vez disse que a santidade dos tuahu era tão grande que qualquer Māori que tinha invadido suas cercanias imediatas, mesmo que por acidente, havia morrido. Ele não precisou ser executado: o tapu dos santuários o matou.

Qualquer um que subisse a colina por trás da casa de temporada dos Hulme logo se depararia com essas sagradas rochas vermelhas. É provável que Pauline e Juliet tenham ido até lá: era um local perfeito para olhar a baía e a Ilha Horomaka do alto. O tohunga disse a Glamuzina e a Laurie que os Māori da região seriam protegidos contra tais violações de tapu por seus guardiões espirituais. As pessoas que estavam a par podiam se proteger levando comida preparada; sem isso, um desastre podia acontecer. Se acontecesse, os guardiões teriam que ser aplacados com comida preparada ou com sangue. Se o sangue fosse exigido, a pessoa morta teria que ser do próprio grupo desses "invasores".

O tohunga concluiu que o efeito espiritual da experiência sobre as meninas podia ter sido a causa da morte de Honorah Parker. Como Glamuzina e Laurie escreveram em seu livro, "A morte de Honorah podia ser vista como um sacrifício".

A maioria das pessoas versadas em tais questões contestariam a ideia de que neozelandeses pakehas[*] podiam ser, ao inadvertidamente violarem um wāhi tapu, inconscientemente programados para matar um parente de sangue. As autoras de *Parker and Hulme: A Lesbian View*, porém, consideraram as observações do tohunga "convincentes e úteis".

---

[*] Neozelandeses brancos, de ascendência europeia e sem ancestralidade Māori.

PETER GRAHAM
ALMAS GÊMEAS

37

Desnudada

O ano de 1991 foi agitado para aqueles que acompanhavam o caso de assassinato mais notório da Nova Zelândia. Não só o livro de Glamuzina e Laurie foi publicado, como em outubro uma peça baseada no crime estreou no Court Theatre, em Christchurch. *Daughters of Heaven* foi escrita por Michelanne Forster, uma jovem dramaturga nascida nos Estados Unidos. Desde 1989, Forster vinha entrevistando todos que pudesse encontrar que tinham conhecido Juliet Hulme ou Pauline Parker, ou que haviam tido qualquer conhecimento pessoal do caso. A informação não tinha sido obtida sem dificuldades. "As mulheres tendiam a expressar o mesmo sentimento desnorteado: 'Como isso pode ter acontecido aqui em Christchurch?'. A maioria dos homens era ainda mais reticente. 'Já faz muito tempo', diziam. 'Não me recordo. As meninas foram punidas (...) o que se ganha falando disso agora?'."

Apesar de ter que arrancar informação de entrevistados relutantes, Forster criou caracterizações brilhantemente convincentes de Pauline e Juliet, que atraíam o público para o estranho mundo das meninas. A produção foi um sucesso sensacional, provando-se particularmente fascinante para as pessoas nascidas após 1954. No ano seguinte, a peça foi encenada em Wellington, onde os críticos louvaram seu "teatro arrebatador" e sua "produção sólida feito diamante".

Michelanne Forster não foi a única pessoa a enxergar um forte potencial dramático na história. Pelo menos dois roteiros para o cinema já haviam sido escritos: *Fallen Angels*, do dramaturgo australiano Louis Nowra, em 1987, e *The Cristchurch Murder*, da escritora inglesa Angela Carter, em 1988. Nenhum deles seria produzido, sendo batidos por pouco por um jovem cineasta de Wellington, Peter Jackson, e sua esposa e colaboradora, Fran Walsh.

Jackson e Walsh eram renomados entre os aficionados como diretores autorais de filmes sanguinolentos, mas eram pouco conhecidos do grande público de cinema. Pesquisando e escrevendo o roteiro para seu filme, *Almas Gêmeas* (*Heavenly Creatures*, no original), eles encontraram dificuldades, assim como Michelanne Forster, para fazer as pessoas se abrirem.

"Posso entender a relutância de algumas pessoas em conversarem conosco, mas é muito frustrante", reclamou Jackson. "Afinal de contas, o filme está acontecendo — nada pode impedi-lo — e estamos tentando com tanto afinco fazer um bom trabalho nele. Daqui a um ano, vai estar tudo acabado e qualquer informação ou pensamentos que as pessoas reprimiram não terá utilidade para nós. Algumas pessoas nos dizem, 'Você não devia fazer o filme até que todos os envolvidos tenham morrido'. Mas qual a utilidade disso? Qual a possibilidade de ele ter precisão se não houver sobrado ninguém com quem conversar?"

Mesmo assim, ele se sentia melindroso quanto ao projeto. "Me sinto um pouco culpado por fazer um filme sobre a morte da mãe de alguém", disse. "Não é o tipo de coisa que eu gostaria que fizessem a meu respeito." Ele e Walsh também se preocupavam que pudessem ser acusados de explorar as meninas ou de glamourizar o crime.

Jackson lutou — talvez em excesso — para justificar a decisão de seguir em frente. Na Nova Zelândia, o caso era "uma ferida aberta que nunca havia cicatrizado", afirmou. O interesse nunca havia se desvanecido. Ele tinha conhecimento de cinco ou seis filmes futuros. A cineasta Jane Campion, sua conterrânea, e a produtora de Dustin Hoffman eram apenas dois entre aqueles que haviam demonstrado interesse. Dado que alguém iria fazer um filme, Jackson e Walsh consideraram que eles poderiam fazer o melhor trabalho. "O importante para nós era fazer o filme mais justo possível, sem tomar lados de modo algum.

(...) Decidir fazer o filme quando fizemos pode ao menos ter impedido que algo mais insensível fosse produzido." Dava a impressão de ser uma aspiração curiosa: fazer um filme sobre um horrível assassinato de algum modo compreensivo com as assassinas.

Na noite em que Jackson e Walsh compareceram à festa de estreia de *Daughters of Heaven*, de Michelanne Forster, no Downstage Theatre de Wellington, houve muita conversa sobre Pauline Parker e Juliet Hulme. Que fim elas levaram? Havia rumores de que Pauline trabalhava em uma livraria católica em Auckland. Uma ex-colega de classe das duas meninas no Colégio Feminino de Christchurch deixou escapar que Juliet era agora uma escritora chamada Perry e que morava na Escócia. Essa migalha foi catada por Lin Ferguson, uma jornalista do tabloide *Sunday News*, de Wellington.

Em julho de 1994, três meses antes do filme de Jackson e Walsh ser lançado, Ferguson decidiu tentar localizar Juliet Hulme. Isso se provou de uma facilidade espantosa. Havia um verbete para uma Anne Perry na obra de referência *Contemporary Authors*. A data de nascimento de Perry era mostrada como 28 de outubro de 1938, o aniversário de Juliet Hulme. Sua mãe estava listada como H. Marion Perry (nascida Reaveley) e seu pai como Walter Perry. Era sabido que Walter Perry havia sido o amante de Hilda Hulme e que Hilda havia mudado de nome para Perry. Era tudo muito óbvio. Uma fotografia recente de Anne Perry era bastante compatível com as fotos de Juliet Hulme na época do julgamento.

Ferguson ficou angustiada quanto a seguir adiante com a história. "Eu sabia que ia mandar pelos ares a vida desta mulher após quarenta anos." Antes de ir a público, ela telefonou para Peter Jackson, que passou uma hora tentando persuadi-la a não publicar a reportagem. "Elas não são criminosas de guerra nazistas", argumentou ele. "Não merecem ser caçadas."

Foi a carreira de Anne Perry como escritora de mistérios de assassinatos que por fim sobrepujou os receios de Ferguson. Perto do fim de julho, ela telefonou para Meg Davis, a agente literária de Perry, em Londres. Davis notou que a jornalista ligando da Nova Zelândia estava em um estado de grande agitação. Ela gostaria de saber se Davis havia ouvido falar do assassinato Parker-Hulme ou do filme *Almas Gêmeas*. Uma das assassinas, Juliet Hulme, ela afirmou, era agora Anne Perry, a escritora.

"Palavra de honra, acho que você pegou a mulher errada", disse Davis. Seu pensamento seguinte foi que ela deveria instruir os advogados de imediato para conseguirem uma liminar na Nova Zelândia antes que o *Sunday News* fosse rodado. Ela precisava da autoridade de Anne para fazer isso.

Foi o telefonema do qual Anne Perry morria de medo há 35 anos. "Tem um boato ridículo correndo pela Nova Zelândia. Estão fazendo um filme sobre um assassinato. Estão dizendo que você é Juliet Hulme, uma das... temos que enterrar essa história."

"Você não pode", disse Perry. "É verdade."

As duas sabiam que a notícia logo chegaria à Grã-Bretanha. Talvez estivesse nos jornais no dia seguinte. "Foi um pesadelo total e incondicional", Anne viria a se lembrar. "Tudo em que eu conseguia pensar era que minha vida desmoronaria e que isso podia matar minha mãe. (...) Parecia tão injusto. Tudo pelo que eu tinha trabalhado tão duro para conquistar como um membro decente da sociedade estava ameaçado."

Hilda tinha 82 anos e, de acordo com Perry, tinha uma séria condição cardíaca, mas foi ela quem bolou um plano. "Temos que falar com a chefe dos correios", declarou ela, firme. "Ela é o coração da vila." Se elas contassem à chefe dos correios, a notícia teria vindo delas e de ninguém mais.

Perry convocou a chefe dos correios até sua casa e contou a ela sua verdadeira identidade. "Foi a primeira vez em anos que contei meu segredo a alguém", disse. "Foi uma das coisas mais difíceis que já tive que fazer." Então ela telefonou para todas as pessoas com quem se importava. "Foi uma sangria desatada."

A história saiu no *Sunday News* em 31 de julho, sob a machete "ASSASSINATO POR ESCRITO! REVELADO SINISTRO PASSADO NEOZELANDÊS DE AUTORA BRITÂNICA CAMPEÃ DE VENDAS". Dois dias depois, seguiu-se a ele o jornal escocês *The Daily Record* e, em 5 de agosto, a jornalista inglesa Sarah Gristwood havia conseguido uma entrevista com Anne Perry e produzido uma longa e solidária matéria para o *The Daily Telegraph*. De acordo com Gristwood, Perry havia estado "literalmente prestes a desmaiar de angústia" quando elas se encontraram. A manchete da matéria foi "Quando a morte lhe alcança".

As notícias se tornaram globais. Para Anne Perry, foi "um caso muito doloroso ser desnudada na frente do mundo". Os repórteres realizaram cercos a sua casa e acamparam no gramado de sua mãe. Sua companheira Meg MacDonald esbravejou e resmungou, tentando mantê-los à distância. Mas ao menos os mórmons de Rosshire e os moradores da vila de Portmahomack haviam sido avisados de antemão.

Se isso foi uma crise pessoal para Anne Perry, para os editores foi uma oportunidade comercial. Se manejada com cuidado, a descoberta de que a autora de seus livros de mistério extremamente populares escrevia a partir de suas experiências pessoais podia não ser algo ruim.

Os piores medos de Peter Jackson haviam se realizado: uma vez que a exposição de Anne Perry como a antiga Juliet Hulme foi um golpe publicitário para seu filme, muitos acreditavam que ele deveria estar por trás de tudo. Ele fez os maiores esforços para negar qualquer responsabilidade. Não havia estabelecido nenhum contato nem com Anne Perry, nem com Hilary Nathan, afirmou ele. "A última coisa que eu [queria] que acontecesse era que elas fossem encontradas e expostas." Ele insistiu que por volta de 1992 a identidade de Anne Perry era, de todo modo, um segredo aberto entre os literatos da Nova Zelândia.

Jackson e Walsh haviam recebido uma boa ajuda de Nancy Sutherland, a velha amiga de Hilda, com seu roteiro e, ainda, acabaram desenvolvendo uma relação amigável com ela. Eles foram rápidos em escrever e garantir a ela que não haviam tido parte na revelação da nova identidade de Juliet. Enquanto isso, Hilda havia recebido relatos sobre o filme de Jackson através de Brian Easton, um amigo da Nova Zelândia que contou a ela o quanto Nancy Sutherland tinha sido prestativa para com os cineastas. Ela escreveu para agradecer a Nancy. "Brian nos disse que você teve um grande papel em colocar uma perspectiva inteiramente diferente dos eventos, mais sensível às fragilidades humanas delas e sua integridade pessoal. Ele fala de você com afeto e admiração. E agora, por ele ter compartilhado isso conosco, posso escrever a você outra vez, por Anne bem como por mim mesma, e dizer um sincero 'obrigada'. Nós NÃO veremos o filme, mas ficamos sabendo da atmosfera dele por muitos que o viram ao redor do mundo e, agora que sabemos que você teve um grande papel nisso, queremos que saiba o quão profunda e sincera é nossa gratidão por seu tempo e seus esforços."

Em 1994, Sarah Gristwood conheceu Peter Jackson no Festival de Cinema de Veneza, onde *Almas Gêmeas* ganhou o Leão de Prata. Ela o considerou "desgrenhado, preocupado, amigável (...) Acima de tudo, culpado". Ele ainda estava se defendendo. O filme, disse ele, poderia ter sido feito de forma menos solidária por uma outra pessoa e ele nunca o teria feito se soubesse que a mãe de Anne Perry ainda estava viva.

Ele estava se preocupando demais. Anne Perry viria a dizer sobre sua exposição, "Foi a melhor coisa que poderia ter acontecido porque agora me sinto livre. Não há mais nada a temer no meio da noite." Mais tarde, em sua página na internet, ela rejeitaria bruscamente o filme que projetou Peter Jackson à carreira internacional. "Às vezes me fazem perguntas sobre o filme *Almas Gêmeas*, mas eu não posso respondê-las. Nem eu, nem minha família ou meus amigos sabíamos qualquer coisa a respeito dele até o dia anterior ao seu lançamento e eu preferi não o assistir, ou comentar sua precisão ou qualquer outra parte dele. Sou muito grata à imensa maioria de pessoas generosas que permitiram que eu seguisse em frente e deixasse essa aflição para trás."

Após o mundo descobrir que a Anne Perry, escritora de livros de mistério, campeã de vendas internacional, havia sido Juliet Hulme — uma assassina condenada — em uma vida anterior na distante Nova Zelândia, ela recebeu, assim disse a Sarah Gristwood, "o mais incrível apoio. (...) Ninguém me deu as costas. Todos disseram, 'você era uma criança, isso foi há quarenta anos, estamos bem aqui ao seu lado'. Não sabia que havia tanta gente compassiva e decente por aí".

Ao *Daily Mail*, ela disse, "As pessoas não apontavam. Não encaravam e eu não perdi um único amigo uma vez que minha identidade foi revelada". Alguém havia colocado um bilhete por baixo de sua porta que dizia: "Não se preocupe. Nós conhecemos você. Nós a aceitamos como você é, não como você era". Até a Igreja Mórmon a apoiou. Ela perguntou a uma figura veterana se sua filiação seria afetada — uma pergunta curiosa, dada sua posição declarada de que a igreja sabia sobre o assassinato antes de ela se tornar membro. "Sua vocação vem de Deus e Ele sabe", o mais velho assegurou a ela. Talvez isso seja uma perspectiva um pouco perfeita demais para ser verdade absoluta.

Perry afirmou ter ficado surpresa por a mídia ainda estar tão interessada em seu passado. Em uma entrevista para o *The Times*, em março de 2006, ela reclamou, "Por que ninguém para de falar de algo que aconteceu há 52 anos?". Estava sendo dissimulada: ela e seus editores estavam bem cientes do valor publicitário da história. Essa entrevista em particular havia sido providenciada a fim de promover seu livro mais recente, *The Sins of the Wolf*.

O jornalista do *Times* pôs às claras o grande atrativo comercial. "Perry tem uma perspectiva da qual poucos escritores de histórias de crimes podem se gabar. Perry cometeu um assassinato em 1954. Seu nome naquela época era Juliet Hulme, interpretada por Kate Winslet no filme *Almas Gêmeas*." Um ousado subtítulo informava os leitores, "Seu conhecimento íntimo do bem e do mal trouxe aclamação literária".

A incessante rediscussão do passado de Anne Perry se provou boa ao extremo para as vendas. Até agosto de 1994, quando Lin Ferguson expôs seu disfarce, seus livros haviam vendido 3 milhões de exemplares nos EUA, seu maior mercado. Em março de 2006, de acordo com *The Times*, 20 milhões haviam sido vendidos ao redor do mundo. Nesse meio-tempo, Perry recontou uma versão de sua história pregressa ao *The Daily Telegraph*, *The Times*, *The Guardian*, *USA Today* e ao *Daily Mail*, entre outros. Para divulgar *Weighed in the Balance*, foi concedida a Robert McCrum, do *The Guardian: Weekend*, uma entrevista que se estendeu por vários dias.

Muitas das entrevistas foram reimpressas em outros jornais e revistas e formaram a base de muitas outras matérias publicadas ao redor do mundo. Perry foi entrevistada para a televisão dos Estados Unidos por Jamie Gangel, da NBC, e por Bob Brown, da ABC. Ela também apareceu na série *The Poisoned Pen*, no qual Barbara Peters, especialista e proprietária de livrarias, entrevistava escritores de histórias de crimes. As seis partes da entrevista em vídeo foram prontamente disponibilizadas na internet.

Na televisão britânica, houve uma entrevista no horário nobre com um desconfortável Ian Rankin, escritor escocês de histórias de crimes. Ficou claro, pelos comentários de Perry ao criador da série do inspetor Rebus, que um novo argumento de mitigação havia emergido. "Eu fui (...) cúmplice", murmurou ela. "Estive envolvida (...) não havia tempo para encontrar uma solução melhor." Rankin lançou uma pergunta gentil sobre redenção. "A redenção vem quando você decide que deseja se tornar a pessoa que deseja ser", respondeu Perry.

Houve ainda uma outra entrevista quando *The Cater Street Hangman* foi adaptado para a televisão pela Ardent, a produtora de propriedade do príncipe Edward. Perry ficou claramente satisfeita com a conexão real. "Ele [príncipe Edward] me disse que podia ver as manchetes sendo impressas sobre nós dois trabalhando juntos — ele mesmo na verdade bolou algumas manchetes de primeira", contou ela à jornalista britânica Louise Gannon. "Mas o príncipe Edward disse que não se importava e que, até onde sabia, ele apoiava o projeto cem por cento."

Em 2007, Anne Perry deu seu consentimento a um documentário sobre ela feito por Dana Linkiewicz, uma jovem cineasta alemã. Linkiewicz e sua equipe seguiram sua entrevistada até uma convenção internacional de escritores em Vancouver e então passaram seis semanas em sua casa, em Portmahomack.

O filme, *Anne Perry: Interiors*, deu ao mundo uma rara janela para a vida cotidiana da escritora. Ele foi filmado no meio do inverno. O vento açoita, como diria Robbie Burns, "cortante e penetrante" por Dornoch Firth adentro, ao largo do Atlântico Norte. Um ar de infelicidade paira sobre o lugar. Não há risadas. Reclinada em uma aparentemente confortável cadeira La-Z-Boy com uma caneta e um bloco de papel almaço, Perry produz romances em série de forma incessante, sem se permitir nem mesmo um tempo para caminhar com os cachorros pelos restolhos de milho congelados. Há um Rolls Royce — ou seria um Bentley? — na garagem, mas apesar de todos os aprestos de riqueza, parece uma vida que poucos invejariam.

Anne Perry rege um pequeno principado. Seu humor determina o humor das pessoas ao seu redor. "As emoções de Anne nos transformam", diz Meg MacDonald, sua companheira de olhos tristes. "Se Anne está feliz, nós estamos felizes." Anne não parece estar feliz com tanta frequência. Quando a mulher digitando os últimos livros de Anne exclama para a câmera, "Não há um único momento de tédio!", parece um desespero irônico.

Meg mora no chalé vizinho ao celeiro convertido de Anne. Ao que parece, ela não viaja mais para locais como as Ilhas Canárias a fim de ajudar Anne a planejar seus novos livros. Em vez disso, ela fica de olho no celeiro e alimenta os gatos e os cães quando Anne está viajando para os EUA em turnês de lançamento que duram quase um mês. Jonathan Hulme, aposentado da prática da medicina, mora em Portmahomack e ajuda sua irmã com a pesquisa. Ele parece entediado e um pouco incerto quanto ao lugar que ocupa no esquema das coisas. "Tenho que ser maduro e não forçar meu ego por cima disso", afirma. Há uma tênue insinuação de que seu ego sofre um golpe de tempos em tempos.

Há comentários curiosos sobre as perspectivas maritais de Anne. Jonathan comenta, "Ela ficaria feliz se houvesse um homem na vida dela, mas sua personalidade e sua inteligência fariam com que isso fosse um tanto constrangedor". Há um monólogo curioso de Meg enquanto ela e Anne estão em um carro, dirigindo. "Quando você conhecer a pessoa certa", entoa Meg, "será a pessoa certa. Você tem que sair da sua zona de conforto... Não há ninguém aqui. Você passou tempo demais na zona de conforto." De que raios ela está falando? Estaria Anne Perry, com mais de 70 anos e nunca tendo se casado, ainda à procura do Príncipe Encantado? Ou seria uma mensagem subliminar para o mundo de que ela não é lésbica? Isso ainda importava após todos aqueles anos?

No pré-lançamento do documentário, Dana Linkiewicz revelou que o corte inicial apresentado a Perry após meio ano de edição havia tomado um posicionamento um tanto crítico. Claramente, isso não havia sido aceitável. "Todos concordaram que era um bom filme. Porém, no fim, a versão final acabou sendo bem mais afetuosa." É impossível não se perguntar o que foi acrescentado, ou subtraído, do primeiro corte do filme de Linkiewicz para torná-lo menos crítico, mais "afetuoso".

Apesar de ter um ritmo dolorosamente lento, *Anne Perry: Interiors* contém algumas frases de efeito memoráveis.

Anne Perry: "Eu estou no lugar certo. Gosto muito de quem eu sou. Tento não pegar pesado demais comigo mesma".

Meg MacDonald: "Anne não fala muito sobre sua infância — ela não acredita que tenha tido uma".

Perry: "Eu cresci sendo ensinada a demonstrar autocontrole".

MacDonald: "Ela também precisa criar tempo para se divertir — uma caminhada na praia ou nos campos".

Perry: "Ninguém fala sobre isso. (...) Meus amigos não querem que eu fale sobre isso. Eles acham angustiante. Não querem que eu me magoe".

MacDonald: "Gostaria que ela pudesse confiar a vida a outras pessoas. Até que ela o faça, não vai ser livre...".

Perry: "Minha família nunca conversou a respeito. Presumi que ninguém mais conversaria".

MacDonald: "Anne... eu te amo tanto que desejo que as pessoas conheçam quem você é de verdade".

Perry (chorando): "Mamãe ia embora com Bill. Eu iria para a África do Sul. Quando Pauline soube, o mundo dela desmoronou. Eu achei mesmo que ela tiraria a própria vida. Pauline tinha bulimia. Estava vomitando após cada refeição. (...) Eu sabia que era estupidez. Me senti encurralada. Eu sabia que era errado. Sabia que era estupidez. Sabia que teria que pagar por aquilo. Eu não vi nenhuma outra maneira. Não podia recorrer ao meu pai ou à minha mãe. Não podia me afastar. Eu fiz algo estúpido de que vou me arrepender pelo resto da vida. Não posso desfazer o que já fiz...".

Não havia nada parecido com penitência ou contrição presente nas cartas que Juliet Hulme escreveu na prisão, aos 16 anos de idade. Quase cinco meses após o assassinato, Henry Hulme reclamou que sua filha era "ainda quase a mesma como era logo após o acontecido. Completamente distante e centrada em si mesma (...) ela sente que tem razão e que os outros estão errados". Após um ano na prisão, ela disse a Nancy Shutherland, provocadora, "Vou me regenerar e me tornar uma nova pessoa (...) mas devo fazer isso eu mesma, sem ser (...) comandada." Em sua soltura, nem mesmo Sam Barnett, o secretário de justiça, estava preparado para afirmar que ela era um indivíduo ressocializado. Florence Howland, que a levou até o aeroporto, afirmou que ela nunca demonstrou remorso algum.

Agora, como Anne Perry, a escritora de livros de crimes, ela fala bastante sobre redenção, e em entrevistas com a mídia internacional tem relatado com regularidade um exuberante conto de arrependimento e redenção. "Uma vez que fiquei sozinha na prisão, tive que me reconciliar com isso e o fiz", disse a Bob Brown, da ABC. "Você se põe de joelhos e diz a Deus, 'Eu errei. Sem desculpas. Sinto muito'. Enquanto ainda estiver criando desculpas para si mesmo, culpando os outros, uma terceira pessoa, não vai chegar lá." Ela afirmou que essa noite sombria da alma veio durante os três meses de confinamento solitário no início de sua estadia em Mt. Eden.

Mais detalhes apareceram em uma entrevista para Amanda Cable, do *Daily Mail*: "Enfim, depois de estar lá há três meses e chegar ao fundo do poço, eu me ajoelhei junto à minha cama e orei. Apenas implorei por perdão. Disse que lamentava de novo e de novo e fui sincera".

A história foi repetida a Dana Linkiewicz e à equipe de filmagem alemã. "Nos três primeiros meses eu fiquei congelada (...) então chorei, chorei e chorei mais. (...) Depois disso, nunca mais chorei."

Ela falou com orgulho a Angela Neustatter, do *The Guardian*, sobre ser a mais jovem detenta durante anos na prisão mais barra-pesada do hemisfério sul. "Eu me coloquei de joelhos e me arrependi (...) Foi assim que sobrevivi à minha pena enquanto outras sucumbiam. Eu parecia ser a única dizendo, 'Eu sou culpada e estou onde devia estar'." Para alguns, isso foi lido mais como uma afirmação de superioridade moral do que remorso, de fato. Ela se gabou a Sarah Gristwood, "Pessoas já me disseram que meu trabalho é estudado em aulas de ética por sua compaixão e sua humanidade".

Lamentar não significava se martirizar o tempo todo, informou ela a Deirdre Donahue do *USA Today*. Longe de se martirizar, como afirmou repetidas vezes aos seus entrevistadores, ela havia bloqueado o assassinato de sua mente. "Eu não sou amnésica, pelo amor de Deus", disse ela a Robert McCrum. "Só escolho não me lembrar de certas coisas."

O mais revelador de tudo foi seu diálogo com Amanda Cable, do *Daily Mail*, em 2006. Durante as longas noites escocesas, ela se recordava do assassinato, perguntou Cable.

"Não", disse Perry, "Isso só me atormentaria e não ajudaria ninguém."

Ela alguma vez pensava em sua vítima?

"Não. A vítima era alguém que eu mal conhecia."

PETER GRAHAM
ALMAS GÊMEAS

38

Obra de Ficção

Qual era a real explicação para o assassinato de Honorah Rieper naquela ensolarada tarde de inverno em 1954? Por que duas adolescentes cometeram um selvagem assassinato quase inimaginável — e tão importante quanto, como elas foram capazes de se convencerem a fazê-lo? Assim como aconteceu com Leopold e Loeb, o duradouro interesse em Parker e Hulme veio a se dar em grande parte porque nenhuma resposta pareceu completamente satisfatória.

As questões que preocuparam o julgamento — a possível insanidade das meninas e seu relacionamento sexual — por fim lançaram pouca luz sobre o crime. As meninas não eram psicóticas do tipo que recebiam mensagens de Deus ou da própria televisão dizendo a elas para matarem pessoas. Elas estavam apaixonadas, é certo, mas ao longo da história incontáveis milhões de pessoas estiveram arrebatadas de paixão e ameaçadas de separação, sem recorrerem ao assassinato. Casais lésbicos não têm maior probabilidade de cometerem atos de violência do que casais heterossexuais. E embora muitas adolescentes possam alimentar ideias de matarem suas mães, poucas o fazem de fato. O matricídio é o mais raro dos crimes. Um estudo estadunidense de 2009 mostrou que, dos assassinatos em que vítima e criminoso se conheciam, menos de 2% foram matricídios. Na maioria dos casos, as mães foram mortas pelos filhos adultos. Quando uma filha era a assassina, elas quase sempre tinham mais de 18 anos de idade e a maioria eram mulheres solteiras de meia-idade morando na casa de suas mães. Até hoje, é extremamente raro que meninas de 15 ou 16 anos, as idades de Juliet Hulme e Pauline Parker respectivamente na época do assassinato, cometam ou sejam parte de um matricídio.

O que foi, então, que levou Juliet e Pauline a deixarem seu mundo de fantasia, colocarem a metade de um tijolo em uma meia-calça velha do uniforme escolar de Pauline e a lançarem contra a cabeça da mãe dela?

Nos dezessete anos seguintes ao lançamento de *Almas Gêmeas*, o intenso interesse público significou diversas oportunidades para que ambas contassem suas histórias. Pauline Parker — Hilary Nathan — escolheu permanecer calada, mas Anne Perry contou e recontou sua versão dos eventos muitas vezes. Amanda Cable resumiu o apelo midiático do caso: "Com seu tailleur impecavelmente cortado, cabelo chanel e maquiagem imaculada, Anne exala sucesso. Como uma das autoras mais vendidas de livros de mistério, ela fez uma fortuna escrevendo cinquenta romances ao longo das últimas quatro décadas. (...) É difícil olhar para suas unhas feitas com perfeição e saber que essas mesmas mãos certa vez espancaram uma mulher até a morte".

Por várias vezes, Perry reclamou que, por ser menor, não havia tido permissão para testemunhar em defesa própria. Sarah Gristwood relatou fielmente ao *The Daily Telegraph*: "No julgamento, ela descobriu que ter 15 anos era o pior dos dois mundos — sua presença era exigida, mas não tinha permissão para dizer uma palavra". A verdade era bastante diferente. A lei da Nova Zelândia não impedia menores de testemunharem. Os advogados de defesa de Juliet Hulme é que foram contra ela fazê-lo. Eles estavam convencidos de que, se ela testemunhasse, sua arrogância presunçosa e sua condescendência destruiriam qualquer chance que tinham de uma defesa por insanidade, sua única chance de absolvição.

Perry determinou seu enredo básico logo após a denúncia de Lin Ferguson. Depois de ter sido tirada da escola por causa de seus problemas respiratórios, disse ela a Sarah Gristwood, ela ficou muito solitária, o que era aliviado apenas pela amizade de uma outra garota, Pauline Rieper. "Não quero de modo algum comprometê-la ou culpá-la (...) mas ela queria que eu me unisse a ela nesse ato e eu acreditei que se eu não o fizesse, ela tiraria a própria vida. (...) Nós íamos deixar o país. Eu senti que estava desertando Pauline. Nós a teríamos levado conosco, mas a mãe dela não a deixaria ir. Ela sentia que a mãe era a única coisa que a impedia de deixar uma situação que ela considerava intolerável."

"Eu acreditei na época que sua sobrevivência dependia de ela ir conosco. Acreditei sinceramente que sua vida estava em jogo. Por mais louco que pareça, achei que era uma vida ou outra. Apenas não consegui encarar a ideia de ser responsável pela morte dela. E fiz uma escolha muito tola."

Ao ler isso, alguém poderia sentir-se solidário. Longe de ser uma assassina a sangue-frio, Juliet Hulme havia sido posta em uma situação impossível por sua única amiga, que se sentia pressionada a matar a própria mãe e havia ameaçado cometer suicídio se Juliet não a ajudasse. Em retrospecto, havia sido tolice, mas a menina tinha apenas 15 anos e estava agindo sob extrema coação moral. Não era inteiramente compreensível? E não havia aí algo de uma lealdade um tanto louvável quanto a ela não querer culpar ou comprometer a amiga que impôs a ela essa obrigação moral?

Continuando a leitura, descobrimos que ela vinha recebendo tratamento com medicamentos que foram "desde então recolhidos porque tendem a deturpar o julgamento". Embora o curso normal do tratamento fosse de três meses, ela os tomou durante nove. Como alguém poderia culpá-la, ainda mais quando ela estava preparada para se acertar e admitir ter sido "uma cúmplice (...) uma participante deste ato e nunca fingi que tivesse sido de outra forma". Ela não é mesmo digna de admiração?

A história estava a caminho. Algumas semanas depois, o respeitado jornalista Sebastian Faulks escreveu no *The Guardian* que Juliet, "confusa pelas altas doses do medicamento, forneceu um tijolo para que Pauline matasse sua mãe". Parecia que Anne Perry havia tido apenas um papel menor na coisa toda.

Jamie Gangel, da NBC, fez um grande esforço para encurralá-la nos detalhes, mas agora a história já havia crescido. "[Pauline] sentia que sua mãe era a única coisa no caminho para que ela fosse conosco, o que para ela parecia representar segurança, calor humano, felicidade, uma chance de ser a pessoa gentil que ela desejava ser, e eu não tive a força para dizer, 'Não, isso é errado independentemente de qualquer coisa' e simplesmente me afastar."

"Eu não me lembro muito bem dos acontecimentos", acrescentou ela.

"Você os bloqueou?"

"Sim, bloqueei."

Gangel persistiu. "Então deixe eu descrever (...) o que aconteceu baseado em depoimentos do tribunal e também em sua confissão para a polícia. O que diz aqui é que você deu metade de um tijolo a sua amiga Pauline, que por sua vez colocou em uma meia-calça e, na área deserta de um parque local, primeiro ela atingiu a mãe repetidas vezes na cabeça, e então você fez o mesmo. Depois, uma de vocês a segurou no chão enquanto a outra a atingia várias vezes e houve uma grande quantidade de sangue e ela morreu dentro de poucos minutos. Foi isso mesmo que aconteceu? Na sua opinião, esse relato se aproxima do que aconteceu?"

"Provavelmente", disse Perry. "Eu com certeza espero que tenham sido poucos instantes", acrescentou.

Foi mencionado com frequência que Juliet Hulme vinha sendo medicada. O *USA Today*, jornal de maior circulação nacional nos Estados Unidos, relatou, "Embora Perry não crie desculpas para si mesma, ressalta, sim, que tomava um remédio que por fim foi retirado do mercado por suas propriedades de alteração do julgamento". Ela repetiu isso ao *Daily Mail*. "Ao mesmo tempo, eu também vinha tomando fortes drogas experimentais para a tuberculose, que mais tarde descobriram causar imensas alterações no humor. (...) Isso não deve ter ajudado em nada na situação."

Então havia a questão do estado de saúde de sua amiga. Pauline não só havia ameaçado tirar a própria vida, como Juliet temia que ela estivesse prestes a morrer de desnutrição. Ela estava literalmente definhando. "Eu tinha medo de que ela estivesse seriamente doente ao ponto de não conseguir sobreviver. (...) Ela estava vomitando depois de todas as refeições e perdendo peso o tempo todo. Eu hoje tenho certeza de que ela era bulímica. Eu realmente acreditava que ela tiraria a própria vida e não pude encarar isso."

Na época em que Perry foi entrevistada para o documentário de Dana Linkiewicz, houve uma outra camada de detalhes. Pauline vinha "vomitando depois de todas as refeições. Ela era um saco de ossos. Sua pele estava muito pálida. Se colocasse um curativo adesivo nela, ele supurava".

O relato mais abrangente foi para Amanda Cable. Sua única amiga constante, disse Anne Perry, era sua colega de classe Pauline Parker. Era uma amizade obsessiva por parte de Pauline. Seus pais de repente anunciaram que estavam se divorciando e que ela — Juliet — retornaria à Inglaterra em alguns dias. Quando a mãe de Pauline se recusou a deixar Pauline acompanhá-la, Pauline entrou em uma fúria assassina.

Na manhã do assassinato, contou Perry, ela se sentiu como alguém que vai saltar de um avião sem paraquedas — "aquele terrível e nauseante 'Vou pular ou não vou?'".

No espaço de alguns poucos dias, toda a sua vida havia desmoronado. "Eu adorava tanto meu pai quanto minha mãe e não fazia ideia de que o casamento passava por apuros. Meu próprio mundinho seguro foi destruído da noite para o dia. Fiquei devastada (...) Éramos uma família tão próxima e agora eu não fazia ideia do que o futuro nos reservava..."

"Senti que tinha uma imensa obrigação para com minha amiga", continuou. "Ela havia sido a única pessoa a escrever para mim durante os meses em que estive no sanatório me recuperando da tuberculose. Ela havia demonstrado tanta lealdade a mim e agora eu devia retribuir. Ela era bulímica — tinha um transtorno alimentar — e acredito de verdade que tiraria a própria vida e seria culpa minha se eu não fizesse o que ela sugeriu. Minha dívida com ela precisava ser paga, não importava o quanto o modo fosse horrível...

"Me lembro de me sentir muito nervosa de antemão. Estava horrorizada mesmo enquanto o ataque estava acontecendo, mas senti que era uma dívida e tinha que continuar. Foi como se eu fosse uma pessoa completamente diferente."

Em algumas horas, ela estava sendo interrogada sozinha em uma cela da polícia. "Estava completamente apavorada. Não havia advogado ou adulto ali para me representar. (...) Quando o caso foi ao tribunal fiquei ali sozinha e me lembro de eles discutirem o enforcamento.

Percebi, então, que minha vida estava em jogo. Não permitiram que eu contasse o meu lado da história — que eu tentasse explicar meu desespero ou os eventos que levaram a ele. (...) Nunca fomos lésbicas. Isso foi inventado e eu não pude me posicionar."

Das várias formas em que essas histórias se desviam da realidade, três se destacam. A primeira, não havia possibilidade de Juliet ter estado sob influência de medicamentos que deturpassem seu julgamento na época do assassinato. Como afirmou Reg Medlicott no tribunal, ela havia recebido tanto isoniazida* quanto estreptomicina** durante sua internação no sanatório, mas não havia nenhuma evidência de que essas substâncias provocassem mudanças psicológicas. Ambas eram antibióticos usados comumente para tratar a tuberculose. Nenhuma era experimental, e elas não foram retiradas posteriormente do mercado. Além do mais, Juliet deixou o sanatório nove meses antes do assassinato.

A segunda é que, embora pareça provável que Pauline Parker fosse bulímica, não há evidência de que a doença tenha alcançado um estágio que ameaçasse sua vida, ou que Juliet acreditasse que sua amiga corria risco de morrer. A mãe de Pauline acreditava que a filha começaria em um novo emprego na semana seguinte e permitiu que ela ficasse fora de casa durante oito noites com sua amiga. Ela estava bem o suficiente em seu retorno para conseguir ajudar a mãe com o serviço doméstico de forma enérgica. Quando a família almoçou no dia do assassinato, ela estava animada e espirituosa — e não há como negar o vigor físico que exibiu naquela tarde.

Tanto durante sua prisão preventiva quanto durante o cumprimento de sua sentença, não houve indicativo de que sua vida estivesse em perigo, nem mesmo que algum tratamento especial se fizesse necessário porque um transtorno alimentar estava fazendo com que ela definhasse. Em abril de 1955, o oficial médico em Arohata descobriu que ela estava com sobrepeso e precisava de um regime.

---

* Primeira substância utilizada para iniciar o tratamento da tuberculose.
** Foi o primeiro agente específico efetivo no tratamento da tuberculose.

Terceiro, não há possibilidade de que Juliet tenha tomado parte no assassinato de Honorah Rieper tão somente sob coação moral. Toda a evidência da época aponta para ela ter sido uma participante voluntária. Embora em 28 de abril, quase dois meses antes do assassinato, Pauline tenha registrado um momento de depressão quando considerou "um tanto seriamente cometer suicídio" já que "a vida parecia não valer mais tanto a pena assim ser vivida", isso logo se transformou em um ódio dinâmico. "A raiva por Mamãe ferve dentro de mim, uma vez que é ela um dos principais obstáculos em meu caminho. De repente um meio de me livrar desse obstáculo ocorreu a mim. Se ela morresse", escreveu ela em seu diário.

Em 19 de junho, um sábado, elas estavam "as duas empolgadas com a ideia. (...) Naturalmente, nos sentimos um tantinho nervosas, mas o prazer da antecipação é enorme". Hilda Hulme disse que Juliet estava "radiante de tão feliz" ao deixar a casa no dia do assassinato; mais tarde, estava exultante e jubilosa. "Nenhuma das duas exibiu o menor remorso", afirmou Medlicott, e o dr. Bennett nunca se esqueceria da insistência de Juliet de que não só o assassinato da sra. Rieper havia sido justificado, quanto poderiam ser justificados os assassinatos posteriores de qualquer um que ameaçasse a amizade delas.

Parece que Anne Perry, consciente ou inconscientemente, remodelou os fatos brutos em sua imaginação a tal ponto que criou uma obra de ficção. A escritora Anaïs Nin certa vez observou, "Nós vemos as coisas não como elas são, mas como nós somos". Apesar de toda a conversa da boca para fora de Perry sobre "sem desculpas" e não culpar os outros, ela admitia nada mais do que um juvenil erro de julgamento em circunstâncias bastante extenuantes envolvendo a morte de praticamente uma estranha.

Se o verdadeiro arrependimento pode advir disso é assunto válido para discussão em uma das disciplinas que dizem ter usado os romances de Anne Perry como material didático. A própria Perry acredita que "Eu fiz tudo o que pude para viver uma vida tão boa quanto possível desde então. Em minha modesta opinião, não estou fazendo mal a ninguém e faço tanto bem quanto sou capaz".

PETER GRAHAM
ALMAS GÊMEAS

39

A Outra Garota

Com Anne Perry desmascarada, a atenção se voltou a encontrar "a outra garota". Peter Jackson disse à mídia que estava determinado a fazer com que Pauline Parker não sofresse o mesmo destino que Juliet Hulme. O *The Guardian* relatou que o cineasta não divulgaria nenhum detalhe sobre ela, tirando dizer que "ela aparentemente teve uma vida de grande arrependimento e também não muito feliz". É discutível que Jackson soubesse qualquer coisa sobre Pauline além do rumor bem difundido de que ela trabalhava em uma livraria em Auckland.

Em geral, acreditava-se que Pauline havia morado na Inglaterra por alguns anos, mas, desde então, havia retornado à Nova Zelândia. Após o lançamento de *Almas Gêmeas*, representantes da mídia mundial atocaiaram sem sucesso duas livrarias católicas em Auckland na esperança de avistá-la. Robert McCrum escreveu para o *The Guardian: Weekend* que ela estava se mostrando difícil de ser localizada. "Aqueles que a protegem falam apenas sob condição de anonimato, mas sua presença na Nova Zelândia ajudou a manter a história viva." A última referência oficial a Parker, sob seu novo nome de Hilary Nathan, havia sido em fevereiro de 1967, afirmou ele, com os relatos de que ela era professora em uma escola inglesa para moças. Nos anos 1970, havia se tornado uma figura misteriosa, embora McCrum tenha garantido aos leitores que era de conhecimento público que Pauline tinha voltado à Nova Zelândia e adotado um novo nome. Ela havia mantido contato com sua família, mas à distância, e havia seguido várias carreiras diferentes, incluindo um trabalho que fizera com deficientes mentais.

"Relatos sobre seu estado de saúde e de espírito variam", escreveu McCrum. "Alguns dizem que ela é 'perturbada', 'triste', até 'suicida'. Outros indicam uma condição mais robusta, destacando que ela tem sido hábil em cobrir seus rastros. Houve outros relatos de que ela havia se casado e, agora, estava morando em uma cidade rural na Nova Zelândia acompanhada dos filhos que nem mesmo conheciam sua verdadeira identidade.

O jornalista Chris Cooke não estava convencido de que Pauline havia retornado da Inglaterra. Ele descobriu com alguém, que havia estudado na New Zealand Library School na mesma época que ela, que, depois de ir para Londres em 1966, ela havia trabalhado na Biblioteca de Wandsworth Town. Através de um sagaz trabalho de investigação, ele descobriu que ela possuía uma companheira íntima chamada Joan Nathan, conhecida como Jo, e desde 1985 vinha morando na vila de Hoo St. Werburgh, no Estuário Medway, em Kent. Assim que chegou mais perto, descobriu o nome dela na lista telefônica. Seu endereço era a Escola de Montaria Abbots Court.

Hoo St. Werburgh pode um dia ter sido um belo lugar, mas era agora um vilarejo desordenado, em sua maioria de casas feias, de seixo telado, datadas do pós-guerra. Uma das poucas pessoas que ele conseguiu encontrar que conhecia Hillary Nathan foi a bibliotecária local. A srta. Nathan, disse a ele, passava muitas horas na biblioteca, lendo.

A sede da Escola de Montaria Abbots Court se mostrou um velho chalé de lavrador, geminado e de tijolos vermelhos, desgastado e semissufocado pela hera, com estábulos nos fundos. O que um dia devia ter sido uma agradável vista sobre os milharais até Medway, sob nuvens altaneiras dignas do famoso pintor romântico Constable, estava agora desfigurado por estações de força e torres de alta tensão.

Cooke bateu à porta e perguntou à mulher que atendeu se ele podia falar com ela sobre certos eventos na Nova Zelândia em 1954. Ela se recusou a falar com ele, insistindo que "Nunca tive outro nome. Sinto muito, veio até a pessoa errada". Ela era, afirmou ele, "uma figura esguia e em forma, adornada com peles de toupeira e galochas, com um nítido sotaque rural". Ele conseguiu tirar algumas fotos antes de partir.

Cooke conseguiu a notícia pela qual o mundo vinha esperando e a mídia foi rápida em se apropriar dela. Em 8 de janeiro de 1997, o *Dominion*, de Wellington, relatou que a srta. Nathan havia se recusado a comentar, mas uma amiga afirmou estar negociando em seu nome a venda de sua história para o britânico *Daily Mail* e para outras publicações. A amiga, Joan Nathan, descrita como tendo vivido próxima a Hilary Nathan durante trinta anos, disse nunca ter detectado nada de sinistro nas origens de Hilary. "Ela é uma pessoa perfeitamente gentil e sinto muito mesmo que tudo isso tenha vindo à tona outra vez."

Chris Cooke conseguiu uma entrevista com Wendy, irmã de Hilary, que afirmou que Hilary a havia autorizado a falar com a imprensa na Nova Zelândia na esperança de que isso apaziguasse o interesse da mídia. Sua irmã não era como Anne Perry, disse Wendy. Ela não tinha interesse em dar entrevistas, mas estava preparada para permitir que os neozelandeses soubessem de sua nova vida. Ela pediu que, uma vez tendo sabido da história, fosse deixada em paz para continuar sua existência tranquila.

Wendy explicou que Hilary vivia em um vilarejo recluso onde ninguém sabia de seu passado secreto. Embora tivesse falhado em se tornar freira, era agora "uma freira ao seu modo. Ela vive na solidão. É profundamente religiosa. (...) Leva uma existência bastante incomum. Não tem TV e rádio, então nunca teria ficado sabendo o que Anne Perry tinha a dizer e nem se importaria". Ela não tinha visto nem queria ver *Almas Gêmeas*. "Ela não tem nenhum contato com o mundo exterior. É uma católica romana devota e passa muito de seu tempo em oração."

O sonho da infância de sua irmã havia sido ser dona de uma casa no campo e ter um estábulo. Agora que ela havia conquistado esse estilo de vida, era uma pessoa muito mais contente. "Ela viveu uma vida boa e tem muito remorso do que fez. Cometeu o mais terrível dos crimes e passou quarenta anos compensando isso ao se manter afastada das pessoas e fazendo suas próprias coisinhas."

O mais bem pago consultor de relações públicas de Nova York não poderia ter feito um trabalho melhor em explicar o atual modo de vida de Hilary e sua postura quanto ao crime que tinha cometido. Não havia desculpas.

A descoberta de Pauline Parker foi a matéria principal dos telejornais da Nova Zelândia. Uma repórter da TV One havia entrado em contato com alguns moradores da região que ficaram surpresos ao descobrirem sobre o passado da srta. Nathan, mas que se aproximariam ainda mais dela e dariam todo o apoio de que ela precisasse. A TV3 havia obtido filmagens com câmeras escondidas da Escola de Montaria Abbots Court.

Na Inglaterra, o *Express* e o *Daily Mail* fizeram suas próprias investigações e publicaram reportagens, aparentemente sem a cooperação de Hilary Nathan. "DOCE SOLTEIRONA É UMA ASSASSINA QUE SUMIU NO MUNDO", foi a apelativa manchete do *Express*. Os jornais revelaram que ela havia sido professora de crianças com deficiência mental na Escola Especial de Abbey Court, em Strood, nas proximidades, e se alçado à vice-diretora antes de se aposentar três anos antes para abrir sua academia de equitação. "Será um choque para toda a escola", afirmou uma suposta fonte próxima a Escola Especial Abbey Court. "Ninguém sabia nada a respeito disso." A fonte afirmou que ela era benquista, mas estranha, "com frequência, aparecendo nas aulas usando galochas e óculos escuros surrados". Foi notado que, quando fotos da escola eram tiradas, ela nunca aparecia nelas.

Os repórteres consideraram curioso que não houvesse nem televisão, nem rádio ou mesmo um forno no chalé de três quartos de Nathan. Também curioso era que a sala de estar estava cheia de bonecas e havia um enorme cavalo de balanço próximo da porta. A antiga Pauline Parker mantinha dez pôneis e um garanhão árabe. Todo fim de semana, assim diziam, meia dúzia de jovens meninas do vilarejo iam até lá limpar os estábulos. Quando a "mulher pequena e desembaraçada" foi emboscada pela imprensa enquanto alimentava e penteava seus pôneis, insistiu que não tinha absolutamente nenhum comentário a fazer.

Os moradores do vilarejo serviam lascas de informação. A srta. Nathan era muito excêntrica. Ela se mantinha bastante isolada. Subsistia com uma dieta de sanduíches e pão doce de groselha. Ia todos os dias, sem falta, à Igreja Católica Romana dos Mártires Ingleses, em Strood. Para um informante, ela parecia "um tanto infantil, de certa forma": nas gincanas, ela tomava a iniciativa em fazer parte de brincadeiras infantis, como as corridas de saco. Joyce Hopkins, sua vizinha de porta, disse que ela parecia muito gentil e claramente adorava crianças. A srta. Nathan nunca havia contado nada sobre seu passado, lembrou-se Hopkins. "Nós nem sabíamos que ela era da Nova Zelândia."

A impensa deixou Hilary Nathan mais ou menos em paz, depois disso, mas agora que ela havia sido exposta ao mundo como uma das infames assassinas adolescentes da Nova Zelândia, era hora de ela seguir em frente. Seu chalé, seus estábulos, sua terra e todos os seus pertences foram colocados à venda.

Os compradores foram um homem da região, Andrew Ayres, e a esposa dele. Os Ayres gostavam de Hilary Nathan. "Ela era muito direta", afirmou Ayres. "Nós nos dávamos muito bem."

Após a assinatura de um contrato incondicional, Nathan quis adiantar a data de conclusão. Ela havia ficado sabendo que *Almas Gêmeas* seria exibido no horário nobre na televisão por toda a Grã-Bretanha no sábado, 27 de junho. Ela gostaria de já ter saído da casa antes disso e Ayres ficou feliz em atender. Ele notou que, apesar do que os jornais haviam dito, Nathan tinha uma televisão.

Uma interessante característica da casa de Hilary Nathan era um mural em uma parede do quarto da frente no andar de cima, que Ayres tinha certeza de que tinha sido pintado pela própria Nathan. Abrangendo uma série de estilos diferentes, o trabalho consistia em vinhetas oníricas que, no todo, formavam uma composição. Em seu núcleo, uma garota de cabelo preto ondulado — com certeza a própria Pauline — sentava-se, de cabeça curvada, debaixo de uma árvore deteriorada em uma paisagem pós-apocalíptica. A figura havia sido pintada em um estilo expressionista grosseiro, as pinceladas trêmulas sugerindo uma artista nas garras de uma severa depressão. Debaixo dela, uma outra imagem retratava a garota de cabelos escuros como um anjo caído, aprisionado em uma gaiola. As asas dela eram sujas e enlameadas, o corpo curvado e nu. Ali perto, uma outra figura nua de Pauline mergulhava desesperada para as profundezas submarinas para pôr as mãos em uma imagem da Virgem Maria.

Em uma cena impressionante, uma garota loira sentava-se em um cavalo, saltando para os céus, enquanto uma garota de cabelos escuros lutava no chão para refrear o cavalo, tentando manter tanto ele quanto a cavaleira em terra firme. Uma outra retratava duas garotas, uma de cabelos escuros e a outra loira, como duas flores desabrochando em uma planta, mas cruelmente separadas pelo golpe de um grande e pesado machado. Mais enigmáticas, outras figuras estavam sepultadas dentro do útero e havia corpos de baile de fadas ou elfos.

No topo central do mural, uma bela figura loira de Juliet, retratada ao estilo de uma tira em quadrinhos, estava montada em um cavalo alado. Braços esticados, jubilosa, a garota reluzia e brilhava como uma deusa. Se o mural foi de fato obra de Hilary Nathan, estava claro que ela era profundamente perturbada por seu passado e não havia sido capaz de tirar da cabeça Juliet Hulme e o horror de sua separação.

Durante os anos em que os Ayres moraram no chalé, uma sucessão contínua de visitantes curiosos foi até sua porta, esperando conhecer cara a cara a notória assassina, mas Pauline Parker havia se mudado para bem longe, para Orkney, no extremo norte da Escócia, o lugar mais isolado e secreto que ela havia conseguido encontrar.

Uma dessas pessoas fascinadas pelo assassinato Parker-Hulme era Alexander Roman, um jovem cineasta estadunidense. Tendo seu interesse despertado por *Almas Gêmeas*, Roman decidiu fazer um documentário dramatizado sobre o caso. Na internet, descobriu que Hilary Nathan estava morando em uma ilha na Escócia. Um investigador particular que ele contratou desencavou informações mais específicas do paradeiro dela. Roman enviou à mulher uma carta via FedEx perguntando sobre as pinturas encontradas nas paredes do quarto em Abbots Court, que ele gostaria de reproduzir em seu documentário. Não houve resposta.

Roman decidiu fazer uma visita a Hilary Nathan. Na Páscoa de 2010, voou de Los Angeles para a Escócia e foi avançando até a ilha onde ela vivia. O motorista de táxi da região, que era também dono de um bar, estava ocupado com outras questões, mas uma pessoa prestativa se ofereceu para levá-lo do centro da cidade até a casa da recém-chegada.

Caía uma garoa fina quando Roman atravessou a curta distância pela ilha. Ele notou que o cenário era lindo, de um modo desolador e árido. Era óbvio que as árvores lutavam para crescer em face dos vendavais do Atlântico. A casa de pedra e os celeiros tinham vista para o mar no fim de uma longa subida. O motorista esperou enquanto Roman dava uma olhada nos arredores. Havia um rebanho de cabras e um cavalo branco que não parava de dar afetuosas cabeçadas na mão de Roman. A porta do celeiro era decorada com uma enorme pintura de árvore, um toque artístico incongruente com um lugar tão austero. A casa escura tinha uma aparência "inconsolável". Havia um gato moroso no batente da janela, ao lado de uma fileira de pequenas bonecas. Havia algum tipo de estátua romana no alpendre e uma pequena estufa anexa à casa.

Roman havia ido preparado. Em sua bolsa, havia presentinhos de Los Angeles e uma cópia de seu roteiro, com a qual ele pretendia presentear Nathan. Enquanto ele bisbilhotava, ela saiu do celeiro em um enorme trator e pulou para baixo. De pele clara e um abundante cabelo castanho-escuro, ela era, Roman observou, magra e tinha cara de durona.

Ela o fuzilou com os olhos enquanto ele murmurava algo sobre o documentário que estava fazendo e entregava a ela a sacola de presentes. "Veio até a pessoa errada. Está no lugar errado", ela insistiu com firmeza. "Vá embora imediatamente." Ela o empurrou para o carro que o esperava. Quando ele partiu, ela correu atrás dele, tentando devolver a sacola, mas já era tarde demais.

De volta ao seu hotel, Roman ficou decepcionado com o modo como as coisas haviam se desenrolado. Ele havia lidado mal com a situação. Tinha viajado de tão longe para conhecer Pauline Parker e não conseguiu nada com isso. Na manhã seguinte, a chuva parou. Ele havia deixado algumas baterias de sua câmera na sacola que entregou a Nathan e queria pegá-las de volta. Decidiu fazer mais uma tentativa de falar com ela. Felizmente, o motorista de táxi estava disponível para levá-lo. O domingo de Páscoa era, possivelmente, o pior dia que ele poderia ter escolhido para invadir o santuário de uma católica romana devota e reclusa, mas essa ideia nem cruzou sua mente. Em todo caso, ele estava com o tempo apertado.

No longo caminho de cascalho do acesso à casa, o táxi ultrapassou uma linda jovem em uma lambreta, talvez a caminho de uma aula de equitação. Roman saiu do carro e caminhou na direção da casa. Ele estava acarinhando um cãozinho, nervoso, quando Hilary Nathan apareceu de repente, andando até ele a passos largos. Ele reconheceu aquele olhar, o lábio inferior raivoso e protuberante, de sua foto de registro criminal da polícia.

Ela estava extremamente irritada. "Saia daqui!", berrou ela.

Ele mencionou depressa as baterias que havia deixado na sacola. Será que poderia, por favor, devolvê-las?

"Eu as queimei!", gritou. "Queimei tudo!"

"Onde a senhora fez isso?", perguntou ele com gentileza. "Posso dar uma olhada?"

"Sei lá onde", grunhiu ela. Acenou na direção de uma pilha de detritos. "Pode vasculhar ali, se quiser."

O motorista do táxi, se dando conta de que algum tipo de altercação estava acontecendo, foi se aproximando devagar. "Algum problema?", perguntou.

"Um problema *sério*", disse Hilary Nathan. "Esse homem está me atormentando. Leve ele daqui imediatamente."

"Eu não deixaria uma mulher dessas frequentar o meu bar", observou o motorista enquanto ele e Roman voltavam à cidade.

PETER GRAHAM
ALMAS GÊMEAS

40

Que Raios Foi Isso?

A psiquiatria mudou muito desde 1961, quando Reg Medlicott sugeriu que Pauline Parker e Juliet Hulme estavam sofrendo de "megalomania adolescente". Talvez por respeito a Hilda Hulme e à falecida Honorah Rieper, ele se esquivou de mergulhar nas possíveis causas de sua condição. Hoje, porém, é comum ver uma conexão entre a negligência emocional na primeira infância ou na infância e psicoses e transtornos de personalidade em períodos posteriores da vida.

Atualmente já existe um consenso de que crianças mais novas têm uma profunda necessidade de estabelecer ligação amorosa com uma figura materna confiável, cuja adoração incondicional e ternura física provêm de segurança emocional. Crianças privadas disso são mais propensas a se tornarem travadas emocionalmente ou inseguras, carentes de controle do ego e possuírem baixa autoestima, mesmo que bem camuflada. Sentimentos naturais de afeição pela mãe são sobrepujados pela raiva e isso pode ser voltado para dentro e se tornar autoaversão: pessoas que odeiam suas mães invariavelmente também se odeiam. As feridas do abandono materno permanecem por toda a vida. As crianças não amadas ou mal-amadas se tornam ainda mais detestáveis.

Tanto Juliet Hulme quanto Pauline Parker vivenciaram dificuldades com suas mães, embora de naturezas diferentes. Os pais de Juliet cuidavam dela no sentido material e pareciam afeiçoados a ela, embora de um modo um tanto quanto frio e casual, mas sua criação foi caracterizada por separações frequentes e prolongadas da própria família na primeira infância e na infância. Mais tarde, quando Hilda Hulme passou a ter um amante, tinha cada vez menos tempo para dedicar à filha difícil, e Henry Hulme, embora orgulhoso de Juliet, tinha pouca noção quanto a relações humanas, como testemunhado pela carta que escreveu para ela na prisão — uma carta tão fria que os funcionários da prisão se recusaram a entregar a ela.

É esperado que tal criação gere um estilo de personalidade "esquiva a ligações". Pessoas "esquivas", como são chamadas, desligam as emoções como mecanismo de defesa contra danos adicionais. Elas não conseguem demonstrar afeto caloroso e transparecem arrogância e autossuficiência, vendo a si mesmas como perfeitas, incapazes de admitir defeitos de qualquer tipo. Podem ser pessoas solitárias e tímidas que adoecem bastante. Apesar de toda a sua autossuficiência na infância, quando se tornam adolescentes, as pessoas esquivas com frequência se veem ansiando por uma alma gêmea. Na idade adulta, podem se tornar viciadas em trabalho, obcecadas por poder ou absorvidas por outras ambições.

A personalidade esquiva é conhecida por estar no núcleo do transtorno de personalidade narcisista, sendo os critérios para o diagnóstico um grandioso senso de autoimportância; a preocupação com fantasias de sucesso ilimitado, poder, brilhantismo e beleza; a crença de que a pessoa é "especial" e "única"; a necessidade excessiva por admiração; a arrogância e a soberba, o senso de prerrogativa; a falta de empatia por terceiros; e a exploração de outros por necessidades egoístas — todos fatores que parecem compatíveis com a personalidade da jovem Juliet. Embora, por baixo de sua grandiosidade, os narcisistas tenham uma autoestima frágil, ela não transparece: eles são bem-sucedidos em enterrar as próprias inseguranças.

Traços de psicopatia estão intimamente ligados ao narcisismo: os médicos com frequência se referem ao "tipo psicótico-narcisista". Os psicopatas, em geral, são articulados e charmosos. Mentem sem qualquer hesitação e de forma bastante convincente. Em alguns tipos, o comportamento violento é mais provável de ser premeditado do que impulsivo. A intrepidez, a falta de consciência e de remorso são comuns.

Um indivíduo assim tem uma vantagem sobre a maioria da população no que se refere a não se lembrar de um ato que deixaria a maior parte das pessoas assoladas pela culpa pelo resto de suas vidas — ou seja, dissociação, a habilidade da mente de esconder uma lembrança, um sentimento, ou uma sensação corporal por um período de tempo curto ou longo. A declaração de Meg MacDonald de que "Anne não fala muito sobre sua infância — ela não acredita que tenha tido uma" é reveladora. Anne Perry pode ter bloqueado não só a lembrança da morte da mãe de Pauline, mas a maioria de sua infância junto dela.

Embora as duas meninas tivessem uma ligação insegura com as próprias mães, Pauline Parker tinha um perfil psicológico nitidamente diferente do de Juliet. Por fora, com exceção de um período de séria doença, sua infância parece ter sido relativamente normal. Mas havia tensões e segredos no seio da família. Seu pai havia abandonado a primeira esposa e os primeiros filhos, e ele e sua mãe haviam começado uma vida nova na Ilha Sul. Não eram casados, algo visto como intensamente vergonhoso na Nova Zelândia dos anos 1950. Tinham dificuldades financeiras e suportaram o estresse da morte de um bebê e, mais tarde, o desafio de criar uma criança com deficiência intelectual. Pauline era vista como a filha difícil e, diante dela, o comportamento de sua mãe flutuava descontroladamente.

Em termos de caráter, Pauline era uma "ansiosa ambivalente". Em vez de ser indisposta a se tornar emocionalmente próxima de terceiros, a ambivalente é desesperada para ter relações íntimas — embora, por medo de que ninguém queira se aproximar delas, possam agir de forma superior e arisca. Os sentimentos íntimos de valor próprio das ambivalentes às vezes são tão ausentes que elas se veem como desprezíveis, impuras e até venenosas. Embora atraídas a relacionamentos com outros, lidam com eles com incompetência: amizades podem ser destruídas por irrupções de fúria irracional. Ciúmes e apego excessivo com frequência afastam as amizades e parceiros em potencial.

Acredita-se que nas ambivalentes o trauma definidor da personalidade ocorreu em um momento mais adiante na vida do que o das esquivas e que suas mães as rejeitavam menos. Já foi dito que as ambivalentes são resultado de uma privação materna parcial em vez de uma separação drástica.

Enquanto as esquivas aprendem a disfarçar sua dor e sua raiva internas, as ambivalentes não desenvolvem essa indiferença protetora e são obviamente cheias de raiva. Enquanto Juliet tinha um desprezo gélido pela humanidade, Pauline tinha uma raiva e uma animosidade explícitas. Ela mesma captou com primor a distinção em "The Ones That I Worship": Nos castanhos arde claro o ódio, seus inimigos são o combustível / O gélido desprezo reluz nos cinzentos, desdenhoso e cruel.

As mães de ambivalentes são oito ou oitenta. A crueldade, emocional ou até física, seguida pela gentileza é uma imagem familiar. A criança pode se tornar obcecada pela imprevisibilidade da mãe. Vez por outra, a mãe vai oferecer a ternura emocional desejada tão desesperadamente e a criança vai se tornar mais viciada do que nunca. Como explica a especialista Jude Cassidy, professora de psicologia da Universidade de Maryland, "Nada faz um rato de laboratório pisar com mais fúria no pedal do que uma recompensa inconsistente".

O relacionamento entre ambivalentes e suas mães é sempre complicado: a raiva e a agressividade se misturam a uma carência ansiosa. Esse conflito talvez possa explicar os intervalos que Pauline passa "sendo boa". Transtornos alimentares como os dela também são comuns: a autoinanição pode ser um modo de a criança punir sua mãe. Na adolescência e em anos posteriores, as ambivalentes podem tentar satisfazer a sensação de vazio e a necessidade por amor com excesso de comida, álcool ou drogas.

Embora Pauline não fosse fortemente narcisista, seu comportamento pode ser visto como satisfazendo o critério para o transtorno de "personalidade borderline", que, como todos os transtornos de personalidade, tem um componente narcisista. "Borderlines" têm muito em comum com o tipo de personalidade ambivalente e os dois com frequência coincidem. A maioria dos borderlines podem ter sido abusados física ou emocionalmente por uma figura materna que, em outras vezes, era adequada e protetora. Não é surpreendente que a criança borderline odeie e ame sua mãe vacilante ao mesmo tempo: um livro sobre o transtorno tem o título *I Hate You — Don't Leave Me*.

Os borderlines crescem com uma autoimagem instável e adquirem um histórico de relacionamentos pessoais turbulentos. No núcleo de sua personalidade se encontra um profundo sentimento de vazio e um vacilante senso de si. "Incapaz de decifrar quem ou o que eles são (...) eles se agarram aos outros como se para adquirir uma personalidade por osmose", foi como Jerrold Maxmen e Nicholas Ward expressaram em sua obra *Essential Psychopathology and Its Treatment*, de 1994. Seus humores oscilam radicalmente: "raiva intensa inapropriada" é um dos sintomas definidores. Os relacionamentos com amigos e amantes são desmedidos, caracterizados por uma "superidealização" que quase sempre termina em profunda decepção. Assim como em outros transtornos de personalidade, o borderline tem baixa tolerância à frustração, ao luto e a ameaças de abandono: o primeiro critério da Associação Americana de Psiquiatria é "esforços frenéticos a fim de evitar o abandono real ou imaginário". Borderlines também são conhecidos por terem "delírios passageiros" — incidentes psicóticos breves — que podem explicar a "revelação" de Pauline em Port Levy.

O dr. Phil Brinded, um psiquiatra de Christchurch familiarizado com o caso, questiona se o rótulo de "borderline" é apropriado para Pauline Parker à luz de sua história posterior. Como Hilary Nathan, Parker demonstrou um profundo remorso, abraçando o catolicismo ao ponto de querer se tornar freira, se devotando a crianças com necessidades especiais e evitando o olhar público. Ela parece ter tido um relacionamento estável de longa duração e nenhuma violência, automutilação e dependência de substâncias, típicos de alguém com transtorno de personalidade borderline.

Um avanço recente na psicologia foi a identificação do caráter, ou personalidade, "simbiótico". Acredita-se que os simbióticos tenham sido corrigidos em excesso por seus pais em uma tenra idade, disciplinados em excesso para se adequar às expectativas de seus pais. Eles têm um senso frágil de si e, com frequência, "tomam emprestado" a identidade de outra pessoa, alinhando-se aos gostos e interesses da mesma e até sendo invadidos por seus humores. Isso é acompanhado por um medo profundamente enraizado de que a pessoa vá abandoná-la. A personalidade simbiótica vivência fantasias e sonhos extremamente hostis e tem dificuldade de modular impulsos agressivos.

Em geral, pessoas que comem em excesso, de forma compulsiva, são identificadas como portadoras de questões de simbiose. Não é difícil de ver evidências do caráter simbiótico em Pauline e em sua relação com Juliet.

Transtornos mentais podem ter tido um grande papel na definição dos destinos de Pauline Parker e Juliet Hulme. O transtorno bipolar, ou doença maníaco-depressiva, foi reconhecido em 1954, mas era pouco entendido até os anos 1970. Hoje, o DSM-IV — o Manual Diagnóstico e Estatístico de Transtornos Mentais da Associação Americana de Psiquiatria, quarta edição — define os episódios maníacos como períodos de

> "Humor anormal e persistentemente elevado, irritável ou expansível, acompanhado de sintomas como autoestima elevada, grandeza não delirante, diminuição da necessidade de sono, fuga de ideias e envolvimento excessivo em atividades prazerosas. Os portadores superestimam sua beleza, seus talentos, suas conquistas, seu brilhantismo e outras qualidades".

Durante a fase maníaca, a pessoa se sente eufórica, vê humor em tudo e tem um interesse aumentado pelo sexo. Frenesi de ideias e fala rápida são características. Crenças anormais, como delírios grandiosos, são encontrados em quase metade dos pacientes bipolares na fase maníaca. Maníacos-depressivos em geral são narcisistas e, quanto ao temperamento, são hiperexcitáveis. Foi observado com frequência que a privação de sono desencadeia episódios maníacos e, em pleno arroubo, o sono é impossível, como muitas vezes foi para Juliet e Pauline durante abril, maio e junho de 1954.

Durante episódios maníacos, também pode haver delírios "somáticos" — crenças bizarras sobre o corpo. Um exemplo na literatura psiquiátrica é um juiz alemão que certa noite se pegou pensando em como deveria ser para uma mulher ter uma relação sexual. Isso se desenvolveu em um delírio de que ele estava mudando de sexo. Algo assim pode explicar o diário de Pauline na Sexta da Paixão de 16 de abril de 1954. "Tivemos a mais intrigante das conversas sobre o que os pais dela achariam se tivessem concluído que [Juliet] tivesse se transformado em um homem. Teria isso explicado um monte de coisas extraordinárias para eles?" A crença das meninas de que tinham uma parte extra em seus cérebros poderia ser vista também como um delírio somático.

Embora a psiquiatria ofereça explicações e perspectivas tentadoras, um outro fator pelo menos tão potente quanto este estava em ação: a neuroquímica. As duas garotas estavam loucamente enamoradas uma pela outra. No auge do amor, o corpo experimenta mudanças químicas. A dopamina, um neurotransmissor, aumenta em partes do cérebro, incluindo o *nucleus accumbens*, uma região associada à recompensa, à motivação e ao vício. Ela então eleva os níveis de testosterona — tanto em mulheres quanto em homens — aumentando o impulso sexual. E a dopamina é metabolizada como noradrenalina, um hormônio e neurotransmissor que estimula arroubos extravagantes da imaginação e de energia ampliada. Quando você não consegue pensar em nada além do seu amado, sono e comida são desnecessários.

Essas teorias psiquiátricas e neurológicas contribuem de alguma forma para explicar o comportamento estranho e, por fim, criminoso de Pauline Parker e Juliet Hulme, mas ainda resta uma última questão. Como disse uma das colegas de Pauline e Juliet no Colégio para Moças de Christchurch, "Com certeza havia alguma atração entre elas, mas que raios era aquilo?".

Brian McClelland, que se encontrou muito com Juliet antes e durante o julgamento, achou que ela amava apenas a si mesma. A sra. Grinlaubs, empregada dos Hulme, foi além. Ela acreditava que a principal recompensa de Juliet era ter o controle total de alguém como Pauline Parker, como uma "pessoa-sombra". Nancy Sutherland também observou que quando Pauline começou a aparecer em Ilam, estava sempre em um papel subserviente, servindo Juliet tanto quanto o irmão caçula dela havia feito até então.

O quanto isso era verdade? Após ter alta do sanatório, Juliet parecia obcecada pela amiga. Em seu depoimento por escrito ao promotor público, Bill Perry afirmou que quando Pauline ia embora de Ilam depois de se hospedar lá, Juliet desmoronava, passava dois ou três dias na cama, e ficava amuada até a próxima visita. Quando Pauline ia para casa, ela seguia com sua vida de um modo que parecia um tanto impossível para Juliet.

Pauline queria ser como Juliet, e Juliet estava mais do que disposta a colonizá-la, transplantando suas ideias, suas opiniões, seus gostos para música, filmes, literatura e tudo o mais. A dinâmica das relações narcisistas como essa foram estudadas por Heinz Kohut no fim dos anos 1960. Ele descobriu que as ambivalentes desejam se juntar a pessoas que possuem características desejáveis que elas sentem que lhes faltam. Alguém que internamente se sente feio procura se juntar a alguém belo. Uma pessoa que se sente pouco inteligente deseja se juntar a alguém visto como particularmente inteligente. Isso era verdade em Pauline. Juliet, por sua parte, precisava de uma outra pessoa para ajudar a manter sua autoimagem inflada; a relação de gêmeas servia às suas necessidades narcisistas porque Pauline estava disposta a adotar todos os seus gostos, antipatias, ideias e filosofias.

Kohut chamou isso de "transferência gêmea". Quanto mais parecidas duas pessoas se tornam, mais elas se amam. Ele, e outros que se seguiram a ele, observaram que alguns dos grandes romances da história não tinham nada a ver com amor em seu sentido maduro de altruísmo, mas, eram, em essência, baseados em autoamor.

Já foi sugerido — por um historiador de Canterbury, Stevan Eldred-Grigg, entre outros — que dois fatores-chave no assassinato de Honorah Rieper foram sexo e classe. O primeiro é indiscutível: seja qual for a orientação sexual de longo prazo das meninas, o fascínio que tinham uma pela outra encontrou uma expressão homoerótica prazerosa para ambas e isso tornou o elo que mantinham ainda mais íntimo dentro de um relacionamento cada vez mais deslocado da realidade.

Mas e quanto à "classe"? É parte da mitologia que rodeia o caso que, por causa da posição social superior dos Hulme e de sua sofisticação cultural, Pauline, "a menina da peixaria", foi completamente arrebatada, deslumbrada pelo glamour da vida em Ilam, e acabou escravizada por Juliet. Isso dá uma boa história, mas a verdade é mais complexa. Com certeza os Hulme viviam em uma casa que era grandiosa para os padrões da Nova Zelândia e se misturavam facilmente às camadas superiores da sociedade anglófila do país. E, com certeza, Pauline — com sua experiência social limitada — ficou impressionada por sua vida e às vezes fantasiou com ela mesma ser uma Hulme: até treinou para falar como eles. Sua adoração por Juliet ia muito além da admiração por uma superioridade social. E sua raiva fervilhante, seu autodesprezo e ódio intermitente pela mãe não brotaram da insatisfação com seu meio social e da inveja de Juliet: esses sentimentos haviam começado muito antes de ela conhecer Juliet Hulme. Ninguém poderia dizer que a fissura social entre os Rieper e os Hulme não teve relação alguma com a amizade letal das meninas, mas se Pauline fosse filha de pais educados e endinheirados, mais próximos aos Hulme em classe social, é provável que os mesmos eventos tivessem ocorrido. Nathan Leopold e Richard Loeb eram, afinal de contas, ambos filhos de milionários judeus dos abastados subúrbios de Chicago.

PETER GRAHAM
ALMAS GÊMEAS

41

Vidas Separadas

Estariam Anne Perry e Hilary Nathan em contato uma com a outra? Será que houve um reencontro das *Almas Gêmeas*? Será que essas amigas de juventude, agora em seus setenta e poucos anos, se encontram vez por outra para recordar os velhos tempos? A especulação foi impulsionada pelo fato de que por anos as duas mulheres moraram na Escócia, a cerca de apenas 160 quilômetros de distância. Não seria coincidência demais? É uma ideia tão intrigante que alguns estão convencidos de que as duas mulheres devem ter se encontrado. Seu reencontro imaginário é até a premissa de uma peça, *Folie à Deux*, do dramaturgo canadense Trevor Schmidt, encenada pela primeira vez em Edmonton, em março de 2010.

Há diversas razões para pensarmos que, apesar de todas as possibilidades teatrais de tal encontro, é provável que ele nunca tenha acontecido. Juliet e Pauline não podiam ter se encontrado após sua soltura: Juliet foi tirada de pronto do país enquanto Pauline ainda estava na prisão. Em 1966, quando Pauline foi para a Inglaterra, Anne estava morando lá, embora logo depois tenha se mudado para a Califórnia, onde permaneceu até 1972. Mesmo que tal encontro tivesse sido possível antes de sua partida, ou depois de ela retornar à Inglaterra, as chances são poucas. Presumindo que a amizade das meninas tivesse servido às necessidades narcisistas que eram particularmente fortes na adolescência, o esperado é que há muito tempo ela tenha perdido sua utilidade.

Anne Perry deixou bastante clara sua falta de sentimentos por Hilary Nathan e colocou a culpa pelo assassinato diretamente em sua ex-amiga. Chris Cooke revelou que essa alegação havia provocado uma considerável simpatia por Parker, em especial por parte das antigas colegas de escola das meninas, que se lembravam de Juliet Hulme "como uma garota que não fazia nada que não quisesse". Se Hilary Nathan algum dia fizesse uma declaração pública, ela bem poderia contestar a versão de Anne Perry dos eventos. Talvez tenha sido isso o que Perry quis dizer quando declarou a Robert McCrum, "Meu pior medo quanto a tudo isso é que você encontre Pauline".

Duas semanas após Hilary Nathan ter sido descoberta morando na Inglaterra, Perry disse aos leitores do *Woman's Day*, "Espero que as coisas estejam indo bem para Pauline. Isso é o que eu espero para todo mundo. Não há ninguém a quem eu deseje qualquer mal".

Ela insistiu com Jamie Gangel, da NBC, que desde que foi enviada para a prisão, não viu nem teve qualquer comunicação com ou sobre Hilary Nathan.

"Nenhum contato mesmo?", perguntou Gangel.

"Até a história ser revelada, quando eu soube que ela é uma pessoa reservada e que, pelo visto, está indo muito bem. E espero que assim permaneça."

Para Bob Brown, do canal de TV estadunidense ABC, ela disse, "Não creio que tenhamos qualquer coisa para dizer uma a outra agora, sinceramente. Desejo bem a ela. Desejo bem a ela, mas creio que seja melhor mantermos nossas vidas separadas". Amanda Cable escreveu no *Daily Mail*, "Quando perguntada se ela alguma vez pensa em Pauline (...) Anne não entra no mérito da questão, mas sua resposta gélida — e o fato de que ela se refere a Pauline apenas como 'ela' — parece dizer muito sobre seus sentimentos".

Anne Perry pôs um ponto-final em Pauline Parker há muito tempo. A última coisa no mundo de que ela gostaria agora seria algum tipo de reconexão emocional. Nem é concebível que Hilary Nathan — lutando para manter sua chácara na ilha, comungando com Deus e enfrentando intempéries e algum jornalista ou cineasta ocasional que pretenda invadir sua privacidade — estaria ávida em reestabelecer contato com Juliet Hulme, que se provou alguém tão perigosa de se conhecer durante todos esses anos. Será que alguma delas gostaria de ser lembrada dos tempos em que Gina e Deborah acreditavam serem deusas, criaturas celestiais, os dois seres mais gloriosos na criação?

PETER GRAHAM
ALMAS GÊMEAS

Epílogo

Alguns dos policiais e advogados envolvidos na investigação do assassinato de Honorah Parker e no julgamento de Pauline Parker e de Juliet Hulme seriam profundamente afetados. Um dos primeiros foi o promotor público Alan Brown. Ficou claro para todos no julgamento que Brown estava por vezes extremamente angustiado, e foi perceptível para alguns que sua inquirição cruzada, particularmente a do dr. Francis Bennett, com frequência saiu do controle. O dr. Reg Medlicott estava sem dúvida ressentido de sua própria inquirição cruzada feita por Brown quando disse a Brian McClelland que o promotor era clinicamente insano — "louco de pedra" — e seria seu paciente dentro de dois anos. Medlicott estava errado: Alan Brown foi para Ashburn Hall, onde Medlicott era superintendente médico, em algumas semanas.

Ele havia claramente sofrido o que era então chamado de "colapso nervoso". Após o julgamento, seu comportamento, que incluía o consumo excessivo de álcool, logo se tornou alarmante para seus parceiros e colegas. O problema caiu no colo de Derek Round, o membro mais recente da Raymond, Donnelly & Brown. Round, na época assistente jurídico e estudante de direito em meio período, viria a se tornar um eminente correspondente estrangeiro e editor da New Zealand Press Association, mas em julho de 1954 tinha 19 anos e, como ele é o primeiro a admitir, mal tinha saído das fraldas.

Brown se recusou a conversar com seus sócios, Peter Mahon e Jack McKenzie, mas costumava conversar com Round, que foi ficando cada vez mais preocupado. Embora os detalhes exatos não sejam claros, há boatos de que Brown despejou vários arquivos jurídicos no Avon e outra de que ele levou embora um quadro do Canterbury Officers' Club.

Uma preocupação particular para Derek Round foi uma relação que Brown desenvolveu com um casal incomum que o visitava com frequência em seu escritório. Round não tinha certeza se eles eram clientes ou amigos, mas considerou que o homem, por sua aparência, era indiano ou das Índias Ocidentais. A mulher era notável por seus chapéus bizarramente grandes. O par afirmava ter uma mina de prata na qual queriam que Brown investisse. O homem possuía uma escopeta, que carregava consigo na maior parte do tempo, temendo que alguém estivesse tentando roubar o mapa com a localização da mina. Round se lembra de vê-lo subir as escadas certo dia carregando um estojo de arma feito de couro, supostamente com a arma dentro.

A gota d'água veio quando disseram que Brown saiu perambulando até a Cathedral Square com uma espingarda e começou a tirar as próprias roupas. Round procurou Ted Taylor, o legista de Christchurch, que era um bom amigo de Brown, e contou a ele tudo que sabia e que havia escutado. Taylor pediu a Round que desse entrada na internação de Brown com base na Lei de Saúde Mental.

Sentindo-se "intensamente constrangido e desconfortável", Round procurou o magistrado estipendiário Rex Abernathy e um acordo foi feito para que Brown fosse examinado pelo cirurgião da polícia. Round fez uma declaração juramentada na frente de Abernathy, que então assinou a ordem para a internação de Brown. Round se sentiu tão incomodado com seu papel nos procedimentos que torceu para que a esposa de Brown não descobrisse que havia sido ele quem tinha feito a solicitação.

Ted Taylor e Colin Urquhart, outro amigo íntimo de Brown, que mais tarde se tornou comissário de polícia, encontraram Brown no Canterbury Club e o levaram até Dunedin, onde foi internado e se tornou paciente do homem em quem havia descido o malho publicamente no julgamento.

Pouco depois da internação de Brown, por pedido de Medlicott, Derek Round foi até o Ashburn Hall. Brown o recebeu com cordialidade e o apresentou a vários de seus colegas de internação. Medlicott disse a Round que Brown estava sofrendo de um transtorno mental pré-existente que tinha vindo à tona pelo estresse do julgamento. Ele não nomeou o transtorno, mas Round supôs que fosse depressão maníaca. A medicação com lítio era desconhecida na época.

Em certa ocasião, Brown telefonou para o procurador-geral do país, reclamando que estava sendo mantido ali contra sua vontade. Mais à frente, ligou para Brian McClelland e disse, "Pelo amor de Deus, você é meu amigo, me tire daqui". McClelland foi até Dunedin para vê-lo e conversar com Reg Medlicott. Este, observou McClelland, "vivia como o Rajá de Bong", bebendo apenas o melhor brandy e sendo servido por sua esposa Nan, que acreditava que aquele grande homem precisava repousar a mente e nunca esperava que ele levantasse um dedo sequer. Ele encontrou Alan Brown regando as roseiras do jardim com uma mangueira.

McClelland persuadiu Medlicott a dar alta a Brown sob a condição de que ele nunca mais bebesse de novo. O promotor público não retornou ao seu cargo: em 1957, Peter Mahon foi designado para substituí-lo. Como ato de gentileza, um colega advogado, Ralph Thompson, deu um emprego a Brown em sua firma, a Charles S. Thomas, Thompson & Hay. Quando Brown morreu em 1961, aos 64 anos de idade, seu obituário descrevia essa como "uma posição menos exigente". Foi um fim triste para um homem de muitos talentos.

O sr. juiz Adams, na época sir Francis, surpreendeu a todos ao se casar com sua auxiliar um dia antes de se aposentar; o afortunado senso de oportunidade significava que a nova lady Adams estaria qualificada para uma pensão judiciária quando ele morresse. Após se aposentar, ele desfrutou de uns bons anos de produtividade, aboletado em uma mesa de canto da Biblioteca da Suprema Corte, trabalhando arduamente em revisões de seu *Adams on Criminal Law*. Ele estava sempre disposto a compartilhar seu conhecimento enciclopédico da lei com jovens advogados empacados em um ponto difícil. Certa tarde, Nico Gresson se deparou com sir Francis e lady Adams tomando chá no hotel United Service. Aproveitando a oportunidade, perguntou a sir Francis o que ele tinha achado da defesa de Juliet Hulme feita por seu pai. "Uma grande baboseira, meu garoto", respondeu.

Terence Gresson foi nomeado juiz da Suprema Corte em 1956. Tinha 42 anos, um dos mais jovens juízes já nomeados, mas sua vida viria a terminar em tragédia quando, onze anos depois, em 14 de novembro de 1967, foi encontrado morto. Havia posto a cabeça no forno a gás. Tinha planejado a própria morte meticulosamente, se lembrando até de deixar presentes para seu afilhado e outras pessoas. Dizem que ele estava passando por problemas financeiros e muitos amigos desejaram ter observado algum indício de seus problemas. Teriam estado mais do que dispostos a ajudar, mas ele era um homem orgulhoso. Deixou muitas saudades.

Alec Haslam foi nomeado para a Suprema Corte em 1957, quando foi registrado que ele era "notável entre seus amigos e contemporâneos pela combinação incomum de vigor mental e físico, abrilhantado pela franqueza em seu discurso e governado pela cortesia em seu comportamento". Ele podia ser cortês em ambientes sociais, mas os advogados que apareceram diante dele na corte tinham mais probabilidade de se lembrar dele como um dos juízes mais indigestos que já encontraram.

A futura carreira de Jimmy Wicks surpreendeu aqueles que o haviam conhecido como estudante e jovem profissional do direito. Embora seu talento fosse o menos óbvio dentre todos os outros advogados no julgamento Parker-Hulme, foi nomeado juiz em 1961 e, em 1978, era magistrado remunerado sênior. Tendo sido nomeado cavaleiro naquele ano, foi designado comissário de privacidade do Wanganui Computer Centre, cargo que manteve até 1983.

O papel de Brian McClelland no julgamento Parker-Hulme o levou a uma longa e bem-sucedida carreira. Falando sobre si mesmo e sobre sua muito amada esposa Phyll, ele disse, "Éramos jovens [e] estávamos orgulhosos do fato de que eu estava no julgamento. Foi esplêndido, uma experiência maravilhosa — muito embora tenhamos sido derrotados". Como um dos diretores do Colégio Christ's, McClelland estava no coração da classe dominante de Canterbury, porém era idolatrado pelas centenas de membros de sindicatos para quem havia atuado em reinvindicações por lesão corporal. Nomeado Conselheiro da Rainha em 1977, nunca se aposentou completamente. Pouco antes de sua morte, lamentou a mudança no trabalho da corte criminal. Um dia, afirmou, ele havia representado "criminosos habilidosos e desarmados", como arrombadores de cofres. "Agora são drogas e gangues. (...) Isso não me desperta maiores interesses." Ele sempre tinha uma foto de Terence Gresson ao lado de sua mesa.

Peter Mahon também teria uma carreira notável. Em 1962, ele se aposentou como procurador público para atuar como advogado solo. Em 1971, foi nomeado para o Conselho da Rainha e se tornou juiz da Suprema Corte. Era um juiz excepcional. Calmo e paciente, ainda que com frequência entediado, ele produziu sentenças belamente redigidas, notáveis por sua humanidade e por uma determinação de ver a justiça ser feita. Em 1980, foi nomeado para presidir uma Comissão Real de Inquérito por um desastre aéreo no qual um avião turístico da Air New Zealand com destino a Antártica caiu no Monte Erebus, matando todos os 257 passageiros e a tripulação. O relatório de 166 páginas de Mahon continha as seguintes palavras: "Com relutância, sou forçado a dizer que tive que escutar uma orquestrada ladainha de mentiras". A frase fatal refletia sua convicção de que a alta direção da Air New Zealand havia conspirado para lançar uma falsa acusação sobre o piloto pelo acidente.

A Air New Zealand convenceu o Tribunal de Apelação que chegar a tal veredito sem dar à companhia aérea uma oportunidade de refutá-la equivalia a um erro judicial. Mahon foi atormentado pelo veredito, que ele acreditava colocar em questionamento sua competência e seu senso de justiça, e se aposentou como juiz. A Coroa apelou para o Conselho Privado, em Londres, para derrubar a decisão da Corte de Apelação, mas não teve sucesso. Mahon, com bons motivos, estava extremamente amargurado. Infelizmente, veio a acreditar que velhos e queridos amigos o desprezavam na rua.

A história mais trágica é a de Archie Tate. O policial que teve um papel de destaque na investigação do assassinato de Honorah Parker e no julgamento subsequente foi descrito por um dos membros de um time de rúgbi que ele treinou como "um sujeito um tanto refinado pra um policial naqueles dias. Nunca se ouviu Archie praguejar ou usar uma linguagem chula". Lesley, filha de Tate, contou ao jornalista Chris Cooke que o assassinato e o julgamento haviam perturbado seu pai profundamente. "O que realmente o pegou foi que elas não só tinham a mesma idade que eu como pareciam ser garotas normais."

Como Alan Brown, ele parece haver tido algum tipo de colapso, porém, apavorado em mostrar fraqueza e talvez arruinar sua carreira, ele se manteve firme. Em janeiro de 1964, era detetive inspetor chefe, lotado na cidade nortista de Hamilton. Perto do fim daquele mês, recebeu a ordem de se encarregar da investigação de um assassinato. David Rowe, comissário de bordo chefe do *New Zealand Star*, havia sido encontrado morto enquanto a embarcação estava no mar. Tate e dois outros detetives embarcaram no navio em Napier para investigar. Dentro de 24 horas, haviam prendido John Vincent, um marinheiro.

Quando o *New Zealand Star* partiu para Lyttelton no domingo, 2 de fevereiro, Tate e os dois detetives permaneceram a bordo a fim de continuar seus interrogatórios. Mais tarde, naquela noite, Tate foi encontrado enforcado em sua cabine. Não havia, anunciou a polícia, "nenhuma circunstância suspeita".

O que o levou a fazer isso? Derek Round ouviu de uma fonte na polícia que um caso no qual Tate havia prestado depoimento vinha causando um grande peso em sua cabeça. Ele tinha vindo a acreditar que o homem contra quem havia deposto tinha sido condenado erroneamente. Foi demais para ele. Tate tinha 49 anos.

O período de Henry Hulme na Faculdade de Canterbury foi só um abalo em uma carreira, de resto, bem-sucedida. Como chefe de pesquisa nuclear na Grã-Bretanha e físico teórico de primeira classe, Hulme receberia grande parte do crédito pelo bem planejado programa que viu a Grã-Bretanha detonar sua primeira bomba termonuclear na Ilha do Natal, em 1957. Há rumores de que ele tenha negado uma nomeação de cavaleiro.

Nem todos estavam empolgados com a bomba. Aldermaston se tornou o destino de um protesto anual. Todo pacifista, beatnik e intelectual esquerdista de respeito em Londres marchava nas instalações de pesquisa de armas atômicas portando cartazes dizendo "Banam a Bomba". Vivien Dixon uma vez perguntou a Hulme como ele se sentia a esse respeito. "Não poderia me importar menos", respondeu ele.

Por coincidência, muito de seu trabalho mais importante foi no campo da verificação para banimento de testes nucleares. Métodos de estatísitica e probabilidade eram usados para determinar o número de inspeções *in loco* necessárias para distinguir testes subterrâneos com bombas das erupções vulcânicas e outras atividades sismológicas. Em 1960, propôs que as três potências nucleares — Grã-Bretanha, EUA e União Soviética — estabelecessem um programa de pesquisa sismológica em conjunto e concordassem em suspender os testes nucleares por vários anos. Era uma bela ideia, que fracassou quando um avião espião U-2 dos Estados Unidos foi abatido em espaço aéreo soviético, o piloto foi capturado e os Estados Unidos foram forçados a admitir que ele estava em uma missão de vigilância.

Na vida particular, Hulme colecionava aquarelas inglesas, esquadrinhando casas de leilão e negociantes de antiguidades para fazer novas aquisições. Dizem que ele também era sagaz com ações e participações. Embora Margery, sua segunda esposa, nunca tenha se dado com Juliet, e Henry tivesse pouca afeição por seus enteados, os dois tiveram um casamento feliz.

Henry Hulme faleceu em Hampshire, em janeiro de 1991. Seu obituário no *The Telegraph* o descrevia como "um comunicador equilibrado e um bom crítico (...) imensamente querido e respeitado por seus colegas em Aldermaston, para quem ele estava sempre pronto com conselhos e encorajamento". Ele era "um homem gentil e encantador com um senso de humor rabelaisiano".

Havia um prédio chamado Black Nest (Ninho Preto) conectado a Aldermaston. Os subordinados de Hulme recordaram com afeto que ele parava no Black Nest na maioria das noites a caminho de casa, "se aquietava deitado de costas, de olhos fechados, (...) trocava ideias e histórias impublicáveis (...) sempre novas e nunca repetidas". Tal excentricidade não teria sido bem-vista na Faculdade de Canterbury.

Após a morte de Bill Perry, em 1986, Hilda — morando nas Midlands e há muito conhecida como Marion Perry — arranjou um trabalho como tutora voluntária em uma faculdade de educação continuada, ajudando a ensinar inglês como segunda língua e inglês terapêutico para pessoas com aprendizagem lenta e vítimas de derrames. Ela só se aposentou desse trabalho gratificante depois de já ter completado 80 anos, quando, então, se mudou para Porthomack com a intenção de ficar perto da filha. Ela comprou um chalé de pescador com uma vista gloriosa sobre Dornoch Firth e para as montanhas de Sutherland, e acabou amando a beleza selvagem do lugar.

Nessa altura, ela sofria de artrite e sua visão estava falhando, mas ela ainda caminhava de três a quatro quilômetros por dia e gostava de fazer cerâmicas no jardim, alimentar as gaivotas que faziam ninho em seu barracão e fazer novos amigos entre os moradores do vilarejo. Um visitante vindo da Nova Zelândia a descreveu como "ainda animada e encantadora". Ela sentia falta de seu filho Jonathan, que morava no Zimbábue, onde exercia a medicina, mas ele fazia visitas regulares e sempre escrevia para ela. Foi um choque para ela quando ele se casou com uma mulher chinesa, mas seus dois lindos netos se tornaram uma grande alegria. Ela morreu em 2004, aos 91 anos de idade.

GALERIA DE FOTOS

1. Greenwich, Londres, onde a família Hulme morou durante a Segunda Guerra Mundial, foi atingida seguidas vezes pelas bombas alemãs. Esta foto foi tirada pela Prefeitura Municipal em 27 de junho de 1944, após um foguete V1 destruir várias casas. (*Greenwich Heritage Centre*) • **2.** Alcester Road, na vila de Moseley, próximo a Birmingham, na virada do século. Quando Honorah Parker nasceu, em 1907, seus pais moravam em uma casa de grande porte nesta rua. Dois anos depois, seu pai foi internado no Asilo Municipal, a casa foi vendida e a família se mudou para uma residência mais modesta. (*History-in-Pictures*)

1. Henry e Hilda Hulme e seus filhos Juliet e Jonathan chegam a Christchurch em 1948; Hulme estava assumindo o cargo de primeiro reitor em tempo integral da Faculdade de Canterbury. A foto foi publicada na página de "Notas da Sociedade", da *New Zealand Woman's Weekly*. •
2. A Faculdade de Canterbury, fundada em 1873, ficava no centro de Christchurch. Havia estado em declínio por vários anos, mas, a partir de 1944, ex-combatentes começaram a inflar seus números. A nomeação de Henry Hulme tinha como intenção impulsionar a reputação acadêmica da faculdade. (*Christchurch City Libraries, CCL-KPCD16-IMG0074*)

3. Escola Queenswood, em Hastings, a 725 quilômetros de Christchurch, para onde Juliet foi mandada aos 12 anos de idade. A escola era gerida de acordo com as diretrizes advogadas pelo filósofo austríaco Rudolf Steiner. Juliet ficou infeliz na escola e durou menos de um ano lá. (*Taikura Rudolf Steiner School*) • **4.** A grandiosa casa de Ilam, onde os Hulme moraram entre 1950 e 1954. A casa e seus 53 acres de terreno semelhante a um parque alimentaram as fantasias de Juliet e Pauline de suas vidas futuras como beldades, gênios e até deusas. (*Foto de Stan McKay, Museu de Canterbury [1980.192.296]*) • **5.** Gloucester Street 33, com a casa dos Rieper, número 31, à direita. Nos primeiros anos, os Rieper moraram no andar de cima; para chegar lá, era preciso caminhar ao longo de uma trilha escura e ladeada de árvores, depois subir uma escada externa. Uma jovem colega de Pauline achava a trilha tão "assustadora" que não a desbravava após escurecer. O número 33 também era uma pensão. (*Foto de F. E. McGregor, Museu de Canterbury [12708]*)

1. Alunas do Colégio para Moças de Christchurch correndo pela Cranmer Square, no fim dos anos 1940, durante a educação física. Quando Pauline Parker e Juliet Hulme estudaram na escola, ambas eram liberadas dessas atividades por conta de suas doenças na infância. Elas fizeram amizade durante as horas em que se sentavam juntas enquanto suas colegas de classe participavam dos exercícios. (*Coleção John Pascoe, Biblioteca Alexander Turnbull, Wellington, N.Z., F-1567-1/4*) • **2.** Jean Isobel Stewart, diretora do Colégio para Moças entre 1948 e 1954. Ela alertou Hilda Hulme quanto à relação das meninas estar indo além de uma amizade normal e saudável. (*Christchurch Girls' High School*) • **3.** Detalhe da foto da turma de Pauline do quarto colegial no Colégio para Moças de Christchurch. Pauline, de cabeça baixa e carrancuda, está na fileira de cima, a segunda da direita para a esquerda. (*Christchurch Girls' High School*)

4. Henry Hulme com um homem não identificado. Nomeado com altas expectativas, após uma recomendação entusiasmada do cientista e romancista C.P. Snow, Hulme com o tempo criou desavenças com muitos de seus colegas, que sentiam que ele não era nem um bom reitor, nem leal à faculdade. (*Christchurch Star-Sun*) • **5.** Hilda Hulme conseguiu se integrar à sociedade de Canterbury com mais facilidade. Ela se tornou uma preeminente conselheira matrimonial e uma personalidade do rádio, com uma panelinha de amigas conhecidas por suas visões francas sobre sexo e outros assuntos. (*Truth Weekender* [*N.Z. Truth*]) • **6.** Bill Perry, engenheiro canadense que foi para a Nova Zelândia a serviço de uma empresa britânica, conheceu Hilda Hulme quando buscou ajuda para seu casamento fracassado no Conselho de Orientação Matrimonial. No fim de 1953, ele e Hilda haviam embarcado em um relacionamento sério. (*Truth Weekender* [*N.Z. Truth*]) • **7.** Juliet Hulme fotografada no jardim de Ilam um ano antes do assassinato, aos 14 anos. Uma de suas contemporâneas se lembraria dela como alta e de aparência adorável, mas estranha de algum modo indefinível, "uma criança um tanto solitária". (*Christchurch Star-Sun*)

1. Rudi Gopas, pintando *en plein air* por volta de 1950. Forçado a pintar retratos para poder pagar as contas, Gopas às vezes produzia um segundo retrato da pessoa, em caráter particular, que ele acreditava expressar a verdadeira natureza dela. Quando a esposa de um dos colegas de Henry Hulme viu o retrato secreto de Hilda pintado por Gopas, ficou admirada de como o artista havia sido bem-sucedido em capturar o "caráter um tanto implacável" de Hilda. (*Courtesy Chris Ronayne*) • **2.** Port Levy, visto do cemitério Māori no lado leste da baía. O chalé onde os Hulme se hospedavam era próximo ao cais que se vê ao longe. Na Sexta da Paixão de 1953, as meninas escalaram a colina por trás e viram "um portal por entre as nuvens. Nos sentamos à beira da trilha e olhamos lá para baixo da colina, para a baía. A ilha estava linda. O mar estava azul. Tudo estava cheio de paz e êxtase. Nós então nos demos conta de que tínhamos a chave. (...) uma parte extra de nosso cérebro que pode reconhecer o 4º Mundo. (*Stacy Squires, The Press*) • **3.** A casa de temporada em Port Levy, que Hilda Hulme apelidou de "Chalé do Natal". No fim de 1953, Hilda e Henry haviam ficado tão preocupados com a amizade da filha com Pauline que declinaram de convidá-la para passar o resto das férias de verão junto deles. (*Truth Weekender* [*N.Z. Truth*])

4. Sanatório Cashmere, onde Juliet passou mais de três meses a partir de abril de 1953. Embora um diagnóstico de tuberculose não fosse mais uma sentença de morte — em 1950 a taxa de mortalidade equivalia a apenas 11% daquela prevista em 1900 — ainda era uma doença desagradável que exigia um tratamento doloroso e cuja recuperação era longa e lenta. Os quartos eram projetados a fim de permitir que os pacientes tivessem bastante ar fresco. (*Biblioteca Alexander Turnbull, Wellington, N.Z., G-17816-1/1*) •
5. A Cathedral Square de Christchurch nos anos 1950. No dia anterior ao assassinato, Juliet e Pauline foram ver um filme no Regent Theatre (topo, à direita). Uma de suas antigas colegas de escola as viu nas proximidades, por volta das 16h15, e teve uma breve conversa com elas. O comportamento delas parecia "bem normal". (*The Press*) •
6. O filme *O Prisioneiro de Zenda*, produzido pela MGM, estreou em Christchurch em abril de 1953. Juliet e Pauline se tornaram obcecadas por James Mason, que interpretou o maligno e aventureiro conde Rupert de Hentzau. Elas ficaram fascinadas pelos personagens implacáveis e de sangue-frio que eram a especialidade de Mason, uma escalação que incluía o marechal de campo alemão Erwin Rommel. Juliet também adorava Mason como o traiçoeiro criado do embaixador britânico na Turquia, que se ocupava vendendo segredos militares para os nazistas em *Cinco Dedos,* exibido mais ou menos na mesma época.

1. Registro no diário de Pauline Parker no dia do assassinato, em que se lê: "Estou escrevendo um pouco na manhã anterior à morte. Me sinto muito empolgada e, noite passada, parecia que eu estava vivendo uma véspera de Natal. Porém, não tive sonhos agradáveis. Estou prestes a me levantar!". • **2.** O quiosque de chá no Victoria Park, que contava com uma vista espetacular sobre as Planícies de Canterbury e para os Alpes do Sul. O trio tomou chá e refrescos e comeu bolos e scones, antes de partir e descer a trilha. Era um grupo quieto, lembrou-se Agnes Ritchie, "nada fora do comum". (*Truth Weekender* [*N.Z. Truth*]) • **3.** A cena do crime. O corpo de Honorah Parker está caído com a cabeça na descida da ladeira, de rosto para cima. Seus olhos estão protuberantes. Seus cabelos estavam emaranhados pelo sangue, que também manchava seu rosto e formava uma crosta em sua boca e em suas narinas. Jatos de sangue coagulado se estendiam por cerca de quatro metros trilha abaixo. (*Truth Weekender* [*N.Z. Truth*]) • **4.** Agnes Ritchie, gerente do quiosque de chá e primeira a saber do "acidente" quando as meninas correram para seu quiosque cobertas de sangue. (*Truth Weekender* [*N.Z. Truth*]) • **5.** Kenneth Ritchie, o zelador do parque, que encontrou o corpo de Honorah Parker. Ele se deu conta de imediato de que a morte da mulher não tinha sido um acidente, como as meninas tinham afirmado. (*Christchurch Star-Sun*) • **6.** Sargento detetive Archie Tate, um dos primeiros agentes da polícia a chegar à cena do assassinato. (*Christchurch Star-Sun*)

7. Henry Hulme, fotografado na Austrália na volta para a Inglaterra em 1954. Onze dias após o assassinato, ele partiu de Christchurch com seu filho Jonathan, deixando que Hilda comparecesse ao julgamento com o amante dela, Bill Perry. "O mundo deve me considerar um pai desnaturado", afirmou Hulme segundo relatos. Ele nunca mais voltaria à Nova Zelândia. (*Truth Weekender* [*N.Z. Truth*]) • **8.** Hilda Hulme era vista por alguns em Christchurch como "sexy" e "fogosa", e por outros como "implacável" e "dura feito pedra". Ela compareceu a todos os dias do julgamento, muito embora Juliet se recusasse a vê-la. (*Truth Weekender* [*N.Z. Truth*]) • **9.** Pauline Parker e Juliet Hulme deixam a Corte dos Magistrados após a decisão de que seriam levadas a julgamento. (*Christchurch Star-Sun*)

1. O prédio da Suprema Corte, onde o julgamento de Parker e Hulme foi realizado. As paredes neogóticas do prédio, de pedras cinza, e seu interior melancólico pareciam projetados para intimidar todos que tivessem assuntos a tratar ali. (*Foto de Stan McKay, Museu de Canterbury* [1980.192.233]) • **2.** Interior da Suprema Corte, mostrando o banco do juiz, o camarote das testemunhas e os bancos da imprensa. (*Biblioteca Alexander Turnbull, Wellington, N.Z., C-1998-1/2*) • **3.** O caso foi um fenômeno. Desde o primeiro dia do julgamento, multidões já esperavam do lado de fora no início da manhã, tentando conseguir um lugar na galeria pública, enquanto jornalistas de todo o mundo se apertavam nos bancos de imprensa. Jornais relataram que muitas das espectadoras estavam "vestidas com roupas da moda". (*Christchurch Star-Sun*)

4. Alec Haslam, advogado principal de Pauline Parker. Desde o princípio, tanto sua equipe quanto a da defesa de Juliet se deram conta de que, uma vez que as meninas tinham feito confissões assinadas, a única defesa possível era por insanidade. (*Truth Weekender* [*N.Z. Truth*]) • **5.** Francis Bennett, médico de Christchurch. Em 24 de junho — menos de 36 horas após o assassinato — o clínico geral interrogou Pauline e Juliet na Delegacia Central de Polícia a pedido da equipe de defesa de Pauline. Ele ficou chocado pelo fato de as meninas não demonstrarem contrição alguma. (*Christchurch Star-Sun*) • **6.** Terence Gresson (sentado), líder da equipe de defesa de Juliet Hulme, com o advogado júnior Brian McClelland. Gresson, um homem urbano, formou-se em Cambridge e era um velho amigo de Henry Hulme. Após o julgamento, McClelland sentiu que Gresson não havia apelado com intensidade o bastante às emoções do júri. (*Nicholas Gresson*)

1. O psiquiatra Reginald Medlicott, testemunha principal da defesa. Após conquistar uma bolsa Rockefeller em 1949, Medlicott aprofundou seus estudos na Universidade da Reserva de Case Western e conheceu muitos dos mentores da psiquiatria estadunidense. Porém, ele tinha experiência limitada como testemunha especialista em um tribunal. (*Christchurch Star-Sun*) • **2.** Peter Mahon, assistente do promotor público Alan Brown. Mahon ficou cada vez mais preocupado com o intenso consumo de álcool e o comportamento volátil de Brown durante o julgamento. (*Christchurch Star-Sun*) • **3.** Kenneth Stallworthy, um dos três psiquiatras chamados pela acusação para argumentar que as meninas eram sãs quando cometeram o assassinato. Stallworthy afirmou que tinha visto muitos paranoicos em hospitais psiquiátricos e que eles em nada se comportavam como Juliet e Pauline. Um ponto fraco no argumento da defesa era que as meninas tinham afirmado serem insanas; pessoas que eram genuinamente insanas, sustentou Stallworthy, sempre insistiam em dizer que eram sãs. (*Christchurch Star-Sun*) • **4.** Alan Brown, o promotor, chegando à Suprema Corte em 24 de agosto. Após anos como vice, Brown tinha enfim se alçado ao cargo principal como promotor público de Christchurch e o preeminente julgamento era uma oportunidade caída do céu para que ele provasse seu valor. (*Christchurch Star-Sun*)

5. Francis Boyd Adams, o juiz da Suprema Corte que julgou o caso, na época com 66 anos. Adams tinha a reputação de ser um juiz carrasco. Brian McClelland, da defesa, o considerava um "canalha terrível e maldoso... um escocês batista de merda, infeliz, tacanho e abstêmio". (*The Press*) • **6.** O julgamento causou furor internacional. Aqui, Brian McClelland, advogado assistente de Juliet Hulme, caminha na direção do tribunal com Hilda Hulme e o amante dela, Bill Perry. A legenda do jornal se referia a Perry com falso pudor como o "ocupante do apartamento na casa dos Hulme". (*Truth Weekender* [*N.Z. Truth*]) • **7.** Primeira página do *The Sun-Herald*, jornal de Sydney, em 29 de agosto de 1954, no dia em que o veredito foi anunciado. A mídia internacional, se dando conta de que este era um crime em 1 milhão, afluiu em bando até Christchurch para o julgamento. Cenas dramáticas saudaram o veredito de culpadas, com um jovem sendo removido à força do tribunal. (*Fairfax Syndication*)

1. Hilda Hulme e Bill Perry sendo levados do tribunal. Ambos compareceram a todos os dias de julgamento. Ao ser perguntada pelo promotor Alan Brown se havia algo que sugerisse que sua filha "precisava de atenção médica no tocante à sua mente", Hilda respondeu, "Não, ela me tratava com desdém, mas não notei nada do tipo". (*Christchurch Star-Sun*) • **2.** Bill Perry e Hilda Hulme, que logo mudou seu sobrenome para Perry através de um requerimento, partindo do Aeroporto de Christchurch em 11 de setembro de 1954, com destino à Inglaterra. Nancy Sutherland ficou chocada por sua amiga deixar o país enquanto sua filha mofava na cadeia. Hilda disse à imprensa australiana que "não foi justiça mandar uma jovem menina para a cadeia quando o que ela mais precisava era amor, cuidado, atenção e afeto". Ela acreditava firmemente que Juliet era insana. "Ela acreditava ser um deus e capaz de infringir a lei." (*Nicholas Gresson*)

3. Pauline Parker, que hoje atende pelo nome de Hilary Nathan, registrada em 1997 por um fotógrafo para o jornal britânico *The Express*. Nathan vive distante dos holofotes da mídia nas remotas ilhas escocesas de Orkney, dando continuidade à sua paixão de infância por cavalos e equitação • **4.** Anne Perry, como Juliet Hulme é hoje conhecida. Em 1979, aos 41 anos, Perry deu início a uma bem-sucedida carreira literária com a publicação de *The Cater Street Hangman*, um sinistro mistério de assassinato ambientado na Londres Vitoriana. No momento em que este livro foi escrito, Perry tinha mais de sessenta obras publicadas, com cerca de 20 milhões de exemplares vendidos. Pelo menos dois de seus livros chegaram à lista dos mais vendidos no *The New York Times*. Ela faleceu em 2023. (*Express Syndication*)

Fragmentos de um grande mural encontrado em uma das paredes da antiga casa de Hilary Nathan em Hoo St. Werburgh. Supostamente pintado pela própria Nathan, o mural retrata duas garotas, uma loira e outra de cabelos escuros, em situações imaginárias, do desespero enjaulado à exaltação divina. A obra dá a entender que, mesmo décadas depois do assassinato, Nathan ainda se via profundamente perturbada e não tinha sido capaz de tirar da cabeça nem Juliet Hulme, nem o horror de sua separação. (*Andrew Ayres*)

Kate Winslet como Juliet Hulme e Melanie Lynskey como Pauline Parker no filme *Almas Gêmeas* (*Heavenly Creatures*), lançado em 1994 e dirigido por Peter Jackson. A revista *Time* o considerou um dos dez melhores filmes daquele ano. Ele projetou Jackson a uma carreira internacional e transformou Winslet e Lynskey em estrelas, mas resultou na exposição pública de Parker e Hulme que já tinham suas vidas reinventadas como Anne Perry e Hilary Nathan. (*Miramax Films*)

BIBLIOGRAFIA SELECIONADA

BEATTIE, Herries. *Tikao Talks: Ka Taoka O Te Ao Kohatu, Treasures of the Ancient World of the Māori.* Penguin Books, Auckland, 1990.

CATHCART, Brian. *Test for Greatness: Britain's Struggle for the Atom Bomb.* John Murray Publishers, Londres, 1994.

EVISON, Harry C. *Te Wai Pounamu, The Greenstone Island: A History of the Southern Māori during the European Colonisation of New Zealand.* Aoraki Press, Wellington, 1993.

GARDNER, W.J.; BEARDSLEY E.T.; CARTER T.E. *A History of the University of Canterbury, 1873–1973.* University of Canterbury, Christchurch, 1973.

GEKOSKI, Rick. *Tolkien's Gown and Other Stories of Great Authors and Rare Books.* Constable and Robinson, Londres, 2005.

GLAMUZINA, Julie; LAURIE, Alison J. *Parker & Hulme: A Lesbian View.* New Women's Press, Auckland, 1991.

GLAMUZINA, Julie; LAURIE, Alison J. *Parker & Hulme: A Lesbian View, with introduction by B. Ruby Rich.* Firebrand Books, Ithaca, Nova York, 1995.

HOPE, Anthony. *The Prisoner of Zenda.* Penguin Books, Londres, 2007.

KELLY, Cynthia C. *The Manhattan Project: The Birth of the Atomic Bomb in the Words of its Creators, Eyewitnesses, and Historians.* Ed.: Black Dog e Leventhal Publishers, Nova York, 2007.

KRATZ, Ephraim. *The Film Encyclopaedia: The Complete Guide to Film and the Film Industry* (6ª edição, revisado por Ronald D. Nolen). Collins Publishers, Nova York, 2008.

LOOSER, Frieda. *Fendall's Legacy: A History of Fendalton and North West Christchurch.* Canterbury University Press, Christchurch, 2002.

MAHON, Sam. *My Father's Shadow: Portrait of Justice Peter Mahon.* Longacre Press, Dunedin, 2008.

MORTIMER, Gavin. *The Longest Night, 10–11 May 1941: Voices from the London Blitz,* Gavin Mortimer: Phoenix, Londres, 2005.

OGILVIE, Gordon. *The Port Hills of Christchurch.* A.H. & A.W. Reed, Wellington, 1970.

ORBELL, Margaret. *A Concise Encyclopaedia of Māori Myth and Legend.* Canterbury University Press, Christchurch, 1998.

OXFORD UNIVERSITY PRESS. *Oxford Dictionary of National Biography*. Oxford, 2004–8.

RONAYNE, Chris. *Rudi Gopas: A Biography*. David Ling Publishing, Auckland, 2002.

SMITH, Lyn. *Young Voices: British Children Remember the Second World War*. Penguin Books, Londres, 2008.

STRANGE, Glyn. *Brief Encounters: Some Uncommon Lawyers*. Clerestory Press, Christchurch, 1997.

STRONGMAN, Thelma. *The Gardens of Canterbury: A History*. A.H. & A.W. Reed, Wellington, 1994.

TANNER, Laurence E. *The Historic Story of the Coronation, Ceremony and Ritual*. Pitkins, Londres, 1952.

WILLIAMS, Andrew. *The Battle of the Atlantic*. BBC Books, Londres, 2002.

YSKA, Redmer. *All Shook Up: The Flash Bodgie and the Rise of the New Zealand Teenager in the Fifties*. Penguin Books, Auckland, 1993.

OBRAS SOBRE PSICOPATOLOGIA

BENTALL, Richard P. *Madness Explained, Psychosis and Human Nature*. Penguin Books, Londres, 2004.

BUTCHER, James N.; MINEKA, Susan; HOOLEY Jill M. *Abnormal Psychology (13th edition)*. Pearson Education, Boston, 2007.

JOHNSON, Stephen M. *Character Styles*. Norton, Nova York, 1994.

KAREN, Robert. *Becoming Attached*. Oxford University Press, Oxford, 1994.

KOHUT, H. *The Restoration of the Self*. International Universities Press, Nova York, 1997.

MAXMEN, Jerrold S.; WARD, Nicholas G. *Essential Psychopathy and its Treatment (2nd edition)*. Norton, Nova York, 1995.

REVISTAS, JORNAIS E ARTIGOS DE JORNAIS SELECIONADOS

CABLE, Amanda. "I'm the Heavenly Creatures murderer". *Daily Mail*, 28 de setembro de 2006.

CHUNN, Louise. "Slaughter by the innocents". *The Guardian*, 30 de janeiro de 1995.

CLARKSON, Neil. "Murder Without Remorse". *The Press: Weekend*, 5 de outubro de 1991.

COOKE, Chris. "Whatever happened to Pauline Parker?". *New Zealand's Woman's Weekly*, 13 de janeiro de 1997.

DONAHUE, Deirdre. "Anne Perry, forced to relive her own murder story". *USA Today*, 23 de setembro de 1994.

FAULKS, Sebastian. "Past Imperfect". *The Guardian*, 25 de agosto de 1994.

GRISTWOOD, Sarah. "When Murder Catches Up With You". *The Daily Telegraph*, 5 de agosto de 1994.

_____. The Most Disturbing Story of All". *You*, 15 de janeiro de 1995.

_____. "A happy ending?". *The Guardian*, 30 de janeiro de 1995.

"HULME describes plot to kill friend's mother": *The Press*, 20 de setembro de 1994.

NEUSTATTER, Angela. "Heavenly creature". *The Guardian*, 12 de novembro de 2003. Republicado em *New Zealand Listener*, 24 de janeiro de 2004.

"PARKER–HULME Probe: Anne Finally Talks about Pauline": *Woman's Day*, 20 de janeiro de 1997.

SCANLON, Sean. "Doctors 'drugged' Hulme". *The Press*, 6 de março de 2006.

"SOLVED: The mystery of Juliet Hulme": *The Press*, 6 de agosto de 1994.

"WILLING to pay the fare": *The Press*; 11 de março de 2006.

"Delving into a closed book", James Croot: *The Press*, 16 de abril de 2010.

HEIDE, Kathleen M.; FREI, Autumn. "Matricide: A Critique of the Literature". *Trauma, Violence & Abuse*, janeiro de 2010.

ARQUIVOS

Biblioteca Alexander Turnbull, Wellington (documentos de James McNeish)

Museu de Canterbury

Bibliotecas Municipais de Christchurch

Biblioteca Macmillan Brown, Universidade de Canterbury (documentos de Nancy Sutherland e de James Logie)

Arquivo Nacional, Christchurch

ARQUIVOS DE JORNAIS E PERIÓDICOS

The Press, Christchurch

N.Z. Truth, Wellington

Star-Sun, Christchurch

The Express, Londres

Daily Mail, Londres

New Zealand Law Journal, Wellington

FONTES DA INTERNET

"Pauline Parker Found": http://www.adamabrams.com/hc/faq2/library/7.9.5.html

"The Norasearch Diary", Andrew Conway: http://reocities.com/Hollywood/Studio/2194/faq2/norasearch/index.html

Arquivos da Nova Zelândia, http://archway.archives.govt.nz

Bibliotecas Municipais de Christchurch, http://www.christchurchcitylibraries.com/Heritage/Digitised/ParkerHulme/

AGRADECIMENTOS

Há uma lista daqueles a quem devo gratidão e agradecimentos. A dramaturga Michelanne Forster é um bom ponto de partida. Durante a pesquisa para sua peça *Daughters of Heaven*, Michelanne entrevistou diversas pessoas, incluindo Brian McClelland e muitos acadêmicos e suas esposas que tinham conhecido Henry e Hilda Hulme. Outra de suas entrevistadas foi a sra. Grinlaubs, a empregada letã dos Hulme. Foi uma generosidade extrema da parte dela me enviar todas as suas anotações e documentos com autorização para fazer qualquer uso deles que eu desejasse.

Também devo bastante ao meu amigo Christopher McVeigh, Conselheiro da Rainha, que fez uma solicitação à Alta Corte em meu nome buscando acesso ao manuscrito oficial do julgamento de Pauline Parker e Juliet Hulme, e uma solicitação subsequente de vistas e cópia do texto datilografado do diário de Pauline de 1954. Isso não foi de modo algum uma formalidade e sou muito grato por Chris ter cuidado dessa questão com gentileza e competência e pelos outros auxílios que ele concedeu.

Também devo agradecer a Oliver Sutherland e suas irmãs Diony Young, Julia Sutherland e Jan Oliver. Eles gentilmente me deram permissão para usar os documentos de sua mãe, Nancy Sutherland, depositados na Biblioteca Macmillan Brown, na Universidade de Canterbury, e também forneceram informações úteis sobre a família Hulme e a amizade de sua mãe com Hilda. A correspondência que forma uma grande parte desses documentos me forneceu diversas anedotas e perspectivas sem as quais o livro teria sido bem mais pobre.

Sam Mahon também foi generoso em permitir meu acesso aos documentos pessoais de seu pai, Peter Mahon, relacionados ao caso. Esse arquivo continha algumas informações valiosas, como por exemplo o depoimento de Herbert Rieper à polícia sobre seu primeiro casamento, seu inexistente exercício da contabilidade em Feilding e a suposta morte de sua esposa por câncer. Havia outros itens interessantes nos resumos de depoimentos da procuradoria que não foram utilizados no julgamento: as testemunhas nem sempre dizem tudo que o advogado que as orienta espera e torce que elas digam.

Também gostaria de registrar meu agradecimento a Donalda e Alan Beattie, que não poderiam ter sido mais gentis e hospitaleiros em minha visita às Terras Altas Escocesas. Muitos outros deram auxílio e forneceram informações úteis. Sem ordem em particular, gostaria de agradecer a Wallace Colville, Chris Cooke, Joan Livingstone, Barbara Cox, Jock Phillips, Derek Round, Peter Penlington, James Walshe, Vivien Dixon, Gerald Lascelles, Peter Champion, Fred Shaw, Jeff Field, Barry Tait, Bill Sheate, Tim Beaglehole, Helen Beaglehole, Simon Acland, Anna Burbery, Marina Hughes, Mike Norris, Gerald Hensley, Juliet Hensley, Alexander Roman, Jenny Carlyon, Phil Brinded, Nicholas Gresson, Simon Rowley, Pip Hall, Jimmy Wallace, Prue Lowry, Laura Cairns, Matt McClelland, Robin Laing, Rosemary Heaphy, Colin Bennett, John Ritchie, Caroline Maze e Rachel McAlpine. Omiti os nomes de alguns informantes que sei ou acredito que não desejem ser mencionados. Obrigado também a todos eles.

Ofereço também meu enaltecimento e meus agradecimentos à encantadora e competente Emily Hewitt, que trabalhou como minha assistente pessoal. Eu a recomendo a qualquer escritor tão inepto quanto eu — se é que tal pessoa existe — no processamento de texto. Sou grato a Mary Varnham, editora-chefe na Awa Press, cujas habilidades editoriais e um monte de trabalho duro fizeram este livro tomar forma. Obrigado também a Sarah Bennett da Awa Press por sua laboriosa e efetiva pesquisa fotográfica, e ao *N.Z. Truth* e ao *Christchurch Star-Sun* por sua assistência.

E, por fim, agradeço a Annabel Graham por sua extraordinária paciência e apoio ao longo do que tem sido bastante chão.

P.G.
Dunsandel
Setembro de 2011

ÍNDICE REMISSIVO

Abernathy, Rex (Magistrado) 41, 72, 164, 327
Acland, Lady 126
Adams on Criminal Law (Adams) 182, 328
Adams, Sir Francis Boyd 181, 182, 184, 190, 199, 203, 212, 214, 221, 222, 226, 228, 328
A Dangerous Mourning (Perry) 280
Adolescent Murder (Bevan-Brown) 237
Aldermaston 255, 256, 257, 266, 331, 332
Alexander, Leo 245
Anne Perry
   Interiors (Linkiewicz) 295, 297
Antroposofia 74, 108, 239
assassinato de Honorah Parker 17, 18, 19, 20, 21, 22, 23, 24, 25, 26, 29, 35, 36, 160, 161
   planejamento do 155, 156, 158, 159, 160
Ayres, Andrew 311

Bainbridge, Beryl 281
Barnett, Morris 23
Barnett, Sam 169, 231, 248, 251, 265, 266, 298
Bennett, Dr. Francis 120, 131, 165, 172, 179, 326
Bethlehem Road (Perry) 278
Bevan-Brown, Maurice 72, 237
Biblioteca Alexander Turnbull 11
Blackett, Patrick 56, 59
Bleuler, Eugen 241
Bolton, John Nicholas 117, 120
Bowlby, John 54
Brinded, Dr. Phil 319
Brown, Alan (Promotor Público) 9, 178, 182, 195, 197, 198, 201, 205, 206, 210, 214, 220, 225, 228, 326
Brown, Bob 294, 298, 325

Brown, Detetive Sênior Macdonald 25, 31, 176, 187
Brunswick Gardens (Perry) 279
Buyse, Ina 144

C

Cable, Amanda 298, 299, 301, 304, 325
Candid Comment (estação de rádio 3YA) 26, 101, 102
Carter, Angela 289
Cartwrigh, Bill 14
caso Leopold e Loeb 205, 242, 243, 300
caso Regina v Windle 221
Cassidy, Jude 318
cena do crime 22, 25, 26
Centro de Custódia e Reformatório Arohata 232
Christchurch
   história de 10, 58, 93, 108, 125, 163
   nos anos 1950 63, 64, 74, 125, 163, 180
Christchurch Club 64, 100, 126
Christchurch Star-Sun (jornal) 46, 160, 222, 357
classe social
   em Christchurch 317
   nos anos 1950 246, 317
Cleland, Eric 165, 273
Colégio para moças de Christchurch 16, 78, 96, 115, 163, 321
   período de Juliet e Pauline no 96, 119, 321
Colégio St. Margaret's 66, 80
Colville, Wallace 45, 46
Comrie, L.M. 60
Conselho de Orientação Matrimonial de Christchurch 68, 72
Cooke, Chris 271, 272, 308, 309, 324, 330
Correspondência Borovnia-Volumnia 113, 116
Corte de Magistrados (Christchurch) 40, 42, 164
Cox, H.H. (Harold) 63
crianças que matam 9, 231, 284, 300

D

Daily Mail (jornal) 163, 176, 293, 298, 303, 309, 310, 325
Daily Sketch (jornal) 222
Darrow, Clarence 242
Daughters of Heaven (Forster) 288, 290
Davidson, Rosemary 92, 93
Davis, Meg 275, 290
defesa por insanidade 167, 173, 178, 221, 222, 226, 227, 301
delinquência juvenil 177
Departamento de Higiene Mental 216, 224
Departamento de Justiça 72, 232, 233, 262, 265, 272
diários de Juliet Hulme 29, 44, 185, 204
diários de Pauline Parker 40, 95, 108, 123, 150, 194, 219, 244, 283, 285, 320
  uso como prova 40, 130, 173, 190, 200, 208
Dixon, Vivien 151, 152, 156, 164, 249, 250, 251, 256, 257, 266, 269, 331
documentário sobre Anne Perry 295, 296
Donnelly, Sir Arthur 178
Ducker, Margery 257
Duque de Edimburgo 38

E

Eldred-Grigg, Stevan 322
enforcamento 227, 276, 304
Escola Queenswood 73, 74, 80, 239, 249
Essential Psychopathology and Its Treatment (Maxmen & Ward) 319
Estabelecimento de Pesquisa de Armas Atômicas (AWRE) 255

F

Faculdade de Canterbury 10, 13, 14, 26, 27, 47, 58, 59, 60, 64, 70, 74, 102, 111, 116, 126, 148, 149, 152, 157, 178, 264, 331, 332
Fallen Angels (Nowra) 289
família Reaveley 49
Faulks, Sebastian 302
Felton, Margaret 42, 43, 182
feminismo 281, 282, 283, 284
Ferguson, Lin 290, 294, 301
Ferner, Raymond (Magistrado) 46
Field, Helen 264
folie à deux 188, 205, 210, 222, 224, 239, 244, 284
Folie à Deux (peça) 324
folie simultanée 189, 219
Forster, Michelanne 288, 289, 290, 356
Frank, Bobby 11

G

Gangel, Jamie 294, 302, 325
Garrett, Helen 68, 103, 129
Gillies, Detetive Ferguson 25, 41
Glamuzina, Julie 281, 282, 283, 284, 285, 286, 287, 288
Glueck, Dr. Bernard 242
Glueck, Sheldon 264
Goddard, Lorde (Presidente do Tribunal) 222
Godley, John Robert 62
Golding, William 246
Gopas, Rudi 14, 102, 149, 153, 154, 168
Grennell, Airini 102, 103, 287
Grennell, Harry 103
Gresson, Eleanor 173
Gresson, Nico 225, 328
Gresson, Terence 165, 173, 178, 179, 181, 184, 188, 218, 220, 224, 225, 228, 234, 329
Griffiths, Agente Audrey 25, 26, 175, 230
Grinlaubs, Sra. (empregada dos Hulme) 76, 128, 129, 321, 356
Gristwood, Sarah 291, 293, 298, 301
Gurr, Tom 63, 281

H

Harriet Said (Bainbridge) 281
Haslam, Alec 165, 173, 178, 186, 187, 206, 208, 223, 225, 228, 272, 329
Healy, Dr. William 242
Heavenly Creatures (*Almas Gêmeas*) 11, 289
Heinz, Kohut 322
Herdeiros, Os (Golding) 246
heterossexualidade 241, 267
Hilda Hulme 356
Hoby, Erica 73, 249
Holmes, Helen 101
homicídio 11, 33, 36, 38, 40, 41, 44, 46, 163, 165, 178, 180, 184, 221, 223, 225, 237, 269
homossexualidade 190, 200, 203, 242, 284
Hoo St. Werburgh 308
Hope, Sargento Robert 24, 25, 27, 184
Hopkins, Joyce 311
Howland, Florence 266, 298
Hulme, Dr. Henry 10, 13, 14, 21, 28, 43, 48
    carreira em Aldermaston, Reino Unido 257, 266
    carreira no Reino Unido 57, 112
    carreira nos Estados Unidos da América 57
    defesa de Juliet 32, 44, 165
    descrições de 13, 59
    divórcio de Hilda Hulme 14, 15, 152, 256, 257
    infância e educação 47, 48
    morte de 332
    no dia após o assassinato 43
    no dia do assassinato 15, 21, 23, 28
    partida da Nova Zelândia 111, 112
    posição sobre a relação de Pauline e Juliet 15, 120, 121, 164
    reitor da Faculdade de Canterbury 47, 58, 59
    relação com Juliet 14, 15, 112, 142, 257
    relação com Margery Ducker 257, 266
    vida em Christchurch 65, 74, 126
Hulme, Hilda 72, 101, 120, 290
    Candid Comment (Estação de Rádio 3YA) 26, 101
    defesa de Juliet 165
    depoimento no tribunal 157, 185
    descrições de 31, 65
    divórcio do Dr. Henry Hulme 14, 152
    infância 50
    maternidade 51, 53, 236
    no dia antes do assassinato 159
    no dia após o assassinato 38, 43, 44, 306
    no dia do assassinato 23, 24, 29, 31
    no Julgamento na Suprema Corte 185, 234
    orientação matrimonial, envolvimento com 68, 72, 101
    partida da Nova Zelândia 234, 235, 248
    posição sobre a relação de Pauline e Juliet 15, 97, 105, 118, 121, 133, 157
    relação com Juliet 14, 50, 51, 52, 53, 61, 112, 113, 141, 144, 185, 234, 236, 306
    relação com Walter (Bill) Perry 14, 137, 138, 144, 151, 170, 181, 227, 259, 268, 332
    vida em Christchurch 61, 62, 72, 74, 101, 107
    vida na Inglaterra 50, 258, 332
Hulme, Jonathan (Jonty) 14, 69, 141, 142, 164, 168, 169, 255, 256, 259
Hulme, Juliet
    condenação de 163
    defesa de 164, 167, 172, 173, 178, 187, 188, 189, 194, 221, 228
    descrições de 13, 15, 53, 66, 69, 77, 81, 97, 177, 191, 201, 234, 306
    em Londres na primeira infância 47, 51, 52
    encarceramento de 233, 234, 235, 249, 251, 254, 264, 265
    escola 66
    estudos na prisão 249, 251, 254
    heterossexualidade 267, 296
    infância 51, 52, 53, 54, 61, 185, 189, 190, 315
    na detenção 176, 209
    na escola 66, 75, 80, 81, 82, 104
    no dia antes do assassinato 158
    no dia do assassinato 15, 16, 17, 20, 21, 23, 24, 30, 32, 160, 161, 305
    no Julgamento na Suprema Corte 175, 187, 203, 228, 231, 233, 241
    papel no assassinato 29, 33, 34, 35, 36, 161, 299, 302, 306
    plano para matar Honorah Parker 147, 154, 155, 156, 158, 160
    prisão e indiciamento de 43, 166, 167

produção literária inicial de 105, 108, 114,
127, 131, 134
pseudônimos 15, 113, 119, 120, 261, 266
relação com a mãe 14, 24, 51, 52, 53, 61, 112,
113, 118, 141, 144, 185, 190, 234, 315
relação com o pai 13, 15, 61, 112, 113, 118,
142, 148, 153, 156, 157, 315, 316
relação com os pais de Pauline 16, 299, 306
religião 269, 270
Santos e Deuses 132, 133, 139, 145, 147, 150,
153, 159, 194, 201, 202, 207, 208, 211,
242, 286
saúde 14, 52, 60, 96, 97, 112, 113, 118, 195,
254, 302, 303, 305
sob custódia da polícia 165
soltura da prisão e condicional 265, 268
vida como Anne Perry 275, 276, 278, 279,
280, 290, 292, 293, 294, 295, 296, 306,
307, 317, 324, 325
Hunter, Dr. James 195, 219

I

Ilam (chácara) 10, 27, 31, 43, 74, 76, 77, 96,
97, 98, 99, 111, 127, 137, 138, 139, 145,
152, 153, 154, 155, 156, 160, 169, 172,
208, 321, 322
Innes, C.L. 62
insanidade
defesa de Pauline e Juliet 167, 173, 178, 188,
189, 191, 195, 199, 205, 206, 209, 217,
218, 221, 222
seção 43 (Lei Criminal) 173, 174, 183, 223,
225
interrogatórios de Juliet Hulme 27, 32, 33, 35,
165, 168, 172, 173, 175, 190, 194, 199,
201, 203, 205, 211, 219, 221, 240, 244,
245, 305
interrogatórios de Pauline Parker 27, 30, 31,
32, 33, 35, 36, 39, 165, 168, 176, 180,
182, 189, 191, 193, 195, 196, 198, 199,
205, 209, 211, 221, 241, 244

J

Jackson, Peter 11, 289, 290, 292, 293, 307
James, Chadwick 49, 57
Jaya (estudante cingalês) 117, 212
Julgamento de Pauline Parker e Juliet Hulme
180, 230
acusação 182, 183, 184, 185, 186, 195, 196,
197, 198, 199, 200, 202, 203, 204, 226,
227
defesa 163, 164, 165, 166, 167, 168, 206, 207,
208, 209, 210
júri 183, 219, 221, 222, 223, 224, 225
veredito 227, 228, 229

K

Kemp, Charles Clifford 70, 71
Keys, Harold 175, 184
Koukourarata 102, 285
Kraepelin, Emil 240

L

Lanza, Mario 123, 132, 134, 202
Laurie, Alison 231, 285
Leander or Léandre (Parker) 133, 136
Lei Criminal, Nova Zelândia 167, 173, 183,
188, 210, 221, 225
Lei dos Deficientes Mentais 210, 216, 221
Leopold, Nathan 11, 177, 323
lesbianidade 79, 282, 284
nos anos 1950 170, 282
relação de Pauline e Juliet 43, 95, 96, 97, 98,
99, 118, 120, 131, 135, 137, 138, 139,
151, 153, 155, 190, 202, 203, 207, 210,
211, 212, 238, 241, 282, 300
Linkiewicz, Dana 295, 296, 298, 304
Livingstone, David 113, 173, 185

M

MacDonald, Mag 276, 292, 296, 297, 317
Mahon, Peter 9, 200, 220, 221, 222, 327, 328, 330, 356
Maidment, Felicity 249, 250
Maidment, Professor Kenneth 249
Manual Diagnóstico e Estatístico de Transtornos Mentais (APA) 240, 242, 320
Māori 102, 103, 250, 261, 264, 282, 285, 286, 287
Marijane, Meaker 281
Marsh, Ngaio 67, 68
Mason, James 109, 110, 114, 122, 127, 130, 133, 134, 135, 141, 146, 150, 245, 252
matricídio 9, 163, 282, 300
Maxmen, Jerrold 319
McArthur, Louise 83, 86
McClelland, Brian 9, 10, 166, 169, 173, 174, 181, 182, 200, 205, 206, 220, 221, 225, 228, 229, 231, 234, 321, 326, 328, 329, 356
McCrum, Robert 294, 299, 307, 325
McIlroy, Eric 21, 22, 24, 184
McKenzie, Inspetor Duncan 25
Medlicott, Dr. Reginald 118, 131, 167, 171, 172, 173, 174, 206, 224, 229, 245, 247, 248, 284, 305, 326, 327, 328
   depoimento no julgamento 190, 191, 192, 193, 194, 195, 196, 197, 198, 199, 200, 201, 202, 203, 204, 205, 221
   produção literária sobre o caso Parker-Hulme 238, 240
Medlicott, Nan 168
Molyneaux, Agente Donald 24
Mormonismo 269

N

narcisismo 241, 243, 316
Nathan, Hilary 271, 272, 292, 301, 307, 309, 310, 311, 312, 313, 314, 319, 324, 325
   condicional 271
   educação 271
   remorso 309
   vida na Escócia 312
   vida na Inglaterra 307
Nathan, Joan 308
Neustatter, Angela 298
Neville, Phillips 144
New Zealand Listener (revista) 281, 285
New Zealand Woman's Weekly (revista) 272
Norris, Harold 28
Nowra, Louis 289
N.Z. Truth (jornal) 19, 233, 235, 247, 262, 357

O

Obsession (Cox & Gurr) 281
Omar Khayyám (cavalo de Pauline) 125, 126, 127, 130, 131, 133, 135, 153
O senhor das Moscas (Golding) 246

P

Packer, Vin 281
paranoia 190, 194, 196, 198, 207, 217, 218, 219, 223, 240, 243, 283, 284, 285
Parker, Amy 39
Parker and Hulme
   A Lesbian View (Glamuzina & Laurie) 11, 244, 287
Parker, Honorah
   assassinato de 15, 20, 21, 22, 23, 24, 25, 26, 29, 30, 32, 33, 36, 158, 160, 161, 162
   em Christchurch 90, 92, 93

em Raetihi 88
identificação do corpo 41
infância 87
no dia do assassinato 16, 17, 18, 19, 159, 160, 161, 162
posição sobre a relação de Pauline e Juliet 17, 111, 118, 120, 121, 124, 127, 132
post mortem 34, 39, 184
relação com Herbert Rieper 39, 89, 91, 92, 93, 94, 175
relação com Pauline 16, 17, 91, 95, 111, 120, 122, 127, 132, 133, 136, 155, 156, 157
Parker, Pauline
correspondência na prisão 262
defesa de 21, 164, 165, 167, 182, 183, 188, 189, 194
descrições de 16, 82, 91, 92, 171, 172, 189, 190, 227
encarceramento de 228, 229, 230, 233, 243, 248, 261, 262
estudos na prisão 261, 262
heterossexualidade 117, 118, 130, 131, 212, 241
infância 91, 92, 310
na detenção 176, 209
na escola 82, 92, 95, 134, 136
na Escola Comercial de Hilda Digby 141
no dia anterior ao assassinato 158, 159
no dia do assassinato 15, 16, 17, 20, 21, 22, 27, 30, 32, 33, 35, 158, 159, 160, 161
no julgamento na Suprema Corte 180, 182, 189, 228
papel no assassinato 24, 27, 30, 32, 33, 155, 157; 158, 159, 160, 301
plano para matar Honorah Parker 145, 155, 157, 158
poesia 105
prisão e indiciamento 30, 32, 33, 35, 36, 163, 164
produção literária inicial de 105, 108, 109, 110, 111, 114, 134, 192
pseudônimos 15, 82, 114, 119, 276
relação com a mãe 15, 16, 82, 94, 118, 120, 121, 125, 127, 130, 132, 133, 137, 141, 145, 148, 155, 304
relação com o pai 16, 93, 95, 124, 137, 154, 155, 156, 268

relação com os Hulme 9, 27, 97, 98, 131, 142, 156
religião 272
Santos e Deuses 132, 133, 139, 145, 147, 150, 153, 159, 194, 201, 202, 207, 208, 211, 242, 286
saúde 82, 91, 189, 297
sob custódia da polícia 33, 35, 36, 38, 39, 41, 163, 164
soltura da prisão e condicional 264, 265, 271, 272
vida como Hilary Nathan 271, 272, 301, 307, 309, 310, 311, 312, 313, 319
vida como Hilary Parker 292
Parker, Robert 87
Parker, Rosemary 40, 94, 104, 133, 147
Parker, Wendy 16, 91, 124, 130, 198, 262, 264, 273, 274
no dia do assassinato 16, 17, 274
Pearson, Dr. Collin 25, 26, 41, 42, 162, 184
peças e roteiros cinematográficos sobre o caso Parker-Hulme 288, 324
pena capital 227, 276
Penlington, Peter 233
Penney, William (Bill) 48, 57, 255
Perry, Anne
cobertura midiática de 291, 292, 293, 294, 301
documentário 291, 295, 296
entrevistas com 278, 291, 293, 298, 301
Mormonismo 269
romances de mistério 275, 276, 278, 279, 280, 283, 290, 292, 293, 294
vida na Escócia 277, 296
vida na Inglaterra 267
Perry, Walter (Bill) 14, 23, 32, 128, 131, 138, 139, 151, 168, 173, 267, 268, 275, 321, 332
depoimento no julgamento 174, 187
no dia do assassinato 14, 23, 29, 31, 44, 160
no julgamento na Suprema Corte 181, 227
partida da Nova Zelândia 233
relação com Hilda Hulme 128, 137, 138, 170
Peters, Barbara 294
Polícia da Nova Zelândia
Delegacia Central de Polícia (Christchurch) 29, 38
investigação do assassinato 30, 33, 36, 38, 42

Port Levy 193, 196, 235, 239, 283, 285, 286, 287
  revelação de 283, 285, 287, 319
Portmahomack 277, 292, 295, 296
Prisão de Auckland 232
Prisão de Christchurch 176, 216, 263
Prisão de Mt. Eden 209, 216, 248, 262, 263,
  276, 298
Prisão de Paparua 176, 232, 235, 244, 263,
  264, 273
Prisioneiro de Zenda, O (filme) 108, 115
Prisioneiro de Zenda, O (Hope) 111, 119
prisões
  Centro de Custódia e Reformatório Arohata
    232, 233, 247, 248, 261, 262, 263, 264
  Christchurch (Paparua) 176, 232, 244, 263,
    264, 273
  Mt. Eden 216, 232, 233, 247, 262, 263, 298
produção literária sobre o caso Parker-Hulme
  ficção 281
  não ficção 237, 238, 240, 281, 287
psiquiatria 168, 173, 206, 220, 232, 238, 241,
  248, 315, 321
Purvis, Sr. e Sra. 125, 127, 133

Q

Quayle, Anthony 77
Queen of Hearts, The (Parker) 138

R

racismo nos anos 1950 282
Rainha Elizabeth II 9, 38, 63, 115, 125
Rankin, Ian 295
remorso 114, 171, 218, 238, 252, 298, 306,
  309, 316, 319
Rich, B. Ruby 282
Rieper, Andre 84, 86
Rieper, Herbert (Bert) 16, 86, 93
  casamento com Louisa Rieper (McArthur)
    84, 86, 90

depoimento no julgamento 173
em Christchurch 90, 93
em Raethi 84
identificação do corpo de Honorah Parker 41
infância 85
no dia anterior ao assassinato 158
no dia do assassinato 27, 38, 40, 83, 159
posição sobre a relação de Pauline e Juliet 95,
  120, 127, 157
relação com Honorah Parker 84, 87, 89, 91
relação com Pauline Parker 95, 154, 165, 184
Rieper, Kenneth 84, 86
Rieper, Louisa 86, 89, 90
Ritchie, Agnes 19, 20, 21, 22, 27, 161, 184,
  231
Ritchie, Kenneth 22, 23, 24, 175, 184
Rolfe, Guy 132, 133, 145, 146
Roman, Alexander 312
Rommel, Marechal de Campo 110, 152, 156,
  245
Ross, Hilda 177
Round, Derek 326, 327, 331
Rupert de Hentzau (Hope) 109, 114, 152, 156
Russell, Lorde 246

S

Sagar, Dora 254, 257
Sanatório Cashmere 112, 118, 185, 190
Saunders, Eileen 101
Saville, Dr. James 195, 219, 221
Schmidt, Trevor 324
seção 43 (Lei Criminal) 173, 174, 183, 188,
  210, 221, 223, 225
Shakespeare, William 67, 213, 214
Shutzstaffel (SS Nazista) 245
Stallworthy, Dr. Kenneth 195, 216, 217, 218,
  221, 226, 240
Stead, Edgar 74, 76
Steiner, Rudolf 73, 108
Stewart, Jean Isobel 79
Stockwell, Archie 70
Stockwell, Renée 68, 128
Sunday Express (jornal) 265
Sunday News (jornal) 290, 291

Sun-Herald (jornal) 176, 180, 201, 241, 266
Sutherland, Diony 15
Sutherland, Ivan 66
Sutherland, Jan 69, 102, 104, 129
Sutherland, Nancy 142, 151, 234, 250, 251,
    252, 253, 255, 257, 292, 321

T

Tate, Lesley 26, 330
Tate, Sargento Detetive Archie 25, 26, 27, 31,
    32, 33, 35, 36, 38, 39, 40, 42, 44, 45, 83,
    175, 187, 231, 330, 331
Taylor, Jill 104
Taylor, Ted 25, 327
Textbook of Psychiatry (Bleuler) 241
The Beautiful Lady in Blue (Hulme) 127, 134
The Cater Street Hangman (Perry) 275, 277,
    295
The Christchurch Murder (Carter) 289
The Daily Record (jornal) 291
The Daily Telegraph (jornal) 291, 294, 301
The Dominion (jornal) 248
The Donkey Serenade (Parker) 131, 133, 134,
    148, 173
The Evil Friendship (Meaker) 281
The Guardian (jornal) 302, 307
The Manchester Guardian (jornal) 176
The Mirror (jornal) 222
The Ones That I Worship (Parker) 105, 213,
    239, 283, 318
The Press (jornal) 40, 41, 126, 149
The San Francisco Examiner (jornal) 228
The Scourge of the Swastika (Russell) 246
The Sidney Morning Herald (jornal) 163, 176
The Sins of the Wolf (Perry) 294
The Standard (jornal) 235
The Times (jornal) 100, 163, 176, 278, 294
Time (revista) 176
Tosti, Francesco Paolo 139
Três Mosqueteiros, Os (Dumas) 253

V

Victoria Park 10, 15, 16, 17, 18, 19, 23, 24,
    25, 27, 29, 30, 32, 33, 35, 37, 40, 41, 45,
    158, 159, 230

W

Walker, Dr. Donald 21, 24, 175, 184
Walshe, James 67, 68
Walsh, Fran 289, 290, 292
Ward, Nicholas 319
Warren, Alwyn 72
Webb, Thomas 233
Weighed in the Balance (Perry) 294
Weldon, Fay (nascida Birkinshaw) 78, 283
Welles, Orson 150, 152
Wertham, Fredric 177
Whyte-Melville, George 139
Wicks, Jimmy 165, 329
William Alanson, White 242
Williams, Glanville 226
Winnicott, Donald 54
Woman's Day (revista) 325
Wynn Williams & Co. 10

PETER GRAHAM trabalhou durante trinta anos em Hong Kong como advogado antes de dar início a uma nova carreira como escritor de livros sobre crimes. Sua primeira obra, *Vile Crimes*, sobre um notório caso de envenenamento duplo, foi recebido pelo *The New Zealand Herald* como "fulminante de bom (...) uma narrativa veloz e um estudo sobre o egoísmo patalógico". Sua jornada para desencavar toda a verdade sobre Pauline Parker e Juliet Hulme o levou a rodar o mundo todo. Peter Graham mora na área rural de Canterbury, na Nova Zelândia.

CRIME SCENE®
DARKSIDE

"Inocência, uma vez perdida, nunca pode ser recuperada.
Escuridão, uma vez contemplada, nunca pode ser esquecida.

— **JOHN MILTON** —

DARKSIDEBOOKS.COM